普通高等学校工商管理应用型特色系列教材

消费者心理与行为

主编◎邱 红 殷智红

微信扫码查看
本书配套教学资源

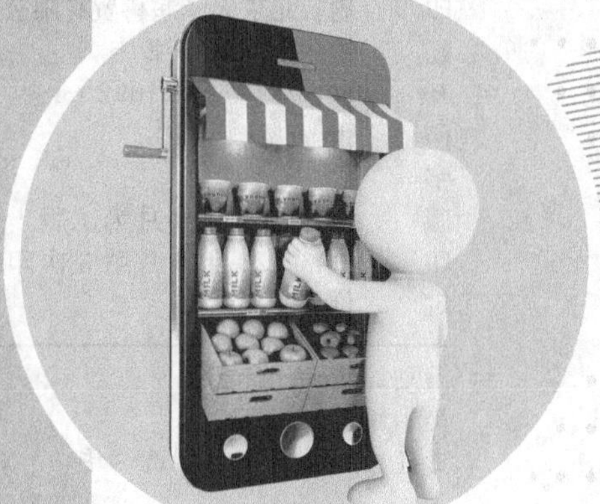

XIAOFEIZHE XINLI YU XINGWEI

北京师范大学出版集团
BEIJING NORMAL UNIVERSITY PUBLISHING GROUP
北京师范大学出版社

图书在版编目(CIP)数据

消费者心理与行为/邱红，殷智红编著．—北京：北京师范大学出版社，2020.9(2023.6重印)
(普通高等学校工商管理应用型特色系列教材)
ISBN 978-7-303-26160-4

Ⅰ.①消… Ⅱ.①邱… ②殷… Ⅲ.①消费心理学—高等学校—教材 ②消费者行为论—高等学校—教材 Ⅳ.①F713.55

中国版本图书馆CIP数据核字(2020)第137072号

图书意见反馈：gaozhifk@bnupg.com 010-58805079
营销中心电话：010-58802181 58805532

出版发行：北京师范大学出版社 www.bnupg.com
北京市西城区新街口外大街12-3号
邮政编码：100088
印　　刷：北京天泽润科贸有限公司
经　　销：全国新华书店
开　　本：787 mm×1092 mm 1/16
印　　张：18
字　　数：392千字
版　　次：2020年9月第1版
印　　次：2023年6月第3次印刷
定　　价：42.80元

策划编辑：陈仕云　　责任编辑：陈仕云
美术编辑：刘　超　　装帧设计：刘　超
责任校对：赵非非　黄　华　　责任印制：赵　龙

前言

消费者心理与行为是为高等学校市场营销、电子商务、国际经济与贸易等相关专业在校学生开设的培养专业能力的核心课程之一。

《消费者心理与行为》是一本项目实践型教材，适用于应用型人才培养目标。本书以消费者购买决策模型为基础，构建了“三大知识模块、三级沉浸式课程实践”的教学内容体系，旨在探寻消费者行为的心理机制，关注相关理论与企业营销活动的对接。从消费者心理与行为分析的角度，解读营销活动背后的原理与动机，加深学习者对理论知识的理解，启发思维。同时，融入消费行为学领域出现的新的营销现象和研究热点，并在理解不同地域消费者在文化价值观、消费习惯、社会关系网络等显著差异的基础上，放眼跨文化领域的营销实践。

本教材不同于现有同类教材的突出特点是：通过创设消费者心理与行为分析的典型任务，打破一贯到底的单一叙述方式，采用项目引领、任务驱动、行动贯穿的模式编写，基于任务过程的逐渐深入，设计了案例导入、拓展阅读、知识模块和实践活动有机融合的教材内容框架。其中，每一个项目包含多个任务，每一个任务又包含若干实践活动，在实践中寻找理论知识点的指导和帮助。任务之间、实践活动之间和知识点之间互相关联，具有较强的实践性、操作性和灵活性。

本教材建设全面贯彻党的二十大提出的教育方针，落实立德树人根本任务，在内容设计上突出了产学融合的特点，同时弥补了现有教材的不足。相对于国外教材的内容，它更加注重与中国本土实践的结合；相对于以往国内教材的内容，它选取了更多最新的各消费领域案例。

本教材主要具有以下特点。

(1)突出应用性——创设充分体现应用性的学习情境与任务

本教材突出消费者心理与行为分析在营销领域的应用，包括在电子商务、国际营销活动中的应用，并增加对学习者科学消费决策方法的引导，提高学生进行合理化消费的能力。通过创设情境与任务，将消费心理学与消费行为学的理论知识内化于学习者完成任务以及解决实际问题的探索学习过程中。学生在实践中不断地消化、体验、巩固，从而完成消费者心理与行为分析的知识体系构建，最终转化成营销类工作岗位所需的技能。

(2)突出实践性——构建三级沉浸式课程实践

我们让学习者“沉浸”在创设的情境和真实环境中，通过安排各种学习和实践活动，使得学习者能够在实际体验中理解和应用知识，从而做到学以致用。三级沉浸式课程实践包括：通过对典型案例的分析，使学生对新学知识加深理解、有效提高学生的学习兴趣和学习效果的**解释性实践**；通过情景模拟、角色扮演、真实消费模拟、真实体验的实训或通过“命题式”的任务、活动，培养学生的创新思维和知识综合运用能力的**体验性实践**；让学生在真实的企业及市场环境中去感受企业的营销活动和消费者的反应，去观察、分析、体会，用所掌握的营销知识去为企业做消费者心理和行为分析，从而为企业营销决策提供依据，提出自己的建议，最终以调研报告形式完成的**综合应用性实践**。通过三个层次的实践，多层面创设情境，将学习者置于发现问题、提出问题、分析问题和解决问题的动态学习过程中。引导学生构建知识体系，并在实践中不断地消化、体验、巩固，培养学生对消费者心理与行为的分析能力，促进其职业能力的提高和职业素质的养成。

(3)强化学生的职业能力培养

本教材采用创设情境和任务驱动的教学模式，为综合运用多种教学方法组织教学提供了素材。通过大量的案例讨论与分析，将课程学习内容与实际生活和社会紧密联系起来，可以有效激发学习者的求知欲，从而有利于养成独立思考和运用所学知识解决实际问题的能力，为日后从事营销类工作奠定基础。

(4)注重塑造学生的综合素质

本教材的内容设计兼顾学习者职业和人生的可持续发展，有利于学习者潜能的充分发挥，并满足其职业发展需要。同时，让学习者了解消费领域的发展和变化，学会在新消费情境下的理智消费，远离畸形消费心理和行为的困扰，避免盲目模仿、攀比消费、过度消费、挥霍消费等不文明消费，从而生活得更有质量、更有意义、更幸福。

本教材的开发获得了“北京联合大学‘十三五’产学合作规划教材建设项目”的支持，由教学经验丰富的一线教师与企业专家共同研讨，确定教材框架构建与任务设计，借助产学合作进行教材共同开发。本教材由北京联合大学市场营销专业邱红、工商管理专业殷智红主编，负责全书的编写与统稿，电子商务专业吕广革、国际金融专业姚迪参与了项目四、项目五、项目六、项目七的资料收集与编写工作。本教材的编写还得到了搜药网董事长郭亚洲先生、中国贸促会研究院国际贸易研究部主任赵萍女士的指导和帮助，在此一并表示衷心的感谢。

本教材针对应用型人才培养目标，旨在满足应用型人才培养需求，适于用作普通高等院校(高职高专、应用型本科)、成人高校、民办高校经管类专业的消费者心理与行为课程教材，同时也可以作为对该领域感兴趣的社会人员了解消费心理与行为领域发展的参考资料。

为方便教学，本书配有教学大纲、电子课件、微课视频等配套教学资源，可以帮助学生轻松地理解知识、消化知识、掌握知识，并通过一系列课堂实践活动学会灵活运用知识解决问题，读者可通过微信扫一扫本书扉页或正文中的二维码，在线收看本书配套教学资源。

编者

2023 年 6 月

目录

项目一　消费者心理与行为认知

项目概述

消费者心理与行为是营销学的基础，也是解决营销实践问题的钥匙，更是企业进入市场、占领市场和快速发展的关键；它是以企业营销的主体——消费者的购买行为与心理为研究内容的实用性科学，是在普通心理学的基础上形成与发展起来的，借鉴社会学、经济学、市场营销学、管理学等多个学科领域的研究成果和理论框架，形成的一门独立的边缘性学科。

本项目将引导大家了解消费者心理与行为的含义、消费心理与消费行为之间的关系，正确认识消费心理与行为的理论基础、内容体系与研究方法。同时，通过实践活动，了解消费者与营销者、学科的研究内容，掌握学科的研究方法，确定自己将要研究的项目，撰写项目申报书。

项目目标

知识目标

1. 掌握消费者心理与行为的基本内涵；
2. 熟悉消费者心理与行为的研究对象和内容体系；
3. 了解消费者心理与行为研究的演进过程及研究方法。

能力目标

1. 能够理解消费者心理与消费者行为的关系；
2. 能够从整体角度理解本课程的内容体系；
3. 能够正确识别和运用消费者心理与行为的研究方法。

素养目标

1. 培养团队协作精神；
2. 养成积极思考的习惯。

任务一 理解消费者心理与行为的基本概念

第一部分 学习引导

案例导入

将空气卖给石油大王

亨利是一位生意人，一次海上事故使他的货物全部报废，装货物的大船搁浅在棕榈滩岛。亨利上岛后觉得神清气爽，原来这里风景优美、树木茂盛，氧气含量比其他地方要高出很多。这个意外的发现使他萌生了新的想法，如果将这里的空气卖给美国那些富人，自己不就可以东山再起了吗？

他请人对空气做了检测，然后以每平方英尺(约 0.093 平方米)2 美元的超低价格，将能开发的地皮全部买下。

然后，亨利找到石油大王洛克菲勒，说要把空气卖给他。洛克菲勒说："说说你的理由吧，只要你能够说服我，我就买你的空气。"亨利说："我们都是生意人，都明白只有顾客觉得物有所值才肯花钱购买的道理。"洛克菲勒点了点头。亨利接着说："我请专家做了一份调查。结果显示，美国的纽约等大城市由于污染严重，空气里的含氧量还不足 18%，而维持人类健康生存的空气含氧量要达到 20%或以上水平。现在医院里的氧气价格是每升 10 美元。我发现有个好地方，那里的空气含氧量达到了 30%。您说那里的空气值不值钱？"洛克菲勒非常清楚金钱有价，而生命和健康无价的道理，于是，他毫不犹豫地以每平方英尺 500 美元的价格，从亨利手里买下了一块地皮。

后来，亨利又将其他的地分别卖给了范德比尔特家族、卡耐基家族、梅隆家族以及慕恩家族和贝克家族，因为只有这些富人才买得起如此昂贵的地皮。棕榈滩岛是位于南佛罗里达迈阿密市以北 65 千米处的一个堰洲岛，岛内的常住人口大约为 1 万人，旅游季节则有 3 万人左右。旅游旺季的时候，美国有四分之一的财富在这里流动。地价也一升再升，因此成了美国富人的聚集之地。

由于人口剧增，棕榈滩岛的生态环境遭到了破坏。有人给该地的空气做了检测，含氧量为 16%，比纽约等大城市还要低。然而，依然有人不断地向那里涌去。他们并不是冲着那里的空气，而是冲着那里的富人去的，因为他们也想像亨利那样去赚富人们的钱！

(资料来源：沈岳明：《将空气卖给石油大王》，载《新智慧》(合订本)，2009(3)：28～29)

案例讨论：

(1)为什么亨利能够把空气卖出去？

(2)结合本案例谈一谈营销与消费者心理的关系。

一、消费与消费者

1. 消费

消费是一种行为，是消费主体以延续和发展自身为目的，有意识地消耗物资资料和非物资资料的能动行为。

从广义上看，人类的消费行为可分为两类，即生产消费和个人消费。生产消费是指人们在生产过程中对劳动力及其他各种生产要素的使用、消耗及磨损。它包括在生产过程之中，是生产过程连续进行的基本条件。个人消费是指人们为了满足自身需要而对各种生活资料、劳务和精神产品的消费。它是人们维持生存和发展、进行劳动力再生产的必要条件，也是人类社会最大量、最普遍的经济现象和行为活动。

狭义的消费就是指个人消费，即人们为了满足自身需要而消耗各种生活用品、精神产品和服务的行为与过程。从社会再生产的过程看，个人消费是社会再生产过程中的“生产、分配、交换、消费”四大环节之一，个人消费是一种最终消费。本书研究的范畴就是消费者的个人消费。

2. 消费者

消费者是指在不同的时空范围内参与消费活动的个人或集体，即从事消费活动的主体——现实生活中的人。可以从以下几个角度进行分类。

(1)从消费过程看

消费者是指各种消费品的需求者、购买者和使用者。作为一个动态运行的消费过程，购买者本身不一定是需求者或使用者。例如，当你为他人代买商品时，你是购买者，而不是使用者；而使用者也不一定是购买者。再如，尚无生活能力的孩童使用父母为他们买来的商品。若把消费过程看作对商品或劳务的需求、购买及使用三个过程的统一体，则处于这三个过程中的某一个过程或全过程的人都称为消费者。因此，消费者是指实际参与消费活动的某一个过程或全过程的人。

(2)从同一时空范围内消费者对某商品或劳务的态度来看

消费者可以分为现实消费者、潜在消费者和永不消费者三类。

现实消费者是指通过现实的市场交换行为获得某种商品或劳务，并从中受益的人。

潜在消费者是指目前对某种商品或劳务尚无需要或购买动机，但在将来有可能转变为现实消费者的人。

永不消费者是指当时或未来都不会对某种商品或劳务产生消费需要和购买愿望的人。

作为具体的某一消费者，在同一时点上，面对不同的商品或劳务，可以同时以不同的身份出现。例如，你对 A 商品而言是现实消费者；对 B 商品而言是潜在消费者；而对 C 商品而言可能又是永不消费者。

(3)从消费单位的角度看

消费者可以分为个体消费者、家庭消费者和集团消费者三类。

个体或家庭消费者是指为满足个体或家庭对某种消费品的需要而进行购买和使用的人，它与消费者个人的需要、愿望和货币支付能力密切相关。

集团消费者是指为满足组织成员对某种消费品的需要而进行购买和使用的社会团体。团体消费行为不一定反映消费者个人的愿望或需要，与个人支付能力也没有直接的关系。

3. 消费者的角色

消费者在消费产品的过程中，不仅仅是产品的购买者或使用者，还可能是倡议者、决策者和影响者。这些角色可能是同一个人，也可能由不同的人来承担。消费者心理与行为学科对消费者的研究，不仅仅包括产品的购买者和使用者，还包括参与到消费者购买和使用过程中的所有人。

例如，老师建议大学生张明买一台电脑用于学习，姐姐表示赞同，妈妈决定购买，爸爸带着钱上街选择购买，买回来后张明使用。在这个过程中，每个人都扮演了不同的消费者角色，如图 1-1 所示。

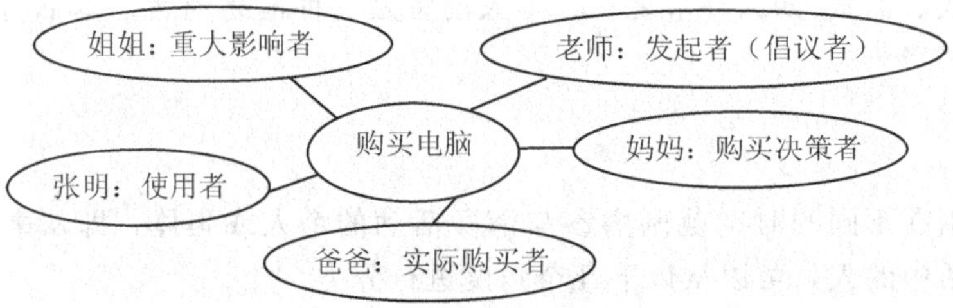

图 1-1　不同的消费者角色

4. 消费者与营销者

营销者是交换双方中积极主动的一方，消费者与营销者的区别见表 1-1。

表 1-1　消费者与营销者的区别

消费者	营销者(经营者)
• 花钱	• 赚钱
• 拥有一份工作	• 拥有一家公司
• 有上限的薪水	• 无限的收入
• 债务加重	• 财务自由
• 增长的债务	• 增长的资产
• 短期的节省	• 长期的财富

拓展阅读

体感营销与消费新体验

迪士尼在“第四届北京鸟巢欢乐冰雪季”中推出了一项有趣的活动，采用 3D 体感试衣技术，让小朋友在体感试衣镜前演绎不同的白雪公主造型，圆了自己的公主梦。快时尚品牌UR服饰，将体感形象搭配系统应用在NOVOMANIA上海国际品牌服饰展览会上，让消费者领略未来的服饰购物趋势。奥康集团在展览会及终端店铺使用体感互动技术，让消费者在科技时尚的体感设备前轻松搭配不同款式产品，享受互动的购物乐趣。

体感技术应用于体感营销，加强了商品与消费者之间的互动，让消费者在互动体验过程中增强对产品和品牌的认知与了解。事实上，体感技术在数字广告上的应用已有很多成功案例。在视频网站上，我们可以看到日产汽车、蒙牛、平安银行、金龙鱼、可口可乐等大型企业已经运用体感技术创作互动有趣的广告，通过体感设备让消费者参与互动，消费者反应非常热烈。

体感技术在电视、笔记本电脑、智能手机、平板电脑等数码产品中的应用越来越广泛。随着体感技术软件和硬件的不断升级与成熟，相信体感营销将会融入更加丰富多彩的形式，调动消费者的感官，带给消费者更多新奇的消费体验，使消费者能够全方位地去体验产品。

（资料来源：《体感广告，数字营销新利器》：http://www.domarketing.org/html/2013/ad_0904/10236.html，2020-05-15）

二、消费者心理与消费者行为

1. 消费者心理

消费者心理是指消费者在购买、使用和消费商品过程中的一系列心理活动。心理活动是人脑对客观事物或外部刺激的反映，是人脑所具有的特殊功能。消费者在消费过程中的偏好和选择，以及各种不同的行为方式均受到其心理活动的支配。

一般来说，支配人的消费行为往往出于两种消费心理，即本能性消费心理和社会性消费心理。

本能性消费心理是指由人的生理因素所决定的、自然状态下的心理反应。本能性消费心理的反应强度和表现方式又取决于不同消费者的个性因素，如消费者的气质、性格、意志和能力。

社会性消费心理是指由人们所处的社会环境因素决定的心理需要，它会随着社会经济的发展而不断发展变化。消费者所具有的社会性消费心理使人类的消费活动由简单的满足生理需要，变为具有特定含义的社会行为。

在社会政治、经济和文化飞速发展，人们生活水平不断提高的今天，在人们的消费活动中，本能性消费心理反应越来越为社会性消费心理活动所掩盖。从对人们的消费行为的影响来看，社会性消费心理成为影响和支配人们的消费行为的主要因素。

2. 消费者行为

围绕消费者行为的定义问题，学术界展开了较长时间的争论，都没有形成一个统一的、被普遍接受的定义。

美国市场营销学会将消费者行为定义为：消费者行为是感知、认知、行为以及环境因素的动态互动过程，是人类履行生活中交易职能的行为基础。

这一定义包括三层含义：

①消费者行为是动态的；

②它涉及感知、认知、行为以及环境因素的互动作用；

③它涉及交易行为，企业需要通过系统地制订和实施营销战略，实现与消费者的交易。

另外还有两位学者对消费者行为的定义比较具有代表性。其中，美国学者恩格尔(J. F. Engel)认为，消费者行为是为获取、使用、处置消费物品所采取的各种行动，以及先于且决定这些行动的决策过程。这个定义强调了购买决策的心理过程，以及获取、使用、处置商品的行为过程。

美国学者莫温(Mowen John C.)认为，消费者行为是购买单位(包括个人和团体)在获取、消费和处置商品时发生的交换过程。他指出交换过程包括获取阶段、消费阶段和处置阶段。这个定义强调了消费者行为是购买单位及其发生交换的过程。

3. 消费者心理与消费者行为的关系

“心理”指“所思所想”，是人的内心活动。消费者心理则是特指人作为消费者时的所思所想。

“行为”指“所作所为”，是人的外在活动。消费者行为则是指人们为满足需要和欲望而寻找、选择、购买、使用、评价及处置产品和服务时介入的活动和过程。

消费者心理与消费者行为的关系如表 1-2 所示。

表 1-2　消费者心理与消费者行为的关系

区别	联系
• 消费者心理是一种纯粹的内部心理活动，是不可见的 • 消费者行为是一种外部活动，是可见的	• 消费者心理支配消费者行为，可以根据消费者心理推断消费者行为 • 消费者行为受消费者心理支配，必然包含一定的心理活动，根据行为可分析消费者心理 • 二者可以同时发生，也可在不同时间发生

第二部分　实践活动

活动 1　理解消费者心理与行为的基本概念

案例分析 1-1

消费者买账，《战狼 2》燃爆银幕

继 2016 年林超贤执导的电影《湄公河行动》一举拿下 11.84 亿元票房后，2017 年八一建军节前夕，《战狼2》上映仅4天，票房收入破8亿元。这部主旋律电影燃爆大银幕的同时，更是燃起了观众的爱国热情。

影片《战狼2》是一部主旋律国产电影，它突破了传统主旋律电影的叙事框架，改变了人们的刻板印象。该片借助中国军人身上所展现的家国情怀与赤胆忠诚，在打动人心的同时，也获得了超高票房和良好口碑，创造了国产电影票房的神话。有媒体评论，《战狼2》成功的原因主要在于它采用了商业大片的制作模式，借鉴好莱坞式叙事框架。同时，影片中塑造的个人英雄形象，满足了观众的心理需要，表达的中国军人情怀也激发了观众强烈的民族主义与爱国主义的热情。这部正能量的电影作品表达了时代内涵及其精神特质，激起了全民的血性和胆量，引发了传播热潮。

《战狼2》和另一部主旋律影片《建军大业》联手拿下该档期电影市场接近80%的排片占比，票房占比达到了90%。《战狼2》成为暑期档发行的成功案例。

（资料来源：姜春辉：《电影〈战狼2〉如何引爆传播热潮》，载《传媒》，2018：34～35）

任务描述

阅读案例，从观众心理与行为角度分析观众的心理特征和行为表现，以及观众心理与行为的关系。

任务二　了解消费者心理与行为的研究对象和内容

第一部分　学习引导

案例导入

从消费者心理解读安踏的品牌营销策略

2012年，安踏全年营收76.2亿元人民币，第一次坐上了本土运动品牌的头把交椅。2013年上半年，在中国体育用品市场整体衰退的背景下，安踏又以33.7亿元的成绩再次领先于国内同类品牌，继续领跑行业。安踏崛起所代表的是与被外界广为推崇的“耐克模式”截然不同的另一种流派。安踏用20年的时间积累了一套充满本土特色并且适合自身发展的“实用至上”方法论。在这套方法论的指导下，安踏逐步从偏安一隅的区域品牌成长为新的行业领军品牌。安踏的品牌崛起中，对于品牌营销策略上的成功有多种版本的解释，其中对消费者心理的解读最值得我们去思考。

所谓消费者心理分析就是从消费者所想、所要以及所感受的角度去认识消费者对商品的理解，据此制订营销策略。如品牌定位策略，即研究潜在消费者，拉动潜在消费者，使其转化为现实消费者。了解消费者对品牌的认知，然后企业将品牌意义提供给消费者，即实施品牌策略。

首先看安踏品牌是如何定位的。品牌定位需要通过目标消费者、消费者需求、品牌利益、竞争性对手以及品牌特征来描述。为此，安踏在北京召开发布会，为旗下代言人、NBA球星凯文·加内特推出其个人专属的第四代签名篮球鞋——KG4。这款球鞋最大的亮点不在于产品本身，而是它的价格——399元。熟悉体育用品行业的人应该清楚，对于一款专业级别的篮球鞋，要知道，从KG1到KG3，之前三代产品都定在699元的高端价位。而国外品牌的球星代言产品动辄也要上千元。KG4发布仅一个月后，安踏又在美国宣布签约新的篮球产品代言人——来自波士顿凯尔特人队的当家球星拉简·隆多，为其推出了首款签名篮球鞋——RR1，并再次定在了399元的低价位。当时国内外的一线运动品牌中，敢把明星代言的旗舰产品卖成“白菜价”的，安踏还是第一个。为了更好地推广自己的平价篮球鞋，安踏为这批399元的旗舰产品包装了一个“国民球鞋”的概念，并且在营销上启用了全新的“实力无价”理念，意在强调球鞋的高性价比，同时又能防止消费者误认为低价等于低端。高性价比的产品，正是今天安踏品牌的核心竞争力所在。营销实践表明，安踏的这一价格策略与目前中国消费者对该品牌的认知与感受是一致的，这是安踏成功的关键。

中国的“80后”“90后”是安踏品牌的主要消费群体。尽管国内体育用品市场还有一些国外的大品牌，但他们当中有较大的人群还是会选择安踏品牌，因为这一群体最看重的是商品的价值。虽然他们比较关注自我，但是他们更加尊重人的个性和自由，对不同的观念和行为表现出更多的包容。他们对新事物、新思想的接受程度及开阔的视野，也使他们有能力提出正确的见解，并具体表现在日常的消费生活中。他们在消费上强调自我的重要性，同时也通过消费来满足自我。有关研究发现，在大多数消费情境中，他们都表现得颇为理智。而且他们喜欢新鲜事物，会做一些低成本的尝鲜消费。正因为这一群体有这样的消费心理特点，安踏大胆提出要做真正的“国民球鞋”，让更多的人真正买得起，让100万人穿着安踏的球鞋去打篮球这一品牌营销战略目标。

为了实现这一目标，安踏开始着手对自己的篮球鞋营销策略进行调整。首先是了解消费者的真实需求和产品使用习惯。通过调查发现，在学生中主要是“90后”群体中，不乏拥有国际品牌篮球鞋的人，但是他们中有相当一部分的人只有在重要的场合，比如班级或者院系间的比赛时才会穿着这些国际品牌的产品，在平时私下打球时，他们通常会穿着本土品牌的产品。安踏认为，如果用户不穿着其产品上场打球，那么品牌的高端也就变得毫无意义。安踏不想让自己的产品成为被用户束之高阁的“藏品”，而是希望消费者在经济能力负担得起的状态下，能够用安踏的装备去真正地参与篮球运动。这恰好与消费者的观念与需求一致。安踏牺牲了一两个SKU的毛利率，但是销量增加，企业没有损失。营销实践表明，这与“80后”特别是“90后”的消费心理是一致的，因而企业经营取得成功就水到渠成了。可见，消费者心理特点是品牌营销策略设计的基础。

安踏并非做不出一线城市消费者眼中“高端、大气、上档次”的产品，关键问题在于为什么要做。如果消费者满意和认可企业现在的做法，那么就没必要改变。安踏的目标是要挑战耐克和阿迪达斯，但是并不意味着安踏要以耐克和阿迪达斯同样的模式挑战他们。事实上，在现阶段的中国市场，完全模仿国际品牌的做法，未必就能取得很好的效果。

面对推崇个性与自我的“80后”“90后”这一群体，传统媒介正在或已经逐渐丧失话语权。怎样的品牌营销传播方式才能有效地打动他们呢？“80后”“90后”喜欢标榜个性，重视原创，乐于跟随潮流，敢于接受新的事物，欣赏具有文化内涵的产品，热衷网络文化，特别容易受移动互联手机的影响。他们希望通过媒体参与增强品牌个性的体验过程和乐趣。面对他们，过去那种只投放幽默风趣的广告或是狂轰滥炸的明星代言广告已经行不通了。要想打动他们，最好的办法就是让媒体传播与他们零距离接触，让他们体验产品、体验品牌、体验文化。他们需要通过媒体参与获得亲身体验后的快感，才会考虑是否接受品牌营销。

（资料来源：丁家永：《从消费者心理解读安踏品牌营销心理技术》，载《心理技术与应用》，2014(2)：32～33）

一、研究对象

消费者心理与行为以消费者在其消费活动中的心理、行为现象作为分析研究的对象。消费心理与行为作为一种客观存在的社会经济现象，如同其他事物一样，有其特定的活动方式和内在规律。对消费者心理行为的专门研究，目的就是为了发现和掌握消费心理现象产生、发展和变化的一般规律，从而更有针对性地开展营销活动，以取得事半功倍的效果。

二、研究内容

霍金斯消费者行为综合模型

消费者心理与行为研究框架如图1-2所示。

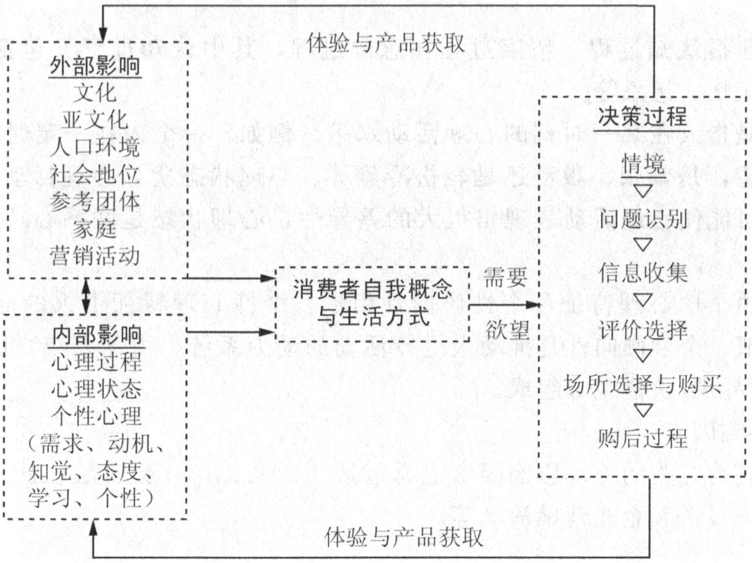

图1-2　消费者心理与行为研究框架

消费者心理与行为研究主要包括以下几部分内容。

1. 影响消费者心理与行为的因素

(1)内部影响因素

内部影响因素主要包括消费者心理过程、心理状态和个性心理，统称心理现象，如图 1-3 所示。

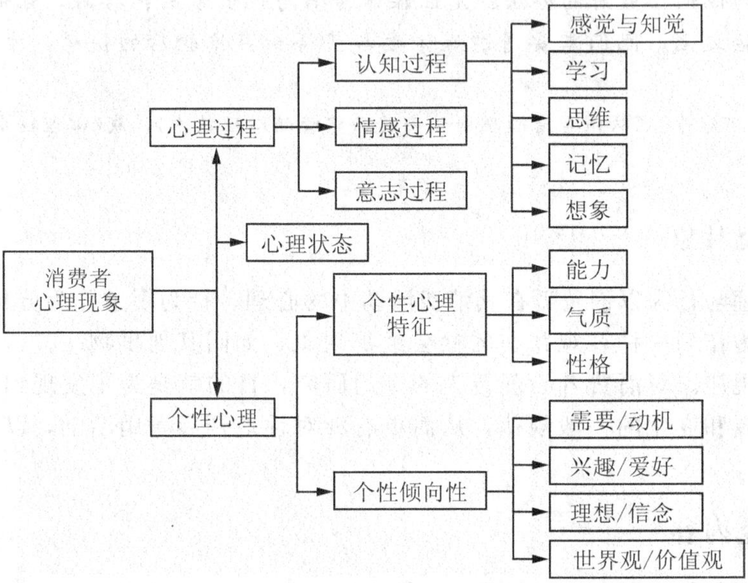

图 1-3 消费者心理现象

心理过程包括认知过程、情感过程和意志过程，其中认知过程又包括感觉与知觉、学习、思维、记忆、想象等。

心理状态是指人在某一时刻的心理活动水平。例如，一个人在一定时间里是积极向上还是悲观失望，是紧张、激动还是轻松冷静等。心理状态犹如心理活动的背景，心理状态的不同，可能使心理活动表现出很大的差异性，心理状态是联系心理过程和心理特征的过渡阶段。

个性心理由个性心理特征和个性倾向性组成。个性心理特征由人的能力(含智力)、气质和性格组成。个性倾向性是推动人进行活动的动力系统，由需要/动机、兴趣/爱好、理想/信念、世界观/价值观等组成。

(2)外部影响因素

消费者心理与行为的外部影响因素主要包括社会文化、社会阶层、社会群体、家庭、消费流行、消费习俗和企业营销活动等。

2. 消费者购买决策

消费者购买决策的研究内容主要包括消费者认知与信息收集、购买过程和消费决策、购后行为、习惯和品牌忠诚度，以及相关决策理论等。

第二部分　实践活动

活动 2　了解消费者心理与行为的研究对象和内容

案例分析 1-2

洞悉移动电子商务背景下消费者的心理与行为

移动电子商务是电子商务和移动信息服务相互结合的产物，与传统电商平台相比，其优势主要体现在能随时随地获取服务咨询、占据较大用户规模、拥有对消费者较为良好的认证基础、能够及时规避传统电子商务出现的消费泡沫等方面。

从当前移动电子商务发展的环境可以看到，随着移动终端产品的使用率和互联网接入率的提升，消费者群体进行线上购物和线上消费的方式逐渐由以PC终端为主向移动终端过渡。在这一过程中，线上购物、线上支付、线上旅行预订、线上订购外卖产品等保持了较高的增长速度。而通过对当前不断增长的消费群体的观察可以发现，消费者运用移动电子商务平台出现了随意性、浏览时间碎片化、具有更强互动性等行为特征。

有学者认为，在未来移动电子商务平台的优化路径上，应当注重发挥移动电子商务平台的优势，通过满足消费者的个性化需求提升消费者购物体验，同时提升移动电商支付环境的安全性，并基于消费群体的特征对市场展开深度挖掘。

（资料来源：唐甜甜：《移动电子商务环境下消费者细分研究》，载《商业经济研究》，2018(21)：58～61）

任务描述

阅读案例，结合以上资料并查阅相关资料，分析移动电子商务领域消费者的消费心理与行为所研究的对象和内容。

任务三　掌握消费者心理与行为的研究方法

第一部分　学习引导

案例导入

把鞋卖给不穿鞋的人

一家美国的鞋业公司，为了扩大产品市场，决定把鞋卖到非洲某个国家去。公司老板首先派财务经理去考察该国市场。财务经理抵达这个非洲国家后发现，当地的人们都没有穿鞋子的习惯。他大失所望，回到旅馆，马上发电报告诉老板：“这里的居民从不穿鞋，因此，没有鞋业市场!”

老板看了电文，若有所思，决定把公司最好的推销员派到该国做进一步的考察，以证实财务经理的观点。经过认真调查，一周后，这个推销员便发回了一份电报：“这个国家的居民无鞋穿，鞋业市场潜力巨大!”公司老板权衡两人的结论之后，决定派自己的营销经理到这个国家进行考察。

该营销经理到达后，首先拜访了部落酋长，争取到了他们的支持与合作；然后，他同当地居民进行广泛交流，耐心给他们讲解穿鞋的好处，并教会他们穿鞋的方法。

当地居民被他说服后，却提出了一个非常现实的问题：“我们的脚普遍较小，而且最主要的是我们这个国家很穷，我们没有钱来买你的鞋。”

该经理回答道：“脚小的问题很好解决，我们可以重新设计我们的鞋来适应你们的脚。另外，我发现你们这个国家盛产世界上最甜的菠萝，由于不是硬货币，因此我们可以帮助你们做易货贸易将这种水果出口，这样便可以换回大量的外汇，于是国家的生产总值就可以获得增长，你们每个人也就有钱了，有钱就可以买我们的鞋。”

该经理大致测算了未来三年内的销售收入及相应的成本，估计资金回报率可达到30%左右，因此建议公司尽快开辟这个市场。

从这个故事我们可以看到，通过观察可以了解市场状况、消费者需求。

财务经理的观点显然不对。因为他没有对市场的状况、形成原因以及有无市场开拓的可能性等情况进行细致的调查和了解，只凭表面现象草率得出结论，失去了将当地居民培养开发成该公司潜在顾客的机会。

推销员关心的仅仅是销售市场问题，他看到这个国家的人不穿鞋，那么几乎所有的国民都将成为其潜在顾客，如果通过公关开发将所有国民转变成现实消费者，这个销售市场无疑是非常巨大的。

而营销经理考虑问题更有意义。他认识到顾客公众问题和公司(或企业)利润问题。顾客就是市场，有了顾客才有市场，顾客与公司(或企业)有直接利益关系。他考虑的问题是：必须建立良好的顾客关系，才能够为公司(或企业)带来直接的利益，要求公司(或企业)将顾客的利益和需求摆在首位，通过满足顾客的需求和利益来换取组织的利益。他的经营理念是：利润不应该是企业贪婪的追求，而应该是顾客接受、赞赏和欢迎企业的产品及服务所投的信任票。只有获得顾客信任与好感的企业，才可能较好地赢得自己的利润。另外，他还考虑到了帮助解决当地实际问题可能给公司带来的成本，测算了未来三年的销售收入及相应的成本，估计出了资金回报率，这点也非常重要。

营销经理履行了以下这些职能：

收集信息：到现场调查，得知当地居民的脚普遍较小，而且更为重要的是购买力很低，又发现当地盛产世界上最甜的菠萝，这使得提高国民收入具备了客观的条件。

辅助决策：向公司提出尽快开辟新市场的建议。

传播推广：向当地居民介绍穿鞋的好处及如何穿鞋。

协调沟通：与当地部落酋长谈话，得到支持并取得合作。

提供服务：为当地居民设计符合他们脚形的鞋，并帮助他们出口菠萝，做易货贸易，换回外汇，提高国民收入，从而使当地居民具备购买该公司鞋的能力。

此案例告诉我们：没有不存在商机的市场，只有缺少发现商机的慧眼。

（资料来源：《把鞋卖给不穿鞋的人》：百度文库，2020-5-15）

案例讨论：

(1)财务经理、推销员、营销经理分别通过什么方法了解到非洲当地居民的状况？

(2)营销经理发现商机的基础是什么？

一、观察法

1. 定义

观察法是科学研究中最一般、最简易和最常用的研究方法，也是研究消费者心理与行为的一种最基本的方法。

观察法在研究商品价格、销售方式、商标、广告、包装、商品陈列、柜台设置、品牌及新产品的被接纳程度等方面，均可取得较好效果。观察法就是在情境中对被观察者的行为进行系统的观察记录以分析判断其心理活动的一种方法。

2. 类型

(1)按被观察者的情境特点分类

按被观察者的情境特点可分为自然观察和自我观察。

自然观察是在完全自然的条件下所进行的观察，就是研究者依靠自己的感觉器官，有目的、有计划且主动地观察研究对象在营销活动中的言语、行动和表情等行为，并把观测结果按时间顺序系统地记录下来，然后分析其原因与结果，从而揭示其心理活动规律的研究方法。这种观察既可以凭借人的视觉器官直接对事物或现象进行感知和描述，也可以利用仪器或其他现代技术手段间接进行观察。这种方法的优点是比较直观，观察到的材料比较真实、可靠，这是由于被观察者是在没有任何外界影响，没有受到任何干扰的情况下做出的行动，其行为是其心理活动的自然流露；不足之处是具有一定的片面性、局限性和被动性，观察到的材料本身有一定的偶然性。

自我观察法就是把自身确定为研究对象，将自己摆在营销活动的某一位置上，充当消费者或营销人员，根据自己的生活体验或工作经历，设身处地去感受消费者或营销人员的心理变化，从而分析研究营销活动中的心理变化规律。

(2)按观察者与被观察者的关系分类

按观察者与被观察者的关系可分为参与观察和非参与观察。

参与观察是指观察者直接参与被观察者的活动，并在活动中进行观察。

非参与观察是指观察者不参与被观察者的活动，以旁观者的身份进行观察。

(3)按现场观察主体分类

按现场观察主体可分为人观察和仪器观察(录像机、录音机等)。

人观察是指观察者不借助任何设备直接观察被观察者的活动并记录。

仪器观察是指观察者借助录像机、录音机等设备观察和记录被观察者的活动。

3. 优缺点

(1)优点

观察法是收集资料的初步方法，其优点在于使用方便。观察者看到的情境是当时的实际情况，真实、可靠。因为此时被观察者并没有意识到别人在观察，不会伪装，观察到的行为可以如实反映被观察者相应的心理状态。

(2)缺点

观察法的缺点在于观察者处于被动的地位，只能消极地等待有关现象的出现，时机难以把握，观察所得到的资料难以定量分析，因而不能精确了解被观察者心理现象发生的原因。此外，观察的效果在很大程度上取决于观察者的观察水平和理解能力，主观因素难以控制。因此，建议将观察法与其他方法结合使用，以取得更好的效果。

二、访谈法

1. 定义

访谈法是研究者通过与研究对象直接交谈，在口头信息沟通过程中研究消费者心理状态的方法。此方法主要用于对消费者心理的研究。

2. 类型

访谈法依据与受访者接触的不同方式，又可分为面对面访谈和电话访谈两种形式。

(1)面对面访谈法

面对面访谈法又可分为结构式访谈和无结构式访谈两种形式。

结构式访谈又称作控制式访谈，是指研究者根据预定目标，事先撰写好谈话提纲，访谈时依次向受访者提出问题，让其逐一回答。这种访谈组织严密，条理清楚，研究者对整个谈话过程易于掌握，所得的资料也比较系统。但由于受访者处于被动地位，容易拘束，访谈者与受访者不易在短时间内有效沟通。

无结构式访谈也称自由式访谈，访谈中研究者与受访者之间可以比较自然地交谈。它虽有一定的目标，但谈话没有固定的程序，结构松散，所提问题涉及的范围不受限制，受访者可以较自由地回答。这种方式下受访者比较主动，因而气氛较活跃，容易沟通感情，并且谈话内容可达到一定的深度。但这种方式费时，谈话进程不易掌握，对研究者的访谈技巧要求较高。

(2)电话访谈法

电话访谈法是以电话作为通信工具与受访者进行访谈的方法，多用于研究者与受访者之间受空间距离限制，或受访者难于或不便直接面对研究者等情况。电话访谈是一种结构式的访谈，访谈内容需要事先设计和安排。

3. 优缺点

访谈法的优点是一般较容易取得预期的资料，准确性高，但此方法所需费用较高，对进行访谈的人员的素质要求也比较高。

三、调查法

1. 定义

调查法是通过提问收集被调查者的有关材料，间接了解其心理活动的方法。

2. 类型

调查法可分为口头调查和书面调查。

(1)口头调查

口头调查是研究者根据预先拟好的问题同被调查者进行交谈，通过面对面的谈话，以了解其心理特点的方法。

该方法简单易行，制约条件少，便于迅速取得第一手材料。其缺点是所获得的材料或信息的真实性与可靠性很难确定。因口头调查时，被访者容易产生心理防范，所以需要访问者有较高的谈话技巧。

(2)书面调查

书面调查又称为问卷法，是研究者通过内容明确、表达清晰的调查表，让被调查者根据个人情况填写，来了解其心理活动的方法。常用的问卷设计方法有是非法、选择法、等级排列法、等级量表法等。

书面调查的优点是问卷的标准化和结构化，调查范围广，省时、省力、节省费用，便于进行定量研究等。其缺点是无法将所得结论直接与被访者的实际行为进行比较，对所获得的材料很难进行个体化的深入分析。

四、实验法

1. 定义

实验法是在严格控制的情境下引起被试者某种心理现象的发生，并加以观察和研究的方法。

2. 类型

实验法可以分为自然实验和实验室实验。

(1)自然实验

自然实验也叫现场实验，是在正常工作的条件下，对与工作有关的因素做适当控制的实验。

自然实验的优点是研究者可以积极控制被试者的活动，主动引起要研究的内容；实验在自然情境中进行，其结果更符合实际，具有真实性。其缺点是容易受无关因素的影响，不容易严密控制实验条件，因而难以得到精确的实验结果。

(2)实验室实验

实验室实验是在严密控制条件的实验室中进行的实验。

实验室实验的优点是对无关因素进行了严格控制。其缺点是实验情境的人为性强。被试者在这样的情境中因意识到自己正在接受实验，有可能掩饰自己的心理或行为，从而干扰实验结果的客观性，并影响实验结果应用到真实情境中。

3. 组成

(1)自变量与因变量

自变量是实验中的激发因素，是引起实验对象变化的原因；因变量是激发因素的受体，是要被解释的现象和变化的结果，在实验中处于关键地位。在不同的实验中，自变量与因变量可以互相转化，如：在某项实验中 A 为自变量，B 为因变量；而在另一项实验中 B 作为自变量，而 A 成为因变量。

(2)实验组与对照组

实验组是接受自变量激发的一组对象；对照组又称为控制组，是指不接受自变量激发的一组或几组对象。实验时改变实验组的自变量，如广告、价格、包装或某种营销活动等，而对照组(或称为控制组)保持不变。为了保证实验结果的准确性，要求在实验前确保实验组与对照组的各方面条件和状态都基本一致。

在实验中为何要设置对照组？其原因在于对照组虽然不接受自变量激发，但受其他外部因素影响，经过一段时间后，也会自然而然地发生某些变化，这些变化都与实验者的因果关系假设毫不相干，因此只有从测量结果中排除这些成分，才能得到准确的实验结论。

是否必须有对照组？答案是并不是所有实验都必须设置对照组，因为在单一组实验中，就不需要设置对照组。

拓展阅读

店内广播广告效果实验

美国的爱可公司为了检验店内广播广告在诱导顾客非计划的POP购买(即在购买现场做出决定的购买)方面的作用，进行了一项实验。按照商店的规模、地理位置、交通流量以及经营年限等几个指标，选择了20个统计上可比的(即相似或一致的)商店。随机地选择一半的商店作为试验组，另一半为控制组。

在试验商店中播放广播广告，而在控制商店中则不播放。在实验进行之前，收集了7天内有关销售量和销售金额方面的数据，然后进行了4周的实验，在实验结束之后收集了7天的销售量数据。实验的商品种类、价格等项目各不相同。结果表明，在试验商店中做了店内广播广告的商品其销售量至少是成倍增长的。根据这一结果，爱可公司认为店内广播广告在诱导POP购买时是十分有效的，并决定继续采用这种广告形式。

(3)前测与后测

前测是进行实验激发之前对实验对象(包括实验组与对照组)所做的测量；后测则是实施实验激发之后对实验对象所做的测量。通过对两次测量结果的比较，可以看出实验对象的因变量是否发生了变化、怎样发生变化以及发生了哪些变化。这些是实验法关注的焦点。

4. 步骤

①根据消费者心理与行为研究课题，提出研究假设。

②进行实验设计，包括自变量的界定、实验材料的准备、无关变量、实验单元的抽取、因变量的测量等，并确定实验方法。

③选择实验对象。

④进行实验。

⑤整理、分析资料，进行实验检测，得出实验结论。

5. 优缺点及应用范围

实验法的优缺点及应用范围见表1-3。

表1-3　实验法的优缺点及应用范围

优点	缺点	应用范围
• 结果客观实用，有较强说服力 • 可以探索不明确的因果关系 • 方法具有主动性和可控性	• 时间长，费用高 • 保密性差 • 管理控制困难	主要用于检验有关市场变量间的因果关系假设，研究有关自变量对因变量的影响或效应。如测试各种广告的效果，测试各种促销方式的效果，研究品牌对消费者选择商品的影响，研究颜色、名称对消费者味觉的影响，研究商品价格、包装、陈列位置等因素对销售量的影响等

6. 实验设计

(1)事前事后对比实验

①含义。事前事后对比实验是选择若干实验对象作为实验组，通过对实验对象进行实验激发前后的检测对比，得出结论。

②实验设计(见表1-4)。

表1-4　事前事后对比实验数据记录表

项目	实验组	对照组
事前测定值	X_1	——
事后测定值	X_2	——

实验效果＝事后测定值－事前测定值

实验效果 E 可表达为：

$$E=X_2-X_1$$

相对实验效果 R_E 可表达为：

$$R_E=[(X_2-X_1)/X_1]\times 100\%$$

拓展阅读

事前事后对比实验

某食品厂生产的酥饼质量在同类产品中是比较好的，但其销量总是不尽人意。该厂市场营销人员经过调查研究，认为是酥饼的包装不理想所致，决定把原来的纸盒包装改为塑料盒包装和铁盒包装，但对新包装的投放结果没有把握。为此，该厂决定运用事前事后对比实验法来考察实验结果。整个实验期为两个月，前一个月仍用旧包装，而后一个月采用新包装。实验结果是：采用旧包装的那个月销量为 1 250 盒，采用新包装的那个月销量为 1 650 盒，试问其实验效果如何？

解：实验效果 $E=X_2-X_1=1\ 650-1\ 250=400$(盒)。

相对实验效果 $R_E=[(X_2-X_1)/X_1]\times 100\%=32\%$。

上述结果表明，采用新包装后销量将增加 32%，效果明显。所以，该厂决定采用新包装。

③实验步骤。选择实验对象；进行前检测；进行实验激发；进行后检测；得出实验结论。

④优缺点。

优点：简单易行；可以从被影响因素的变动中反映出实验控制因素的影响效果。

缺点：很难测量出其他非控制因素的影响程度。

(2)实验组与对照组对比实验

①含义。选择若干实验对象作为实验组，同时选择若干与实验对象相同或相似的调查对象作为对照组，并使实验组与对照组处于相同的实验环境中，调查员只对实验组给予实验激发，根据实验组与对照组的对比，得出实验结论。

②实验设计(见表 1-5)。

表 1-5 实验组与对照组对比实验记录表

项目	实验组	对照组
事前测定值	—	—
事后测定值	X_2	Y_2

实验效果 E 可表达为：

$$E=X_2-Y_2$$

相对实验效果 R_E 可表达为：

$$R_E=[(X_2-Y_2)/Y_2]\times 100\%$$

拓展阅读

实验组与对照组对比实验

某食品厂为了解面包的配方改变后消费者有什么反应，选择了 A、B、C 三个商店为实验组，再选择与之条件相似的 D、E、F 三个商店为对照组进行观察。其一周内销量的检测结果如表 1-6 所示。

表 1-6　实验结果对比表

组别		新配方销量/袋	原配方销量/袋
实验组	A 店	43	—
	B 店	51	—
	C 店	56	—
对照组	D 店	—	35
	E 店	—	40
	F 店	—	45
合计		150	120

问题：从表 1-6 中能得出什么结论？

解：实验效果 $E=X_2-Y_2=150-120=30$(袋)。

相对实验效果 $R_E=[(X_2-Y_2)/Y_2]\times 100\%=25\%$。

上述结果表明，采用新配方后销量将增加 25%，效果明显。所以，该厂决定采用新配方。

③实验步骤。选择实验对象(将其划分为实验组与对照组，并使其处于相同市场条件下)；对实验组进行实验激发；分别对实验组和对照组进行实验后检测；得出实验结论。

④优缺点。

优点：采用对照组数据作为比较基础，可以控制其他因素对实验过程的影响。

缺点：不能反映实验前后的变化程度。

(3)有对照组的事前事后对比实验

①含义。有对照组的事前事后对比实验，是指对照组事前事后实验结果同实验组事前事后实验结果之间进行对比的一种实验调查方法。

这种方法不同于单纯的在同一个市场的事前事后对比实验，也不同于在同一时间的控制组同实验组的单纯的事后对比实验。

这一实验方法，是指在同一时间周期内，在不同的企业、单位之间，选取控制组和实验组，并且对实验结果分别进行事前测量和事后测量，再进行事前事后对比。

这一方法实验的变量多，有利于消除实验期间外来因素的影响，从而可以大大提高实验结果的准确性。

②实验设计(见表1-7)。

表1-7 有对照组的事前事后对比实验记录表

项目	实验组	对照组
事前测定值	X_1	Y_1
事后测定值	X_2	Y_2

实验效果 E 可表达为：

$$E=(X_2-X_1)-(Y_2-Y_1)$$

相对实验效果 R_E 可表达为：

$$R_E=[(X_2-X_1)/X_1-(Y_2-Y_1)/Y_1]\times 100\%$$

拓展阅读

有对照组的事前事后对比实验

某食品公司欲测定改进巧克力包装的市场效果。选定 A、B、C 三家超市作为实验组，D、E、F 三家超市为控制组。在 A、B、C 以新包装销售，在 D、E、F 以旧包装销售，实验为两个月，结果见表1-8。

表1-8 实验结果对比表 单位：盒

组别	实验前1个月销售	实验后1个月销售	变动量
实验组(A，B，C)	$X_1=1\ 000$	$X_2=1\ 600$	600
控制组(D，E，F)	$Y_1=1\ 000$	$Y_2=1\ 200$	200

问题：试对结果进行分析。

从表1-8中可以看出：

实验组和对照组在实验前的商品销售量均为1 000盒；实验组在实验后的商品销量为1 600盒，对照组在实验后的商品销售量为1 200盒。

实验组实验前同实验后对比，其变动结果是商品销售量增加了600盒；控制组实验前同实验后对比，其变动结果是商品销售量增加了200盒。

即：$E=(X_2-X_1)-(Y_2-Y_1)=(1\ 600-1\ 000)-(1\ 200-1\ 000)=400$(盒)

通过上述结果可以判断，巧克力采用新包装后，能够扩大销售。

③实验步骤。选择实验对象(将其划分为实验组与对照组，并使其处于相同市场条件下)；对实验组和对照组分别进行实验前检测；对实验组进行实验激发；分别对实验组和对照组进行事后检测；得出实验结论。

④优缺点。

优点：通过实验前后的变化程度对比，既可以测定控制因素对实验过程的影响，也可以测定非控制因素的影响。

缺点：应用比较复杂；在进行消费者行为、态度测量时，将会受到调查者、被调查者态度的相互影响和实验前后调查者与被调查者人员变动的影响。

五、内省法

内省法也称为反思法，是研究调查者通过对自己的消费行为和心理活动进行审视与剖析，来了解消费者特殊或一般行为现象及其心理原因的一种调查方法。其理论依据是：个体之间具有一般共性、群体共性和角色共性，可以由此及彼地进行推测；如果人们之间存在差异，也可以通过角色转换、设身处地的方式加以推测。

六、体验法

体验法是参与观察的方法，指观察者参加到被观察对象所在的群体和组织中，作为其中的一员，参与日常活动的一种方法。在许多消费活动如娱乐健身活动、旅游活动、奢侈品消费活动中，观察者通过参与观察，能了解、体验到被观察对象在消费活动中一些细微、深层的消费心理与行为。

七、投射法(深层法)

投射法是研究者以一种无结构性的测验，引发被试者的反应，以此考察其反应所投射出的人格特征的心理测验方法。投射法不是直接对被试者明确提出问题以求回答，而是给被试者一些意义不确定的刺激，让被试者进行想象和解释，使其内心的动机、愿望、情绪、态度等在不知不觉中投射出来。消费者行为学研究中常用的投射法包括主题统觉测试法、造句测验法和角色扮演法。

1. 主题统觉测试法

主题统觉测试法又称绘画解释法。这种方法是让被试者看一些内容模糊、意义模棱两可的图画，编一段故事，并加以解释，以此来掌握消费者的购买动机。由于主题统觉图本身没有特定含义，让消费者把它的“意义”讲出来，研究者可以根据消费者对图画的解释，判断其内心的活动，从而掌握消费者的潜在购买动机。

例如，将绘有一位家庭主妇在超市里面对罐头食品陈列架的图画给被试者看，要求被试者发挥想象说出画中该主妇可能的内心想法。由于图上并未提示任何资料，因此被试者的回答，无疑反映了她本人的想法。

2. 造句测验法

造句测验法是由研究者提出某些未完成的句子，要求被测试者填上几个字，将句子补充完整。研究者通过被测试者填写的内容，推测其爱好、愿望和要求，从而了解被试者对某种商品可能的评价和看法。例如：让被试者填空完成句子，“(　　)牌液晶彩电最受欢迎”“(　　)牌西服最潇洒”“假如买中档轿车，应该选择(　　)”，等等。

3. 角色扮演法

在角色扮演法中，研究者先向被试者描述某种情境，让被试者充当情境中的某一角色，然后观察被试者在该情境中的反应，被试者在不知不觉中就会自然流露出自己的实际动机和态度。

拓展阅读

家庭主妇的购买动机研究

速溶咖啡进入市场初期不被消费者认可，不少家庭主妇抱怨其味道不如普通的咖啡好。但在蒙住眼睛的试饮实验中，许多家庭主妇却辨别不出速溶咖啡和普通咖啡，这说明口味不是影响消费者对速溶咖啡不认可的原因。为了进一步了解真实原因，调研人员将普通咖啡和速溶咖啡分别写在了两张几乎相同的购货清单上，并分发给两组具有可比性的家庭主妇。然后调研人员要求这两组家庭主妇猜测她们所看到的那张购货清单持有者的个人与社会特征，结果显示：在看到写有速溶咖啡购货清单的一组家庭主妇中，有相当多的人认为购货清单的主人必是一个“懒惰、浪费、蹩脚的妻子，并且不能很好安排其家庭计划”。显然，这些被试者把她们自己对使用速溶咖啡的不良印象和忧虑通过虚构的人物(即购物清单的主人)真实地反映出来了。咖啡生产企业终于了解了家庭主妇不购买速溶咖啡的原因。于是，该公司策划了一个改变家庭主妇对速溶咖啡认知的活动，请家庭主妇来参与，以此激发家庭主妇对速溶咖啡的购买动机。

第二部分　实践活动

活动 3　掌握消费者心理与行为的研究方法

案例分析 1-3

火腿肠品尝实验

一、研究目的

了解消费者对产品的期望、回忆与真实体验是否一致。

二、研究方法

采用 3×2 的混合实验设计，观察被试者在“预期(无体验)”“体验后即时评价”“体验后延迟评价”3 种评价方式中对两种品牌火腿肠的口味评价和偏好选择。

1. 被试者

被试者为 126 名北京大学本科生。其中有 37 名男生，89 名女生，平均年龄 20.20 岁±1.61 岁。

2. 实验材料

两个品牌的火腿肠(知名品牌和不知名品牌，知名品牌为 A 品牌，不知名品牌为 B 品牌)被切成小块，分装在两个盘子里，两个盘子后面分别放着两个品牌真实包装的一包火腿肠以及各自的价格标签，标签上面标有火腿肠的每包售价和每克售价。两种火腿肠都是400 g包装，知名品牌火腿肠的单位价格(1.6元/根)稍高于不知名品牌的价格(1.2元/根)。

3. 实验设计

采用3×2的混合实验设计。组间自变量是被试者体验火腿肠的方式，分为3个水平：观察后预测(无体验)，体验后即时报告、体验后延迟报告；组内自变量是被试者品尝和评价的火腿肠品牌，每个被试者都要对两种品牌火腿肠进行品尝并做出评价。因变量是对两种品牌火腿肠的口味评价和偏好选择。

4. 实验内容

被试者以市场调查研究的名义被招募来参加实验，然后被随机分配到3个实验组中：预测组、体验后即时报告组、体验后延迟报告组。

(1)预测组。首先要求被试者观察两个品牌的火腿肠(没有品尝)，然后在7点量表上预测两个品牌火腿肠的口味(“1”表示非常差，“7”表示非常好)：包括口感、新鲜度和质量3个指标。之后，要求被试者报告对这两种火腿肠的偏好和选择，测量指标分别是：①“如果要选择一种火腿肠来品尝，你更喜欢哪一种?”②“如果要选择购买一种火腿肠，你会选择哪一种?”此外，还测量了被试者对两个品牌的熟悉度和消费经验，以及人口统计学信息。

(2)体验后即时报告组。首先要求被试者观察两个品牌的火腿肠，然后让他们在品尝其中一个品牌的火腿肠后，吃一些咸味饼干，喝一些水，去除上一个火腿肠的味觉，然后再品尝下一个品牌的火腿肠，实验中平衡了两种火腿肠的品尝顺序。被试者分别品尝完两种火腿肠之后，在7点量表上评价两个品牌火腿肠的口味以及对这两种火腿肠的偏好和选择，方法同预测组。最后，也测量了被试者对两个品牌的熟悉度和消费经验，以及人口统计学信息。

(3)体验后延迟报告组。实验程序基本同体验后即时报告组，只是在品尝完火腿肠后没有立即要求被试者评价两个火腿肠的口味及其偏好，而是让他们先去完成另一个电脑上的研究(和品尝体验没有关系)，并告诉他们等会儿会再问他们一些关于品尝体验的问题。然后被试者被带到另一个房间并在电脑上完成了一个30分钟的任务。在被试者完成电脑任务之后，再让他们回忆之前的品尝体验，并对两种火腿肠的口味进行评价，报告偏好和选择，方法同前两组。最后也测量了被试者对两个品牌的熟悉度和消费经验，以及人口统计学信息。

三、实验结果

1. 关于被试者对两个品牌的品牌感知比较

本研究在实验设计中有意选择了一个知名品牌和一个不知名品牌的火腿肠作为实验材料，因为人们一般会认为知名品牌比不知名品牌好。操纵性检验结果发现，所有被试者对知名品牌的熟悉度评价都显著高于不知名品牌。此外，以前曾经尝试和购买过知名品牌火腿肠的被试者比例比不知名品牌的被试者比例多(96%的被试者曾经尝试过知名品牌，显著高于尝试过不知名品牌的43%的被试者)。操纵性检验结果说明，我们选择的实验材料符合实验目的。

2. 被试者对两个品牌火腿肠的口感、新鲜度和质量的比较

预测组的被试者预期知名品牌火腿肠的口感比不知名品牌的口感更好，知名品牌火腿肠的新鲜度和质量比不知名品牌的更好。

体验后延迟组中也发现了类似结果，被试者对知名品牌火腿肠的口感评分高于不知名品牌的口感评分。他们也认为知名品牌火腿肠的新鲜度和质量都优于不知名品牌的火腿肠。

体验后即时报告组中，被试者认为两种品牌火腿肠的口感一样好。被试者对于两个品牌火腿肠新鲜度和质量的评价也和口感评价一致，没有系统性差异。

3. 被试者对两个品牌火腿肠的偏好和选择

被试者对两个品牌的偏好和选择与他们对火腿肠口味评分的结果保持一致。

预测组中：只有25%的被试者偏好不知名品牌，而75%的被试者偏好知名品牌火腿肠；并且，预测组的80%被试者都选择购买知名品牌的火腿肠。

体验后延迟报告组：大部分被试者都偏好并选择知名品牌的火腿肠(83.7%的被试者偏好知名品牌，16.3%的被试者偏好不知名品牌，76.7%的被试选择知名品牌，23.3%的被试者选择不知名品牌)。

体验后即时报告组：被试者对知名品牌和不知名品牌的偏好和选择没有显著差异(41%的被试者偏好不知名品牌，59%的被试者偏好知名品牌；48%的被试者选择不知名品牌，52%的被试者选择知名品牌)。

四、结论

本研究的结果表明：

(1)消费者对品尝体验的期望和回忆一致。

(2)消费者品尝体验后即时报告和预测、体验后延期报告发生分离。

本实验结果有力地验证了期望、体验和回忆理论模型中三者的关系，即期望和回忆通常基于相同的语义信息，而体验报告基于体验过程中注意力所关注的对象，当基于的信息源不一致时，期望和回忆仍然会保持一致，但却会和真实体验发生分离。同时，如果没有对真实体验进行及时加工(如及时对体验形成评价)，在回忆时真实体验就不再可以获得，也更无法更新固有信念或常识。

五、启示

1. 关于消费者学习

人们很难从经常消费的产品或服务体验中得到学习。当人们体验产品时，如果注意力集中到体验上，可能会发现体验本身的差异，但如果消费者不对这种体验进行深入加工，新体验就很难改变固有信念或知识。

由于经常消费的产品或服务往往是一些卷入度较低的消费(如购买火腿肠)，人们不会去特别注意和加工体验，而且很多体验本身是比较模糊的(如口味、触觉体验)，人们一般很少具备对模糊体验进行加工的能力。

2. 对生活消费的启示

在生活中，信念和常识经常影响着人们的消费决策或判断，若这些信念或常识不能被消费者的新体验更新，或者消费者一味受到各种广告、口碑宣传等的影响，就可能会做出一些“错误”或者“不理性”的消费决策与判断。例如，知名品牌比不知名品牌的东西好，贵的东西一定是好的东西，人气旺的商店卖的商品一定好，等等。

3. 对生产商的启示

本研究结果对生产商也有一定启示，尤其是那些不知名品牌或者新兴的商家，如果想要鼓励消费者购买他们的产品，就应该多开展一些样品体验的营销活动，如食品品尝体验、化妆品样品试用等。但更加重要的是，当消费者对产品有一个正性体验时，需要及时强化他们对产品的评价，例如促使他们在产品试用后立即购买，否则消费者这种正性体验会很快消逝，而不再会对他们的态度、行为起任何作用。

（资料来源：徐菁、蒋多：《期望、体验和回忆：当消费者不能从体验中学习》，载《心理学报》，2009(8)：745～752）

任务描述

(1)上述实验中采取了哪种实验方法？

(2)资料中提到预测(无体验)组、体验后即时报告组、体验后延迟报告组，这3个实验组之间有什么关系？如何将各组的实验结果进行对比分析？

(3)运用自我观察法剖析个人对生活快消品的消费心理。（提示：快消品是指那些使用寿命较短、消费速度较快的消费品，如包装类食品、个人卫生用品、饮料等）

任务四　了解消费者心理与行为研究的发展历程

第一部分　学习引导

案例导入

消费者行为理论来源——普通心理学

1. 现代心理学产生的哲学背景(理论基础)

(1)理性主义

代表人物：勒内·笛卡尔(René Descartes，1596—1650)。

主要观点：天赋观念；我思故我在。

(2)经验主义

代表人物：约翰·洛克(John Locke，1632—1704)。

主要观点：人类心灵如“白板”；一切观念从经验中所得。

2. 科学心理学的产生

威廉·冯特(Wilhelm Wundt，1832—1920)：心理学之父。

《生理心理学原理》(1874)：心理学的独立宣言。

莱比锡心理学实验室(1879)：心理学诞生的标志。

3. 西方心理学的主要派别

(1)构造主义

代表人物：冯特、爱德华·布雷福德·铁钦纳(Edward B. Titchener，1867—1927)。

主要观点：所有的心理现象都是由元素构成的，强调意识的结构性，认为意识的内容可以被分解为基本的要素。

(2)机能主义

代表人物：威廉·詹姆斯(William James，1842—1910)。

主要观点：意识是连续变化的，强调意识的作用和功能，其作用是使有机体适应环境。

(3)格式塔心理学

代表人物：马克斯·韦特海默(Max Wertheimer，1880—1943)、沃尔夫冈柯勒(Wolfgang Kohler，1887—1967)。

主要观点：反对把意识分成元素，强调心理作为一个整体、一种组织的意义。

(4)行为主义

代表人物：约翰·华生(John B. Watson，1878—1958)、伯尔赫斯·弗雷德里克·斯金纳(Burrhus F. Skinner，1904—1990)。

主要观点：反对研究意识，主张研究行为；反对内省，主张用实验方法。所有行为的产生和改变是刺激与反应之间的联结关系，即S—R公式。

(5)精神分析学派

代表人物：西格蒙德·弗洛伊德(Sigmund Freud，1856—1939)。

主要观点：人类的行为源于欲望和动机；欲望以无意识的形式支配人的行为。

(6)人本主义心理学

代表人物：亚伯拉罕·哈罗德·马斯洛(Abraham H. Maslow，1908—1970)、卡尔·兰塞姆·罗杰斯(Carl R. Rogers，1902—1987)。

主要观点：人性本善；人有自由意志，有自我实现的需要。

(7)认知心理学

代表人物：奈瑟尔(Ulric Neisser，1928—2012)、希尔伯特·亚历山大·西蒙(Herbert A. Simon，1916—2001)、皮亚杰(Jean Piaget，1896—1980)。

主要观点：研究人的认识过程，认为人的认知过程就是信息的接受、编码、储存、交换、操作、检索、撮和使用的过程，并将这一过程归纳为四种系统模式：即感知系统、记忆系统、控制系统和反应系统。强调人已有的知识和知识结构对他的行为和当前的认知活动起决定作用。

西方心理学的主要派别概况如表1-9所示。

表 1-9　西方心理学的主要派别一览表

学派名称与年代	主要人物	研究对象	基本观点
构造主义(1879—1900年)	冯特、铁钦纳	意识的结构	意识的内容可以分为感觉、意向、激情3种因素
机能主义(1890—1930年)	詹姆斯	意识的功能	意识体验的适应性目的要比结构更重要
格式塔心理学(1912—1940年)	韦特海默、柯勒	意识的组织	意识体验和知觉大于部分之和
行为主义(1913年—)	华生、斯金纳	环境对人和动物、外显行为的影响	心理学只研究可观察的外显行为
精神分析学派(1900年—)	弗洛伊德	决定行为的无意识因素	儿童时期的无意识经验是人格特征与心理障碍的根源
人本主义心理学(1950年—)	马斯洛、罗杰斯、	人类所特有的特殊经验	人是自主理性的动物，具有自我发展的潜能，与动物有本质的区别
认知心理学(1950年—)	奈瑟尔、西蒙、皮亚杰	思维等复杂的心理过程	心理学需要了解人是如何获取、储存和加工信息的

消费者心理与行为的研究大体分为三个阶段。

一、萌芽阶段(19世纪末到20世纪20年代)

从19世纪末到20世纪20年代，有关消费者心理与行为的研究理论开始出现，并有了初步的发展。

美国社会学家凡勃伦于1899年出版了《有闲阶级论》一书，提出了炫耀性消费及其社会含义，否定了传统经济学认为的消费者是理性的说法，提出了研究消费者心理与行为的必要性。他的研究引起了心理学家和社会学家的兴趣，也受到了企业的密切关注。

1900年，美国心理学家哈洛·盖尔的《广告心理学》一书出版，系统地论述了如何应用心理学原理增加广告的宣传效果，引起了消费者的兴趣。

1903年美国心理学家沃尔特·迪尔·斯科特(Walter D. Scott)出版了《广告原理》一书，将有关理论进一步系统化。1912年，德国心理学家雨果·闵斯特伯格(Hugo Munsterberg)出版了《工业心理学》一书，阐述了橱窗陈设和广告对消费者心理和行为的问题。

美国经济学家科普兰(Melvin T. Copeland)于1923年提出将消费物品分为便利品、选购品和专门品，这种分类方法部分建立在对三个方面的消费者行为的分析之上。

这一阶段重点研究了产品销售，而非消费者的需求；注重理论阐述，未广泛用于营销活动，未引起普遍重视。

二、起步阶段(20 世纪 30—50 年代)

20 世纪 30 年代，经济大萧条，消费品需求问题成为西方企业面临的首要问题。越来越多的心理学家、社会学家、经济学家开始关注消费者心理与行为问题，大大推动了对其研究的市场化。

1950 年，梅森海尔(Mason Haire)进行了速溶咖啡研究，开始了消费者行为动机的研究，关注消费者购买决策背后的深层动机。

美国学者盖斯特(L. Cuest)和布朗(George H. Brown)于 19 世纪 50 年代初开始研究消费者对品牌的忠诚问题，以便找到促使消费者重复选择某一品牌的有效途径。勒温经过动物内脏试验，提出了态度改变理论。谢里夫(M. Sherif)、凯利(Harlod H. Kelley)和谢把托尼(Shibutoni)等人开展了对参照群体的研究。

20 世纪 50 年代，人们对消费者心理与行为的研究逐步深入。马斯洛需要层次理论在这一时期诞生。他认为只有较低层次的需求满足之后，较高层次的需求才会出现并要求得到满足。

三、确立阶段(20 世纪 60 年代至今)

1960 年，美国心理学会中成立了消费者心理学分会，这是消费者行为学开始确立其学科地位的前奏。

1968 年，第一部消费者行为学教材《消费者行为学》由俄亥俄州立大学的恩格尔(James Engel)、科拉特(David Kollat)和布莱克维尔(Roger Blackwell)合作出版。

1969 年，美国的消费者研究协会正式成立。

1974 年，《消费者研究杂志》(JCR)创刊。

1960 年，罗杰斯(Everett M. Rogers)进行了关于创新采用与扩散的研究，并于 1962 年提出创新扩散理论。

同期，拉维吉(Robert J. Lavidge)和斯坦勒(Gary A. Steiner)研究了广告效果的问题。费希本(Matin Fishbein)等进行了关于组织行为的研究。谢斯(Jagdish N. Sheth)等人进行了关于组织购买行为和消费者权益保护问题的研究。科克斯(Donald F. Cox)和罗斯留斯(T. Roselisus)等人进行了关于如何应付知觉风险的研究。

进入 21 世纪，众多学者和企业对消费者心理与行为进行研究，市场导向、消费者中心、顾客第一等理念反映了人们对消费者心理与行为研究和应用的重视程度。

拓展阅读

消费者行为学的三种研究观点

1. 决策观点

20 世纪 70 年代和 80 年代早期，研究者集中于消费者是理性决策人这一观点上。根据决策观点，消费者首先意识到某个问题的存在，然后在一个理性解决问题的过程中完成一系列步骤，购买行为由此产生。购买过程的步骤包括问题的确认、搜寻、方案评估、选择以及获得后的评估。

2. 体验观点

体验观点提出，在有些情况下，消费者购买商品和服务是因为情感上的原因，如有趣、制造奇迹或获得情感。如冲动型购买和寻求多样型购买。

3. 行为影响观点

当强大的外因驱使消费者不需要首先对产品产生强烈的感情或想法就去购买时，行为影响就产生了。这些购买行为受外因直接影响，如促销手段、文化规范、自然环境或经济压力。

第二部分　实践活动

活动4　确定研究项目

1. 分组

全班分成若干项目小组，以学生自愿组合为主，指导教师为辅，每个小组3～5名学生，每组确定一名组长。

2. 根据本组的现有资源确定研究项目

研究项目范围：

- 家电行业
- 快速消费品市场(快餐、超市)
- 旅游市场
- 保险行业
- 房地产市场
- 通信市场
- IT、互联网行业
- 影视娱乐
- 汽车、医药、文教、社保、校园生活等

活动5　撰写研究项目申报书

以小组为单位，根据确定的研究项目撰写项目申报书。

1. 作业提交要求

(1)下次上课时每组选派一人进行PPT汇报。(5分钟)

(2)各组对其他组的演讲进行评价。

(3)项目立项考核内容(满分10分)：

①选题切入角度是否新颖，主旨是否明确？(1分)

②项目资料的收集是否全面？(2分)

③项目立项的可行性是否讲解充分？(2分)

④演讲人的语言表达是否自然流畅、逻辑清晰？(2分)

⑤PPT 的制作是否精美而简洁？（3 分）

2. 项目申报书体例要求

1 项目概述

1.1 项目名称

1.2 项目简介

2 项目可行性分析

2.1 研究意义

2.2 研究现状（类似项目研究）

2.3 本项目创新性

3 项目研究方案

3.1 研究目标

3.2 研究的主要内容

3.3 拟采取的研究方法

3.4 预期取得的成果

4 项目研究计划、进度安排

5 项目所获帮助

6 经费预算

项目二　消费者心理活动过程分析

项目概述

成功的现代营销往往是在洞察消费者心理的基础上采取适当的营销策略去满足消费者需要或诱导消费者产生与某产品相关的需要。因此，对于营销而言，研究消费者心理活动过程并对消费者心理进行分析尤为重要。消费者在购买活动发生前，其心理活动都将经历几个阶段。本项目将重点解析消费者的三大心理过程，即认知过程、情感过程和意志过程。

认知过程是人类最基本的心理现象。消费者对商品的认知过程是消费者产生购买行为的前提，也是其他心理过程的基础。消费者通过感觉、知觉、记忆、想象、思维、注意等心理活动，实现了对客观事物的外在、本质属性及其内部联系的正确反映，形成了意识。这种意识在不同环境和需要的影响下，会产生不同的内心变化和外部反映，并表现出不同的情绪、情感色彩。消费者的购买和消费活动是充满情感体验的活动过程。本项目将解析三大心理过程的有关概念、情绪的特点与功能、意志的基本特征，运用这些知识观察和分析案例中的消费者心理，并从消费者心理的视角合理利用消费者心理活动的共性指导企业的营销活动。

项目目标

知识目标

1. 掌握消费者心理活动的认知过程、情感过程以及意志过程的含义；
2. 掌握感觉、知觉、注意、记忆、情绪及情感的概念、类型和规律；
3. 掌握消费者心理过程的特征及其与消费者行为的关系；
4. 熟悉引起消费者注意的客观因素。

能力目标

1. 能运用感觉、知觉、注意、记忆、情绪、情感等心理活动的规律分析消费者心理；

2. 能运用消费者心理过程规律指导企业的营销活动，从消费者角度出发对营销活动的策略、措施提出有价值的建议，包括吸引消费者注意、增强消费者对商品的感知、加强消费者对商品的记忆等。

素养目标

1. 培养良好的职业道德和高度的敬业精神；

2. 具有理论联系实际、实事求是的科学态度。

任务五 消费者认知过程分析

第一部分 学习引导

案例导入

拉尔夫·劳伦的服装世界

拉尔夫·劳伦是美国最成功的服装设计师之一，他名下的两个品牌 Polo by Ralph Lauren 和 Ralph Lauren 在全球开创了高品质时装的设计和销售领域。拉尔夫·劳伦有自己独特的处理问题的方式。当其他的设计师还在创造产品系列时，劳伦已经开始关注生活格调，并设计出反映某种生活格调的一系列产品。

20 世纪 80 年代末，劳伦在服装界已经有了国际性的声誉，他的 Polo 服装销售到意大利、日本、加拿大、德国、澳大利亚、瑞典、英国、法国等二十多个国家以及中国的香港和台湾地区。他的新产品陈列室设在纽约，五层楼的石灰建筑，镶嵌了手工雕刻的桃木门窗，搭配了东方的地毯和精美古朴的家具。房间里陈列着服装、马鞍、狩猎纪念品、高顶帽和桌球球杆，这里更像是伦敦的某个俱乐部而不是一个零售商店。

劳伦设计的产品都是以反映某种生活方式为主题的。他在设计时就像做游戏似地去设想某种生活方式，包括描绘人们的特征和行为，人们在什么地方、如何生活、穿什么类型的服装。在这些丰富想象的基础上，他的设计师开始为最新的梦幻世界去创造服装(服装产品)和摆设环境(商店的陈设)。

通过在他的商店和广告中描绘这些情绪、梦想和奇妙的幻想，劳伦给消费者提供了一个机会来分享他们的梦想：通过购买他设计的产品或许能获取新的身份。拉尔夫·劳伦打造了众多的产品，建立了庞大的零售网络和精确定义的市场形象。到 20 世纪 90 年代初，劳伦公司的时装零售额达到了 15 亿美元，是其在 80 年代初的 4 倍。

(资料来源：《拉尔夫·劳伦和他的服装世界》，http://www.doc88.com/p－916715702153.html，2020-03-18)

案例讨论：

(1)消费者的认知系统对劳伦的广告和零售陈设可能产生何种认知反应？

(2)消费者对劳伦和劳伦的产品有什么类型的认知？

(3)你作为消费者对 Polo 品牌可能有什么样的需要？

(4)消费者的感觉和认知反应将如何影响他们的决策，这对劳伦的成功又有何作用？

心理学研究的结果表明，人脑对客观世界的认识是从感觉和知觉开始的。感觉和知觉是人的心理活动的基础。消费者对产品的认识过程是通过消费者的感觉、知觉、记忆、注意、思维和想象等心理活动实现的。

一、感觉与知觉

1. 感觉

(1)感觉的含义

感觉是客观刺激作用于感觉器官所产生的对事物个别属性的反映。

人对客观事物的认识是从感觉开始的，它是最简单的认识形式。例如，当菠萝作用于我们的感觉器官时，我们可以通过视觉反映它的颜色，通过味觉反映它的酸甜，通过嗅觉反映它的清香，也可以通过触觉反映它粗糙的外壳。人类是通过对客观事物的各种感觉认识事物的各种属性的。

感觉不仅反映客观事物的个别属性，也反映我们身体各部分的运动和状态。例如，我们可以感觉到双手在举起，感觉到身体的倾斜，感觉到肠胃的剧烈收缩，等等。

感觉是一种简单的心理过程，它在我们的生活中具有重要的意义。我们通过感觉可以分辨客观事物的属性(如分辨颜色、声音、软硬、粗细、重量、温度、味道、气味等)，也可以了解自身的状态(如对自身各部分的位置、运动状态、姿势、饥饿、心跳等的辨识)，还可以进行其他复杂的认识过程。失去感觉，人就不能分辨客观事物的某些属性和自身的某些状态。感觉是各种复杂的心理过程(如知觉、记忆、思维)的基础，也是人们认识世界和一切知识的源泉。

(2)感受性和感觉阈限

就内容而言，感觉是客观的，但从形式上来说它又是主观的。不同客体对主体刺激引起的感觉是不同的，不是所有的刺激都能引起主体的反应，只有在一定的适宜刺激强度和范围内，才能产生感觉，这就涉及感觉阈限和感受性的问题。

凡是能引起感觉的持续一定时间的刺激量，称为感觉阈限。能引起感觉的最小刺激强度称为绝对阈限。绝对阈限可用 50%的实验次数能引起反应的刺激值来表示。差别阈限可用 50%的实验次数能觉察出差别的刺激值来表示。由于主体的机能状态和知识经验的差异，感觉阈限因人而异，不同人的感受性也有所差别。

在消费活动中，并不是任何刺激都能引起消费者的感觉。要产生感觉，刺激物就必须达到一定的量，即能够引起感觉的最小刺激量。凡是没有达到绝对感觉阈限值的刺激物，都不能引起感觉。要使消费者形成对商品的感觉，必须了解他们对各种消费刺激的绝对感觉阈限值，并使刺激物达到足够的量。在刺激物引起感觉之后，如果刺激的数量发生变化，但变化极其微小，则不易被消费者察觉。只有增加到一定程度时，才能引起人们新的感觉。这种能够觉察的刺激物的最小差别量即差别感觉阈限。研究发现，差别感觉阈限与原有刺激量的比值为常数，即原有刺激量越大，差别阈限值越高。因此，当各种商品的效用、价格等特性不同时，消费者会对不同商品具有不同的差别阈限，消费者也对其有不同的差别感受性。

①绝对感觉阈限和绝对感受性。绝对感觉阈限是指能引起感觉的最小刺激量。绝对感受性是指能感觉出刺激物的最小刺激量的能力。

绝对感觉规律：绝对感觉阈限和绝对感受性在数值上成反比关系，即绝对感觉阈限越小，绝对感受性越强；反之，则绝对感受性越弱。

它们之间的关系可表示为：$E=1/R$。其中，E 代表绝对感受性，R 代表绝对感觉阈限。

拓展阅读

人类感觉的绝对阈限

感觉类别	绝对阈限
视觉	晴朗的夜空中可以见到 30 英里(约 48.28 千米)外的烛光
听觉	安静条件下可以听见 20 英尺(约 6.10 米)外手表的嘀嗒声
味觉	一茶匙糖溶于 2 加仑(约 9.1 升)水中可以辨别出甜味
嗅觉	一滴香水扩散到 3 个房间的套房时可以闻到它的气味
触觉	一只蜜蜂翅膀从 1 厘米高处落在你的面颊
温冷觉	皮肤表面温度有 1 摄氏度之差即可觉察

②差别感觉阈限和差别感受性。差别感觉阈限是指能感觉到两个同类刺激物之间的最小差别量，也称最小可觉差。差别感受性是指能感觉出两个同类刺激物的最小差异量的能力。

差别感觉规律：差别感觉阈限和差别感受性之间成反比关系，即差别感觉阈限越小，差别感受性越强；反之，则差别感受性越弱。

拓展阅读

韦伯定律

在差别阈限的研究中，贡献最大的是德国生理学家韦伯提出的韦伯定律：在中等强度刺激的范围内，差别感觉阈限与原刺激量的比值是一个常数。

韦伯定律用公式来表示即：$K=\Delta I/I$。

其中，I 为原刺激量，ΔI 为差别感觉阈限。

对不同感觉来说，K 值是不同的，一般情况下，K 值在视觉中是 0.01，在听觉中是 0.1，在重量感觉中是 0.03。

③差别阈限的影响因素。差别阈限的影响因素主要包括参照物、刺激物特性与感知方式、主体因素及其他刺激物的影响等。

参照物对感觉阈限的影响体现在人们对某一刺激变化的敏感程度受到许多参照物的影响。

刺激物特性与感知方式的影响主要是指不同感官的敏锐度和刺激物的复杂程度影响差别阈限，比如视觉的敏锐度远高于味觉的敏锐度，质量变化要比价格变化难以观察。

主体因素是指消费者主体的感知能力、反应速度、气质、性格与经验等都会影响人们对刺激物变化的敏感性和相应的主动性。紧张或不满状态，差别阈限会明显趋小；松弛状态或满意状态，差别阈限会增大。

其他刺激物因素如噪声、广告等，有时会转移人们的注意力而使消费者对某刺激物变化的差别阈限增大。

(3)感觉适应

消费者的感觉还会受到时间、强度等因素的影响。随着刺激物作用持续时间的延长，消费者因接触过度而造成感受性逐渐下降，这种现象被称为感觉适应。要使消费者保持对信息刺激具有较强的感受性，就要调整消费信息刺激的作用时间，经常变换刺激物的表现形式。

拓展阅读

杰克·特劳特关于折扣的戒律

◇当其他人都提供折扣优惠，你就不应该再提供这种优惠；
◇在制订折扣策略时应有创意；
◇你应该用折扣策略清理存货或增加业务量；
◇你应该对这项交易在时间上做出限制；
◇你必须确保最终顾客得到这笔交易；
◇在成熟的市场上采用这种策略；
◇尽可能早地停止这种折扣优惠。

2. 知觉

知觉离不开感觉，感觉是知觉的基础。

(1)知觉的含义

知觉是客观事物的整体在人脑中的反映，是人组织和解释感觉信息的过程。如在车间中员工可以看到机床的颜色，听到机床发出的声音、闻到机油的气味，并认识到这是车间里正在工作的机床，即在头脑中产生了机床的整体形象。

知觉与感觉既有联系又有区别，它们的区别在于：感觉反映的是客观事物的个别属性，如颜色、气味、形状、大小、温度等；而知觉反映的是客观事物整体的、综合的属性。知觉是在感觉之上产生的，是感觉到的一系列个别属性的组合，没有感觉，就没有知觉，更谈不上其他心理过程。

(2)知觉的种类

根据人脑反映的对象的不同，知觉可分为物体知觉和社会知觉。

①物体知觉。物体知觉是人对物体以及自然界中机械、物理、化学、生物等种种现象的知觉。任何事物都具有空间、时间和运动的特性，因而物体知觉又分为空间知觉、时间知觉和运动知觉。

②社会知觉。社会知觉是指人觉察到社会性事物的刺激，从而表现出自己的对应性态度或行为，是人试图了解和理解自己及其他人的过程，包括人们对社会生活中的个人、社会团体及组织特性的认识。

社会知觉分为三类：自我知觉、对他人的知觉、人际知觉。

自我知觉是指主体对自己心理活动与心理特征的认识与判断。正确认识自己，可以激发人的自尊心、自信心和责任心，从而推动人的学习和事业的发展，自我知觉还可以增强人们的自我控制、自我调节的能力。

对他人的知觉是指对生活在一定社会环境中其他人的心理状态和个性心理特征的知觉。

人际知觉是指对人与人之间相互关系的认识。它是社会知觉中最核心的部分。人际知觉会影响其他的社会知觉，其他的社会知觉也会影响人际知觉和人际关系的协调。在现实生活中，错误地估计自己和他人、感情因素的介入等，都可能造成人际知觉的偏差和人际关系的失调。

社会知觉比物体知觉更复杂，影响社会知觉的心理效应主要包括以下几个方面。

第一，首因效应与近因效应。首因效应是指首先被反映的刺激信息，即第一印象，对某人先入为主的第一印象直接影响主体对其后来行为的解释和评价。近因效应是指最近获得的信息对他人的知觉所产生的影响。首因效应与近因效应的共同点都是对中间的信息有所忽略，因此难免造成知觉结果的片面性或偏差。一般来说，对陌生对象首因效应作用较大，对熟悉对象则近因效应影响较大。

第二，晕轮效应，又叫光环效应或印象扩散效应。它是指知觉过程中以偏概全、以点带面的偏见倾向。它是一种泛化和扩张的心理效果。

第三，定势效应。它是指在社会知觉中，人们受以前经验模式的影响，产生固定、僵化的印象，并且难以改变的情况。

第四，刻板印象。它是指人们形成的一种概括固定的看法，并把这种看法推而广之，认为这类人或者整体都具有该特征，而忽视个体差异。性别、地域、国别、种族、职业等都能形成刻板印象。刻板印象的积极作用是简化了社会知觉过程，消极作用是容易形成偏见，甚至歧视。

第五，投射效应。它是指以自己的心理来猜测或解释别人的心理。人们常常假设他人与自己具有相同的特性、爱好或倾向等。例如："以小人之心，度君子之腹""五十步笑百步"都是投射效应的反映。

上述几种因素都可能造成社会知觉上的偏差。

第六，期望效应(又称为皮格马利翁效应)。它是指信任和期待具有一种无可估量的能量，能改变人们的行为，产生期待的效果。积极的期望可以促使人们向好的方向发展，而消极的期望则容易使人向坏的方向发展。

③错觉。知觉还有一种特殊形式，即错觉。错觉是指人们在观察物体时，由于物体受到形状、光线、色彩的干扰，加上人们自身的生理、心理原因，如人的主观经验、情绪等，产生与实际不符的知觉误差。它是人在特定条件下对客观事物的歪曲反映。但是，错觉并不同于一般的不正确的认识，因为在特定的条件下，必然产生某种固有倾向的歪曲知觉，它具有必然性和规律性。

错觉的种类很多，生活中最常见的是视错觉，如长短错觉、大小错觉、图形错觉、颜色错觉、明暗错觉，此外还有运动错觉、时间错觉等。长短错觉是指两个长短相等的物体，由于排列不同或者受到某种突出的影响，使人们形成长短不一的感觉，如图 2-1 所示。大小错觉是指某一事物与其他事物对比时，人们对该事物的大小会产生不同的知觉，如图 2-2 所示。图形错觉是指同一图形由于受到其他因素的影响，在人的知觉下会产生图形变异。颜色错觉是指不同颜色的物体会给人以不同的重量、体积的感觉，如图 2-3 所示为色彩错觉图，其中 3 种颜色的色带宽度之比为 30∶33∶37。明暗错觉是指由于受其他因素的影响，人们对物体的明暗程度会产生错觉。如图 2-4 所示，图中 4 个小矩形因所处背景的亮度不同，人们会认为它们存在明暗度差异，事实上它们的明暗程度相同。

图 2-1　长短错觉图

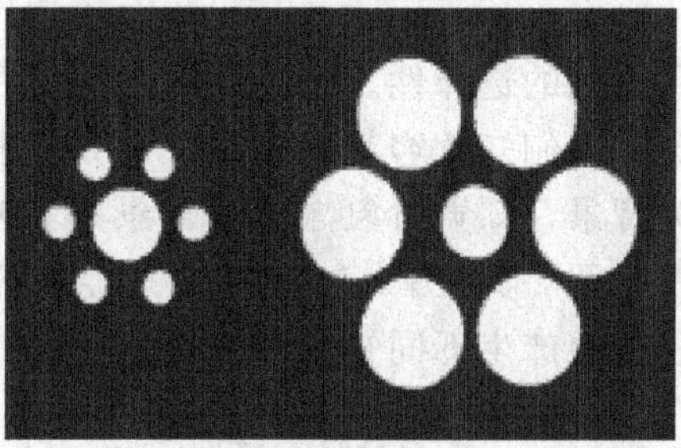

图 2-2　大小错觉图

图 2-3　色彩错觉图

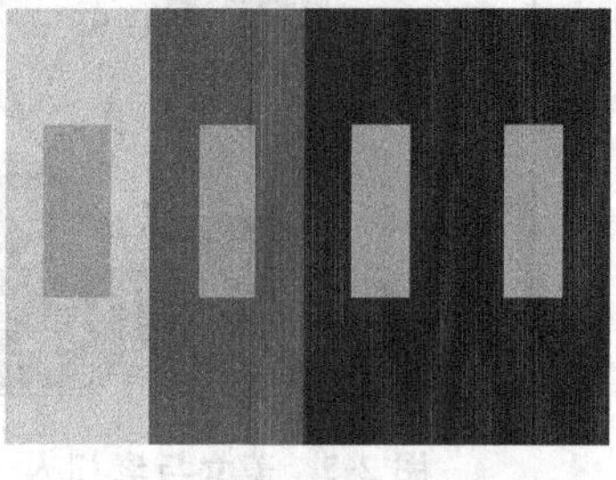

图 2-4　明暗错觉图

运动错觉是指运动的物体与静止的物体在某一环境中同时作用于人的感觉器官时，人们会产生静止的物体在运动或运动的物体变为静止的感觉。如人坐在行驶的汽车中看到路边的路灯灯杆在向相反方向运动，这就是运动错觉。时间错觉是指在同一单位时间里，由于人们的态度、兴趣及情绪不同，有时会觉得时光如梭，有时会觉得度日如年。

错觉的产生有主观和客观两个方面原因。主观方面主要与知觉主体(人)过去的经验或当时的情绪有关，也可能是几种主观因素相互作用的结果。客观方面在于知觉对象所处的客观环境发生了某种变化，造成知觉主体产生错觉。

研究错觉的目的，是帮助人们在实践过程中采取措施来识别错觉，利用错觉。

(3)知觉的特性

①知觉的整体性。知觉的整体性是指人们总是会把知觉的对象感知为一个完整的整体。当客观事物的个别属性作用于人的感官时，人能够根据以往的知识和经验把它知觉为一个整体。

②知觉的理解性。知觉的理解性是指人们在感知客观事物时，总是运用过去所获得的知识和经验去解释它们。知觉的理解性受知觉者的知识经验、实践经历、接受到的言语指导以及个人兴趣爱好等的影响。因此，不同的人对同一事物可以产生不同的知觉结果。人的知识和经验越丰富，对事物的感知就越完整、越深刻。

③知觉的恒常性。当物体的基本属性和结构不变，只是外部条件(如光源、角度和距离等)发生一些变化时，自己的印象仍能保持相对不变，这就是知觉的恒常性。知觉的恒常性使人们能正确地反映客观事物，不会因某些条件的变化而改变对原有事物的反映。这使消费者在复杂多变的市场环境中能避免外部因素的干扰，保持对某些商品的一贯认知。

④知觉的选择性。人们并不是感知所有的对象，而只是对其中某些事物有比较清晰的知觉。人们知觉客观事物时，总是选择性地把某些事物作为知觉对象，而把另一些事物作为背景，知觉对象与知觉背景是相对而言的，此时的知觉对象也可以成为彼时的知觉背景，图 2-5、图 2-6、图 2-7 是经典的双关图，当观察者对知觉对象和知觉背景相互转换时，就会产生不同知觉结果。

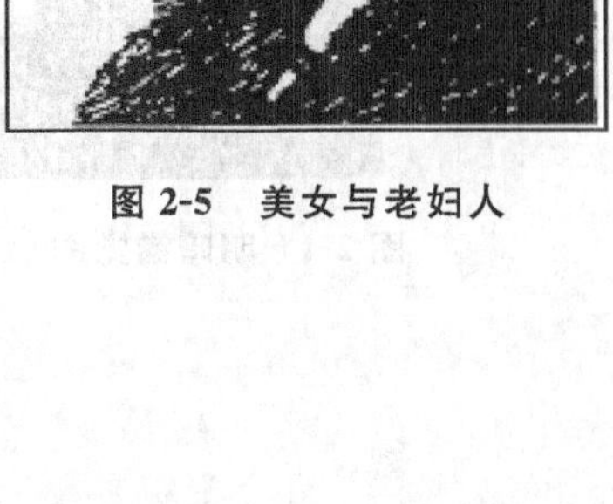

图 2-5 美女与老妇人

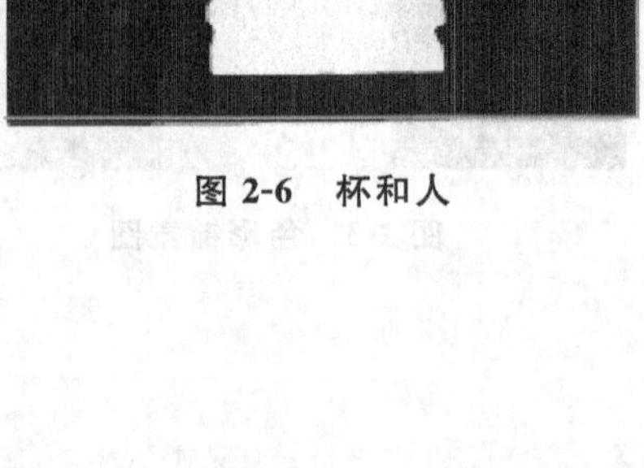

图 2-6 杯和人

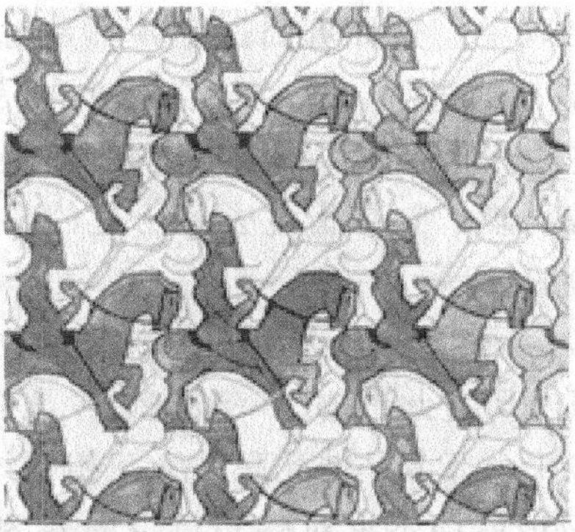

图 2-7 骑马图

知觉具有选择性的原因在于以下两个方面。一是感觉阈限和人脑对信息加工能力的限制。凡是绝对感觉阈限和差别感觉阈限较小的信息刺激，均不被感觉器官所接受，因而也不能成为知觉的选择对象，只有达到足够强度的刺激，才能被消费者所感知。人脑对信息的加工能力是有限的，消费者不可能在同一时间内对所有感觉到的信息进行加工，只能对其中比较清晰的部分加以综合，形成知觉。二是消费者自身的需要、欲望、态度、偏好、价值观念、情绪及个性等因素对知觉选择也会产生直接的影响。凡是符合消费者需要的刺激物，往往会成为首先选择的知觉对象，而与需要无关的事物则经常被忽略。另外，消费者的防御心理也潜在地支配着他们对商品信息的知觉选择。

二、记忆与注意

1. 记忆

从心理学的角度看，记忆是指过去的经验在人脑中的反映。它是人脑的重要机能之一，是主体接受客体的刺激以后，在大脑皮层上留下的兴奋过程的痕迹。这些痕迹在一定条件的影响下，能重新活跃起来，在人脑中重现已消失的刺激物的印象。从消费心理学的角度来研究，记忆是消费者对经历过的事物的反映。这种反映不是对正在作用于消费者的事物的反映，而是对过去经历过、感知过、体验过的事物的反映。记忆在人的心理活动中起着极其重要的作用。有了记忆，人的感觉、知觉和思维意识等各种心理活动才能成为一个统一的过程。

(1)记忆的心理过程

记忆是一个比较复杂的心理过程，人脑对过去经验的反映，要经历包括识记、保持、回忆和认知等几个基本环节。

①识记。它是一种有意识的反复感知，目的是使客观事物的印迹在头脑中保留下来。它是人们为获得客观事物的深刻印象反复进行感觉、知觉的过程。记忆过程是从识记开始的，因此识记是记忆的前提。消费者在购物活动中，常常表现为反复查看商品。多方了解商品信息以加强对商品的印象。

②保持。它是指在识记的基础上，把感知过的事物进一步巩固的过程，从而使记忆

的材料能较长时间地保持在头脑中。这种巩固过程并不是对过去经验的机械重复，而是对经验的材料进一步加工和储存的过程，这种储存起来的信息资料也不是一成不变的，随着时间的推移和后来经验的积累，原先保持的识记在质和量上都会发生一定的变化。

③回忆。回忆又称重现或再现，它是指过去经历过的事物在头脑中重新显现出来的过程，是重新恢复过去的经验的过程。

④认知。认知又称为再认，是指当过去感知过的事物再次出现时，能够识别出来，能够感觉到曾经听过、见过或经历过此事物。一般来说，人们对能重现的事物都能认知。

识记、保持、回忆和认知4个环节是彼此联系又互相制约的，它们共同构成了消费者完整统一的记忆过程。没有识记就谈不上对感知对象内容的保持；没有识记和保持，就没有对接触过的感知对象的回忆和认知。因此，识记是保持的前提和基础，保持是对识记的进一步加深和巩固。识记和保持是回忆和认知的必要条件，识记和保持的质量决定回忆和认知的效果，通过回忆和认知又可以进一步巩固识记并加强保持。

(2)记忆的分类

根据记忆的不同内容，可以把记忆分为形象记忆、逻辑记忆、情绪记忆和运动记忆。

①形象记忆。它是指以感知过的事物的具体形象为内容的记忆。如对商品的形状、大小和颜色的记忆。形象记忆是消费者最主要的记忆形式。其中，视觉形象记忆和听觉形象记忆又起着主导作用。

②逻辑记忆。它是指以概念、判断和推理等为内容的记忆，这种记忆不是对事物的形象，而是对事物的意义、性质、关系和规律等的记忆。如消费者对商品的商标、功能、质量标准和价值等的记忆。这种记忆是通过语言的作用和思维过程来实现的，它是人类所特有的，具有高度理解性、逻辑性的记忆，是记忆的高级形式。

③情绪记忆。它是以体验过的某种情感为内容的记忆，这种记忆保持的是过去发生过的情感体验。情绪记忆一般比其他记忆更加持久，甚至可能终生难忘。因此，营销者在对商品进行宣传时，恰当地调动消费者的情绪体验，可以使消费者形成深刻的情绪记忆。

④运动记忆。它是指以过去的运动或动作为内容的记忆。在消费活动中体现为消费者对购买商品的过程，即从进入商场、挑选商品到成交结算的整个动作过程的记忆。它是一切运动、生活和劳动技能形成的基础。

另外，根据记忆保持时间的长短，可以把记忆分为瞬时记忆、短时记忆和长时记忆。

①瞬时记忆。又称为感觉记忆，是指当事物的刺激停止后，人们在一个很短的时间内保持对它的印象。研究发现，视觉的瞬时记忆在1秒以内，听觉的瞬时记忆在4～5秒以内。消费者在购物场所同时接收大量信息，多数呈瞬时记忆状态。瞬时记忆中的信息如没有受到注意，很快就会消失；如果受到注意，则转入短时记忆。

②短时记忆。它是指保持时间比瞬时记忆的时间稍长的记忆，一般不会超过1分钟。因此，向消费者传递的数字和符号等机械性信息(指那些由人创造出来的、单一的或具有连续性的信息)不宜过长或过多。

③长时记忆。它是指能保持1分钟以上直至数日、数年甚至终生不忘的记忆。短时记

忆的信息经过多次重复或编码，可以成为长时记忆。长时记忆是一个复杂和重要的记忆系统，包括人们后天获得的全部经验。人们一生都能对长时记忆增添信息。长时记忆对消费者进行知识和经验的积累具有重要的作用，它会直接影响消费者的购买选择和决策。对企业来说，运用各种宣传促销手段的最佳效果，就是使消费者对商品品牌和企业形象形成长时记忆。

(3)影响记忆效果的因素

影响记忆效果的因素很多，主要包括以下几个方面。

①记忆的目的性。有些记忆是有目的的，需要经过一定的意志努力获得，我们称为有意记忆；而那些无预定目的，不需要经过意志努力的记忆则被称为无意记忆。研究表明，在其他条件相同的情况下，有意记忆比无意记忆的效果要好。

②记忆的理解性。理解是记忆的重要条件，建立在理解基础上的记忆，其效果优于单纯机械性的记忆。企业进行广告宣传时，如果能把产品或服务与消费者熟悉的事物联系起来，使消费者理解，则能加深消费者对产品或服务的印象，增强消费者的记忆。

③记忆的活动性。当记忆的材料成为人们活动的对象或结果时，由于记忆主体积极参与活动，记忆效果会明显提高。在企业的营销活动中，若能吸引消费者参加相关活动，如服装的试穿、家用电器现场操作、玩具当场表演、食品品尝等，可以大大增强消费者对商品的记忆。

④记忆的系列位置。识记对象在材料中的系列位置不同，被人们遗忘的程度也不同。一般来说，材料的首尾容易记住，中间部分容易被遗忘。研究表明，中间项目被遗忘的程度相当于两端的 3 倍。

拓展阅读

一个关于记忆的现象

如果你正在数两叠钞票，当数到第二叠的一半时，有人插进来和你说话，干扰了你的数数，这时你可能还记得第一叠钞票有多少张，而忘记了第二叠数到了哪里，你不得不重新开始数。

为什么对前后两个数的记忆会有这样大的差异？

现代心理学认为，这是因为你把第一叠的钞票数放进了长时记忆，而把第二叠的钞票数放在短时记忆中。两种记忆的遗忘速度是不一样的。

2. 注意

注意是人的心理活动对一定对象的指向和集中。其中，指向是指心理活动的对象和范围。人在注意时，心理活动总是有选择地接收一定的信息，这保证了注意的方向。集中是指心理活动倾注于被选择对象的稳定和深入的程度。集中不但使心理活动与一些无关的对象隔离，而且抑制了无关的活动。当信息量加大时，因人的心理活动反应容量的限制而只能选择性地接收其中的某些信息。有调查研究表明，大多数消费者在半天时间里他所遇到的150个广告中，只注意了11～12个广告，而能够知觉到这些广告内涵的更是寥寥无几。与认识过程中其他心理机能不同的是，注意不是一种独立的心理活动，而是伴随着感觉、知觉、记忆、思维和想象同时产生的一种心理机能。

(1)注意的功能

注意具有如下三个方面的功能。

①选择功能。人在形成注意时会选择那些对自身有意义的、符合其活动需要的外界影响，避开和抑制那些与当前活动不一致、与注意对象相竞争的各种影响和刺激。消费者不可能同时对所有的对象做出反应，只能把心理活动集中在少数商品或信息上，进而去感知这些商品，深刻地记忆有关信息，集中精力进行分析、思考和判断，并在此基础上形成购买决策。

②保持功能。注意对象的印象或内容在人的意识中能够保持并延续至达到目的。

③加强功能。注意能够对活动进行监督和调节，通过排除干扰，不断地提高消费心理活动的强度和效率。在注意的情况下，消费者可以自动排除无关因素的干扰，克服心理倦怠，对错误和偏差及时进行调节与纠正，从而使心理活动更加准确和高效地进行。

(2)注意的分类

根据注意的产生和保持有无目的以及是否需要意志努力，可以将注意分为无意注意和有意注意。

①无意注意。又称随意注意，是指既没有目的，也不需要任何意志努力的注意。引起无意注意的因素较多，一是客观刺激物本身的特点，包括刺激物的强度、刺激的新异性和刺激物之间的对比关系等。如：造型新颖、色泽鲜艳的商品容易引起消费者的无意注意。二是人的本身状态，包括人的兴趣、需要、态度及情绪状态等。一般来说，符合人的需要和兴趣的事物容易成为无意注意的对象，此外，消费者潜在的欲望、消费者的精神状态，也是形成无意注意的重要条件。如：消费者在无目的地观光和游览时，经常会在无意之中不由自主地对某些外部刺激产生注意。

②有意注意。指有预定目的并需要经过意志努力的注意。有意注意不因知觉对象是否强烈、是否新异、是否有趣而改变。在有意注意的情况下，消费者需要在意志的控制下，主动把注意力集中起来，直接指向消费对象。有意注意通常发生在需求欲望强烈、购买目标明确的场合。例如：消费者在急需某种商品时会刻意寻求、收集有关的商品信息，并在琳琅满目的商品中把注意力直接集中于自己期望购买的商品上，这就是有意注意。通过有意注意，消费者可以迅速地感知商品，准确地进行分析和判断，从而提高购买的效率。有意注意的产生与保持主要取决于购买目标的明确程度和需求欲望的强烈程度。无意注意与有意注意不是截然分开的，它们互相联系并常常在一定条件下互相转化，共同促进消费者心理活动的有效进行。

(3)注意在市场营销活动中的作用

正确运用和发挥注意的心理功能，可以使消费者从无意注意发展到有意注意，继而引发消费者的需求。实践证明，在广告设计制作中巧妙地利用刺激物的大小、强度、色彩、位置和间隔等的对比及变化可以增强消费者的注意。

拓展阅读

注意中断对购物的影响

在购物过程中，消费者往往会被某件事情打断或终止。例如，某消费者正集中注意力进行网购时，突然电话铃响了，这时消费者不得不中断购物去接电话。如果电话持续10分钟且谈话内容与购物无关，挂断电话后，该消费者把注意力再次转回到购物当中，那么这种中断是否会对其购物行为产生影响？

温迪(Wendy Liu)对这种现象进行了研究。她主要关注消费者注意中断的现象对购买行为的影响，即当消费者在选择购买时，如果合意性和可行性发生冲突，消费者在注意被打断以后再回到购物中来时，会出现什么结果。温迪假设消费者的注意中断后再回来时，消费信息加工过程可能会从自下而上变为自上而下、目的驱动的模式，从而影响消费者的偏好。(注释："自下而上"也称为数据驱动，是指信息流程从构成知觉基础的较小知觉单元到较大知觉单元，即从较低水平加工到较高水平的信息加工方式，与"自上而下"相对。"自上而下"也称为概念驱动，是指依赖自身的信息，即已有的知识、概念去加工当前信息的过程。)

通过实验研究，温迪发现，购物过程中注意被打断后，消费者会更喜欢较高的合意性选择而不是可行性选择的消费，即可能选择高风险、高回报或者高质量、高价格的商品。这个发现非常有意思，也就是说，销售人员如果打断消费者正在注意的购物过程，那么消费者最后可能购买的是质量和价格更高的商品，由此可以提高销售绩效。

(资料来源：江林主编：《消费者心理与行为》，第5版，北京，中国人民大学出版社，2015)

三、想象、联想与思维

1. 想象的概念和作用

想象是人所特有的一种心理活动，是在记忆的基础上，把过去经验中已经形成的联系进行组合，创造出没有直接感知过的事物的新形象的过程。想象的内容有许多是"超现实"的，但绝不是凭空产生的。

想象活动具备三个条件：①想象的依据是过去感知过的经验，可以是个人的感知，也可以是前人、他人积累的经验；②想象的发生依赖人脑的创造性，对表象进行加工；③想象的产物必须是新形象，是主体没有直接感知过的事物。想象虽然是人人都具备的一种心理活动，但表现在每个人身上却有所不同。不同类型的消费者，想象力是不同的。

想象对于促进和深化消费者对产品的认识，推动消费者的购买行为具有重要作用。消费者在评价和选购商品时，常常伴有想象活动。当消费者在购买过程中遇到自己从未使用过的商品时，需要借助营销人员的介绍，通过想象来加深对商品功能的理解。

2. 联想的含义和表现形式

联想是由一种事物想到另一种事物的心理活动过程，也是心理学家研究较早的一种心理现象。联想可以由当时的情景引起，也可以由内心回忆等方式引起。营销者更多关注由注意、感知等因素所激发的联想，因为开展营销活动时，可以通过控制消费者所处的购物环境，使用各种方法来激发消费者有益的联想。联想有多种表现形式。

(1)接近联想

两种事物在位置、空间距离或时间上比较接近，人们在看到第一种事物时，很容易联想到另一种事物。

(2)类似联想

两种事物在大小、形状、功能、地理位置及时间背景等方面有类似之处，人们认识到一种事物时会同时联想到另一种事物。

(3)对比联想

两种事物在性质、大小及外观等方面存在相反的特点，人们在看到一种事物时会联想到与其相反的另一种事物。

(4)因果联想

两种事物之间存在一定的因果关系，一种含有原因意义的事物会使人联想到另一种含有结果意义的事物，或由事物的结果联想到它的原因。

(5)色彩联想

色彩联想是指人们由商品、广告和购物环境等提供的色彩，联想到其他事物的心理活动过程。

(6)音乐联想

如慢节奏的古典音乐或民族音乐使人联想到优雅、美妙，节奏明快的音乐使人感到活泼和朝气。

3. 思维的含义和分类

思维是人脑对客观事物本质特征的概括反映。它是大脑运用分析、综合、比较、抽象及概括等一系列活动，把握事物的特征和规律，在既定经验的基础上，认识和推断未知事物的过程，它是人的认识活动的最高阶段。通过思维，由此及彼、由表及里，人们可以发现事物的本质属性和内部联系，这些仅靠感知是不能达到的。由于思维具有概括性和间接性，所以通过思维，人们可以认识那些没有或者不能直接作用于人的感官的各种事物或事物的各种属性，还可以预见到事物未来的发展。

思维有如下几种表现形式。

(1)按照思维活动的不同形式，可分为形象思维和逻辑思维

形象思维是指利用直观形象对事物进行分析判断的思维，如在家庭室内装潢布置之前，进行一番构思和设计；作家写作前要在脑海中构思栩栩如生的人物形象。

逻辑思维是利用概念、推理和理论知识来认识客观事物，达到对事物的本质特征和内在联系的认识的思维。例如数学公式的推导、哲学思辨都属于抽象思维。掌握电子专业知识的消费者，对录像机、VCD 及 DVD 等商品的原理、结构、性能、特点、发展趋势的认识和理解，也是一个抽象思维的过程。

(2)按照思维的不同品质，可分为常规思维和创造性思维

常规思维，是指利用已经获得的知识和经验，依照原来的模式进行的思维。

创造性思维，是指具有独特、变通、逆向、求异和创新特点的思维。在产品设计和企业营销策划等活动中，特别需要创新意识和创新思维。

消费者的思维是一个复杂的心理活动过程，包括分析、综合、比较、抽象、概括及系统化等基本活动过程。消费者的思维过程也是其购买决策的过程。由于思维方法和思维能力方面的差异，消费者购买决策的方式和速度各不相同，每个人在思维的广阔性、深刻性、独立性、灵活性、逻辑性和敏捷性等方面也有区别。例如，思维能力强的消费者，往往不易接受来自别人的提示或广告宣传的诱导，喜欢自己独立决策。与此相反，有的消费者缺乏独立思维的能力，喜欢从众，常常根据他人的意见或建议来购买商品。

第二部分　实践活动

活动 6　分析消费者的心理过程

案例分析 2-1

“佳佳”和“乖乖”的不同命运

“佳佳”和“乖乖”是香脆小点心的商标，两款食品在20世纪70年代曾经风靡我国台湾市场，并掀起过一阵流行热潮。然而率先上市的“佳佳”在轰动一时之后销声匿迹了，而竞争对手“乖乖”却经久不衰。为什么会出现两种截然不同的命运呢？

“佳佳”食品上市前做过周密的准备，并以巨额的广告申明：销售对象是青少年，尤其是恋爱男女，还包括失恋者，广告中有一句话是“失恋的人爱吃佳佳”。显然，佳佳把希望寄托在“情人的嘴巴上”，而且做成咖喱味并采用了大盒包装。“乖乖”食品则是以儿童为目标，以甜味与咖喱味抗衡，用廉价的小包装上市，去吸引敏感而又冲动的孩子们的小嘴，让他们在举手之间吃完，嘴里留下余香，从而促使疼爱孩子的家长重复购买。为了刺激消费者，“乖乖”的广告语“吃得个个笑逐颜开”直截了当地突出“吃”。可见，“佳佳”和“乖乖”有不同的消费对象，不同大小的包装、不同的口味和不同的广告宣传。正是这几个不同，最终决定了两个竞争者的不同命运。“乖乖”成功了，“佳佳”却昙花一现。

在购买活动中，不同消费者的不同心理现象，无论是简单的还是复杂的，都需要经过消费者对商品的认知过程、情感过程和意志过程，这三个心理活动过程既相互区别又相互联系、相互促进。

首先，从消费者心理活动的认知过程来看，消费者购买行为发生的心理基础是对商品已有的认识，但并不是任何商品都能引起消费者的认知。心理实验证明，只有商品的某些属性或总体形象对消费者产生一定强度的刺激以后，才会被选为认知对象。刺激达不到强度或超过了感觉阈限的承受度，都不会引起消费者认知系统的兴奋。商品对消费者刺激强弱的影响因素较多。以“佳佳”和“乖乖”为例，商品包装规格大小、消费对象的

设计、宣传语言的选择都会对消费者产生不同程度的刺激。“佳佳”采用大盒包装，而消费者对新产品的基本心理定势是“试试看”，偌大一包不知底细的食品，消费者往往不予问津；“佳佳”定位的消费对象是恋爱情人，无形中赶走了一批消费者；再加上广告语中的“失恋者爱吃佳佳”一语，又使一部分消费者在“与我无关”的心理驱动下，对“佳佳”视而不见。“乖乖”的设计就颇有吸引力：一是廉价小包装，消费者在“好坏不论，试试再说”的心理指导下，愿意一试，因为量小，即使品尝不佳损失也不大；再者广告突出了“吃”字，吃得开心，开心地吃，正是消费者满足食欲刺激的兴奋点。两相对比，“乖乖”以适度、恰当的刺激引起了消费认知，在市场竞争中，最终击败了“佳佳”。

其次，从消费心理活动的情感过程来看，通常情况下，消费者完成对商品的认知过程后，具备了购买的可能性，但消费行为的发生，还需要消费者情感过程的参与。积极的情感如喜欢、热爱、愉快，可以增强消费者的购买欲望；反之，消极的情感如厌恶、反感、失望等，会打消消费者的购买欲望。在口味设计方面，“佳佳”选择的咖喱的辣味与恋爱情调中的轻松与甜蜜不太相宜，再加上“失恋的人爱吃佳佳”这种晦气的印象，给人以消极的情感刺激。因此，它最终败下阵来也就没有什么可奇怪的了。

在商品购买心理的认知过程和情感过程这两个阶段，“佳佳”都未能给消费者造成充分的良性情感刺激度，因此失去了顾客的爱心；而“乖乖”则给人以充分的积极情绪的心理刺激，从而大获消费者青睐。可见，消费者在意志过程的决断中，舍谁取谁，已在不言之中了。

（资料来源：《“佳佳”和“乖乖”的不同命运》，http://www.doc88.com/p-411726700519.html，2020-03-18）

任务描述

(1)你同意上述分析吗？为什么？

(2)从以上案例中你认为消费者的三种心理活动过程之间的关系是怎样的？

(3)试就某一产品的成功销售分析消费者心理过程的变化。

任务六 消费者情感过程分析

第一部分 学习引导

一、情绪与情感的含义

1. 情绪的含义

情绪是对一系列主观认知经验的通称，是多种感觉、思想和行为综合产生的心理和生理状态。

情绪具有固有的某些特征，如情绪的动力性、激动性、强度和紧张度等。这些特征的变化幅度具有两极性，即存在两种对立的状态。情绪的动力性有增力和减力两极。当需要得到满足时产生的积极情绪是增力，可提高人的活动能力；需要得不到满足时产生的消极情绪是减力，会降低人的活动能力。情绪的激动性有激动与平静两极。情绪的强度有强、弱两极。情绪的紧张度有紧张和轻松两极。与之对应，情绪具有四个维度，包括：强度，即情绪的强弱程度；快感度，即愉快和不愉快的程度；紧张度，即从紧张到轻松的程度；激动度，即从激动到平静的程度。情绪的每个维度都有不同程度的序列。

2. 情感的含义

情感是人针对客观事物符合主体需要的程度而产生的态度和内心体验。人的情感对其购买行为有着重要的影响。情感没有具体的形象，但可以通过人的神态、表情、语气、行动等表现出来。喜、怒、爱、哀、恶、欲、惧就是情感的具体表现形式。情感表达了人们的内心世界，反映出人对客观事物的基本态度。虽然人们的理智可以驾驭情感，在一定程度上能够控制情感的表露，但是，人的情感总是会以这样或那样的方式流露出来。据心理学家观察，当消费者寻觅到自己喜爱的商品时，瞳孔直径会放大，这些变化消费者自己不易觉察，不可能完全靠意志控制。

消费心理学认为，情感是指消费者对购买现场、营业员和商品等客观事物的态度在感情上的反映，是一种比较持久的心境状态。情感过程是伴随着消费者的认识过程而发生和发展的，是心理现象和心境状态产生、发展和变化的过程。情感也具有两极性的特点，如愉快与忧虑、愤怒与安静、朝气蓬勃与抑郁寡欢等。反映在商品购买上，表现为对营销服务和商品的满意与不满意、肯定与否定。消费者良好的情感过程，对其购买行为能产生积极的影响。因此，营销人员应根据消费者的神态、表情、语言和行动的变化等，积极主动地判断和分析消费者的心理状态，以便更好地为消费者提供服务，促使消费者的情感向积极的方向发展。

3. 情绪与情感的区别和联系

情绪通常指由机体的天然需要是否得到满足而产生的心理体验，属于较为表层的心理现象，其表现形式短暂且不稳定，具有情景性和冲动性。当人的情绪失控时，往往会产生一些非理性行为。

情感是人在历史发展中产生的，它与人的社会需要和意识紧密联系，是人类所独有的一种感情，具有较强的深刻性、长期性和稳定性。情感的基础是与人的社会关系相联系的需要，如对社会的贡献、道德的需要、尊重的需要等，以及由满足这些需要而产生的责任感、荣誉感和集体感等心理体验。

情绪与情感之间有着密切的联系，在实际生活中，两者往往交织在一起，难以截然分开。情绪长期积累，就会转化为情感；深沉的情感在特定的环境中，也会以激烈、鲜明、爆发的情绪形式表现出来。

情绪和情感都具有两极性的特征。人们有各种各样的情绪和情感，如满意与不满意、热爱与憎恨等。这些截然相反的情绪或情感在一定条件下又会相互转化，“乐极生悲”“破涕为笑”等现象就是这种转化的典型表现。

二、情绪的状态

情绪的状态是指在某种事件或情境的影响下，在一定时间内所产生的某种情绪。典型的情绪状态有心境、激情、应激。

1. 心境

(1)含义

心境是指人比较平静而持久的情绪状态。

(2)特性

①心境具有弥漫性。心境不是关于某一事物的特定体验，而是以同样的态度体验对待一切事物。

②心境持续时间有很大差别。一种心境的持续时间依赖于引起心境的客观刺激的性质；心境持续时间长短与人的气质、性格有一定的关系。

③心境产生的原因是多方面的。

④心境对人的生活、工作、学习、健康有很大的影响。

⑤人的世界观、理想和信念决定着心境的基本倾向，对心境有重要的调节作用。

2. 激情

激情是一种强烈的、爆发性的、为时短促的情绪状态，是由对个人有重大意义的事件引起的。激情状态常伴随生理变化和明显的外部行为表现。

激情状态下，人往往出现“意识狭窄”现象，即认识活动的范围缩小，理智分析能力受到抑制，自我控制能力减弱，进而使人的行为失去控制，甚至做出一些鲁莽的行为或动作。

3. 应激

应激是人对某种意外的环境所做出的适应性反应。应激状态时，人的身心处于高度紧张状态。应激状态的产生与人面临的情境及人对自己能力的估计有关。当情境对一个人提出了要求，而他意识到自己无力应付当前情境的过高要求时，就会高度紧张而处于应激状态。

人在应激状态下，机体会有一系列生物性反应，肌肉紧张度、血压、心率、呼吸以及腺体活动都会出现明显的变化。这些变化有助于人适应急剧变化的环境刺激，维护机体功能的完整性。这些变化被称之为适应性综合征。

三、情感的类型

情感是同人的社会性需要相联系的主观体验，人类高级的社会性情感主要有道德感、理智感和美感。

1. 道德感

道德感是根据一定的道德标准在评价人的思想、意图和行为时所产生的主观体验。不同时代、不同民族、不同阶级有着不同的道德评价标准。道德感的形成是一个比较复杂的过程，3 岁前的孩子只有某些道德感的萌芽。到幼儿期，道德感开始发展起来。随着自我意识和人际关系意识的发展，儿童的自豪感、羞愧感、委屈感、友谊感、同情感以及妒忌感等，都逐步出现。到青年期，随着世界观的初步形成和人生理想的确立，人的情感更为独立和稳定，并对人的行为有一种持久而强大的推动力。当个体的行为符合自己的理想和价值追求时，人就会产生一种自豪感。可见，道德感能对个体的行为产生调控和监督作用。

2. 理智感

理智感是在智力活动过程中，在认识和评价事物时所产生的情感体验。理智感是人们学习科学知识、认知和掌握事物发展规律的一种重要动力。人们在探索未知事物时表现出的兴趣、好奇心和求知欲，科学研究中面临新问题时的惊讶、怀疑、困惑，对真理的追求和确信，问题得到解决并有新的发现时的喜悦和幸福，这些都是人们在探索活动中和求知过程中产生的理智感。理智感是人们从事学习活动和探索活动的动力。当一个人认识到知识的价值和意义，体验到获得知识的乐趣，以及追求真理过程中的幸福时，他(她)就会不计名利得失，以一种忘我的奉献精神投入到学习和工作中。

3. 美感

美感是根据一定的审美标准评价事物的自然特征和社会行为特征时所产生的情感体验。美感由客观情境引起，受个人的思想观点和价值观念的制约。

凡是符合我们的审美标准的事物都能引起美的体验。美感的产生，一方面，可以由客观景物引起，即对自然美和社会美的欣赏和体验，如桂林山水的秀丽、故宫的绚丽辉煌、长城的蜿蜒壮美，使人体验到大自然的美和人类的创造之美；另一方面，人的容貌举止和道德修养也能引发美感。由于价值追求和审美情趣的多样化，人们对美的见解也多有不同。美感受社会生活条件的限制，不同民族、不同阶层的人们对美的评价标准不尽相同，对美的体验也不同。

四、影响消费者情绪与情感的客观因素

1. 商品

商品的使用价值、外观和附加利益往往会使消费者的情感处于积极、消极或矛盾的状态中。消费者在购买商品时，如果得到称心的商品，就会欣喜万分，产生积极的情感；反之，则会产生消极的情感。

2. 服务

消费者购买商品，不仅要满足自己的生理需要，而且要通过购买活动，满足自己的心理需要。因此，消费者的情感还会受到服务因素的影响。热情、周到的服务可以使消费者感受到被尊重，产生安全感和信任感，同时，高质量的服务也能够提高企业的知名度和美誉度。

3. 环境

消费者购物活动时的情绪，受到环境氛围的影响。品种齐全、赏心悦目的商品、清新的空气、明快的色彩、宜人的温度、轻松的音乐、完美的服务和有序的管理等，都会使消费者处于舒畅且愉悦的情感状态中，从而激发其购物的欲望；而脏乱、嘈杂的环境则会使消费者产生烦躁和压抑的消极情绪，以至匆匆离去。

由此可见，消费者情感可以促进实现购买行为，也可能抑制和破坏购买行为。

第二部分　实践活动

活动 7　分析消费者的情绪和情感

访问一家零售店，观察该零售店的店内布置和陈列，从情绪和情感的角度指出其长处和不足之处，并提出改进建议。

任务七　消费者意志过程分析

第一部分　学习引导

案例导入

消费者购买生鲜食品的意志过程

很多人在购买生鲜食品时会通过观察来判断食品是否新鲜，或者通过闻味道，看生产日期(或上市日期)、认证标志，看产地和品牌，看包装(如是否有保鲜膜等)等来判断食品的安全性，进而决定是否购买。有些人在购买蔬菜水果时由自己决定，但有时会因为家人、同事、朋友、导购员的推荐而影响决策；现场许多人在购买也会对我们的决策产生一定影响；另外，广告、促销等因素都有可能影响我们的购买决定。一些人会对有关食品安全的信息更加关注。

这些都属于消费者选购生鲜食品的意志过程，主要表现在三个方面：购买生鲜食品时如何判断其安全性；购买生鲜食品时谁会影响消费者决策；是否关注安全信息，包括信息来源、信息质量判断、品牌信息等。意志过程最直接的结果是消费者的购买行为本身。

消费者心理活动的意志过程，是消费者在认知过程、情感过程的基础上，做出购买决策，采取购买行动的心理活动过程。

一、消费者意志过程的含义

意志是指人们为了实现一定的目的和行为所做出的自觉的、坚持不懈的努力。在营销活动中，意志过程是指消费者确定购买目标、选择一定的手段克服困难，达到预定目的的心理过程。因此，意志过程是人的内在意识向外部动作转化的过程。

二、消费者意志过程的基本特征

1. 消费者有明确的购买目的

消费者的意志行为是有目的的行动，实质上是消费者内部心理活动向外部的转化，是人的心理活动自觉能动性的集中体现。

2. 意志过程是排除干扰、克服困难的过程

消费者在实现购买目的的过程中，通常会遇到各种困难，既有消费者思想方面的矛盾、冲突和干扰，也有外部环境的障碍和阻挠。消费者克服困难、排除干扰的过程就是意志行动过程。消费者克服的困难和排除的干扰越多，说明他的意志越坚强。

三、消费者购买的意志过程

1. 做出购买决策阶段

做出购买决策是消费者意志过程的开始阶段，包括购买目标的确定、购买动机的取舍、购买方式的选择和购买计划的制订等一系列购前准备工作。

2. 执行购买决策阶段

执行购买决策阶段是意志过程的关键阶段，这一阶段是消费者把购买决策变为现实的购买行动的过程，需要消费者做出更大的意志努力，自觉地排除和克服各种因素的干扰，顺利完成购买活动。在这一过程中，可能遇到来自外部和内部的困难和障碍，如商品的质量、价格、款式，家庭成员之间的意见分歧、商家之间的竞争、消费热点转移及新型号产品已经面市等，这些都可能动摇消费者原有的购买决定。因此，消费者需要依靠意志努力自觉地排除干扰，实施购买；或者调整目标，执行新的购买决策，以便顺利完成购买活动。

3. 评价购买决策阶段

这是消费者意志过程的最后阶段。消费者通过对商品的使用及相关群体的评价，对商品的性能、质量、价格、外观等有了更为实际的认识，并以此检验、评判其购买决策

正确与否。对购买决策的检验和评判，直接影响消费者今后的购买行为：重复购买或者拒绝再次购买。

四、三个心理过程的关系

消费者在购买商品时所发生的认知过程、情感过程和意志过程，是统一的、密切联系的心理活动过程的三个阶段。在消费者购买心理活动中，这三个过程彼此渗透、互相作用，不可分割。情感依靠感知、记忆、联想、思维等认识活动，同时，情感又影响认识活动，即积极的情感可以促进消费者认识的发展，消极的情感可能抑制认识活动。认识活动是意志的基础，认识活动又离不开意志的努力，对商品的情感可以影响意志，可以推动或者阻碍购买的意志和行为。意志又能够控制情绪，使消费者进行客观冷静的分析。当消费者完成对某一商品的购买之后，又将根据新的需要进入新的认知过程、情感过程和意志过程。

认知过程、情感过程及意志过程的关系如图 2-8 所示。

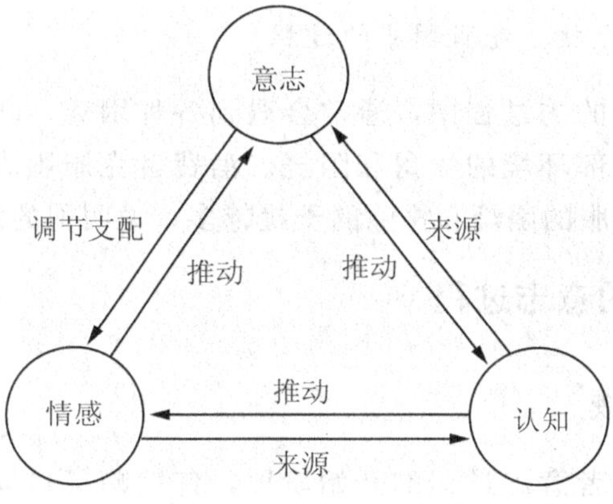

图 2-8　认知过程、情感过程及意志过程的关系

第二部分　实践活动

活动 8　消费者意志过程分析

访问一家大型超市，观察该超市的店内布置及其商品陈列，从认知、情感和意志角度指出其长处和不足，并提出改进建议。

项目三　消费者个性心理分析

项目概述

消费者的个性心理特征是消费者个人稳定的类型特征，是气质、性格与能力等心理机能的独特结合。本项目将学习消费者个性心理、气质、性格、能力、态度等概念，以及特征与行为表现。要求掌握消费者气质、性格、能力的基本内涵与相关理论；熟悉消费者态度的基本含义与态度改变理论；运用消费者气质、性格、能力的基本内涵与相关理论分析消费者心理；运用态度理论分析和解决现实问题。

项目目标

知识目标

1. 掌握消费者气质、性格、能力的基本内涵与相关理论；
2. 熟悉消费者态度的基本含义与态度改变理论。

能力目标

1. 能运用消费者气质、性格、能力的基本内涵与相关理论分析消费者心理；强化对消费者个性特征的认识，学会辨识不同类型的消费者；
2. 能运用态度理论分析和解决现实问题。

素养目标

1. 培养尊重消费者个性的职业素养；
2. 养成善于观察消费者、积极思考与分析的职业习惯。

任务八 消费者个性心理

第一部分 学习引导

案例导入

看电影迟到的人

苏联的心理学家以一个人去电影院看电影迟到为例，对人的几种典型的气质做了说明。假如电影已经开场，门卫不让迟到的人入场，不同气质类型的人会有不同的表现。

第一种人赶到后，对门卫十分热情，又是问好又是感谢，会急中生智想出许多令人同情的理由，如果门卫坚持不让他进门，他也会笑哈哈地离开。

第二种人赶到后，对于自己的迟到带着怒气，想要进去看电影的心情十分迫切，向门卫解释迟到的原因时，让人感到有些生硬，如果门卫坚持不让他进门，也会带着怒气而去。

第三种人赶到后，犹犹豫豫地想进去又怕门卫不让，微笑而又平和地向门卫解释迟到的原因，好像不在乎电影早看一会儿或迟看一会儿，若门卫一定不让他进去的话，他会很平静地走开。

第四种人赶到的时候，首先可能会看一看迟到的人能不能进去，如果看到别人能够进去，也跟进去，如果门卫不让他进，也不愿意解释迟到的原因，默默地走开，最多只是责怪自己为什么不早一点来。

案例讨论：

(1)上述 4 种人分别属于哪 4 种典型的气质类型？

(2)如果上述 4 种人进行购物，会有怎样的表现？

(3)如果你看电影迟到，遇到上述情况，会如何表现？

消费者退换商品策略

3 月 15 日是国际消费者权益保护日，某大型零售企业为了改善服务态度、提高服务质量，向消费者发出意见征询函，调查内容是“如果您去商店退换商品，售货员不予退换怎么办?”要求被调查者写出自己遇到这种事时是怎样做的。其中有这样几种答案。

(1)耐心诉说。尽自己最大努力，苦口婆心慢慢解释退换商品的原因，直到得到解决。

(2)自认倒霉。向商店申诉也没有用，商品质量不好又不是商店生产的，自己吃点亏下回长经验。

(3)灵活变通。找好说话的其他售货员申诉，找营业组长考虑或向值班经理求情，只要有一个人同意退换就有望解决。

(4)据理力争。绝不求情，脸红脖子粗地与售货员争到底，不行就往报纸投稿曝光，再不解决就向工商局、消费者协会投诉。

案例讨论：

(1)这个调查内容能否反映出消费者个性心理特征的本质差异？

(2)上述4种答案各反映出消费者哪些气质特征？

(3)请你写出另外两种可能的答案。

一、个性心理的概念

1. 个性心理的含义

个性心理是指一个人在他的先天生理素质基础上，在一定社会历史条件下通过社会实践活动表现出来的经常的、相对稳定的个性倾向和个性心理特征的总和。人的一般心理过程为人的共性，每个人均经过这个心理过程。人的个性心理，为人的个性，每个人各不相同。个性心理主要包含两方面的内容，即个性倾向性与个性心理特征。

个性倾向是人进行活动的基本动力，也是个性心理中最积极、最活跃的因素。它决定着人对现实的态度、对认识和活动对象的趋向和选择。个性倾向性包括需要、动机、兴趣、理想、信念、世界观和价值观等。其中需要是个性倾向乃至个性心理中积极的源泉。

个性心理特征是一个人多种心理特点的独特结合，比较集中地反映了人的心理面貌、稳定的类型差异。个性心理特征包括气质、性格和能力。气质标志着人心理活动在强度、速度、灵活性等方面的稳定的动力特征。性格显示人对现实的态度和与之相应的行为方式上的特征。能力标志着人在完成某项活动时潜在可能性上的特征。气质、性格和能力三方面的个性心理特征在一个人身上的结合方式是因人而异的，这就构成了千差万别的个性。

2. 个性心理的特点

(1)独特性

没有完全相同的两个人。每个人都有与别人不同的气质、性格和能力，每个人都有独特的动机与兴趣。

个性的独特性并不排除共性。比如，生活在同一地区或同一民族的人们，在生活习惯、文化传统、民族情感等方面具有某些相同的特点。

(2)整体性

个性心理是由一个人所具有的一系列心理特征组合起来的，而不是指某一方面的心理特征。所以，在描述人的个性心理时，就必须指出他所具有的一系列心理特征。

(3)稳定性

每个人的个性是在一定的先天生理基础上，受家庭、学校和社会的影响，在各种实践活动中逐渐形成的。而一旦形成，就比较稳定，经常重复表现出来。

个性的稳定性是相对的。随着社会环境的变化、个人的生理和心理的发展，个性也会有所变化。这种变化在人的各个年龄段都会发生，但年龄越低或遭遇的事情越重大，个性变化就会越大。

(4)社会性

人们处于复杂的社会关系中，受到各种社会因素的影响，需要不断总结社会经验，调整自我，以适应社会发展变化的需要。人们通过社会实践活动形成了个性心理，因此个性心理具有社会性。

二、影响个性的因素

遗传是个性形成和发展的前提条件，环境、社会文化及偶然因素等后天环境决定了个性的形成和发展。

1. 遗传因素

人的生理素质会对个性有一定影响，如相貌出众的人往往比较自信。智力水平、气质、特殊能力等都有一定的遗传性，影响着个性的形成与发展。

2. 环境因素

个性形成受所处的家庭和社会阶层环境的影响。

家庭是个性形成的最初影响阶段。父母对孩子有很大的影响作用，主要表现在父母的个性特征和教育方式对子女的影响。每个社会阶层都有自己判断事物的标准和态度，会影响这一阶层个体判断事物的标准和态度，从而对个性起到一定的影响作用，而每一阶层考虑问题的出发点也是不同的。

3. 社会文化因素

不同的社会文化背景，会有各自不同的行为标准、道德准则。人们从儿童时代便在家庭、学校中，逐渐认识社会文化、行为标准、道德准则，学会适应现实环境。这种影响逐渐积累，对个性的形成与发展起了非常重要的作用。

4. 偶然因素

前 3 种因素对个性的形成与发展起着主要作用，但突发事件、重大变故等偶然因素如家庭解体、高考落榜、失业等也会对个性产生较大的影响，甚至可能会改变一个人的个性。

三、个性成长的理论

1. 个性发展理论

新精神分析学派的代表人物埃尔克森(Erikson)根据年龄把人的发展分为 8 个阶段(见

表 3-1)。他认为每个阶段都有一个核心问题，或主要矛盾，或一个危机，这些问题、矛盾或危机的产生与解决都与社会环境有关。危机的解决有两种途径：积极的和消极的。积极的解决有助于自我力量的增强，有利于个人适应环境，使个体顺利进入下一发展阶段；消极的解决则会削弱自我力量，阻碍个人的适应与发展。每个阶段都有其相应的正面特质和负面特质。

表 3-1　埃尔克森个性发展阶段

顺序	发展阶段	年龄	正面特质	负面特质	主要影响者
1	婴儿期	0～1 岁	基本信任	基本不信任	看护者
2	幼儿期	1～3 岁	自主	羞愧、怀疑	父母
3	儿童早期	3～6 岁	创新	内疚	家庭
4	儿童后期	6～12 岁	勤奋	自卑	学校、同伴
5	青年期	12～20 岁	自我同一	角色混淆	同伴、群体
6	成年早期	20～25 岁	亲密	孤立	朋友
7	成年期	25～65 岁	关心后代	关注自我	家人、同事
8	晚年期	65 岁以后	自我完善	失望	人类

2. 不成熟—成熟理论

哈佛大学教授阿吉利斯从个性与工作环境关系的角度提出了不成熟—成熟理论。他认为，不同的工作环境对人的个性发展有直接的影响。从婴儿长为成人的成长过程中，个体的自我世界扩大了，经历一个连续发展的过程，即从被动到主动，从依赖到独立，从缺乏自觉自制到自觉自制的过程。人们从不成熟或依赖状态转变到成熟状态，其不同的个性特征见表 3-2。但个性特点与年龄不一定一致，如有些成年人的个性特点与婴儿的特点相同，他们是不正常的成年人。

表 3-2　不成熟与成熟的个性特征

序号	不成熟的个性特征	成熟的个性特征
1	被动性	主动性
2	依赖性	独立性
3	没有主动的表现方式	多种表现方式
4	兴趣肤浅	兴趣深远
5	短期观念	长期观念
6	从属地位、被人支配	高级地位、精神领袖
7	缺乏自我意识	具有自我意识

第二部分 实践活动

活动 9 了解个性

实地调研一家服装店，观察店内 3～5 位消费者购买过程中的行为，进行图像或文字记录，分析他们各自的个性心理特征和个性倾向，并针对其个性心理提出推销建议。

任务九 人格与消费行为

第一部分 学习引导

案例导入

人格特质与冲动性购买倾向

冲动性购买行为是一种在外界的一定作用下，消费者产生强烈情感，从而在短时间内进行低认知、低判断、低评估的消费行为。冲动性购买在日常消费中很普遍，而伴随该行为的还有懊悔、自责的心理活动，但是对于不同的人来说，进行冲动性购买的可能性不同，奥千愉从艾森克人格特质三因素理论角度出发，对人格特质与高中生冲动性购买倾向的关系进行研究。

艾森克人格特质三因素理论认为人格分为三个维度：①外倾性，它表现为内、外倾的差异；②神经质，它表现为情绪稳定性的差异；③精神质，它表现为孤独、冷酷、敌视、怪异等偏于负面的人格特征。奥千愉探讨了个体三个维度得分与冲动性购买倾向的关系。结果显示，冲动性购买倾向除了存在性别差异，还与神经质维度之间的关系显著相关，即：女性外向性与神经质这两个维度对冲动性购买倾向影响显著。由于外向性即外倾是指大脑对不好事物的回避程度，因此外向性高的人会忘记上次冲动性购买后的失落心情，从而产生新的购买行为。神经质用于描述控制情绪的能力及情绪是否平和稳定，当神经质过高时，她控制、管理情绪的能力会下降，所以当女性神经质得分较高时，她在见到自己心仪的物品时会难以抑制内心激昂的心情。所以这两个维度的影响较显著。而男性则相反，其人格特质的三个维度与冲动性购买倾向关系的结果均不显著。

（资料来源：奥千愉：《艾森克人格三因素理论视角下高中生人格特质与冲动性购买倾向的关系研究》，载《现代企业文化》，2019(1)：156～157）

一、人格的概念

1. 人格的含义

人格也称个性，这个概念源于希腊语 Persona，原来是指演员在舞台上戴的面具，后来心理学借用这个术语来指人格。在人生的舞台上，人也会根据社会角色的不同来更换面具，这些面具就是人格的外在表现。面具后面还有一个真实的自我，它可能和面具截然不同。

心理学将人格定义为：个人在适应环境的过程中所表现出来的系统的独特的反应方式，它是个人在其遗传、环境、成熟、学习等因素的交互作用下形成的，并具有很大的稳定性。它包括气质、性格等方面稳定的心理特征。

2. 人格的特征

人格具有独特性、统合性、功能性、稳定性。

(1)独特性

一个人的人格是在遗传、环境、教育等因素的交互作用下形成的。不同的遗传、生存及教育环境，形成了人们各自独特的心理特点。没有人格完全相同的人，但也不意味着人与人之间的个性毫无相似之处，如同一民族、阶级的人都具有某些共同的心理特点。

(2)统合性

人格是由多种成分构成的一个有机整体，具有内在统一的一致性，受自我意识的调控。人格统合性是心理健康的重要指标。当一个人的人格结构在各方面彼此和谐统一时，他的人格就是健康的。否则，可能会出现适应困难，甚至出现人格分裂。

(3)功能性

人格决定一个人的生活方式，甚至决定一个人的命运，因而是人生成败的根源之一。当面对挫折与失败时，坚强者能奋发拼搏，懦弱者会一蹶不振，这就是人格功能性的表现。

(4)稳定性

人格具有稳定性。个体在行为中偶然表现出来的心理倾向和心理特征并不能作为他人格的表征。俗话说，“江山易改，秉性难移”，这里的“秉性”就是指人格。人格具有稳定性并不意味着在人的一生中，人格是一成不变的，随着生理的成熟和环境的变化，人格也会产生或多或少的变化，这是人格可塑性的一面。因为人格具有可塑性，才能培养和发展人格。

二、气质与消费行为

1. 气质的含义

气质是指人的典型的、稳定的心理特征。它是影响人的心理活动和行为的动力特征，主要表现在心理过程的强度、速度、稳定性、灵活性及指向性，如情绪体验的强弱与快慢、思维的敏捷性、知觉的敏锐度、注意力集中时间的长短、注意力转移的难易以及心理活动倾向于外部世界还是内部世界等。气质是构成人们各种个性品质的基础。

2. 消费者气质的差异

气质是在先天生理素质的基础上，通过生活实践，在后天条件影响下形成的。由于先天遗传因素不同及后天生活环境的差异，不同个体之间在气质类型上存在着差异，这种差异会直接影响个体的心理和行为，从而使每个人的行为表现出独特的风格和特点。不同气质的消费者在购买同样的商品时会采取完全不同的行为方式；在其购买过程中，遇到问题时的处理方式也会大相径庭。

此外，气质还可以影响个体活动的效率和效果。在消费活动中，不同气质的消费者会采取不同的行为表现方式，如热情主动或消极冷漠，行动敏捷或迟缓，于是会产生不同的活动效率和消费效果。这正是在消费心理研究中关注气质研究的原因所在。

3. 气质学说

(1)体液说

古希腊著名医生希波克拉底最早提出了气质的体液学说，认为人体的状态是由体液的类型和数量决定的。根据各种体液在人体内所占比例的不同，可以将人分成4种气质类型：多血质、黏液质、胆汁质、抑郁质。希波克拉底详细描述了4种典型气质的行为表现。由于他的理论较易理解，所以此分类方法至今仍在沿用。

(2)高级神经活动类型说

巴甫洛夫提出了关于高级神经活动类型的概念。他指出人的大脑皮质的高级神经活动有2个基本过程：兴奋和抑制；并具有3个基本特性：强度、平衡性和灵活性。由此，巴浦洛夫把人的高级神经活动类型分为4种，即兴奋型、活泼型、安静型和抑制型，分别与传统的气质类型相对应(见表3-3)。

表3-3 高级神经活动类型与气质类型的对应关系

神经系统的基本特点	高级神经活动类型	气质类型	行为特征
强、平衡、灵活	活泼型	多血质	活泼好动、反应灵活、好交际
强、平衡、不灵活	安静型	黏液质	安静、坚定、迟缓、有节制
强、不平衡	兴奋型	胆汁质	攻击性强、易兴奋、不易约束、不可抑制
弱	抑制型	抑郁质	胆小畏缩、消极防御性强

①兴奋型。这类人的神经素质反应较强，但不平衡，兴奋过程强于抑制过程，容易兴奋而难于抑制。一般表现为情绪反应快而强烈，抑制能力较差；对外界事物的反应速度快，但不够灵活，脾气倔强，精力旺盛，比较外向。

②活泼型。这类人的神经素质反应较强而且较平衡，灵活性较强。一般表现为情绪兴奋性高，活泼好动，富于表现力和感染力；对外界事物较为敏感，容易随环境的变化而转变，精力分散，兴趣广泛，联系面广，反应性和外倾性都较为明显。

③安静型。这类人的神经素质反应迟钝，但较平衡，灵活性较低，抑制过程强于兴奋过程。一般表现为情绪比较稳定，沉着冷静，善于忍耐，对外界事物反应缓慢，心理状态极少通过外表表现出来，耐性和内倾性都较明显。

④抑制型。这类人的神经素质反应较弱，但较为平衡，兴奋速度较慢。一般表现为主观体验深刻，对外界事物的反应速度慢而不灵活；遇事敏感，言行谨慎，易于激动和消沉，感受性和内倾性都较为明显。

纯属于以上某一种典型气质类型的人并不多，因此在判断某个人的气质时，并不一定要确切将其划归为某种类型，而是要观察构成其气质类型的各种心理特征，从人的活动的积极性、行为的均衡性和适应环境的灵活性等方面去发现人的基本气质。

(3)现代心理学气质类型

现代心理学从感受性、耐受性、敏捷性、可塑性、兴奋性以及倾向性等方面分析了4种气质类型的典型心理特征，以及相应的行为特点。气质类型的典型心理特征见表3-4。

表3-4 气质类型的典型心理特征

气质类型	感受性	耐受性	敏捷性	可塑性	兴奋性	倾向性
多血质	弱	较强	强	强	高	外倾
黏液质	弱	强	低	弱	低	内倾
胆汁质	弱	较强	强	弱	高	外倾
抑郁质	强	强	低	弱	高	严重内倾

4. 消费者的气质在购买行为中的表现

气质对消费者的购买行为有深刻影响。在消费者一系列的购买行为中会逐步显露出不同的气质特点。多血质和胆汁质的消费者通常会主动与售货员进行接触，积极提出问题并寻求咨询。有时还会征询在场的其他消费者的意见，表现活跃。而黏液质和抑郁质的消费者则比较消极被动，通常需要售货员主动上前询问，而不会首先提出问题，因而不太容易沟通。

在购买过程中，黏液质的消费者比较冷静慎重，不易受广告宣传、外观包装及他人意见的影响，而胆汁质的消费者容易感情冲动，经常凭借个人兴趣、偏好及商品包装来选择商品，容易受广告宣传及购买现场氛围的影响。

在购买决策时，多血质和胆汁质的消费者往往心直口快，见到自己中意的商品，会果断地做出购买决定，并马上购买。而黏液质和抑郁质的消费者在挑选商品时则显得优柔寡断，犹豫不决，挑选时间较长，十分谨慎。

所以，了解人的气质类型，有助于根据消费者的各种购买行为，发现和识别其气质特征，注意利用消费者气质特征的积极方面，控制其消极方面，提高营销效果。

三、性格与消费行为

性格是个性中重要的心理特征，是区别于他人的主要心理标志。人们常说：“这个人个性很强。”这里的“个性”更多的是指人的性格。

1. 性格的含义

性格是指一个人比较稳定的、对现实的态度和习惯化的行为方式。它是人的个性中最重要、最显著的心理特征，它可以通过对事物的倾向性态度、意志、活动、言语及外貌等方面表现出来，是个体本质属性的独特组合，是人的主要个性态度的集中体现，也是一个人区别于其他人的主要心理标志。人的性格受思想、意识、信仰和价值观的影响和制约。每个人的性格会具有各自的特征。性格是在个人生理素质的基础上，通过社会实践活动逐渐形成的，具有复杂性、独特性、整体性和持续性的特点。

2. 性格与气质的联系

性格与气质是互相渗透、互相作用的，两者都以人的高级神经活动类型为生理基础。气质与神经系统较为密切，它对性格的形成和发展有一定的影响。性格更多地受社会生活条件的制约，因此，具有明显的社会性。

第一，气质影响性格的形成。气质是先天具有的，气质会影响性格的后天形成。如有些婴儿喜欢哭、好动，有的婴儿比较安静，这些气质特征直接影响看护人对他们的态度和行为的反应，从而对婴儿的性格形成产生影响。

第二，气质会影响性格的表现形式，使同一性格的表现有所不同。例如，同是助人为乐的性格特征，不同气质类型的人有不同的表现形式：多血质的人行动敏捷、灵活机动，可以迅速有效地帮助别人；而黏液质的人行动沉稳、不露声色地帮助他人；胆汁质的人热情、爽快，直接给予帮助；抑郁质的人从细微处发现他人的困难，给予细致入微的关心。

第三，气质影响性格形成和改造的速度。如胆汁质者容易形成果断的性格，而不易形成自制力；而黏液质者则容易形成自制力，不易形成果断的性格。

第四，性格在一定程度上可以掩盖或改造气质特征。如侦察员必须具备沉着冷静、机智勇敢等性格特征，而胆汁质的人通过严格的侦察员专业训练，就可以具备这些性格特征，掩盖或改造其易冲动的气质特征。

3. 性格的特征

性格具有十分复杂的心理特征，通过不同的侧面表现出来。这些不同侧面的特征有机地结合成为一个整体，构成每个人的不同性格。

(1)性格的认知特征

性格的认知特征是指人们在感知、注意、记忆、想象和思维等认知过程中所表现出来的性格特征。如有的人易受环境的影响、易受暗示，而有的人则不易受环境的干扰，坚持自己的主见；有的人注重细节，而有的人注重事物的轮廓等。

(2)性格的情绪特征

性格的情绪特征是指人们的情绪活动在强度、稳定性、持久性及主导心境等方面表现出来的性格特征。如有的人情绪反应比较强烈，不易控制，而有的人能平静地对待各种现实，能控制情绪；有的人总是很快乐，而有的人却经常感到郁闷。

(3)性格的意志特征

性格的意志特征是指人们在活动中表现出的是否具有明确目标、自觉控制行为水平等特征。如有的人做事主动，而有的人做事被动；有的人做事有恒心、不达目的不罢休，而有的人一旦遇到困难就半途而废。

(4)性格的态度特征

性格的态度特征是指人们在对待各种社会关系时所表现出来的特点。主要包括对社会、组织、他人的态度，对学习、工作、劳动的态度，对自己的态度等，如热情、冷淡，认真、马虎，自信、自卑等。

4. 性格的类型

由于性格很复杂，心理学中至今对其没有一个公认的、统一的分类原则。心理学家从不同的角度，以各自的标准对性格进行分类，主要有以下几种性格类型说。

(1)心理机能类型说

心理机能类型说是心理学家培因(A. Bain)和李波(T. A. Ribot)提出的。他们依据人的三种心理机能，即智力、情绪、意志所占优势的不同，将性格分为理智型、情绪型和意志型。他们认为：

理智型者属于智力占优势，以理智来进行思考，以理智来支配自己的行动。

情绪型者属于情绪占优势，依自己的情绪对待人与事，不善于思考，以情绪来支配自己的行动。

意志型者属于意志占优势，有明确的行为目标，并积极主动地去实现目标。

(2)向性说

向性说是心理学家荣格(Carl Gustav Jung)提出的。他用精神分析的观点，根据人的心理活动倾向将性格分为两种：外向型和内向型。荣格认为：

外向型者情感和行为外露，对外部事物感兴趣；好交际，热情开朗；适应性强；但思考和行动较轻率。

内向型者情感和行为不易外露，对内心世界较关注且体验深刻；较孤僻；深思熟虑，但适应性差。

(3)独立顺从说

独立顺从说是心理学家阿德勒(Alfred Adler)提出的。他用精神分析的观点，根据个体的独立程度将性格划分为：独立型和顺从型。

独立型者善于独立思考，做事有主见，能独立发挥自己的能力；但常将自己的观点强加于人。

顺从型者不善于独立思考，做事缺乏主见，易受暗示，易随波逐流。

(4)特质说

特质是构成性格的基本元素，具有稳定性和一般性，并决定着个体的态度和行为。心理学家卡特尔(Raymond Bernard Cattell)、艾森克(Hans J. Eysenck)、阿尔波特(C.

W. Allport)等对个体的特质进行了研究，分别提出了各自的理论。这里主要介绍卡特尔的特质说。

卡特尔采用图表法将特质分为表面特质和根源特质。表面特质是指一个人身上经常发生的、可以直接观察到的行为表现。根源特质是指表面特质的根源，是态度和行为之间的一种关联。如乐群性是一种根源特质，一个人身上的乐群性影响他的态度和行为，对应的表面特质包括朋友的多少、与何种人交朋友、交往的能力等。根源特质是构成性格的基本要素。表面特质是根源特质的外在表现。

根源特质共有16种。卡特尔设计出一种人格测验——16种人格因素问卷，并描述了与测验得分对应的高分者和低分者的特征，见表3-5。

表3-5　16种人格因素的性格特征

因素	特质名称	低分者特征	高分者特征
A	乐群性	缄默、孤独、冷淡	外向、乐群、热情
B	聪慧性	迟钝、学识浅薄	聪明、富有才识
C	稳定性	情绪激动、易烦恼	情绪稳定、能面对现实
E	持强性	谦逊、顺从、通融、恭顺	好强、固执、独立积极
F	兴奋性	严肃、审慎、冷静、寡言	轻松兴奋、随遇而安
G	有恒性	敷衍、缺少奉公守法精神	有恒负责、做事尽职
H	敢为性	畏怯退缩、缺乏自信心	冒险敢为、少有顾虑
I	敏感性	理智、注重现实	敏感、感情用事
L	怀疑性	信赖随和、易与人相处	怀疑、刚愎、固执己见
M	幻想性	现实、合乎成规	幻想、狂妄不羁
N	世故性	坦白直率、天真	精明能干、世故
O	忧虑性	安详、沉着、有自信心	忧虑抑郁、烦恼自忧
Q1	实验性	保守、服从传统	自由、批评激进、不拘泥于现实
Q2	独立性	依赖、随群附和	自立自强、当机立断
Q3	自律性	矛盾冲突、不顾大体	知己知彼、自律严谨
Q4	紧张性	心平气和、闲散宁静	紧张困扰、激动挣扎

5. 消费者性格在购买中的表现

消费者的性格特点，会自然地表现在他们的购买活动中，例如，喜欢通过周密思考，详细权衡各种因素再做出购买决定的消费者，大多属于理智型；情感反应强烈，购买行动带有较强的感情色彩的消费者，大多属于情绪型；购买目标明确，行为积极主动，决策坚决果断的消费者，大多属于意志型。由此可见，消费者个体的性格影响其购买态度、购买情绪、购买决策和购买方式。营销者应通过观察、交谈和调查分析等方法，掌握消费者的性格类型，因人而异地对待，采取灵活多样的销售手段。

第二部分　实践活动

活动 10　分析消费者人格与消费行为

访问一家零售连锁的药店，观察 5 位消费者购买过程中的行为，分析其人格特征，并针对这 5 位消费者提出引导消费行为的建议。

任务十　能力与消费行为

第一部分　学习引导

案例导入

体育消费能力与体育消费

体育消费能力是指消费者所具有的善于进行体育消费及有效使用体育产品和服务的能力。体育消费能力也需要信息的搜索和判别能力、决策能力、应变能力，但从体育消费能力的构成来看，它是一种特殊的消费能力，要求消费者必须具备与体育消费相适应的知识、经验和技能。去现场观看美式橄榄球比赛的人大多了解美式橄榄球的相关知识，具有相应的欣赏比赛的能力，会从观赛中得到享受。一个想要得到体育享受的人，必须是一个有一定体育素养和体育消费能力的人。

体育消费能力有明显的层次性，体育消费能力强的消费者，能够消费多样化的体育产品，而体育消费能力弱的消费者，则只能够消费简单、单一的产品。在现实生活中，我们经常会发现很多人因为受消费能力的制约而不能消费他们所喜爱的体育产品。而且体育消费能力具有很强的目标属性，即消费的对象不同，所属的消费能力就不同。如：对篮球的消费能力与对高尔夫球的消费能力就有很大的不同。

（资料来源：杨升平：《浅谈体育消费能力的培养》，载《山西高等学校社会科学学报》，2005(2)：48～50）

一、能力的概念

1. 能力的含义

所谓能力，是指人能够顺利地完成某种活动并直接影响活动效率所必须具备的个性心理特征。人们要顺利完成某种活动需要多种能力结合，共同发挥作用。既需要一般的能力，即在很多活动中表现出来的带共性的基本能力（如观察能力、记忆能力、想象能力、思维能力和注意能力等)，也需要一些特殊的能力，即表现在某些专业活动中的能力(如绘画能力、音乐能力、鉴赏能力、组织能力等)。能力水平的高低会影响人们掌握活动技能的快慢、难易和巩固程度，从而直接影响活动的效果。

消费者能力的高低对能否顺利完成购买活动有较大影响。一般来说，能力强的消费者，很快就能完成购买过程；反之，消费者本身能力较弱，做购买决策时迟疑不决，购买过程就很难尽快完成。对于前者，营销人员不需要提供过多的帮助，有时，干预过多反而容易引起他们的反感；对于后者，营销人员则需要尽量做好“参谋”，使其更好地做出决策。

2. 能力的特点

(1)能力与人的实践活动紧密相连

一方面，人要顺利地从事某项活动，必须有一定的能力做保证；另一方面，人的能力往往要在具体的实践活动中才能表现出来，没有适当的表现机会，即便有能力，也只是“潜能”而已。人的能力也会被埋没，只有在实践中才能获得锻炼和提高。

(2)人的能力与他所掌握的知识、技能既有区别，又有联系

知识是人类社会各种经验的概括和总结。技能是通过各种专门训练而巩固了的活动方式。能力的发展离不开各种知识、技能的学习和掌握；人的相应的基本能力，如观察力、注意力、记忆力、想象力和思维能力等又是学习和掌握某种知识与技能的必要前提。

二、消费者能力的类型

1. 从事各种消费活动所需要的基本能力

(1)感知能力

感知能力是消费者直接反映商品的外部特征和外部联系的能力。利用其感知能力，消费者可以了解到商品的外观造型、色彩、气味、轻重以及所呈现的整体风格，形成对商品的初步印象，为进一步做出判断提供依据。因此感知能力是消费行为的先导。

消费者感知能力的差异表现在速度、准确度和敏锐度等方面。感知能力的强弱还会影响消费者对外部刺激变化的反应程度。感知能力强的消费者能够对商品的微小变化以及同类商品之间的细微差别加以清晰辨认，感知能力弱的消费者则可能忽略或难以区分微小的变化。

(2)分析评价能力

分析评价能力是指消费者对接收到的各种商品的信息进行整理加工、分析、综合和比较，进而对商品的优劣、真伪等做出准确判断的能力。

分析评价能力强的消费者能够根据已有信息对传播源的可信度、他人行为及消费时尚、企业促销手段的性质及商品的真伪优劣等做出客观的分析，在此基础上形成对商品本身的全面认识，对不同商品之间的差异进行深入比较，以及对现实环境与自身条件进行综合权衡等。有的消费者则缺乏综合分析能力，难以从众多的信息中择取有

用信息，并迅速做出清晰而准确的评价判断。消费者的分析判断能力与个人的知识经验也有关系。

(3)选择决策能力

选择决策能力是指消费者在充分选择和比较商品的基础上，及时、果断地做出购买决定的能力。在购买过程中，决策是购买意图转化为购买行为的关键环节，也是消费者感知和分析评价商品信息结果的最终体现。

通过建立在理性认识基础上的果断决策，消费者的消费活动才能由潜在状态进入现实状态，购买行动真正付诸实现。因此，决策能力是消费者能力构成中十分重要的方面。

消费者的决策能力受到个人性格和气质的影响，还与消费者对商品特征的熟悉程度、介入程度、使用经验和购买习惯有关。

(4)记忆力和想象力

记忆力和想象力是消费者必须具备和经常运用的基本能力。消费者在选购商品时，经常会参考以往购买和使用商品的经验，以及所了解的商品知识，这就需要消费者具备良好的记忆能力，以便把过去消费实践中感知过的商品、体验过的情感、积累的经验在头脑中回忆并再现出来。想象力是消费者以原有表象为基础创造新形象的能力。丰富的想象力可以使消费者从商品本身联想到该商品在一定环境和条件下的使用效果，从而激发出美好的情感和购买欲望。

2. 从事特殊消费活动所需要的特殊能力

特殊能力是指消费者购买和使用某些专业性较强的商品应具有的能力，通常表现为以专业知识为基础的消费技能，例如，对高档照相器材、专用体育器材、古玩字画、钢琴、轿车以及音响等高档消费品的购买和使用，都需要相应的专业知识以及分辨率、鉴赏力和检测力等特殊的消费技能。

由于特殊能力是针对某一类或某一种特定商品的消费而言的，因此，消费者的特殊能力有多种多样的表现形式。如有的人擅长摄影，有的人熟悉汽车专业知识，有的人掌握了专项运动技巧，有的人能够分辨音响效果的细微缺陷，有的人则对古玩字画具有极高的鉴赏力等。具备这些特殊的能力，都有助于消费者在相关的消费活动中取得最佳的消费效用。

除了与专业性商品消费相关外，特殊能力还包括某些一般能力高度发展而形成的优势能力，如创造能力和审美能力等。一些消费者具有强烈的创造欲望和卓越的创造能力，他们不满足于市场上已有的商品和既定的消费模式，力求发挥自身的聪明才智，对商品素材进行再加工和再创造，通过创造性消费实现自己的个性与追求。例如，某些女性消费者不愿购买款式雷同的成衣，而热衷于选择布料自己设计、制作服装，充分显示独特个性与品位。有些消费者在商品选择方面显示出较高的审美情趣和审美能力，这种能力往往使她们在服饰搭配、居室装饰布置、美发美容及礼品选择等方面彰显出较高的品位。

3. 消费者对自身权益的保护能力

保护自身权益是现代消费者的一个重要能力。在市场经济条件下，消费者作为买方主体，享有多方面的权利。经法律认定成为消费者的合法权益，是消费者从事正常消费活动、获取合理效用的基本保证。然而由于某些领域法制尚不健全、市场运行不规范、一些企业诚信度低、自律性差，侵犯消费者权益的事屡有发生。除了依靠政策法令、社会舆论、消费者组织的约束监督外，客观上要求消费者要不断提高自我保护能力。当自身权益受到损害时，消费者要善于运用舆论的、民间的、行政的及法律的多种途径和手段，通过与生产方或销售方交涉、诉诸新闻媒介、向消费者协会投诉、向政府有关部门反映、提请仲裁直至向法院提起诉讼等多种方式，寻求有效保护，挽回自己在物质上和精神上的利益损失。

三、购买活动中的消费者能力差异

1. 能力水平的差异

水平差异表现在同种能力的水平高低上，能力水平的高低又集中体现在人的智商水平的差异上。根据智商分数的测试，超过140分的属于特优智能，即所谓的“天才”，低于70分的则属于智力缺陷。

心理学研究表明，全部人口的智力状况基本上呈正态分布，其中特优智能与智力存在缺陷者大约各占2.5%，而95%的人的智能处于正常范围内，即介于70～130分。消费者的能力水平状况也存在着类似的正态分布情况。

2. 能力类型的差异

能力类型的差异主要是指人与人之间具有不同的优势能力。在消费实践中，更有意义的是消费者能力类型的差异。正是由于消费者在能力类型上千差万别，才使消费活动的效率与效果明显不同。

3. 能力表现时间的差异

人的能力不仅在水平和类型上存在差异，而且在表现时间的早晚上也有明显不同，例如，有的人聪明早慧，有的人则大器晚成。消费者能力表现的早晚，主要与后天消费实践的多少及专门训练的程度有关。

第二部分 实践活动

活动 11 分析消费者能力与消费行为

访问一家手机专营店，观察消费者购买过程中的行为，分析其消费能力，并提出引导消费行为的建议。

任务十一　态度与消费行为

第一部分　学习引导

案例导入

消费者的矛盾态度与生态消费行为

生态消费包含“适度消费”“可持续消费”“绿色消费”“低碳消费”等概念。在生态消费领域，消费者会认为购买生态产品可节能降耗、保护环境、承担社会责任、实现自我价值，但是又会考虑生态产品价格太高、产品宣传不一定属实，购买后也不一定会对环境保护产生作用，因此便产生了矛盾态度。矛盾态度是指对同一事物正面和负面的评价同时存在，尤其是在生态产品购买行为中，消费者更容易受到外界因素的影响。

Greenspan(1980)、Priester(2007)、Aaker(2008)等认为，消费者在具有矛盾态度时，会影响其决策效率，甚至难以决策。魏巍等(2012)认为，消费者在品牌选择时，若产生矛盾态度，则会导致消费者对某一品牌的购买意愿减少或放弃。马艳丽(2014)认为，矛盾态度与购买意愿负相关，消费者态度越矛盾，购买产品的可能性就越小。朱建荣等(2018)提出假设：生态意识会影响消费者的生态消费行为；生态意识不同维度对生态消费行为的影响存在差异；矛盾态度在生态意识和生态消费行为之间起调节作用。他认为生态消费者矛盾态度产生的根源，在于个人利益与社会利益的冲突。对于真正的生态消费者而言，他们能够认识到个人的积极参与，在环境保护和节约资源方面的重要性。

（资料来源：朱建荣、张媛：《消费者矛盾态度与消费行为的关系——基于生态意识视角的研究》，载《经营与管理》，2018(01)：117～119）

一、态度的含义与特点

1. 态度的含义

态度是指人对某一对象的评价与行为倾向。消费者对商品、服务及相关事情所持有的态度即消费态度。消费者完成消费行为后，对消费过程和结果形成的态度，构成了顾客的满意度。

课堂讨论：如果态度的3种成分之间出现不一致，那么态度的哪种成分占主导地位？

2. 消费者态度的功能

消费者对产品、服务或企业形成某种态度，并将其储存在记忆中，需要时，就会将其从记忆中提取出来，以应付或帮助解决当前所面临的购买问题。通过这种方式，态度有助于消费者更加有效地适应动态的购买环境，使之不必对每种新事物或新产品、新营销手段都以新的方式做出解释和反应。从这个意义上，态度本身具有一定的功能。学术界已有不少关于态度功能的理论，其中受到广泛关注的是卡茨(D. Katz)的四功能说，他将态度的功能归纳为以下四个方面。

(1)适应功能

适应功能，也称为功利功能，是指态度能使人更好地适应环境和趋利避害。他人和社会群体对人的生存、发展具有重要的作用。只有形成适当的态度，才能从某些重要的人物或群体那里获得赞同、奖赏或融入群体。

(2)自我防御功能

自我防御功能是指形成对某些事物的态度，能够帮助个体回避或忘却那些严峻环境或难以正视的现实，从而保护个体的现有人格和保持心理健康。

(3)认识功能

认识功能指形成某种态度，更有利于对事物的认识和理解。事实上，态度可以作为帮助人们理解世界的一种标准或参照物，有助于人们赋予变幻不定的外部世界以某些意义。

(4)价值表达功能

价值表达功能是指形成的某种态度，能够向别人表达自己的核心价值观念。有些人愿意服用西药，有些人更倾向于中药，这两种态度表达了人们对西药与中药选择的不同价值观。

3. 消费者态度的特点

(1)主观性

态度是消费者对客观事实的主观感受，具有主观性的特点。不同消费者对同一产品或服务会有不同的感受和评价，即使是同一消费者在不同的时期，由于喜好、情绪、消费需求不同，对同一产品或服务也会有不同的感受和评价。

(2)指向性

消费者态度是针对某一具体对象的评价，具有指向性。例如，当消费者描述一种产品时，往往会具体指出给他印象最深刻的某一方面的特点，如“实用”或者“性价比很高”。

(3)社会性

消费者评价消费过程和产品、服务的“好”与“坏”的标准受外界环境的影响。例如，在某地某医院进行胆结石手术，住院5天的平均费用为8 000～10 000元，某胆结石患者的治疗费用为9 000元，他会认为该医院收费合理；但如果平均治疗费用为8 000元，则他会认为该医院的医疗费用昂贵。

(4)稳定性和可变性

消费者态度一旦形成会在较长时间内保持相对稳定，但并不是一成不变的，它会随着消费者心智的成熟、消费技能的提高，以及外部环境的变化而发生改变。因此，当新产品上市、产品遭遇消费者偏见时，改变消费者态度是营销工作的重点。

二、态度的构成

1. 态度的三种成分

(1)认知成分

认知成分由个体对某个事物的各个属性的信念所构成，是态度形成的基础。例如，消费者对可口可乐饮料可能会有这样的认知：一种碳酸饮料，含有咖啡因，是一家大公司生产的产品，等等。

(2)情感成分

情感成分是个体对某种事物的情绪性反应，即评估品牌。它是态度的核心。以可口可乐为例，一些消费者可能会有这样的情感："我喜欢可口可乐"或"可口可乐是一种糟糕的碳酸饮料"等。消费者对一种产品的情感有时是对产品的各属性进行评价后的结果，也可能是在缺乏关于产品的认知信息或没有形成关于产品的信念的条件下形成的一种模糊的的感觉。

(3)行为成分

行为成分是个体对某种事物或某项活动做出特定反应的倾向，即行为的准备状态或购买意向。以可口可乐为例，一些消费者可能会有如下行为倾向：将购买可口可乐，或向朋友推荐该品牌，等等。行为倾向是预测行为的重要手段，但行为倾向不一定会导致实际行为的发生，因为在行为倾向与实际行为之间还存在一些其他影响因素。

态度的三种成分一般是协调一致的。例如，某消费者如果认为某超市服务优、价格廉、地点方便，他会对此超市比较满意，产生喜欢、愉快的情感，从而经常到超市购物。但有时三种成分是不一致的，比如某消费者认为某超市服务不好，不喜欢该超市，但仍然会前往购物。一般而言，消费者的态度中若三种成分一致，则态度比较稳定；但若出现冲突，则态度可能会发生改变，直到建立新的态度，达到三种成分的新平衡。

2. 消费者态度的层次

根据消费者购买过程中态度的三种成分之间发生的顺序和所起的作用，可将消费者态度的层次划分为高度参与、低度参与、经验、行为学习四个层次。

(1)高度参与层次

高度参与层次也称为标准认知层次，指消费者通过积极搜寻信息发展品牌信念，在此基础上评估品牌，形成明确的品牌态度，做出相应的购买决策。这个层次的消费者对产品的属性和利益信息最为敏感，营销人员应当通过广告大力宣传产品的属性，进而影响消费者的信念。

例如，某消费者购买家具，想选择一种北欧风格的，他通过走访一些家具市场，看中了曲美家具，为了了解曲美家具的口碑，他又上网查阅相关资料，再结合家具现场感受，最后认为曲美的家具精致、稳定、可靠，符合自己的需要，并对该品牌产生喜爱和信任，决定进行购买。这就是一种高度参与层次，一般消费者进行大件商品购买时多属于此层次，即态度的三种成分发生的次序表现为：认知→情感→行为。

(2)低度参与层次

低度参与层次也称消极参与层次，指消费者在购买某些产品时，不积极地形成品牌信念，不积极搜寻和处理信息，也没有强烈的品牌态度，而是根据被动接受的或有限的信息做出购买决策，产生购买行为，品牌评估可能在购后才发生或者虽然购买了产品却没有形成对产品的品牌态度或品牌评估。

例如，有些消费者在购买铅笔、茶杯时不会事先收集信息，也不会仔细地对货架上的各种铅笔进行比较，而是随意取舍，或者因想起了某段广告词而决定购买。品牌态度对于低度参与度消费者的行为没有明显的影响。对于低度参与层次消费者，宣传属性和利益可能毫无意义，因此广告宣传单的重点是以简洁的语言使产品品牌广为人知，而不必涉及产品的具体属性。此时态度的三种成分发生的次序是：行为→情感→认知。

(3)经验层次

经验层次指消费者未事先了解品牌的属性和利益，仅根据自己的情感或想象来对产品做出整体评估并采取购买行动，随后才形成对该品牌属性和利益的认识。例如，消费者受明星乔丹所做的乔丹运动鞋广告的影响，想象自己穿上乔丹运动鞋就会像乔丹那样矫健，在未对鞋的质量、舒适性、透气性等各种属性和利益进行了解的情况下就购买了乔丹鞋，购买和使用后才对产品特点有具体的感知。

这些消费者对产品的形象和符号等象征意义最为敏感，并持续不断地搜寻此类信息。研究表明，当某品牌被消费者感知为富有象征意义和愉悦精神的产品时，认知过程不再是形成态度的中心。因此，营销人员可以直接影响消费者的品牌评估或情感过程而不必影响其品牌信念，也可运用符号和形象激发消费者对产品的积极情感。此时态度的三种成分发生的次序是：情感→行为→认知。

(4)行为学习层次

行为学习层次是指消费者因为环境或情境的因素，在未形成情感和信念之前，就采取了行动。如某消费者使用某品牌化妆品，营销者可以样品赠免费试用等方法，使这类消费者有机会接触到产品。此时态度的三种成分发生的次序为：行为→认知→情感。

3. 态度与行为的相互关系

导致态度与行为出现差异的因素如下。

(1)消费者的需要和动机

消费者积极的态度要在其具有明确的需要或动机时才能转变为具体的行为。如新款手机、运动鞋、服装可以激发消费者的需要和动机，进而才有可能转化为购买行为。

(2)购买能力

消费者积极的信念、情感或动机要有购买能力作为支撑。例如：具备一定购买能力是使消费者将对别墅、名牌汽车等的潜在需要转变为现实购买的必备条件。

(3)其他消费欲望

消费者品牌信念和情感的强度以及新信息也会影响态度与行为的一致性。如果消费者建立的品牌信念和情感不强烈，或者获得了新的信息，其最初的态度可能会改变。所以营销者要持续进行品牌、产品或服务的宣传以及维护顾客关系。

(4)缺乏直接的产品经验

直接的产品经验有助于形成消费者的态度与随后购买行为的一致性。如营销者对电磁炉等产品的现场销售演示及各类体验馆式的展示等，都是使消费者形成产品经验的有效措施。

(5)变化的市场条件

如竞争品牌的降价促销，会影响消费者的态度和随后的购买行为，因此营销者要重视竞争对手动态，及时采取应对措施。

(6)消费者对未来的预期

对产品发展、对自己收入的预测等都会对消费者的态度及购买行为产生直接影响。

此外，情境、时间、态度的强度等因素，都会影响消费者的行为。

三、态度理论

西方学者对态度的形成提出过多种不同的理论解释，如学习理论、认知相符理论、社会判断理论和期望价值理论等。这些理论对态度形成所做的解释虽然各有其侧重点，但它们并不相互矛盾和冲突，而是相互补充的。

1. 学习理论

学习理论

学习理论(Learning Theory)，又称条件作用理论，代表人物是美国耶鲁大学的霍夫兰德(Carl Hovland)，他认为人的态度是后天习得的。人们在获得信息和事实的同时，也认识到与这些事实相联系的情感和价值观。基本的学习过程也适用于态度形成的过程。

(1)态度形成的方式

人的态度主要是通过联结、惩罚或强化、模仿三种方式逐步形成的。

①联结(也称为经典条件反射)。态度的形成是一个中性概念与一个带有积极或消极社会含义的概念重复匹配的结果。如：医药广告作为一种客观事物，本身只是一个中性的概念，但是当消费者多次听到它与虚假这一词发生联结，就会形成医药广告都是虚假的态度。

②惩罚或强化。惩罚或强化都可以增加态度形成的可能性。如：消费者购买某药品后，感觉满意，那么购买行为就会得到强化。因此，在医药营销中，药店经常会应用强化手段来促进消费者形成积极的态度，通过发放优惠券、赠送、折扣等来促使消费者对某药品形成积极肯定的态度。而惩罚通常会使消费者形成负面的态度，如：一旦消费者选用某药物后没取得预期的疗效，甚至没有任何效果，他就会对该药物甚至生产该药物的厂家形成反面的态度。

③模仿。通过模仿习得某种态度。模仿是一种重要的学习方式，人们通常模仿那些处于领袖地位的人物或亲近的人物的行为。儿童会模仿家长和老师，青年还常模仿同龄

人的态度。所以利用同龄人的态度进行态度教育是非常有效的途径之一。

(2)态度形成与变化的阶段

态度的形成和变化一般要经历三个阶段。

第一阶段是服从，即在社会影响下，人在外显行为上与别人一致，而对行为缘由和目的没有深刻的认识，也没有太多的情感成分。此时，个体对行为的态度主要受奖惩原则的支配。当外部刺激因素消失，行为可能会中止，这时的态度是表面的、暂时的和易变的。

第二阶段是认同(也称同化)，是指个体自觉自愿地接受别人的观点、信念、态度及行为的影响，使自己的态度和行为与他人或团体的态度相接近的过程。个体不再是被迫屈从，也不再是消极模仿，而是自觉地接受。这时的态度含有较多的情绪、情感成分，比较主动。

第三阶段是内化，即个体把情感认同的东西与自己持有的信念、价值观等联系起来，使之融为一体，对态度给予理智上的支持。此时，个体态度以认知性成分占主导，同时含有强烈的情感成分，因而这时的态度会持久、不易改变。

上述三个阶段可以看作个体态度所处的三种层次或水平，对理解个体经由学习形成其态度是颇有启发的。

2. 认知相符理论

认知相符理论

认知相符理论或称为认知一致理论(Cognitive Consistency Theory)，是以认知趋向一致的状态或倾向性来解释个人心理活动和外部行为变化的。其基本观点是：如果人们发现自己的信念或态度与行为不一致，就会努力调整以达到认知和行为的一致。认知相符理论包含如下主要变式：平衡理论、认知失调理论、自我知觉理论、认知和情感相符理论。

(1)平衡理论

平衡理论(Balance Theory)是海德(Heider)于 1958 年提出的，认为认知的平衡状态是一种理想的或令人满意的状态，如果认知上出现了不平衡，就会产生心理上的紧张、焦虑和不舒服、不愉快。为了从不平衡状态恢复到平衡状态，需要改变现有的某个认知或添加一种新的认知。

(2)认知失调理论

认知失调理论(Cognitive Disaonance Theory)是由著名心理学家费斯廷格(Festinger)于 1957 年提出的，被认为是认知相符理论中最具有影响力的。该理论解释了社会态度的转变，前提假设是有一种趋于认知一致性的压力。在消费者行为中，消费者会努力追求个体行为和态度之间的一致性。当两者出现不一致时，会产生一种令人不愉快的紧张感，称为不和谐唤起。这种紧张的状态促使个体努力去消除失调的状态，恢复到和谐的状态。

消除认知不协调的方法有很多，主要有：①改变自己的认知和态度；②去除或改变自己的行为；③在不改变原来认知因素的条件下增加新的认知。

(3)自我知觉理论

自我知觉理论(self-Perception Theory)是贝姆(Daryl Bem)于1972年提出的，他认为个体不真正了解自己的态度，只是从自身的行为和行为发生的环境来推断自己的态度。该理论对消费者态度的形成给出了另一种解释。如：一个人常选择去某家社区药店买药，那他会得出结论，他对那家药店持肯定的态度。

自我知觉理论给决策者制订营销策略的启示是可以通过各种途径，如使用赠券、赠品、折扣、试用等促销方式来吸引消费者购买他们的产品，并养成购买习惯，进而培养消费者对其形成积极肯定的态度，增强对其品牌的忠诚度。

(4)认知和情感相符理论

该理论认为，人们总是试图使其认知与其情感相符，认知与情感是相互影响的。人们的信念或认识在相当程度上受其情感所支配。罗森伯格(M. J. Rosenberg)曾通过实验证明，在一个人对另一个人的态度中，情感的改变能引起随后的认知改变。又如在医药消费中，若一个人患病可能会引起周围人群的感染，他在决定是否寻求医疗服务时，情感与认知一致的压力会导致他个体认知上的变化，他会出于对家人的情感，觉得为了降低家人感染的风险自己应该及时接受治疗，争取早日恢复。

3. 社会判断理论

社会判断理论(Social Judgment Theory)是由萨夫·谢里夫(Muzafer Sherif)提出的，他认为人们会以已有的态度做参照，将新信息进行归类和处理。如果新事物在接受范围内，会得到消费者承认，或协调使之与个人立场相一致；而在拒绝范围内的信息就不会被承认，甚至会遭到个体更强烈的排斥。

4. 期望价值理论

期望价值理论(Expectancy Value Theory)是美国学者爱德华(Edwards)在1954年提出的。他认为个体是否形成某种态度，取决于个体对这种态度的利弊衡量。个体会试图对每种抉择可能出现的预期价值进行评价，并尽可能采取带来好结果的抉择，即主观效用最大化。主观效用(U)预期结果的价值(V)和预期后果出现的概率(P)有关，等于两项的乘积。即$U=V\times P$。这一理论把消费者看成一个理性的人，掌握的信息充分，做出的决策能达到效用的最大化。

四、消费者态度改变的影响因素

态度改变指个体已经形成的态度，在某一信息或意见等因素的影响下，向新的态度变化的过程。态度改变包括量变和质变：质变是指态度方向的改变，量变是指态度强度的改变。消费者态度的质变与量变过程如图3-1所示。强度的变化可能引起方向性改变，而方向性改变中又包含着强度的变化，因此量变与质变是彼此关联和相互影响的。消费者态度的改变一般是在某一信息或意见的影响下发生的，常伴随着企业的营销宣传、说服和劝导。从这一意义上，态度改变的过程也就是劝说或说服的过程。

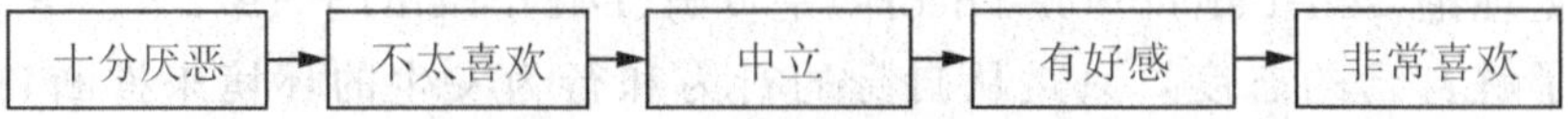

图 3-1　消费者态度的质变与量变

霍夫兰德和詹尼斯(Irving L. Janis)于 1959 年提出了以信息交流为基础的态度改变模式，阐述了传播者如何说服消费者改变态度。态度改变的说服模式如图 3-2 所示。

基于对态度改变的说服模式的分析，可以发现影响消费者态度改变的以下主要因素。

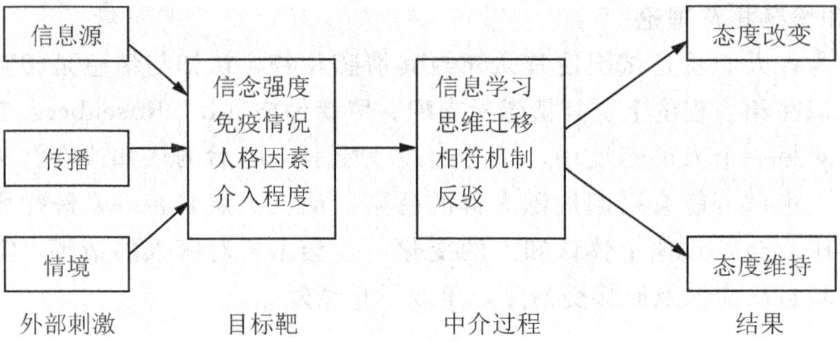

图 3-2　态度改变的说服模式

1. 信息源

(1)权威性

信息来自权威机构或专业人士通常更有说服力。例如，高露洁牙膏能成为知名品牌，主要原因之一是借用了专家及专业机构的权威代言。崇尚权威心理是中国人信息行为的特点之一，另外随着生活节奏加快，消费者会缩短收集信息的过程，听取权威机构或人士的意见是捷径之一。

(2)可靠性

可靠性指信息传递者在信息传递过程中能否做到公正、客观和不存在偏见。增加信息源的可靠性，通常有以下几种方法：

①让信息的发布者支持那些看似与其利益有冲突的观点，让受众感到所发布的信息不是为发布者的利益做宣传。

②增加信息来源的多重性，使更多的人或更多的组织认同同一个观点或同一款产品，以增强说服力。例如，一种新药若受到多家医疗机构的推荐，那么就可能增加消费者对新药疗效的信赖。

③某产品或服务的既往使用者的经历可以增强说服力。如：一名患者说一种药物或一家医疗机构治好了困扰他多年的疾病，那么他的经历就具有了较强的说服力。

(3)被喜爱程度

态度认知相符理论认为，人们往往会为了自己喜欢的人改变自己的态度，从而达到平衡的状态，即人们更乐于接受来自自己喜欢的人所提出的建议或意见。因此，大多数企业会去找人气最旺、最受目标顾客喜欢的名人代言他们的产品。

2. 信息内容

(1)信息的简单与复杂

简单的信息容易理解，容易被记住；而复杂的信息虽然比较难以理解，但是论据充分，一旦被接受，说服的效果更好。两类信息哪个更有效，要视具体情况，且与信息源有关。研究证明，来自受听众喜爱的人提供的简单信息具有较强的说服力；而那些由权威机构或者是该领域的专家提供的复杂信息也具有较强的说服力。因此，在医药营销过程中，涉及药物的药理作用的复杂信息，就应该请专家来发布。

(2)信息的理性与感性

信息可以是以理性成分为主，也可以以感性成分为主。理性成分包含了对产品的功能、属性和机理等的描述。如：医药产品营销中，更适合采用理性诉求为主，增加消费者的认知，进而影响其态度和行为。

感性成分是通过打动消费者的情感来使其态度发生改变的。如：一些产品广告表现母亲对孩子的关心、子女对父母的孝心等，这些饱含感性成分的信息也赢得了消费者对产品的好感。

(3)信息的单面论述与双面论述

在信息传递过程中，只陈述正方面的意见与论据即单面论述，而同时陈述正、反两方面的意见与论据即双面论述。双面论述给消费者一种客观、公正、负责的感觉，可以降低或减少消费者对信息和信息源的抵触情绪。单面论述有较强的冲击力，给消费者留下鲜明的印象。霍夫兰德等人的研究表明：当听众与劝说者的观点一致，或前者对所接触的问题不太熟悉时，单面论述效果较好；若听众与劝说者观点不一致，而且前者对所接触的问题又比较熟悉时，采用双面论述效果将更好。因此，企业在信息传播过程中是否运用双面论述，主要取决于消费者的原有态度及消费者自身的特点。

另外，信息的形式是否吸引人，是采用文字还是图表，以及信息的陈述次序等都会影响消费者态度的改变。

3. 信息传播方式

(1)恐惧唤醒

恐惧唤醒是营销者常用的一种说服手段，如：肥胖带来的烦恼、蛀牙带来的严重后果、糖尿病并发症带来的不安、脚气带来的尴尬等，都是用恐惧唤醒来劝说消费者。通过这种方式可以改变消费者认为无关紧要、漠不关心的态度。但运用恐惧唤醒时，必须要注意适度，因为过度恐惧反而会让消费者拒绝接收这些说服的信息。

运用恐惧唤醒时，需要注意以下问题。①对如何减少恐惧给出具体明确的指导；②指出根据指导去做是解决问题的有效途径；③对易受恐吓的受众避免传递高恐惧内容的信息；④对有自卑感的受众避免传递高恐惧内容的信息；⑤包含帮其迅速解决问题的信息。

(2)建议或讨论

以建议或讨论的方式表达信息内容，或者以间接的表达方式诱导消费者自己推导出结论，这比直接给出结论更容易被消费者接受。

4. 情境因素

(1)预警

如果消费者事先被告知将会接触到与之态度相反的说服信息，那么他对该信息的防御力就会增强，就不容易被说服。研究表明，得到预警和实际说服的时间间隔越长，人们越容易产生更多反驳的观点。但是预警对于信息接收者不一定总起到抵制说服的作用，若一个人对某事不是很在意，或者自己的立场不是很坚定，预警反而会促进其态度的改变。

(2)分心

被说服者对说服的信息有一种反对的倾向，会找出各种理由或者观点去反驳劝说者提供的信息，因此，凡是能削弱他们反驳能力的信息或方式都可以增加他们被说服的可能性。分心就是分散信息接收者对某种说服信息的注意力。适当的分心有时可以增强说服力。

运用分心来增加说服效果时，要掌握好适度原则。因为分心效应具有明显的局限性，过度分心会影响说服信息的传递效果，如：内容过于滑稽的广告可能会让消费者大笑过后反而忽略了广告宣传的产品。

(3)重复

当消费者面对重复性信息时，一方面，信息的重复会强化消费者对信息的了解，带来积极的、正面的反应；另一方面，随着重复次数的增加，消费者会产生厌倦情绪。当重复所引起的厌倦超过它带来的正面影响时，就会引起消费者的反感。所以，企业在做广告时，在不改变主题的条件下，对广告的表现形式时不时地做一些小的变动，既可以达到强化的效果，又不会让消费者感到厌倦。

5. 目标靶

(1)卷入程度

消费者的卷入程度也称介入程度。如消费者对与健康相关的产品或药品的卷入程度比较高，个体会投入较多的时间和精力去收集相关产品的信息。消费者对某种产品的卷入程度越高，其形成的态度或者信念就越难改变。消费者的承诺也是卷入程度高的一种表现。若消费者在公共场合表明某种态度，那么这种态度就很难改变了。

(2)免疫效应

免疫效应也称为预防注射，是美国心理学家麦克盖尔(McGuire)提出的，是指一个人已经形成的态度和看法从未与相反的意见有过接触和交锋，就易于被说服而发生改变。反之，如果他的观点、看法曾经受过抨击，他会在应付这种抨击中建立一定的防御机制，以后会有能力抵御更加严厉的抨击。

(3)人格因素

影响说服成败的人格因素主要有自尊心、权威主义和教条主义等。研究发现，自尊心弱的人比自尊心强的人更容易被说服；智力水平低的人比智力水平高的人更容易被说服；在沟通过程中未分心的听众比分心的听众更易被说服；权威主义倾向较强的个体更容易被有力的证据说服；女人比男人更容易被说服。

(4)需要

消费者通常会接受能满足其需求的对象或能帮助自己达到目标的对象。因此通过信息传递，最大限度地满足消费者的需要或潜在需要，则容易使消费者从不接受变为接受。

第二部分　实践活动

活动 12　分析消费者态度与消费行为

访问一家手机专卖店，观察消费者购买过程中的行为，分析其消费态度，并有针对性地提出引导消费行为的建议。

活动 13　现场观察

以小组为单位到化妆品零售店或化妆品专柜做现场观察，注意观察销售人员成功说服顾客去购买产品的真实案例，分析销售人员转变消费者态度的说服模式。

项目四　消费者需要与购买动机分析

项目概述

消费者为什么购买某种产品，为什么对企业的营销刺激有着不同的反应，这在很大程度上是和消费者的购买动机密切联系的。在影响消费行为的众多心理因素中，需要和动机占有重要的地位。正因为如此，长期以来消费者的需要与动机一直都是消费者心理与行为研究的重要领域。由于人们的消费行为都是有目的性的活动，这些目的的实现是为了满足人们的某种需要或欲望，所以需要是消费行为的原动力，而动机则是消费行为的直接驱动力。探究购买行为的原因，即寻求对购买行为的解释，可以使企业营销人员更深刻地把握消费者行为，并由此做出有效的营销决策。

项目目标

知识目标

1. 掌握消费者需要的概念及其基本特点、基本形态；

2. 掌握马斯洛需求层次理论的主要内容；

3. 了解购买动机理论，分析购买动机的形成原因，熟悉消费者购买动机的各种类型；

能力目标

1. 能辨识消费者的需要；

2. 善于探究消费者需要与购买动机，与客户或消费者交流时要善于倾听，通过主动以及诚恳、正直的人格面貌赢得客户的尊重和信赖；

3. 能运用需要模型对其行为产生影响，合理诱导消费者需要，激发购买动机。

素养目标

1. 培养实施营销策划及一系列营销活动都从满足消费者需要出发的职业意识；

2. 理解消费者的需要，培养通过与消费者的沟通交流提升解决实际问题的职业能力。

任务十二　消费者需要

第一部分　学习引导

案例导入

东京迪士尼乐园的经营魔法

东京迪士尼乐园位于日本千叶县浦安市。1983年开业后，商界许多人认为它将失败。结果令人大吃一惊：从开业至1991年5月，游客累计1亿多人次。随后游客数量仍不断攀升，有报道显示2000年接待的游客人数为1 730万人次，2002年到达游客人数更创2 482万人次，创造了巨额利润。近年来虽然游客人数有所下降，但仍居于同行业前列，2015年东京迪士尼乐园游客数量达1 660万人次。

该园的成功，是运用独特的经营技巧，全方位满足游客旅游心理动机的结果。为了吸引游客，提高"重游率"，从规划、建设到经营，处处体现出心理诱导策略。

(1)地理位置：该园选址在距东京约10千米，乘电车20分钟便可到达的浦安市。

(2)占地面积：该园面积大到游客无法在一日内游完一圈，但面积也不能过大，最恰当的面积为46.2公顷。

(3)景观环境：聘请农学博士专家协助建园，使该园一年四季能呈现不同景观，始终维持花草繁茂的状态。

(4)适应国情：该园商店街建有屋顶，而美国加州、佛罗里达州的迪士尼乐园却没有，主要原因是日本雨水较多。

(5)商品奇俏：该园游客的平均消费远高于传统乐园游客，主要原因是园内销售的商品是经过仔细挑选的，许多商品在外面买不到。

(6)设施常新：该园几乎每年都增添新的游乐设施，如1987年建"雷电世界"，1989年修"星际之旅"，1992年推出"米奇胜过滑雪"节目。因此，东京迪士尼乐园重游率高达85%。

（资料来源：《日本东京迪士尼乐园》，新浪旅游，2020-02-19）

案例讨论：

(1)东京迪士尼乐园经营魔法的宗旨是什么？

(2)以上所列的6项诱导策略适应了游客哪些旅游动机？

一、消费者需要的含义

消费者需要是指消费者生理和心理上的匮乏状态，即感到缺少些什么，从而想获得的状态。个体在其生存和发展过程中会有各种各样的需要，如饿的时候有进食的需要，渴的时候有喝水的需要，在与他人交往中有获得友爱、被人尊重的需要，等等。

需要是和人的活动紧密联系的。人们购买产品、接受服务，都是为了满足一定的需要。一种需要满足后，又会产生新的需要。因此，人的需要绝不会有被完全满足和终结的时候。正是需要的无限发展性，决定了人类活动的长久性和永恒性。

虽然需要是人类活动的原动力，但它并不总是处于唤醒状态。只有当消费者的匮乏感达到了某种迫切程度，需要才会被激发，并促使消费者有所行动。比如，我国绝大多数消费者可能都有住上更宽敞住宅的需要，但受经济条件和其他客观因素制约，这种需要大都没有被唤醒，或没有被充分意识到。此时，这种潜在的需要或非主导的需要对消费者行为的影响力比较弱。需要、动机与行为的关系如图 4-1 所示。

需要 —激发→ 动机 —驱动→ 行为 —达到→ 目标 —满足需要→ 行为结果

图 4-1 需要、动机与行为的关系

人们形成需要往往必须具备两个前提条件：一是感到不满足，缺少什么东西；二是期望得到某种东西，有追求满足之感。需要就是由这两种状态形成的一种心理现象，属于人的个性心理中的个性心理倾向。

需要一经唤醒，可以促使消费者为消除匮乏感和不平衡状态采取行动，但它并不具有对具体行为的定向作用。在需要和行为之间还存在着动机、驱动力、诱因等中间变量。比如，饿的时候，消费者会为寻找食物而活动，但面对面包、馒头、饼干、面条等众多的选择物，到底以何种食品充饥，则并不完全由需要本身所决定。换句话说，需要只是对应于某种类别备选产品，它并不为人们为什么购买某种特定产品、服务或某种特定牌号的产品、服务提供充分解答。

有时消费者并未感到生理或心理体验的缺乏，但如果存在能够引起消费者需要的外部刺激(或情境)，即有消费诱因时，仍有可能产生对某种商品的需要。比如，面对美味诱人的佳肴，人们就可能产生食欲，尽管当时并不感到饥饿。华贵高雅、款式新颖的服饰经常会引起一些女性消费者的购买冲动，即便她们已经拥有多件同类服饰。

消费诱因按性质可以分为两类：①正诱因，是指消费者趋向或接受某种刺激而获得满足的诱因；②负诱因，是指消费者逃避某种刺激而获得满足的诱因。

需要注意的是，如果处在一个接连不断的广播广告或电视广告宣传的环境之中，消费者可能会产生厌烦和抗拒心理，从而拒绝接受这些广告。通过提供特定诱因，刺激或促进消费者某种需要的产生，正是现代市场营销活动所倡导的引起消费、创造消费的理论依据。

二、消费者需要的特征

1. 对象性

人们的一切需要总是针对某个或一系列的具体事物或内容，即需要具有对象性。离开了具体事物、具体目标、具体内容，就无所谓需要。

2. 多样性和差异性

多样性和差异性是消费者需要的最基本特征之一，它既表现在不同消费者之间多种需要的差异上，也表现在同一消费者多元化的需要内容中。

不同消费者在年龄、性别、民族传统、宗教信仰、生活方式、文化水平、经济条件、个性特征、所处地域的社会环境等方面的主客观条件千差万别，由此形成了多种多样的消费需要。每个消费者都按照自身的需要选择、购买和评价商品。如有的人以经济实用作为选择标准，有的人则要求商品外观美观新颖，从而鲜明地显示出不同消费者之间消费需要的差异性和异质性。

就同一消费者而言，其需要也是多元的。每个消费者不仅有生理的、物质的需要，而且还有心理的、精神方面的需要；不仅要满足衣、食、住、行方面的基本需要，而且希望得到娱乐、审美、运动健身、文化修养、社会交往等高层次的满足。对于这些需要，要求具有特定功能的商品或劳务与之相适应。不仅如此，消费者需要的多元性还表现在同一消费者对某一特定消费对象常常同时兼有多方面的要求，如既要求商品质地优良、经济实惠，同时又要求商品外观美观新颖，具有时代感，能够展示独特个性等。

3. 层次性

消费者的需要是有层次的。按照不同的划分方法，可以把消费者的需要划分为若干个高低不同的层次。如充饥、御寒属于低层次的需要，而受人尊重、实现自我属于较高层次的需要。在通常情况下，消费者必须先满足低层次的需要，在低层次需要得到满足的基础上才能追求高层次的需要。但在特殊情况下，需要层次的顺序也可以改变，即消费者可能跨越低层次的需要首先去满足高层次的需要，也可能在高层次需要满足之后，转而寻求低层次需要的满足。

4. 发展性

消费者的需要是一个由低级向高级、由简单到复杂不断发展的过程。这一过程与人类社会的历史进程密切相关，是随着满足需要的消费对象在内容、范围、方式上的改变而发展变化的。早期社会，由于生产力水平低下，人们仅能提供和获取少量且简单的物质产品，其需要也只限于果腹、御寒、生命安全等基本的要求。随着生产力水平的提高，劳动者向社会提供的物质产品日益增多，人们的需要内容也日益扩展。现代社会，在高度发达的科学技术和先进生产力的推动下，随着物质产品的极大丰富和新的消费领域、消费方式的不断涌现，人们的消费需要在内容和层次上不断更新和发展。现代消费者不仅把吃得营养、穿得漂亮、住得舒适、用得高档作为必须满足的基本需要，还要求通过商品和劳务消费满足社交、尊重、情感、审美、求知、实现自我价值等多方面的高层次需要。所以，社会生产的发展是需要产生与发展的前提，随着社会生产的发展，人类的需要由低级向高级，由物质到精神，由简单到复杂不断发生变化。需要是永无止境、无限发展的。比如，20世纪60年代至70年代，我国人民的结婚四大件是手表、自行车、缝纫机和收音机。进入80年代后，这种需要发展为电视机、录音机、洗衣机和电冰箱。到了90年代则发展为对彩电、电冰箱、电脑、住房等的需求。进入21世纪后，结婚四大件又发生了变化，变为住房、汽车、家电组合、数码产品组合。

5. 周期性

一些消费者在需要获得满足后，在一定时期内不会再产生需要，但随着时间的推移，需要还会重新出现，并显示出明显的周期性。当然，重新出现的需要不是对原有需要的简单重复，而是在内容、形式上有所变化和更新。因此，消费者需要的周期性循环的出现不仅是需要形成和发展的重要条件，也是社会经济发展的直接推动力。消费者需要的周期性主要由消费者的生理运行机制及某些心理特性引起，并受自然环境变化周期、商品生命周期和社会时尚变化周期的影响。在这些因素的共同作用下，消费者需要的周期性呈现出不同的表现形式。比如，食品的需要周期具有间距短、循环快、重复性高的特点；服装的需要周期直接受气候变化的影响，表现出明显的季节性；而某些流行时尚的变化周期具有不确定性，一种着装方式可能在消退5年、10年甚至更长一段时间后又重新流行起来。

6. 连续性

这是指需要往往不断出现，不断满足，再出现，再满足，周而复始地循环，永无止境。当一种需要被满足后，另一种新的需要就会被激活，成为人们行动的新的目标和动力。而且，在许多情况下会有多种需要同时产生，但总有一种需要居于主要地位，起支配作用。当主要需要被满足后，原来占次要地位的需要就可能上升为主要需要，从而成为支配人们行为的新的目标和动力。

7. 可变性

消费者需要的形成、发展和变化，直接受到社会环境和自然环境的影响和制约，这些环境因素都处于不断的变动、发展之中。因此，一定阶段社会政治经济制度的变革、伦理道德观念的更新、生活和工作环境的变迁、社会交往的启示、广告宣传的诱导及生态环境的变化等，都可能改变消费者需要的具体内容，使某一种需要转变为另一种需要，潜在的需要转变为显现的需要，微弱的需要转变为强烈的需要。这些需要都会因环境的变化而发生改变。

8. 可诱导性

正是由于上述原因，消费者需要也具有可诱导性，可以通过人为地、有意识地给予外部诱因或改变环境，诱使和引导消费者需要按照预期的目标发生变化和转移。在实践中，许多企业正是利用消费者需要的可变性和可诱导性这些特点开展广告宣传，倡导消费时尚，创造示范效应，给予优惠刺激，从而有效地影响、诱导消费者形成、改变或发展其需要。

9. 从众性

从心理学的角度讲，群体中的意见领袖或群体中大部分人的行为和态度，将对群体中的个体产生心理上的压力，在这种心理下，个体的行为和态度往往会自动或被动地与群体保持一致。表现在消费者的消费活动中，就呈现出一种从众的特征，这就是消费需求的从众性。在现实生活中，消费需求的从众性一般表现为以下三种形式。

①消费流行或消费时尚。

②消费活动中的攀比现象。

③由于环境或心理预期的变化所形成的“抢购”风潮。

三、消费者需要的形态、分类及层次

1. 消费者需要的基本形态

从消费者需要与市场购买行为的关系角度分析，消费者需要具有以下几种基本形态。

(1)现实需要

现实需要是指消费者已经具备对某种商品的实际需要，并且具有足够的货币支付能力，而市场上也具备充足的商品，因而消费者的需要随时可以转化为现实的购买行为。

(2)潜在需要

潜在需要是指目前尚未显现或明确提出，但在未来可能形成的需要。潜在需要通常是由于某种消费条件不具备所致，如市场上缺乏能满足需要的商品、消费者的货币支付能力不足、缺乏充分的商品信息、消费意识不明确、需求强度较弱等。然而上述条件一旦具备，潜在需要就可以立即转化为现实需要。

(3)退却需要

退却需要是指消费者对某种商品的需要逐步减少，并趋向进一步的衰退。导致需要衰退的原因通常是由时尚的变化和消费者兴趣的转移引起；或新产品上市，对老产品形成替代；或由消费者对经济形势、价格变动、投资收益的心理预期等引起。

(4)不规则需要

不规则需要又称为不均衡或波动性需要，是指消费者对某类商品的需要在数量和时间上呈现出不均衡波动状态。例如，对许多季节性商品、节日礼品及旅游和交通运输的需求，就具有明显的不规则性。

(5)充分需要

充分需要又称饱和需要，是指消费者对某种商品的需求总量及需求时间，与市场商品供应量及供应时间基本保持一致，使供求之间大体趋向平衡的一种理想状态。但是，由于消费者需要受多种因素的影响，任何一个因素发生变化，如新产品问世、消费时尚改变等，均会引起需求的相应变动。因此，供求平衡的理想状态只能是暂时的、相对的，任何充分需要都不可能永远存在下去。

(6)过度需要

过度需要又称超饱和需要，是指消费者的需要超过了市场商品的供求量，呈现出供不应求的状况。这类需要通常由外部刺激和社会心理因素引起，如多数人的抢购行为、对未来经济形势不乐观的心理预期等。

(7)否定需要

否定需要是指消费者对某类商品持否定、拒绝的态度，因而抑制其需要。存在否定需要可能是因为商品本身不能适应其需要，也可能是由于消费者缺乏对商品性能的正确认识，或者因旧的消费观念束缚，错误信息误导所致。

(8)无益需要

无益需要是指消费者对某些危害社会利益，或有损于自身利益的商品或劳务的需要。例如，对香烟、烈酒、毒品、赌具，以及色情书刊或服务的需要，这些无论是对消费者个人还是对社会，都是有害无益的。

(9)无需要

无需要又称零需要，是指消费者对某类商品缺乏兴趣或漠不关心，无所求。无需要通常是由于商品不具备消费者所需要的效用，或消费者对商品效用缺乏认识，没有与自身利益联系起来。

上述关于需要形态的分析中，我们可以得到重要的启示：并不是任何需要都能够直接激发动机并进而形成消费行为的。在现实中，有的需要如潜在需要、零需要、否定需要、退却需要等，必须给予明确的诱因和强烈的刺激加以诱导、引发，才能达到驱动行为的目的。此外，并不是任何需要都能够导致正确、有益的消费行为。有些需要如过度需要、无益需要等，就不宜进一步诱发和满足，而必须加以抑制或削弱。因此，我们应当区分消费者需要的不同形态，根据具体形态的特点，从可能性和必要性两个方面确定满足需要的方式和程度。

2. 消费者需要的分类

人的需要多种多样，复杂多变，形成了一个多方面、多层次、多功能的体系。为了便于对需要进行理解与把握，我们将从不同的角度对需要进行分类。

(1)马克思对需要的分类

马克思在相关著作中指出，人的需要分为三大类，即生存的需要、生活的需要、发展的需要。由于人们的需要存在这三种类型，社会生产也因此划分出三大类，即生存资料的生产、生活资料的生产、发展资料的生产。

①生存的需要。一个人要想生存下去，必须具备最基本的生存条件，比如需要满足一定的食物条件、穿着条件，还需要有一定的居住条件等。这些条件都是人们生存的最基本要求。人类生存的基本条件随着人类社会文明程度的提高而提高。

②生活的需要。生活的需要是指人们进行正常的社会交往、生活娱乐等方面的需要。生存仅仅是人类最基本的要求，人不仅要活着，而且要活得舒服，活得有意义。所以，在最基本的物质条件得到满足后，人类的需要会转向精神方面的需要和更高层次的物质要求。

③发展的需要。发展的需要是指每个人都有尽量发挥自己的各种能力、发展自己、实现自我和理想的要求。当然，发展的需要一般必须以前两种需要作为基础，没有足够的生存条件和一定的生活保障，发展的需要往往是一种空谈。相对于前两种需要而言，发展的需要显得更为重要。

马克思对需要的分类简洁明了，比较符合日常生活中的用语习惯，所以至今仍为许多学者所引用。

(2)需要的二分法

①按需要的形式分类，把人的需要简单地分为物质的需要和精神的需要两大类。

物质的需要指对具体的、有形的物质的需要，主要是为了满足人的生理方面的要求，所以物质的需要可以称为生理的需要。

精神的需要：指满足人的心理和精神活动的需要，如人的自尊、发挥自己的潜能、精神上的娱乐等需要。与物质的需要相比，精神上的需要是较高层次的需要。

不管是满足物质上的需要还是精神上的需要，都会依靠物质的手段，即消费者必须依靠具体的商品来满足他们的需要。因此二分法并不是一种完整的分类方法。

②按需要产生的原因分类，把需要分为先天的需要和后天的需要两大类。

先天的需要：指通过先天的遗传所得来的需要，也称为本能的需要。如饿了就要吃饭，冷了就要穿衣，困了就要睡觉等，这些都是先天遗传而来的。先天的需要具有普遍性，每个人都具备这一类需要，而且不同国家、不同民族、不同地区的人，其先天的需要可以说也是基本相同的。满足先天的需要是人们的生理机能维持正常状态的前提，在先天的需要得以相对满足的基础上，人们才有足够的精力和体力去进行其他的行为活动，并满足更高层次的需要。划分出先天的需要的目的在于强调满足这些基本需要对于维持人们的正常生理活动，以及进行日常生活的重要性。

后天的需要指人们在社会环境因素的影响下形成的带有人类社会自身特点的需要，如社会交往的需要、对荣誉的需要、自我尊重、自我实现的需要、追求理想的需要、完善自我道德修养的需要等。这一类型的需要都属于后天形成的需要。

后天的需要与先天的需要的不同之处在于：后天的需要是由于人们受所处的社会环境的影响，并通过消费者自身的学习、模仿等方式形成的。虽然每一个生活在人类社会中的人都会形成后天的需要，但是每一个人的需要水平和需要内容都存在很大的差异。由于生理、心理及所处的环境、受到的教育等方面的差异，每一个消费者的需要、满足这些需要的方式及满足这些需要所选择的商品等都会出现差异。与先天的需要相比，后天的需要往往表现为需要的更高层次，它不仅仅停留在生理的需要上，而更注重精神上的满足。

在现实生活中后天的需要与先天的需要往往相互交叉，很难划分出明确的界限。如在现实生活中，穿衣、保暖和遮体的功能在现阶段已经并非穿衣的主要目的，穿着不仅要体现审美观念，还要体现身份和精神状态，我们很难说穿衣到底是后天的需要还是先天的需要。再如，吃饭不仅仅是满足体内的饥饿感，有时吃饭往往是一种交际的手段，还带有显示身份的用意，甚至体现自尊和实现自身价值的目的。现代人吃饭不仅对口味方面有要求，同时也注重营养，吃饭体现出人类更高的健康需要。

③根据需要的对象分类，把需要分为物质需要和精神需要。

物质需要指对与衣、食、住、行有关的物品的需要。在生产力水平较低的社会条件下，人们购买物质产品，在很大程度上是为了满足其生理性需要。但随着社会的发展和进步，人们越来越多地运用物质产品体现自己的个性、成就和地位，因此，物质需要不能简单地对应于前面所介绍的生理性需要，它实际上已日益增多地渗透着社会性需要的内容。

精神需要指认知、审美、交往、道德、创造等方面的需要。这类需要主要是由心理上的匮乏感所引起的。

3. 消费者需要的层次

美国人本主义心理学家马斯洛(Abraham H. Maslow)将人类需要按由低级到高级的顺序分成5个层次，即5种基本类型。

(1)生理需要

这类需要是指能维持人体生理平衡的需要。如对食物、氧气、水、睡眠等的需要。生理需要是驱使人们进行各种行为的强大动力，在生理需要得到一定程度的满足之后，人们才会产生高一层次的需要。

(2)安全需要

当人们基本的生理需要得到了一定程度的满足之后，人们最关心的是其周围是否存在一些威胁其生存的因素。安全需要是指人们要求其生活环境具有一定的稳定性，有一定的法律秩序，具有安全感，希望所处的环境没有混乱、恐吓、焦虑等的影响。如追求身体的健康，安全、有序的环境，稳定的职业和有保障的生活等。

(3)爱与归属的需要

在人的生理需要和安全需要得到一定程度的满足时，人们就会强烈地希望与人交朋友，希望生活中有一些相知相亲的人，需要得到亲人的关怀与爱护，即需要在某个团体中找到一种归属感，这就是爱与归属的需要。如果这种需要得不到满足，人们就会强烈地感到孤独。在这种需要的驱使下，人们会主动地去交朋友，寻找自己所爱的人和喜欢自己的人，结识朋友，交流情感，表达和接受爱情，融入某些社会团体并参加他们的活动，等等。

(4)尊重的需要

有了亲人和朋友之后，人们还需要亲人、朋友及社会中的其他人承认自己，尊重自己，对自己有一个良好的评价。人都有自尊、自重的欲望，人们会尽最大努力去发挥自己的潜力，来胜任工作和任务等。这种希望获得荣誉，受到尊重和尊敬，博得好评，得到一定的社会地位的需要就是尊重的需要。它是与个人的荣辱感紧密联系在一起的，它涉及独立、自信、自由、地位、名誉、被人尊重等多方面内容。

(5)自我实现的需要

当一个人的上述4项需要都得到较好的满足后，他就会产生一种更高层次的需要，即实现自我价值、发挥自我潜能的需要。在这种需要的驱使下，人们会尽最大努力去发挥自己的潜力，实现自我的目标，追求自身价值的最佳体现。自我实现的需要是指希望充分发挥自己的潜能，实现自己的理想和抱负的需要。它是人类最高级的需要，它涉及求知、审美、创造、成就等内容。

马斯洛的需要层次理论对消费者心理与行为的研究产生巨大影响。在马斯洛划分的5个需要层次中，生理需要和安全需要属于物质需要，爱与归属的需要、尊重的需要、自我实现的需要属于精神需要。从物质需要到精神需要，这样的层次呈现出由低到高的特点，需要的层次越低，越具有原始自发性，人的需要呈现出的共性也越多；需要的层次越高，受后天的教育、培养、引导等因素的影响越大，人的需要呈现出的差异性也越明显，这是对人类需要特点的准确描述。这一理论为我们研究消费者的购买动机和购买行为提供了重要的理论依据。

第二部分 实践活动

活动14 分析消费者需求

案例分析4-1

餐饮消费需求正悄然变化

无论什么阶层、民族、年龄的人都离不开食物，然而人们对饮食的需要早已不仅仅满足于吃饱。中国的饮食文化可谓博大精深。由于中国幅员辽阔，地大物博，各地气候、物产、风俗习惯都存在着差异，长期以来，在饮食上也就形成了许多风味。口味上有“南甜北咸东酸西辣”之分，形成了鲁菜、川菜、粤菜、苏菜、闽菜、浙菜、湘菜、徽菜八大菜系。

按季节而吃，是中国烹饪的又一大特征。人们一直按季节变化来调味、配菜，冬天味醇浓厚，夏天清淡凉爽；冬天多炖焖煨，夏天多凉拌或冷冻。

中国的烹饪，不仅技术精湛，而且有讲究菜肴美感的传统，注意食物的色、香、味、形、器的协调一致。菜肴美感的表现也是多方面的，无论是红萝卜，还是白菜心，都可以雕出各种造型，独树一帜，达到色、香、味、形、美的和谐统一，给人以精神和物质高度统一的特殊享受。

中国烹饪还注重品味情趣，不仅对饭菜点心的色、香、味有严格的要求，而且对它们的命名、品味的方式、进餐时的节奏等都有一定的要求。中国菜肴的名称雅俗共赏，既有根据主、辅、调料及烹调方法的写实命名，也有根据历史掌故、神话传说、名人食趣、菜肴形象来命名的，如“狮子头”“叫化鸡”“龙凤呈祥”“东坡肉”。

任务描述

(1)根据以上资料，结合自己对中国饮食文化的了解，分析人们对于饮食需要的内容与相应的层次。

(2)查阅相关文献，说说现阶段人们对于饮食需要的内容与层次发生的变化。

任务十三　动机理论与消费者的购买动机

第一部分　学习引导

案例导入

把梳子卖给和尚

把梳子卖给和尚，正如把冰卖给爱斯基摩人，推销的都是客户并不需要的产品，看上去都是一件不可能完成的任务。有三位推销员小伊、小石和小钱却勇敢地接受了这个挑战。

一个星期后，他们回公司汇报各自的销售成果。

小伊卖出了1把梳子。他讲述了自己如何历尽辛苦，跑了三座寺院，受到众和尚的指责和追打，但仍然不屈不挠。在下山途中，他看到一个小和尚一边晒太阳，一边使劲挠头皮，于是灵机一动，递上木梳，小和尚用后满心欢喜，于是买下一把。

小石卖出了10把梳子。他去了一座名山古寺，找到寺院的住持方丈说："山高风大，把前来进香的善男信女的头发都吹乱了。蓬头垢面是对佛的不敬，应在每座庙的香案前放把木梳，供善男信女梳理鬓发。"住持方丈认为有理，采纳了小石的建议。山上共有10座庙，10座香案，于是方丈买下了10把木梳。

小钱卖出了1 000把梳子。他到了一座颇具盛名、香火极旺的深山宝刹，那里朝圣者如云，施主络绎不绝。小钱对住持方丈说："凡来进香朝拜者，多有一颗虔诚之心，宝刹应有所回赠，以做纪念，保佑其平安吉祥，鼓励其多做善事。我有一批木梳，您的书法超群，可刻上'积善梳'三个字，然后便可做赠品。"住持方丈听罢大喜，立即买下1 000把木梳，并请小钱小住几天，共同出席了首次赠送"积善梳"的仪式。得到"积善梳"的施主与香客很是高兴，一传十，十传百，朝拜者更多，香火也更旺。于是，方丈再次向小钱订货。同时住持方丈希望小钱再多提供一些不同档次的木梳，以便分层次地赠给各类型的施主与香客。这样，小钱不但一次卖出1 000把梳子，而且获得了长期订单。

(资料来源：《把梳子卖给和尚》，百库文库，2020-01-29)

案例讨论：

(1)和尚有买梳子的生理动机吗？

(2)他们三人是如何激发和尚的购买动机的？

一、动机概述

1. 动机的概念

伍德沃斯(R. Woodworth)于1918年率先将心理动力观引入心理学。他把动机视为决定行为的内在动力。动机是引起个体活动，维持已引起的活动，并促使活动朝向某一目标进行的内在作用。

2. 引起动机的条件

人们从事任何活动都由一定动机所引起。引起动机有两类条件，内在条件是需要，外在条件是诱因。需要经唤醒会产生驱动力，驱动有机体去追求需要的满足。例如，人体中水分的缺乏会使人(或动物)产生对水的需要，从而引起唤醒或紧张的驱力状态，促使有机体从事喝水这一行为满足。由此可见，需要可以直接引起动机，从而导致人朝特定目标行动。

3. 需要与动机的关系

需要与动机是密切联系的。需要只有处于唤醒状态，才会驱使个体采取行动，而需要的唤醒既可能源于内部刺激，亦可能源于外部刺激，仅仅有需要还不一定能导致个体的行动。需要只为行为指明大致的或总的方向，而不规定具体的行动线路。满足同一需要的方式或途径很多，消费者为什么选择这一方式而不选择另外的方式，对此，需要并不能提供充分的解释。引进动机概念，正是试图从能量与具体方向两个方面对行为提供更充分的解释。在有些情况下，需要只引起人体自动调节机制发挥作用，而不一定引起某种行为动机。正如人的体温，人的体温能在很有限的范围内自动调节，可以适应高于体温(如洗热水澡)与低于体温(如冬泳)的环境。当均衡状态被打破且超出了正常的调节幅度时，人体内会自动产生需要恢复均衡的力量，动机也就由此而生。但有时虽然没有内在的需要，单凭外在的刺激，也能引起动机，产生行为。如无饥饿感的人，当他遇到美味佳肴时也可能会顿生一饱口福的动机。需要与动机的关系如图4-2所示。

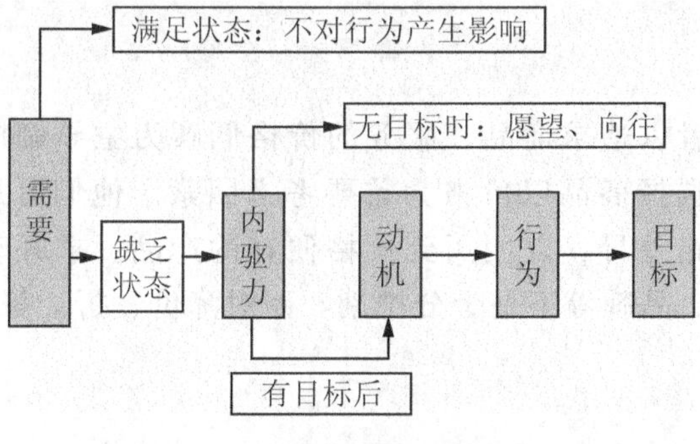

图4-2　需要与动机的关系

二、购买动机的类型

1. 求实动机

求实动机是指消费者以追求商品或服务的使用价值为主导倾向的购买动机。在这种动机支配下，消费者在选购商品时，特别重视商品的质量、功效，而对商品的象征意义、所显示的“个性”、商品的造型与款式等不特别关注。如在选择布料的过程中，当几种布料价格接近时，具有求实动机的消费者会选择布幅较宽、质地厚实的布料，而对色彩是否流行等关注较少。

2. 求新动机

求新动机是指消费者以追求商品、服务的时尚、新颖、奇特为主导倾向的购买动机。在这种动机支配下，消费者选择产品时，特别注重商品的款式、色泽、流行性、独特性与新颖性，而产品的耐用性、价格等成为次要的考虑因素。一般而言，在收入水平比较高的人群以及青年群体中，求新的购买动机比较常见。

3. 求美动机

求美动机是指消费者以追求商品欣赏价值和艺术价值为主要倾向的购买动机。在这种动机支配下，消费者选购商品时特别重视商品的颜色、造型、外观、包装等因素，讲究商品的造型美、装潢美和艺术美。求美动机的核心是讲求赏心悦目，注重商品的美化作用和美化效果。

4. 求名动机

求名动机是指消费者以追求名牌、高档商品，借以显示或提高自己的身份、地位而形成的购买动机。当前在一些高收入阶层、青年学生中，求名购买动机比较明显。求名动机形成的原因是相当复杂的。购买名牌商品，除了有显示身份、地位、富有和表现自我等作用以外，可能还隐含着减少购买风险、简化决策程序和节省购买时间等多方面因素。

5. 求廉动机

求廉动机是指消费者以追求商品、服务的价格低廉为主导倾向的购买动机。在求廉动机的驱使下，消费者选择商品以价格为首要考虑因素。他们愿意多花体力和精力，多方面了解、比较产品价格差异，以便买到价格便宜的产品。求廉动机的消费者对商品质量、花色、款式、包装、品牌等不是十分挑剔，而对降价、折让等促销活动有较大兴趣。

6. 求便动机

求便动机是指消费者以追求商品购买和使用过程中的省时、便利为主导倾向的购买动机。在求便动机支配下，消费者对时间、效率特别重视，对商品本身则不太挑剔。他们特别关心能否快速方便地买到商品，讨厌过长的等候时间和过低的销售效率，对购买的商品要求携带方便，便于使用和维修。一般而言，成就感比较高、时间机会成本比较大或时间观念比较强的人，更倾向于持有求便的购买动机。

7. 模仿或从众动机

模仿或从众动机是指消费者在购买商品时自觉或不自觉地模仿他人的购买行为而形成的购买动机。其形成的原因多种多样。有出于仰慕、钦羡和获得认同而产生的模仿；有由于惧怕风险、保守而产生的模仿；有缺乏主见，随大流或随波逐流而产生的模仿。模仿动机的消费者，其购买行为受他人影响比较大。一般而言，普通消费者的模仿对象多是社会名流或其所崇拜、仰慕的偶像。电视广告中经常出现某些歌星、影星、体育明星使用某种产品的画面或镜头，目的之一就是要刺激受众的模仿动机，促进产品销售。

8. 好癖动机

好癖动机是指消费者以满足个人特殊兴趣、爱好为主导倾向的购买动机。其核心是为了满足某种嗜好、情趣。具有这种动机的消费者，大多出于生活习惯或个人癖好而购买某些类型的商品。如有些人喜爱养花、养鸟、摄影、集邮，有些人爱好收集古玩、古董、古书、古画，还有些人好喝酒、饮茶。在好癖动机支配下，消费者选择商品往往比较挑剔，不轻易盲从。

需要指出的是，上述购买动机不是彼此孤立的，而是相互交错、相互制约的。在有些情况下，一种动机居支配地位，其他动机处于次要地位；而在另外一些情况下，可能是另外的动机起主导作用，或者是几种动机共同起作用。

三、购买动机理论

1. 早期动机理论

(1)本能说

本能说是解释人类行为的最古老的学说之一。20 世纪初，美国心理学家麦道孤(W. McDougall)提出人类具有觅食、性欲、恐惧、憎恶、好奇、好斗、自信等一系列本能。按照本能说的解释，人生来具有特定的、预先程序化的行为倾向，这种行为倾向完全由遗传因素决定；无论是个人还是团体的行为，均源于本能倾向。本能是一切思想和行为的基本源泉和动力。

本能性行为符合两个基本条件：其一，它不是通过学习而获得的；其二，凡是同一种属的个体，其行为表现模式相同。像蜜蜂将蜂巢筑成六角形、蝙蝠倒挂着睡觉、候鸟定期迁徙等，都属于本能性行为。人类也有很多本能性行为，如婴儿天生就有对母亲的特殊反应倾向，有对黑暗的恐惧感，等等。从市场营销角度来看，针对这些本能性行为的特定的营销刺激更有效。例如，在广告宣传中以母爱为诉求，可能很容易唤起成年人对某些儿童用品的好感，从而有助于这些产品的销售。

相对于多样、复杂的人类行为，本能性行为只是很小的一部分，而且许多被视为具有“人类天性”的行为也可以通过学习来加以改变。

(2)精神分析说

精神分析说

精神分析说的创始人是奥地利精神病学家、心理学家弗洛伊德(Freud)。在西方社会生活、思想意识和科学文化等各个领域均产生了广泛而深远的影响。弗洛伊德的精神分析学说经过弗洛姆(E. Fromm)、荣格(G. Jung)、阿德勒(A. Adler)等加以修正和发展，形成了一个庞大的思想体系。虽然他们各自有许多不同的观点，但在重视对无意识的研究，把无意识视为人类行为的根本性决定因素的这一观点都基本认同。

弗洛伊德认为人的精神由三部分构成：意识、潜意识和前意识。其中意识是与直接感知有关的心理部分。潜意识是指个人的原始冲动和各种本能以及由这种本能所产生的欲望，是人的意识无法知觉的心理部分。前意识是人们能够回忆起来的经验，是意识与潜意识之间的中介环节与过渡领域。他认为，如果把人的精神比作一座冰山，意识只是露出水面之冰山一角；前意识是介于水面的部分，随着海水的起落时隐时显；潜意识则是深藏在水面之下的冰山主体，在人的精神生活中处于基础性地位。因此，理解人类行为背后潜藏的动机，只分析意识和前意识层次是不充分，而应当深入到潜意识的层次。

弗洛伊德认为人格结构由三大系统组成，即本我、自我和超我。他试图透过对本我、自我、超我所构成的人格系统的分析，把握潜意识心理活动的规律及其特征，论证人的本能和欲望对人的行为的决定性作用。

弗洛伊德在强调人的动机和行为主要受潜意识本能和欲望驱使的同时，并没有完全否定意识与理智的地位和作用，而把它们视为潜意识心理活动的发展形式。他认为，可以通过自我意识对本我潜意识的不断调整，通过超我对自我的作用，使本能欲望在现实交往中得到满足，并使之纳入符合社会理想和良心的范畴，升华为人类生活中较高尚的目标。

由于弗洛伊德的理论是建立在零散的临床观察基础上的，没有经过系统、严格的实验和经验验证，然而这一理论对于理解和分析消费者行为仍具有重要的启示意义。20 世纪 30 年代至 50 年代，在精神分析说的基础上发展了诸如语意联想法、投射法等间接了解消费者动机与态度的新的研究方法。

(3)驱力理论

驱力理论

驱力理论假定，人和动物的行为均是受内部能量源的驱动，是经由学习而不是遗传所引起的。

伯考威茨(L. Berkowitz)在 1969 年出版的《社会心理学手册》一书中写道：“自从驱力一词最初由伍德沃斯于 1918 年引入心理学，驱力一直是指促动个体采取行动的内部刺激，这种刺激源于个体的被剥夺感和与被剥夺状态相伴随的机体内某些物质的过剩或匮乏。不管受剥夺的特定性质如何，机体都会产生外表的兴奋，如在饥饿时会伴随胃的收缩，由此会推动个体采取行动，直至找到能满足机体内在需要的满足物，剥夺状态才会消除。”处于剥夺状态或匮乏状态的个体必须了解何种物体能满足其特定的内在需要，以及应当采用何种行动才能获得这些满足物。所以，学习在驱力理论中占有重要地位。

驱力理论认为，驱力为行为提供能量，而学习中建立的习惯决定着行为的方向。

美国学者霍尔(Hull)提出了 $E=D\times H$ 公式，反映驱力理论的基本观点。公式中，E 表示从事某种活动或某种行为的努力或执着程度，D 表示驱力，H 表示习惯。霍尔的公式表明，消费者追求某种产品的努力程度将取决于消费者由于匮乏状态而产生的内驱力，以及由观察、学习或亲身经历所获得关于这一产品的消费体验。霍尔特别强调建立在经验基础上的习惯对行为的支配作用。他认为，习惯是一种习得体验，如果过去的行为导致好的结果，人们有反复进行这种行为的趋向；如果过去的行为导致不好的结果，人们有回避这种行为的倾向。

驱力理论是建立在体内平衡原理基础上的，当个体因物质和能量失衡产生内在需要时，驱力促使他采取行动满足需要，消除紧张。一旦某种行为能有效地消除紧张，该种行为便为个体所习得，从而使个体在下一次面临同样紧张状态时，会产生类似的行为反应。

然而，驱力理论也有局限性，突出表现在两个方面：一是驱力理论无法解释在缺乏驱力的情况下，有机体仍可能从事某种行为，如，在并不感到饥饿的情况下，闻到食物的香味，或听到电视里对美味的描述也可能引发吃喝动机；二是生活中大量的证据表明，生物体尤其是人有一种不懈追求外部刺激的倾向，如登山、探险、猎奇等，这类现象也是驱力理论难以解释的。针对上述两个问题，动机理论又有了新的发展，其中以诱因论和适度兴奋论最具有代表性。

2. 现代动机理论

马斯洛需要层次理论

(1)需要层次理论

美国人本主义心理学家马斯洛于 1943 年提出了著名的需要层次理论。该理论既是一种动机理论，又是一种激励理论。

马斯洛认为，人的需要分为 5 个层次，即生理需要、安全需要、爱与归属的需要、尊重的需要、自我实现的需要。5 种需要是按从低级到高级的层次组织起来的，只有当较低层次的需要得到了满足，较高层次的需要才会出现并要求得到满足(如图 4-3 所示)。相关内容在“任务十二”中已有详细介绍。

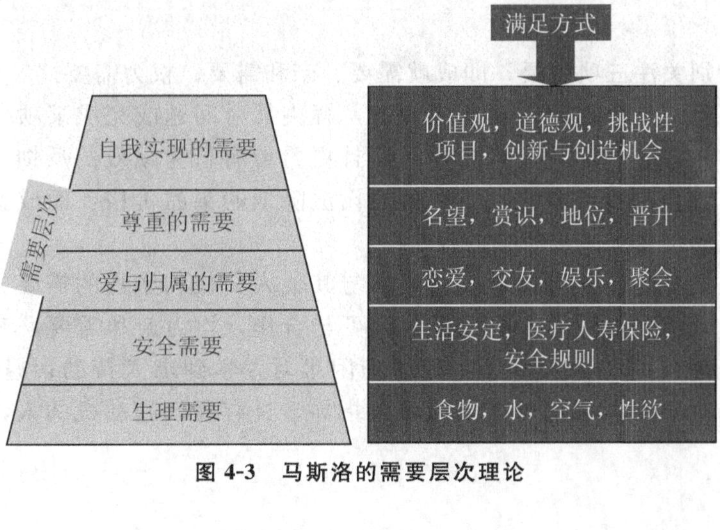

图 4-3　马斯洛的需要层次理论

从消费者行为分析角度看，这一理论对理解消费者行为动机，对于企业针对消费者需要特点制订营销策略，具有重要价值。

(2)双因素理论

双因素理论是由美国心理学家弗雷德里克·赫茨伯格(Frederick Herzberg)于1959年提出来的。他通过调查研究发现，导致对工作满意的因素主要有：成就、认可、工作本身的吸引力、责任和发展；导致对工作不满的因素主要有：企业政策与行政管理、监督、工资、人际关系及工作条件等。

双因素理论

赫茨伯格将导致对工作不满的因素称为保健因素，将引起工作满意感的一类因素称为激励因素。保健因素，诸如规章制度、工资水平、福利待遇、工作条件等，对人的行为不起激励作用，但这些因素如果得不到保障，就会引起人们的不满，从而降低工作效率。激励因素，诸如提升、提职、工作上的成就感、个人潜力的发挥等，则能唤起人们的进取心，对人的行为起激励作用。要使人的工作效率提高，仅仅提供保健因素是不够的，还需要提供激励因素。

将赫茨伯格双因素理论运用于消费者动机分析，亦具有多重价值与意义。商品的基本功能是为消费者提供基本利益与价值，实际上可视为保健因素。这类基本的利益和价值如果不具备，就会使消费者不满。要使消费者对企业产品、服务形成忠诚感，还需在基本利益或基本价值之外，提供附加价值，即激励因素。如使产品或商标具有独特的形象，产品的外观、包装具有与众不同的特点等，对满足消费者社会层次的需要具有直接意义。

商品的哪些特征、利益具有保健因素性质，哪些具有激励因素性质，不是固定不变的。商品所具有的保健因素与激励因素还会因目标市场的不同，或因目标消费者生活方式和价值取向的不同而存在差别。

(3)显示性需要理论

美国学者麦克里兰(McClelland)提出的显示性需要理论侧重分析环境或社会学习对需要的影响，因此，该理论又被称为习得性需要理论。与马斯洛需要层次理论不同，显示性需要理论特别强调需要从文化中的习得性，所以，此理论与学习、人格概念有着紧密联系。

麦克里兰特别关注三项需要，即成就需要、亲和需要、权力需要。

所谓成就需要，是指人们愿意承担责任，解决某个问题或完成某项任务的需要。具有高成就动机的人，一般具有冒险精神，而且更希望有行为绩效的反馈。如具有高成就动机的消费者可能会花相当多的时间和精力设法降低购买品价格，而成就动机较低的消费者通常只是被动接受货品出售方的报价。

亲和需要是指个体在社会情境中，要求与其他人交往和亲近的需要。获得别人的关心，获得友谊、爱情，获得别人的支持、认可与合作，均为亲和需要。亲和需要很大程度上是经由学习形成的：个人目标实现遇到困难时，学到求人帮助；遇到危险情境时，学到求人保护；对事物不了解时，学到求人指导。具有高亲和动机的人，特别关心人际关系的质量，友谊和人际关系往往先于完成某项任务或取得某项成就。高亲和需要的消费者，比较注重同事、朋友对自己购买行为的评价，因此，在购买决策过程中更容易受他人的影响。

权力需要是指个体希望获得权力、权威，试图强烈地影响别人或支配别人的倾向。研究发现，凡是对社会事务有浓厚兴趣的人，其行为背后均存在强烈的权力动机。权力动机有两种类型：个人化权力动机与社会化权力动机。前者出于为己的目的，后者出于为人或为公的目的。麦克里兰认为，权力可以朝两个方向发展：一是负面方向，强调支配；二是正面方向，强调劝说和激励.

四、消费者购买动机的特征

与需要相比，消费者的动机较为具体直接，有着明确的目的性和指向性，但同时也具有更加复杂的特性。

1. 内隐性

动机并不总是显露无遗的，消费者的动机经常处于内隐状态，难以从外部直接观察到。正如弗洛伊德所说，动机犹如一座海中的冰山，能看到的只是很小的一部分，大部分是隐藏起来的。人的心理活动是极为复杂的。消费者经常出于某种原因而不愿意让他人知道自己的真实动机。如早在20世纪40年代，美国心理学家对速溶咖啡消费者的调查发现，家庭主妇之所以拒绝购买速溶咖啡，并不是如她们表面上所说的不喜欢速溶咖啡的味道，而是由于不愿被他人视为懒惰、不称职的主妇，因为当时的观念认为，按照传统方式煮咖啡的主妇必定是勤俭、善于持家、懂得生活的。这种消费者陈述的动机与内在的真实动机不一致的现象，在现代消费者当中仍然普遍存在。

此外，动机的内隐性还可能由于消费者对自己的真实动机缺乏明确的意识，即动机处于潜意识状态。这种情况在多种动机交织共同驱动一种行为时经常发生。比如，某消费者购买一副高档眼镜的主要动机是为了保护眼睛，但同时也可能有增加魅力和风度，或者掩盖眼部缺陷等其他潜在动机。

2. 冲突性

当消费者同时具有两种以上的动机且这些动机共同发生作用时，动机之间就会产生矛盾和冲突。这种矛盾和冲突可能是由于动机之间的相悖或相互抵触，也可能是出于各种消费条件的限制。人们的欲望是无止境的，而其拥有的时间、金钱和精力却是有限的。当多重动机不可能同时实现时，动机之间的冲突就不可避免。而冲突的本质是消费者在各种动机实现所带来的利害结果中进行权衡比较和选择。当消费者面对双趋冲突(即消费者具有两种以上倾向选择的目标而只能从中择选其一，从而产生动机冲突)时，会对各种利益难以取舍，消费者通常对外界刺激十分敏感，希望借助外力做出抉择。此时，广告宣传、销售人员的诱导、参照群体的示范、权威人士的意见及各种促销措施常常会使消费者发生心理倾斜，从而做出实现其中一种利益的动机选择。

趋避冲突，即同一消费行为既有积极后果的动机，又有消极后果的动机，而消极后果的动机又是消费者极力避免的，如许多消费者面对各种美食，品尝美味佳肴的动机与避免体重增加的动机之间就经常发生冲突。这时，有效的措施是尽可能减小不利后果的严重程度，或采用替代品抵消有害结果的影响。

双避冲突，即消费者面对两种或两种以上均会带来不利结果的动机但必须择其一时，总是趋向选择不利结果相对较轻和不愉快程度较低的动机作为实现目标，以便使利益损失减少到最低限度。此时，如果采取适当方式减少不利结果，或从其他方面给予补偿，将有助于消费者减轻这方面的冲突。

从一定意义上说，正是由于动机冲突的存在，才为企业经营者提供了运用营销手段引导消费者的购买动机，并推动购买行为的实现。

3. 主导性

现实生活中，每个消费者都同时具有多种动机，这些复杂的动机之间以一定的方式相互联系，构成完整的动机体系。在这一体系中，有些动机表现得强烈、持久，在动机体系中处于支配性地位，属于主导性动机；有些动机表现得微弱而不稳定，在动机体系中处于从属性地位，属于非主导性动机。一般情况下，人们的行为是由主导性动机决定的。尤其当多种动机之间发生矛盾、冲突时，主导性动机往往对行为起支配作用。

4. 可转移性

在动机体系中处于从属地位的非主导性动机并非完全不起作用，而是处于潜在状态。可转移性是指消费者在购买决策过程中，由于新的消费刺激出现而发生动机转移，原来的非主导性动机由潜在状态转入显现状态，上升为主导性动机的特性。现实中许多消费者改变预定计划，临时决定购买某种商品的行为现象，就是动机发生转移的结果。有时消费者之所以改变动机，是由于原有动机在实现过程中受到阻碍。

比如，某消费者本欲购买羽绒服，但在购买现场得知皮衣降价销售，降价刺激诱发了潜在的求奢动机，遂转而决定购买皮衣。再如，由于售货员态度恶劣，消费者的自尊心受到伤害，其购买商品的主导性动机就会被压制，从而诱发维护个人自尊的动机，结果导致购买行为的终止。

第二部分　实践活动

活动 15　消费者购买动机分析

案例分析 4-2

海尔的品牌故事

创立于 1984 年的海尔集团，经过三十多年的持续发展，从产品品牌到平台品牌，不断与时俱进，始终处于时代与行业发展的前列。仅以洗衣机产品为例，海尔目前已拥有滚筒洗衣机、洗烘一体机、波轮洗衣机、双桶洗衣机、迷你洗衣机、手持洗衣机、干衣机、洗鞋机等多款产品，可以满足不同消费者及商用客户的需求。

物联网时代，海尔集团提出了“生态品牌”这一概念，是其继产品品牌、平台品牌之后的又一次品牌内涵的迭代和创新。物联网时代，伴随社群经济和共享经济的发展，品牌之间的竞争将逐渐转移到生态构建的竞争上。在海尔看来，物联网时代的用户需求更加个性化，所有的数字技术都应该服务于用户的个性化体验。海尔要做的不是提供独立的、不变的个性化服务解决方案，物联网时代由于“万物互联”，企业和顾客高度链接，顾客开始演进为终身用户，数字化画像、识别、到达、关联、交易，使得物联网时代的企业可以围绕“终身用户”构建需求侧的“需求图谱”，共创用户价值，实现生态圈的共同增值。围绕用户端开始，产品即场景，场景变触点，触点成连接，连接为数字，数字显需求，需求化生态，品牌的核心变成：用户交互—用户迭代—提供需求解决方案。生态品牌成为能够动态满足用户所有需求的品牌结构，海尔的“生态品牌”是对物联网时代品牌构建的创新，它更强调交互，强调价值，强调共创，强调共赢。海尔生态品牌将持续为全球用户创造美好生活体验，成为全球生态品牌的引领者。

（资料来源：张丽：《从“品牌引领”到“生态品牌引领”：海尔品牌塑造之路》，载《家用电器》，2018(5)：28～29）

任务描述

(1)结合以上资料，并查阅相关资料，说说海尔集团发展历程中是如何不断满足消费者需要的。

(2)关注一例海尔商品的宣传或推广活动，并以此例说明它是怎样诱导消费动机的。

项目五 消费者购买决策与购买行为分析

项目概述

购买决策是指消费者作为决策主体，为了实现满足需求这一特定目标，根据需要先去了解、收集各种相关信息，并对可供选择的商品进行综合的分析比较，最后才做出是否要购买的决策。消费者在决策过程中，总是依据一定的标准和尺度，对各种方案进行比较选择，从中确定令人满意的方案。而选择标准及尺度的拟订又是从一定原则出发的，这些原则包括最大满意原则、相对满意原则、遗憾最小原则、预期满意原则等。

从广义上理解，消费者的购买行为是指消费者个人或其家庭为满足需要而进行的一切活动；从狭义上理解，则指消费者为满足某种需要在购买动机的驱使下，以货币换取商品或服务的行动。购买行为涉及每一个人和每一个家庭，为了保证自身的消费需要，往往单次购买量少，购买频繁，且经常在不同产品、不同地区及不同企业之间变换选择。消费者对商品的要求各不相同，而且随着社会经济的发展，消费者的消费习惯、消费观念、消费心理不断发生变化，从而导致消费者的购买差异性较大。

项目目标

知识目标

1. 掌握消费者购买决策的内容、特点和原则；
2. 掌握消费者购买决策的过程及购买决策类型；
3. 熟悉消费者购买行为的相关理论，熟悉消费者购买行为类型；
4. 了解消费者的购买行为模式。

能力目标

1. 能识别消费者的购买决策类型，识别发起者、影响者、决定者、购买者、使用者；

2. 能识别消费者的购买行为类型；

3. 基于对消费者的分析，预测消费者对某商品或服务的购买行为，并针对其角色的地位与特性，采取有效的营销策略，实现营销目标。

素养目标

1. 培养善于观察、勤于思考的习惯；

2. 培养不断学习和探究消费者行为、适应专业领域发展的职业精神。

任务十四　消费者购买决策概述

第一部分　学习引导

案例导入

近年来我国消费决策研究的回顾

黎志勇等运用 Cite Space 软件对 2013—2018 年我国购买决策研究的相关文献进行可视化分析，获得如下结果。

一是购买决策研究文献分别从购买决策的研究对象、影响因素、购买途径三个维度对研究主题进行研究。①研究对象类，即有关“消费者”“大学生”“网络消费者”等的相关研究。②影响因素类，如对购买决策行为产生影响的因素主要包括客观因素的“在线评论”“网络口碑”“营销策略”等和主观因素的“购买意愿”“感知风险”“感知价值”“心理账户”等。③购买途径类，如通过电子商务平台，进行网络购物等。

二是购买决策的重点研究方向分别是消费者、购买意愿、在线评论、消费者行为等。①对消费者的相关研究分析得出，营销研究者把消费者视为购买决策的主体，使用许多技巧来了解消费者，并根据消费者的不同需求分别制订特定的营销策略，尤其在大数据的背景下将消费者分类，依据年龄划分，如“青年消费者”“老年消费者”；依据群体性质类型划分，如“大学生消费群体”“上班族消费群体”等。②对购买意愿的相关研究分析得出，消费者在选择特定产品前的主观偏好，是预测购买决策的关键影响因素。但消费者的购买意愿与购买决策在某种情况下会处于负相关关系。③对在线评论相关研究分析得出，在互联网背景下，在线评论所带来的正面与负面口碑将影响消费者的购买决策行为。许多消费者会通过网络途径得知所需产品的优缺点，随着绿色共享经济的到来，低碳汽车等新能源汽车成为爱车一族的热搜词，而相关的一次性评论、追加评论、评论者等级信息是否造成负面评论，都属于目前购买决策研究的热点内容。④对消费者行为的相关研究分析得出，消费者行为的研究内容有环境因素、个体与心理因素，心理因素主要是自我概念、态度、动机、学习与记忆、知觉等。这些因素在某种程度上可决定消费者的购买决策行为，而且它们对外部环境与营销刺激的影响起放大或抑制作用，并且消费者行为是属于动态的，必须要展开可持续的研究才能正确分析整个购买过程。

三是引入新的研究视角和研究工具、网络平台的评价信息、新兴产品研究将成为今后研究的关注点。有关购买决策的研究在2014年融入了新的研究视角，学者运用“结构方程模型”(Structural Equation Modelling，SEM)，理性地解决了许多潜变量问题。网购仍不断升温，大部分消费者在购买前会通过不同的网络平台收集商品信息，正面与负面的网络口碑对消费者的购买决策产生重要影响。关于“社交媒体”与购买决策之间的研究增多。另外，消费者的购买决策还会随着新产品的诞生而变化，除新能源汽车外，现代科技的不断创新发展促使许多新的产品诞生，在一定程度上对传统的产品造成冲击。

购买决策的研究趋势将带给研究消费者心理与行为的学者及营销人更多启迪。

（资料来源：黎志勇、沈锦发、林德钦：《近五年我国购买决策研究的文献可视化分析》，载《中国商论》，2018(3)：171～173)

一、消费者购买决策的含义

消费者购买决策是指在众多商品中挑选出最为符合自己标准的产品、服务或品牌，以此来完成满足自身需要的特定过程。购买决策是消费者在购买过程中的重要成分之一，决策的主体是消费者。消费者根据需要先去了解、收集各种相关信息，并对可供选择的商品进行综合的分析比较，最后才做出是否要购买的决策。

二、消费者购买决策的特征

1. 目的性

消费者购买决策具有目的性。消费者进行决策，就是要促进一个或若干个消费目标的实现，这本身就带有目的性。在决策过程中，要围绕目标进行筹划、选择、安排，就是实现活动的目的性。

消费者购买决策是一个过程。消费者在受到内、外部因素刺激后，产生需求，形成购买动机，抉择和实施购买方案，购后经验又会反馈，影响下一次的消费者购买决策，形成一个完整的循环过程。消费者购买决策的一般过程如图 5-1 所示。

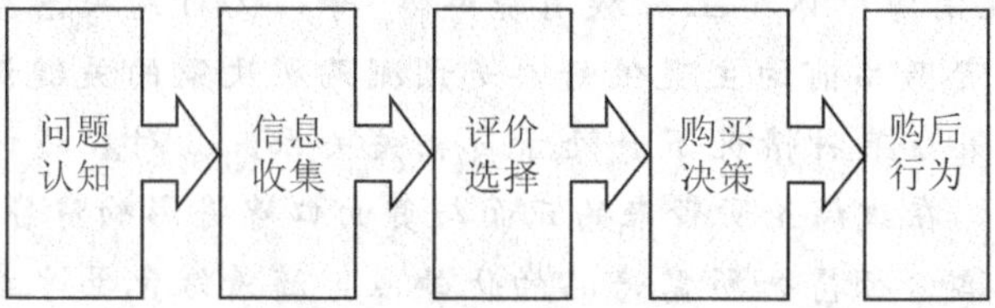

图 5-1　消费者购买决策的过程

除集体消费之外，个体消费者的购买决策一般都是由消费者个人单独进行的，随着消费者支付水平的提高，购买行为中独立决策特点将越来越明显。

2. 复杂性

消费者购买决策过程一般是比较复杂的。消费者在做决策时不仅要开展感觉、知觉、注意、记忆等一系列心理活动，还必须进行分析、推理、判断等一系列思维活动，并且要计算费用支出与可能带来的各种利益。

消费者的购买决策受到多方面因素的影响和制约，具体包括消费者个人的性格、气质、兴趣、生活习惯与收入水平等主体相关因素，消费者所处的空间环境、社会文化环境和经济环境等各种刺激因素，如产品本身的属性、价格、企业的信誉和服务水平，以及各种促销形式等。这些因素之间存在着复杂的交互作用，它们会对消费者的决策内容、方式及结果产生不确定的影响。

3. 情景性

消费者购买决策具有情景性。影响决策的各种因素不是一成不变的，而是随着时间、地点、环境的变化而不断发生变化。同一个消费者的消费决策具有明显的情景性，其具体决策方式因所处情景不同而不同。由于不同消费者的收入水平、购买传统、消费心理、家庭环境等影响因素存在着差异性，因此，不同的消费者对于同一种商品的购买决策也可能存在差异。

三、消费者购买决策的内容

消费者购买决策的内容可以概括为“5W3H”。

(1)Why：关于购买原因的决策，即权衡购买动机。

(2)What：关于购买对象的决策，即购买什么商品，要确定具体的对象和内容，包括商品的品牌、性能、质量、款式、规格、价格等，这是决策的核心问题。

(3)When：关于购买时间的决策，即何时购买。

(4)Where：关于购买地点的决策，即从何渠道、从何地点购买。

(5)Who：由谁去购买的决策，购买决策者、购买者和使用者可能是同一人，也可能不是同一人。

(6)How：关于购买方式和支付方式的决策，随着网络购物、电视购物、直销等销售方式的不断涌现，现代消费者的购买方式也趋于多样化，支付方式也不断发生变化，除了现金支付，还出现了信用卡支付、支付宝支付、微信支付等新型支付方式。

(7)How many(How much)：关于购买数量的决策，购买数量一般取决于实际需要、支付能力、市场供求状况等。

(8)How ofen：关于购买频率的决策，即多久购买一次。

四、消费者购买决策的原则

消费者在决策过程中，总是依据一定的标准，对各种方案进行比较，从中确定最满意的方案。而选择标准是以一定原则为基础的，决策原则贯穿整个购买决策过程，指导着消费者的决策活动。常见的购买决策原则包括以下几个方面。

1. 最大满意(最优)原则

消费者总是力求通过决策方案的实施来取得最大效用，使其需要得到最大限度的满足，按照这一指导思想进行决策，即为最大满意(最优)原则。按照最大满意原则，消费者将付出一定代价追求决策方案和效果的尽善尽美，直至达到目标。

但是是否达到最大满意(最优)，完全依赖于消费者的主观感受和评价。受心理因素和环境变化的影响，消费者的主观感受不是一成不变的，购买前视为最佳的方案，购买后可能评价降低，甚至产生相反的感受。因此，所谓最大满意(最优)原则，只是一种理想化的原则。

2. 相对满意原则

由于现代社会中消费者面对多种多样的商品和瞬息万变的市场信息，不可能花费大量的时间、金钱和精力去收集制订最佳决策所需的全部信息，即使有可能，与所付出的代价相比也并不必要。因此，在制订购买决策时，消费者只做出相对合理的选择，达到相对满意。贯彻相对满意原则的关键是根据所得与所失的比较，合理调整选择标准，使之保持在适度、可行的范围内，以便以较小的代价取得较大的效用。如在购置皮鞋时，消费者只需经过有限次数的比较选择，货比三家，就做出决策，买到质量、外观、价格相对比较满意的皮鞋，而不是花费大量时间跑遍所有商店，对每一双皮鞋进行挑选。

3. 遗憾最小原则

最大或相对满意属于正向决策原则，而遗憾最小原则属于逆向决策原则。由于任何决策方案的后果都不可能达到绝对满意，都存在不同程度的遗憾，因此，有人主张以最小遗憾作为决策的基本原则。运用此项原则进行决策时，消费者会比较各种决策方案可能产生的不良后果的严重程度，从中选择不良后果较轻微的作为最终方案。遗憾最小原则的目的在于减少风险损失，缓解消费者因不满意而造成的心理失衡。如当消费者因各类皮鞋的价格高低不一而举棋不定时，有人会选择价格最低的一种，以便将遗憾减到最低程度。

4. 预期满意原则

有些消费者在进行购买决策之前，已经预先形成对商品价格、质量、款式等方面的心理预期。在对备选方案进行比较选择时，既不挑选最佳方案，也不选择可能产生遗憾最小的方案，而是与个人的心理预期进行比较，从中选择与预期标准吻合度最高的方案作为最终决策方案。这一方案能够达到的消费者满意程度最大。运用预期满意原则，可大大缩小消费者的选择范围，有助于迅速、准确地发现拟选方案，加快决策进程，同时可避免由于方案过多而举棋不定。

第二部分　实践活动

活动 16　了解消费者购买决策的基本内容

夏天到了，为了防止太阳光晒黑皮肤，大学生王某产生了购买防晒霜的欲望。她通过朋友介绍在相关网站上搜索各种关于防晒产品的信息，通过比较选择出性价比较高而且适合自己皮肤的产品，随即决定下订单购买，买后通过使用对该产品的满意度进行评价。

任务描述

结合以上资料列出大学生王某此次购买决策的内容。

任务十五　消费者购买决策过程及类型

第一部分　学习引导

案例导入

给消费者购买人寿保险产品决策时的一些建议

消费者在比较和选择人寿保险产品时，除了考察保险公司的服务水平，还应考虑家庭可节余的资金量及能负担的保险费金额、家庭需求以及人寿保险产品可以满足需求的程度。专家表示，消费者购买保险，首先应当从自身的保险需求出发，寻找合适的保险产品，进而货比三家，考察产品价格、公司实力、售后服务等因素。而购买方式或渠道，是最后一个环节。除了通过代理人购买，还可以到保险公司营业厅直接购买或通过电话、网络购买。

代理人的资质、服务、技能、口碑等同样在影响着投保人的消费品质，不容忽视。消费者该如何快速有效鉴别代理人的身份呢？根据现行保险营销员管理的相关规定，消费者可以登录中国保监会的保险中介管理信息系统，对代理人的身份进行查询。查询时，只需输入身份证、资格证、展业证或姓名中的任意一项信息，即可查到相关人员的资格证是否有效、销售区域、业务范围、所属公司等信息，以此来核实代理人身份，简便快捷。另外，代理人在展业时应具备相关的资格证书，"三证"(身份证、资格证、展业证)齐全方可上岗，展业时，消费者可要求其提供相关证书，以确保身份真实。

一、消费者购买决策过程

消费者购买活动是消费者从产生需求到满足其需求的过程。购买决策过程一般分为识别需要、收集信息、选择判断、决定购买、购后评价五个阶段。

1. 识别需要

识别需要是消费者购买决策程序的起点。当消费者在现实生活中感觉到或意识到现实与自己的欲望之间有一定差距，此时某种刺激会促使消费者产生对商品或服务的购买动机。这种刺激，既可以是人体内机能的感受所引发的，如因饥饿而引发购买食品，因口渴而引发购买饮料等；又可以是由外部条件刺激所诱生的，如消费者看见电视中的西服广告而打算自己买一套，路过水果店看到新鲜的水果而想购买等。当然，有时候消费者的某种需要、欲望和动机可能是内外因素同时作用的结果。

市场营销人员应注意识别引起消费者某种需要和兴趣的环境，并注意两方面的问题：一是那些与本企业的产品具有实际的或潜在关联的诱导因素；二是消费者对某种产品的需求强度会随着时间的推移而变化，并会被一些诱因所触发。企业还要善于设计诱因，促使消费者对本企业的产品产生强烈的欲望或动机，并立即采取购买行动。

2. 收集信息

当消费者产生了购买动机之后，便会开始收集与需要相关和密切联系的信息，以便进行决策。消费者信息的来源主要有四个方面。

(1)个人交往来源

从家庭、亲友、邻居、同事等个人交往中获得信息。

(2)商业来源

这是消费者获取信息的主要来源，其中包括广告、推销人员的介绍、商品包装、产品说明书等提供的信息。这一信息源是企业可以控制的。

(3)公共来源

消费者从电视、广播、报纸杂志等大众传播媒体所获得的信息。

(4)经验来源

消费者从自己亲自接触及使用商品的过程中得到的信息。

在上述四种信息来源中，商业信息最为重要。从消费者角度看，商业信息不仅具有通知的作用，而且还具有针对性、可靠性，而个人交往来源和经验来源只能起到验证作用。对企业来说，商业信息是企业可以控制的，通过商业信息的渠道使消费者了解本企业的产品，进而购买本企业的产品。

3. 选择判断

当消费者从不同的渠道获取相关信息后，便会对可供选择的同类商品进行分析和比较，并对各种品牌的产品进行评价，最后决定购买。

消费者对各种产品的分析判断主要从以下几个方面进行。

(1)分析产品属性

产品属性即产品能够满足消费者需要的特性，消费者一般将某一种产品看成是一系列产品属性的集合。如照相机的产品属性一般包括照像清晰度、快门速度、体积大小、价格；手表的产品属性有准确性、式样、耐用性等。

但消费者不一定认为产品的所有属性都同等重要，消费者有各自感兴趣的产品属性。市场营销人员应明确本企业产品应具备哪些属性，以及不同类型的消费者分别对哪些属性感兴趣，以便为不同需求的消费者提供具有不同属性的产品，既满足顾客的需求，又最大限度地减少因生产具有不必要的属性的产品所造成的资金、劳动力和时间的浪费。

(2)建立属性等级

所谓属性等级是指消费者对产品有关属性根据主观判断的重要性赋予不同的属性重要性权数。消费者被问及商品属性时，可能会遗忘一些不具强势特色的属性。因此市场营销人员应更多地关心属性权重，而不是属性特色。

(3)确定品牌信念

消费者会根据各品牌的属性及各属性的参数，建立起对各个品牌的不同信念，如确认哪个品牌在哪一种或哪些属性上占优势，哪一种或哪些属性上占劣势。

(4)形成“理想产品”

消费者的需求只有通过购买才能得到满足，而他们所期望从产品中得到的满足，是随产品每一种属性的不同而变化的。可以用效用函数来描述消费者的满足程度与产品属性的关系。每一个消费者对不同产品属性的满足程度不同，形成不同的效用函数。如某消费者欲购买一台相机的满足，会随着功能的齐全、图像的清晰、操作的方便等得以实现，但也会因价格的上升而使满足感减少。把各属性的最高点连接起来，便成为消费者理想相机的效用值。

(5)做出最后评价

消费者从众多可供选择的品牌中，通过一定的评价方法对各种品牌进行评价，从而形成对它们的态度和对某种品牌的偏好。在这一评价过程中，大多数的消费者总是将实际产品与自己预设的理想产品进行比较，从而做出最终的购买决定。

4. 决定购买

消费者通过选择判断，会形成对某品牌商品的偏好或购买意图，但偏好和购买意图并不总是导致实际购买。在对 100 名声称年内要购买 A 品牌家用电器的被访者进行追踪研究时发现，只有 44 名被访者实际购买了该类产品，而真正购买 A 品牌家用电器的消费者只有 30 名。

消费者真正将购买意向转化为购买行动，还会受到以下因素的影响。

(1)他人的态度

消费者的购买意图会因他人的态度而增强或减弱。他人态度对消费意图影响力的强度，取决于他人态度的强弱及他与消费者的关系。一般来讲，他人的态度越强，他人与消费者的关系越密切，其影响就越大。比如丈夫想买一台大屏幕的液晶电视，而妻子坚决反对，丈夫就极有可能改变或放弃购买意图。

(2)意外的情况

消费者购买意向的形成，总是与预期收入、预期价格和期望从产品中得到的好处等因素密切相关的。但是当其欲采取购买行动时，若发生了一些意外的情况，诸如因失业而收入减少，因产品涨价而无力购买，或者有其他更需要购买的东西等，可能会使消费者改变或放弃原有的购买意图。

5. 购后评价

消费者购买商品之后，就进入了购买后阶段。消费者购买商品后，通过自己的使用和他人的评价，会对自己购买的商品产生某种程度的满意或不满意。

消费者对其购买活动的满意感与其对产品期望(E)和该产品的可觉察性能(P)有关。

若 $E=P$，则消费者会满意；

若 $E>P$，则消费者不满意；

若 $E<P$，则消费者会非常满意。

如果对产品满意，则消费者在下一次购买时可能会继续采购该产品，并向其他人宣传该产品的优点；如果对产品不满意，则会尽量减少不和谐感，因为人的心理防御机制存在着一种在自己的意见、知识和价值观之间建立协调性、一致性或和谐性的驱使力。

消费者可能会通过退货来减少不和谐。

通过上述 5 个阶段，消费者完成了其购买决策活动的全过程。图 5-2 显示了消费者决策的全过程。

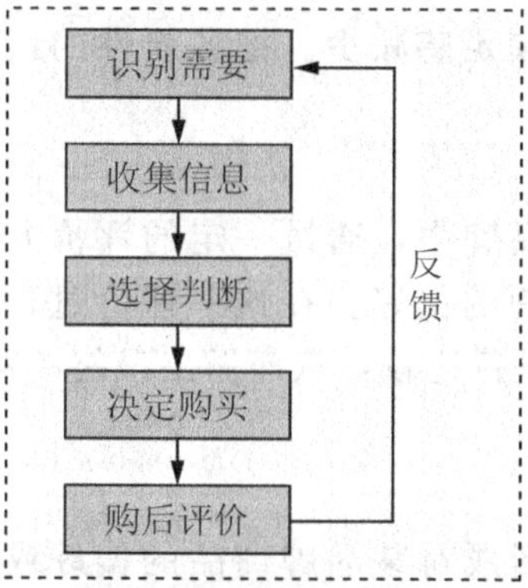

图 5-2 消费者购买决策的全过程示意图

企业可以在消费者决策的各阶段采取不同的营销对策，促成消费者的购买行为。如：

在识别需要阶段，企业可进行大量的广告宣传，对消费者起诱导的作用。

在收集信息阶段，企业应在大量广告宣传的基础上，展示商品的特性和优点。

在选择判断阶段，企业应开展试销和赠予活动，宣传一系列售前、售中、售后服务的措施。

在决定购买阶段，企业要为消费者提供全方位优质服务，如终身保修、不满意可退换等，坚定消费者的购买意愿。

在购后评价阶段，企业对诸多服务许诺予以兑现，消费者会产生良好的购后体验。这将有利于企业在消费者心目中树立良好形象，从而为赢得顾客的忠诚奠定基础。

二、购买决策的参与者

消费者消费虽然是以一个家庭为单位，但参与购买决策的通常并非一个家庭的全体成员。人们在购买决策过程中可能充当以下角色。

①发起者：首先想到或提议购买某种产品或服务的人。

②影响者：其看法或意见对最终决策具有直接或间接影响的人。

③决定者：能够对买不买、买什么、买多少、何时买、何处买等做出全部或部分决定的人。

④购买者：实际实施采购的人。

⑤使用者：直接使用所购商品或服务的人。

若营销者了解购买决策中的各个角色，针对其角色地位与特性采取有针对性的营销策略，就能实现营销目标。

三、购买决策的类型

根据消费者在购买决策过程中的不同特点，可将购买决策划分成三类，即扩展型决策、有限型决策和名义型决策。

1. 扩展型决策

扩展型决策是指在消费者对产品的各种具体品牌不熟悉、也未建立评价标准，甚至没有将选择范围限定在少数几个品牌上的情况下，消费者在购买决策的过程中介入程度较高，品牌间差异程度较大，消费者用较多时间进行斟酌后而做出的购买决策。因此，这是一类较为复杂的购买决策。

2. 有限型决策

有限型决策是指消费者对某一产品领域或该领域的各种品牌有了一定程度的了解，或对产品和产品品牌的选择建立起了一些基本的评价标准，但尚未形成对某些特定品牌的偏好，还需要进一步收集信息，以便在不同品牌之间做出较为理想和满意的选择。这类决策是基于内部信息收集或有限的外部信息收集、很少的备选方案、较少属性的简单决策规则、很少的购后评价和较低的购买介入程度。当消费者认为备选商品之间的差异不是很大、介入程度不是很高、解决需求问题的时间比较短时，消费者所面临的大多属于此类型购买决策。

3. 名义型决策

名义型决策也称习惯型购买决策，是指当消费者意识到某个消费问题后，经内部信息收集，马上回忆起某个偏爱品牌，然后就购买该品牌。这是一种习惯性行为，很少或无特意的思考。这类决策往往发生在购买的介入程度很低的情况下。

识别消费者购买决策类型对了解消费者购买行为非常重要，可从以下几个方面进行区分。一是根据购买决策所经历的阶段及各阶段消费者介入程度不同进行区分。名义型决策过程中，消费者介入程度最低；扩展型决策过程中，消费者介入程度最高；而在有限型决策条件下，消费者介入程度介于前述两种决策类型之间。二是根据消费者重复选择同一品牌的概率进行区分。一般而言，越是复杂的购买，消费者在下一次购买中再选同一品牌的可能性越小；而越是名义型购买，重复选择同一品牌的可能性越大。三是根据消费者在信息搜寻上花的时间进行区分。通常名义购买决策很少需要进行信息搜寻活动，而扩展型购买决策则需进行广泛的信息搜寻。因此，要针对不同消费者的购买决策进行营销活动。

第二部分　实践活动

活动 17　消费者购买决策过程分析

选择下列其中一项或两项，描述你是如何做出购买下列商品的决策的，分析属于哪个类型的消费购买决策。

(1)牙膏、餐巾纸、牙刷、休闲点心等；

(2)为即将去参加面试而准备的一套服装；

(3)一双品牌运动鞋；

(4)一台心仪已久的数码单反相机。

用 500～1 500 个字描述购买前、购买过程以及购买后的情况，并对自己的购买决策过程进行分析。

任务十六　消费者购买行为理论

第一部分　学习引导

案例导入

中国游客的消费行为研究

近年来，中国游客旺盛的消费能力已成功吸引各国关注，基于对中国旅游消费者行为的深入研究，各国推出面向中国消费者的旅游刺激措施。通过对中国游客的消费行为研究表明，中国消费者喜欢上网、使用微信，并且偏爱打折商品。针对这些特征，一些国家推出各种旅游服务和旅游营销方案来刺激中国游客的旅游消费。如韩国推出了“中国博主推广＋打折优惠”的组合；日本推出了“微信支付”；泰国的高档酒店和商场联合推出优惠套餐的营销活动，锁定中国高收入游客。

根据中国游客海外旅游喜欢购物的习惯，为了方便中国游客的购物消费，英国一些旅游景点和购物场所推出了中文标识及中文导购、导游服务，消费支付支持使用人民币；

日本的各大百货商场向使用“银联卡”的顾客发放打折优惠券。这些贴心旅游服务在一定程度上增加了中国游客消费购物的冲动，带动了旅游购物消费量。

该研究包括旅游消费者的心理、旅游消费者的动机、旅游消费者的购买决策、旅游消费者的体验、旅游消费者的文化和旅游营销等，这些研究是旅游消费者行为学研究的主要内容，具有非常重要的理论与实践意义。

（资料来源：https://www.sohu.com/a/127064752_527031，2020-05-15）

对消费者购买行为的研究始于20世纪上半叶，无论是理论还是方法在最近的20年中又有了新的发展。由于篇幅所限，下面仅对其中的几个主要理论进行概括性介绍。

一、习惯建立论

很多学者对习惯进行了界定，其中行为主义学派创始人华生（John B. Watson，1878—1958）这样界定习惯的含义，他认为习惯是任何已经定型的行动方式，不管是外显的或内隐的反应，只要不属于遗传性反应，都可以视为习惯，习惯是学来的，不是与生俱来的，它是由刺激与反应之间所形成的稳定关系所构成的。美国心理学家赫尔（Clark L. Hull，1884—1952）也阐述了习惯的含义，他认为感受器官和反应器官间的联结关系会经过强化过程建立并增强，感受器和反应器的联结就是习惯。习惯不是肉眼可观察到的具体行为变量，而是一种假设性的中介变量，它会随着强化的次数、时间等手段而改变。随着学者们对习惯研究的不断深入，逐渐形成了习惯建立论，其主要内容如下。

1. 商品的重复使用促使爱好与兴趣的形成

习惯建立理论认为，顾客对商品的爱好与兴趣是在对某商品（品牌）重复使用过程中建立起来的。如顾客经常使用某品牌的洗衣粉，就可能产生对该品牌洗衣粉的爱好，就发生经常购买这种品牌洗衣粉的行为。重复形成习惯，习惯促进爱好。

2. “刺激—反应”链的巩固程度决定购买行为习惯的养成

该理论还认为，顾客对某商品的购买行为直接取决于“商品—购买”，即“刺激—反应”链的巩固程度，当顾客经常购买某种商品就会形成一种购买习惯，建立起一种稳定的条件反射，一旦他再次需要使用时就会去购买这种商品（品牌）。这种“刺激—反应”愈强，愈容易巩固已形成的习惯，愈容易出现定向性的购买行为。如我国南方人习惯吃大米，而北方人习惯吃面粉，于是分别形成“大米—购买”“面粉—购买”的“刺激—反应”链，进而形成不同的购买行为习惯。

3. 强化物促进习惯性购买行为的形成

该理论是基于巴甫洛夫条件反射理论与斯金纳操作条件反射学说的研究成果，认为任何新的行为的建立和形成都必须使用强化物，而且只有通过强化物的反复作用，才能促使这种新的行为形成、发展和巩固。因此，在促使顾客形成新的购买行为习惯时，及时使用强化物具有十分重要的作用。例如，某企业的商品持续价廉物美，而且售后服务周到，顾客多次购买使用后十分满意，逐渐形成认准购买该企业产品的习惯。由此该企业产品质高、价廉、服务周到成了顾客购买习惯形成的强化剂。

二、风险减少论

所谓风险是指消费者在购买商品或服务时，由于无法预测和控制购后的结果是否令自己满意而面临的不确定性。风险减少理论认为，消费者购买商品时要面临各种各样的风险，而这些风险和人的心理承受力会影响其消费行为。消费者会想方设法寻求减少风险的途径。消费者对风险的感知程度对消费行为产生影响，风险的大小以消费者的主观感受为判断标准。

消费者进行消费时承受的风险主要有5种类型：产品的功能风险、安全风险、资金风险、社会风险、心理风险。

(1)功能风险

功能风险是指产品未必具备人们所期望的性能而存在的风险。例如：该产品是否具备厂家宣传的功能，产品寿命是否达到预期，以及与竞争产品相比，其功能是否存在优势等。

(2)安全风险

安全风险是指产品可能对自己或他人产生危害的风险。例如：该产品使用时是否会对其他人造成伤害，是否会危害环境等。

(3)资金风险

资金风险是指产品的实际效用未必抵得上消费者所支付价格的风险。例如：该产品是否是消费者有限购买力的最佳用途，或该产品是否物有所值，消费者是否以最优价格购买该产品等。

(4)社会风险

社会风险是指因购买决策失误而受到家人、朋友或其他人嘲笑的风险。例如：消费者的家人和朋友是否同意其所做的选择，对其而言比较重要的他人是否欣赏其选择，所选的产品与其所在组织中是否有其他人使用相同或相似的产品等。

(5)心理风险

心理风险是指因决策失误而使消费者的自我情感受到伤害的风险。或者定义为所购买产品与消费者的自我表现形象未必相符的风险。例如：消费者自己是否喜欢这件产品，应用该产品能否增加其魅力，该产品是否适合他等。

消费者会通过以下方法来控制风险：尽可能多地收集产品的相关信息；尽量购买自己熟悉的或使用效果好的产品；通过购买名牌产品来减少风险；通过有信誉的销售渠道购买产品；购买高价产品；寻求安全保证，等等。

三、边际效用论

边际效用理论是英国著名的经济学家马歇尔提出的，后加入其他西方经济学家的见解，现在该理论已经广泛应用于对消费者决策及消费者行为的分析当中。

边际效用是指某种物品的消费量每增加一单位所增加的满足程度。边际的含义是增量，指自变量增加所引起的因变量的增加量。在边际效用中，自变量是某物品的消费量，而因变量则是满足程度或效用。消费量变动所引起的效用的变动即为边际效用。

边际效用论是以消费者消费某一产品所感到的满足程度即效用作为出发点，将效用看作两个方面：一方面是产品自身客观存在的效用；另一方面是消费者对产品的主观感受的效用。

当人们消费商品的时候，追求商品带来的最大满意度是人们消费商品的目的和愿望；随着消费商品数量的增加，消费者总的满意程度也在增加；在总的满意程度增加的同时，每一单位商品给消费者带来的满意程度却在减少，即产品的边际效用减少。

第二部分　实践活动

活动 18　用消费者购买行为理论分析消费者购买行为

案例分析 5-1

当代大学生消费特征调查

研究人员对南京某大学在校大学生进行不记名式随机抽样调查发现，在校大学生月消费(不包括学费、住宿费)基本情况如下：月消费 1 000 元以下占比 9.25%，1 000～1 500 元占比 24.56%，1 500～2 000 元占比 30.25%，2 000～2 500 元占比 23.49%，2 500 元以上占比 16.01%。人均月消费达到 2 000 元左右。

伙食消费仍然是大学生基础消费的主要支出。调查发现，每月伙食消费在600元以下的占总调查人数的 7.3%，600～1 000 元占 59.07%，1 000～1 500 元占 24.38%，1 500 元以上占 9.25%。每月伙食消费额集中分布在 600～1 000 元之间，大约占月消费总额的 30%～40%。除饮食消费外，平均每月支出金额较多的消费项目依次为：人际交往消费 45.91%、个人形象消费 44.31%、教育培训消费 19.57%、娱乐游戏消费 17.44%、休闲健身旅游消费 14.59%、恋爱消费 6.76%。除饮食消费外，平均每月消费超过 300 元的消费项目，32.74%的同学选择人际交往支出，28.11%的学生选择服装装饰支出，21.17%的学生选择数码电子支出，20.46%的学生选择教育培训支出，4.63%的学生选择恋爱支出。在购买商品时，72%的学生首先关注的因素是“价格和质量”，53%的学生选择的是“品牌、性能”，另有 17%的学生选择的是“潮流、文化”。

关于购物方式的调查发现，99%的大学生有过网上购物经历，其中 42%的大学生网上购物频繁，网络购物因其省时、快捷、方便已经成为大学生购物消费的主要渠道。一方面，大学生消费更加倾向于移动支付；另一方面，调查显示，23.2%的学生使用过蚂蚁花呗、蚂蚁借呗、京东白条等借贷消费，网络借贷因其门槛低、金额小、操作灵活，受到一部分大学生欢迎。

随着我国经济的发展，家庭给予大学生的生活费用增加，在校大学生的消费能力日益提高，发展型消费和享受型消费在大学生消费结构中占的比重不断提升。但不同的个体之间因家庭收入和教育观念不同存在消费差异，除基本的生活和学习消费之外，大学生在休闲娱乐与人际交往方面的开支也无可避免，但关键就在于把握适度原则、避免攀比浪费。

（资料来源：郑均雷：《当代大学生消费特征与教育引导——基于南京审计大学的个案分析》，载《高校后勤研究》，2019(1)：84～88）

任务描述

请结合以上案例，采用问卷调查法和访谈法，调查自己所在学校大学生消费行为情况，将调查结果与案例中的调查结果进行对比，找出异同点，并尝试分析影响大学生消费行为的原因，针对一些大学生的攀比消费、过度消费等问题就如何引导大学生理性消费提出对策与建议。

任务十七　消费者购买行为模式

第一部分　学习引导

案例导入

跨境电商消费者行为模式

融合了全球性、移动性、社交性和位置服务之后，跨境电商消费者行为习惯发生了巨大变化，有了更加多样化和社会性的消费需求，更倾向于建立社交网络、体验与分享消费信息、彰显个性与偏好以及线上线下统一的消费行为，涵盖了商品或服务的购买与使用、信息搜索与筛选、个体或群体影响、推荐与分享、评价的个性化消费行为。有学者在深入分析当前消费者特征的基础上，提出跨境电商消费者行为模式，即跨境电商消费者行为购前影响、信息搜寻筛选和购买行为、购后评价三个阶段的模式框架，如图 5-3 所示。

1. 购前影响阶段

消费者基于个体、社会、电商平台等因素影响而产生跨境消费欲望。他们关注跨境电商商品的品类、品牌的知名度和质量、购物过程的安全性、支付方式的灵活性、服务与售后。同时也关注来自家庭、朋友和社交圈子的商品评价和体验分享，这更有说服力，更容易改变他们的行为和决策，发生从众效应。

2. 信息搜寻筛选和购买行为阶段

商品信息咨询与筛选、预订与支付、物流跟踪等过程都需要消费者进行大量的浏览

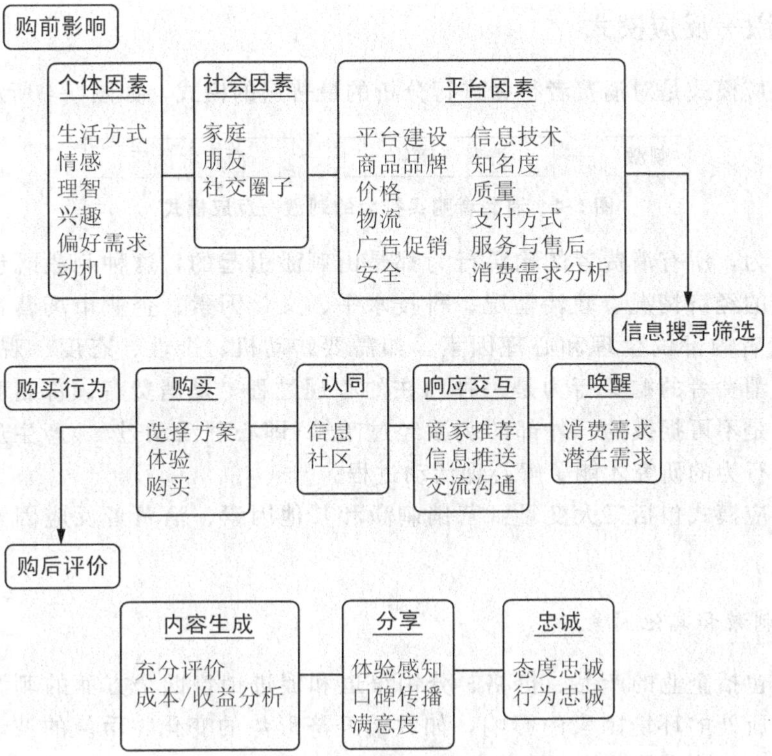

图 5-3　跨境电商消费者行为模式

和搜索行为。跨境电商的移动性、实时定位性、信息高度整合性，既促成了企业营销手段的革新、搜索引擎的发展，还给消费者带来全新的听觉和视觉刺激。消费者的浏览、搜索记录等数据经过智能分析，可得到消费者的兴趣偏好、消费习惯或购买能力，可方便平台和商家给消费者进行个性化推荐。消费者在需求、愿望和兴趣的基础上，根据线上和线下信息搜索和社交互动的结果，定制购买决策方案(如购买方式、时间地点、预订与支付、物流等)。

3. 购后评价阶段

消费者对商品或服务的兴趣程度、体验的主观感受和情感表现、成本与收益分析都会影响到他们的满意度和口碑传播。跨境电商提供了消费者讨论、交流的机会，这直接影响着未来消费者的消费行为，如是否再次购物、是否继续使用平台、是否向他人推荐等。这使得消费者从行为和态度两个方面表现出了一定程度的忠诚。

（资料来源：刘利：《对跨境电商消费者行为模式及营销策略的探讨》，载《商业经济》，2019(7)：33～34、50）

由于消费观念、购买动机、购买习惯等方面存在不同，消费者的购买行为也千差万别。但是，不同的消费者购买行为中，仍然存在着某些规律性的特征。一些学者构建了描述消费行为的一般模式，下面介绍几种经典的、有代表性的消费行为模式。

一、刺激—反应模式

刺激—反应模式是对消费者行为进行分析的最普遍的模式，如图 5-4 所示。

图 5-4　消费者购买行为的刺激—反应模式

该模式认为，所有消费者的购买行为都是由刺激引起的，这种刺激既包括来自外界环境，如社会的经济情况、政治情况、科技水平、文化因素、企业市场营销状况等；也包括来自消费者内部的生理和心理因素，如需要、动机、个性、态度、观念、习惯等。该模式认为，消费者的购买行为是一种内在的心理过程，是消费者内部自我完成的，像一个“暗箱”，是不可捉摸的。外部的刺激经过暗箱（即心理活动过程）产生反应、引起行为，只有通过行为的研究才能了解心理活动过程。

刺激—反应模式包括三大变量：营销刺激和其他因素、消费者反应因素、购买者的暗箱。

1. 营销刺激和其他因素

营销刺激包括企业的产品、价格、分销渠道和促进销售四个方面的刺激因素。其他刺激指消费者所处的环境因素的影响，如政治经济形势的变化、币值的波动、失业率的高低、消费时尚的改变等，这些刺激通过购买者的暗箱产生反应，即产生购买行为。

2. 消费者反应因素

反应因素是指一系列看得见的购买者的反应，如对产品、品牌的选择，经销商的选择，购买时间和购买数量的选择等。

3. 购买者的暗箱

刺激和反应之间的暗箱由两个部分组成：一部分是购买者特性，包括购买者的社会和文化的、个人和心理的特征，不同特性的消费者对同一刺激会产生不同的理解和反应；另一部分是购买者的决策过程，它会影响购买者的最后选择。

二、霍华德—谢思模式

霍华德于 20 世纪 60 年代初提出了消费者购买行为模式，在此基础上进行修改后，霍华德与谢思合作出版了《购买行为理论》，书中正式提出霍华德—谢思模式，如图 5-5 所示。

霍华德—谢思模式认为，消费者购买行为是一种由外部刺激引起并由此产生的输出过程，消费者在接受外部刺激后产生的心理活动过程，包括感知和学习过程即消费者信息处理过程。原来模式中的暗箱被消费者信息处理过程所代替，成为更完善的模式。

该模式认为，影响消费者行为的因素很多，主要分为刺激或投入因素、外在因素、

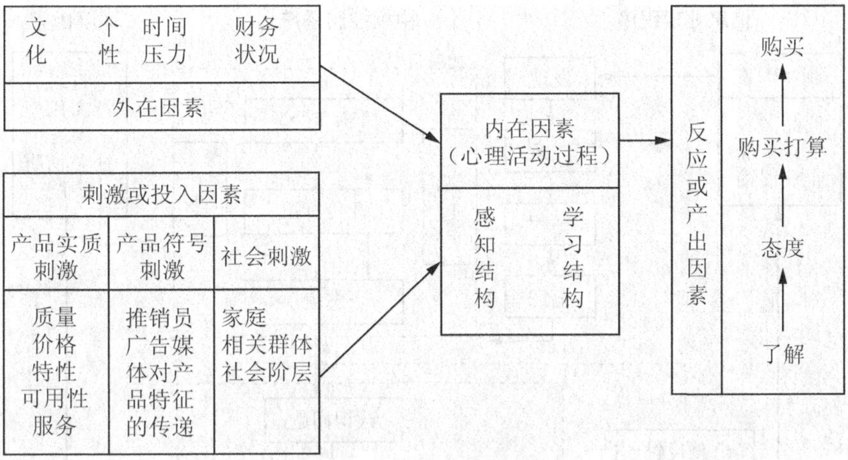

图 5-5　霍华德—谢思模式

内在因素、反应或产出因素，各种因素之间的联系错综复杂，只有理解各因素之间的相互关联，才能揭示消费者行为的一般规律，解释消费者的行为。

三、EKB 模式

EKB 模式为目前消费者行为中较为完整而清晰的一个理论。此模式是由恩格尔(Engel)、科特拉(Kollat)和克莱布威尔(Blackwell)于 1968 年提出，并于 1984 年修正而成的理论框架。其重点是从消费者的购买决策过程去分析。

整个模式分为四个部分：中枢控制系统(即消费者的心理活动过程)、信息处理程序、决策过程、环境因素。结构如图 5-6 所示。

EKB 模式认为，外界信息在有形和无形因素的作用下，输入中枢控制系统，即对大脑引起、发现、注意、理解、记忆与大脑存储的个人经验、评价标准、态度、个性等进行过滤加工，构成了信息处理程序，并在内心进行研究，对外部探索，产生决策方案。在整个决策研究评估选择过程，同样要受到环境因素，如收入、文化、家庭、社会阶层等的影响。最后产生购买过程，并对购买的商品进行消费体验，得出满意与否的结论。此结论通过反馈又进入了中枢控制系统，形成信息与经验，影响未来的购买行为。

EKB 模式认为，消费者的决策程序由五个步骤构成。

1. 问题认知

当消费者知觉到他的理想状况和目前的实际状况有差异存在时，便产生了问题的认知。问题的认知主要是受到外界与内部的刺激所产生，当消费者认为理想与实际之间有差距时，则问题便产生；问题产生后则整个系统便开始运作，目标也化成了具体的行动。

2. 收集信息

当消费者认知问题存在后，便会去寻求此问题的相关信息。当消费者认知了问题的

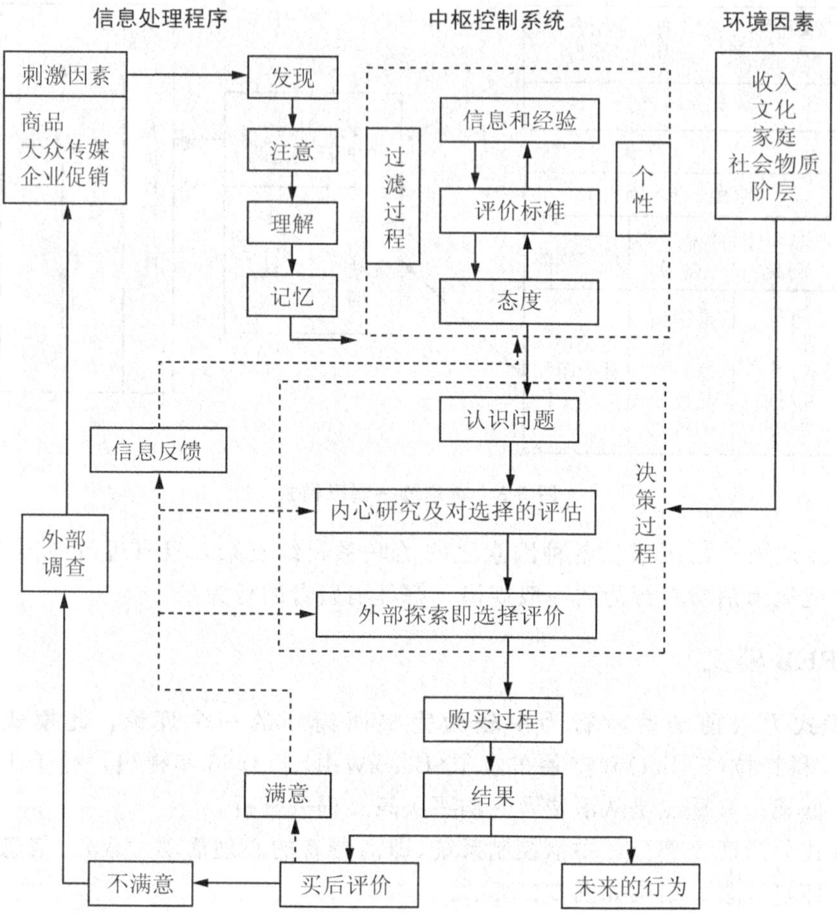

图 5-6　EKB 模式示意图

存在，便会去搜寻相关的信息，信息搜寻又可分为内部搜寻与外部搜寻两种。所谓内部搜寻是指消费者根据其现有资料或过去的购买经验去寻找。当内部搜寻无法满足其需要时，便会转由外部寻找。所谓的外部搜寻如利用大众传播媒体寻找，发动行销人员及亲友寻找等。至于是否要去外面寻找，则必须在权衡知觉的利益与知觉的成本后再做决定。

3. 方案评估

当消费者收集到所需要的信息后，根据评估准则、信念、态度意愿去评估各项可能的方案。评估准则由个人累积的信息和经验形成，但会受到个人动机的影响。

4. 选择

消费者评估各种可能的方案后，会选择一个最能解决问题的方案并采取购买行动。然而有可能会因一些无法预测的情况，例如资金的缺乏等，导致最后所做的选择与当初所预期的不同。

5. 购买结果

当消费并使用了某产品后，可能产生满意或不满意两种结果，并存储于记忆当中。

如果消费者所购买的产品无法满足自己预期的需要，造成不满意的结果，随之产生的便是消费者对产品的抱怨及对品牌忠诚度的降低；如果购买的产品能满足当初消费者的期望，则重复购买同一品牌的概率会增加，进而提升对该品牌的忠诚度。

这一系列的过程亦可能受到其他因素的影响，如：文化、参考群体、家庭等外在因素以及个人内在的动机、人格型态、人口统计量等。其中人口统计量及人格型态是构成消费者购买行为差异的主要因素。

四、认知模式

这种模式相对复杂，它利用一系列的心理概念解释上述“暗箱”中消费者的心理活动过程。认知模式认为：由于消费者的消费观及需要等因素的驱动，引起消费者对某些商品或某类消费的兴趣，经过感觉、知觉、联想和思维，又引起消费者情绪和情感上的变化，再通过消费者意志的努力和一定的外部刺激，使消费者产生了购买经验，养成了购买习惯，从而修正或坚定了消费观念。虽然认知模式对打开神秘的“暗箱”及进一步研究消费者行为的规律性具有重大的意义，但由于消费者心理活动的复杂性和发展性，增加了研究的难度。

从目前的研究成果看，这种模式在概括消费者行为的一般规律方面确有成效，但不能用于对消费者行为的预测和判断，难以准确地解释消费者的心理活动过程。另外，由于影响消费者心理活动过程的因素较多，而且这些因素不断发展变化，所以很难形成一个被广泛认可的消费者心理活动过程模式。在对指导企业经营方面，认知模式相比刺激—反应模式缺乏实用性，但随着研究的深入和一些重大理论问题的不断解决，这一模式的深入研究会有更为广阔的前景。

五、消费者购买行为的类型

消费者购买行为是复杂的、多样的，随着人们对消费者购买行为的研究不断深入，按照不同的分类标准对消费者购买行为进行了分类，主要的分类方法和与之对应的各种消费者购买行为的类型如下。

1. 根据消费者的参与程度和产品品牌差异程度分类

根据消费者的参与程度和产品品牌差异程度，可以将消费者的购买行为分为四种类型：复杂型、协调型、多样化型和习惯型。

(1)复杂型购买行为

当消费者面对不常购买的贵重物品，因为产品品牌存在较大差异，造成购买风险较高，消费者为了降低购买风险，需要有一个学习过程，以广泛了解产品的性能、特点，从而对产品产生某种看法，最后作出购买决策，这种消费者购买行为即复杂型购买行为。

(2)协调型购买行为

当消费者面对那些不经常购买、品牌差异不大的产品，一般只需要比较价格、购买便利性等因素，然后作出购买决策；购买后，当消费者感到某些不协调或不够满意，他们会在使用过程中寻求种种理由来减轻、化解这种不协调，以证明自己的购买决定是正确的，这种消费者购买行为即协调型购买行为。

(3)多样化型购买行为

当消费者面对品牌差异明显的产品，不愿花长时间来选择和评估，而是不断变换所购买的不同品牌的产品，这种消费者购买行为即多样化型购买行为。

(4)习惯型购买行为

习惯型购买行为指对于价格低廉、经常购买、品牌差异小的产品，消费者不需要花时间选择，也不需要经过收集信息、评价产品特点等复杂过程，就能做出购买决策。这种消费者购买行为即习惯性购买行为。

2. 根据消费者的购买目标分类

根据消费者的购买目标不同，可以将消费者的购买行为分为三种类型：全确定型、半确定型和不确定型。

(1)全确定型购买行为

全确定型购买行为是指消费者在购买商品之前已经有明确的购买目标，对商品的名称、型号、规格、颜色、式样、商标以至价格的幅度都有明确的要求，当消费者进入购物场景后，会有目的地选购或主动提出所要购买的商品，并对所要购买的商品提出具体要求，当商品能满足其需要时，则会立刻购买。

(2)半确定型购买行为

半确定型购买行为是指消费者在购买商品之前已有大致的购买目标，但对商品的具体要求还不十分明确，在购买时需要经过充分比较和选择，才能完成购买行为。

(3)不确定型购买行为

不确定型购买行为是指消费者在购买商品以前，没有明确的或既定的购买目标。这类消费者进入商店主要是参观游览、休闲，漫无目标地观看商品或随便了解一些商品的销售情况，偶尔购买感到有兴趣或合适的商品。

3. 根据消费者购买行为表现特征分类

根据消费者购买行为表现特征，可以将消费者行为类型划分为习惯型、理智型、感情型、冲动型、经济型、从众型、疑虑型和随意型。

(1)习惯型购买行为

习惯型购买行为是指消费者根据过去的购买经验和使用习惯来购买商品，他们会长期惠顾某个中意的购物场所，长期使用某个品牌，采用固定的消费方式。这类消费者对信任的商品会果断决策，成交速度快，且购买行为不受流行时尚的影响。

(2)理智型购买行为

理智型购买行为表现为冷静购买，即消费者在进入购物场所之前，广泛搜集了所需购买商品的信息，而且还经过缜密的分析和思考，才作出购买决定。这类消费者善于思考，具有一定的商品知识和以往购物的经验。

(3)感情型购买行为

感情型购买行为是指消费者在购买商品时带有浓厚的感情色彩，由于这类消费者对感情体验深刻，具有特别丰富的想象力，审美感觉也比较灵敏，因此他们在选购商品时容易受到外界环境因素的影响，基于审美的需求，他们对购物的环境也具有一定的要求。

(4)冲动型购买行为

冲动型购买行为是指消费者在购物时对外界环境的刺激比较敏感，情绪不易自控，容易冲动。当受到外界刺激后，消费者的心境会发生转变，引起冲动性购买。这类消费者缺乏商品知识，自身性格直率。

(5)经济型购买行为

经济型购买行为是指消费者购买商品时会更多考虑经济性问题，他们会对商品的价格、质量、使用效果特别敏感，他们会通过对商品的反复比较，选择性价比最高的商品进行购买。

(6)从众型购买行为

从众型购买行为是指消费者易受他人购买倾向的影响，对商品不进行仔细观察、比较，具有较强的从众心理。这类消费者一般经济条件较好，但缺乏商品知识或缺少主见。

(7)疑虑型购买行为

疑虑型购买行为是指消费者购买商品时行动谨慎、迟缓，体验深刻而疑心重。这类消费者对商品缺乏应有的信任，因此他们在选购商品时从不仓促地作出决定，挑选商品花费的时间较长。

(8)随意型购买行为

随意型购买行为的特点是消费者缺乏购买经验，购买心理不稳定。这类消费者的购买行为大多属于尝试性购买，而且购买时没有固定的偏好，这种类型的消费者多数是独立生活不久的年轻人。

第二部分　实践活动

活动 19　分析消费者购买行为模式

案例分析 5-2

大学生假期旅游购买决策分析

近年来，随着人们收入水平的提高，旅游消费人群不断扩大。大学生假期旅游成为一种消费时尚。小李、小王、小张是某高校的同班同学，是非常要好的朋友。在小李的提议下，三人与各自家长反复沟通、商议后，在家长那里获得了足够的旅游资金，决定暑期在国内选择一家旅行社进行他们人生中的第一次旅游消费活动。

由于三人都是第一次体验旅游消费活动，缺乏经验，各个旅行社知名度、服务水准差异也大，旅游费用又较多，因此旅游产品的购买风险显而易见。为了降低消费风险，三人开始分头收集相关旅行社的信息。经过看广告、网上查询，与有经历、有经验的同学交流，去学校附近的旅行社咨询等调研后，他们发现A旅行社推出的"西安经典游"项目非常有吸引力。该旅行社为满足人们的多样化、个性化需求，根据暑假大学生的旅游需求特点，在不增加费用的前提下增加了该项目的旅游特色。比如在原旅游项目的基础上增加郊外运动游(爬山、漂流)；在促销方面，推出有奖旅游销售，特等奖获得者可免费获得大型演出门票两张(在此期间，该城市有《梦回长安》的大型演出)。

于是他们决定选择A旅行社推出的"西安经典游"项目进行旅游消费。

三人暑期随团如期进行了旅游，旅行社按合同约定圆满提供了相应的服务。

假期结束返回学校后，三人向同学兴致勃勃地讲述这次旅游中发生的趣事，并极力向同学推荐该旅游产品。

任务描述

(1)该购买行为属于哪种类型？为什么？

(2)请描述购买决策过程。

(3)从小李的角度，简要写出购后行为分析。

项目六　消费群体的消费行为分析

项目概述

一些消费者在消费活动中所表现的消费心理、消费行为、消费习惯等具有某些明显的共同特征，我们把这些消费者看作一个消费群体。本项目将关注消费群体的消费心理和消费行为，理解消费者群体的含义与分类，以年龄、性别、社会阶层划分的消费群体为典型案例，分析并掌握不同年龄的消费群体、不同性别的消费群体、不同社会阶层的消费群体所具有的消费心理特点与消费行为特征。

研究消费群体的消费心理和消费行为特征的意义在于通过对不同消费群体的划分，可以准确地细分市场，从而有利于减少经营的盲目性和降低经营风险。企业明确其服务的消费群体，就可以根据该消费群体的消费心理，制订科学合理的营销策略，从而提高企业的经济效益。消费由个人活动变为群体活动的同时，将使消费活动的社会化程度大大提高，而消费的社会化又将推动社会整体消费水平的提高。

项目目标

知识目标

1. 了解消费群体的概念与类型；

2. 掌握不同年龄的消费群体、不同性别的消费群体、不同社会阶层的消费群体所具有的消费心理特点与消费行为特征。

能力目标

1. 通过对不同消费者群体的划分，能够准确地细分市场，为企业确定明确的目标客户群；

2. 能够准确地分析和把握目标客户群的消费心理和消费行为特征，为企业的营销活动提供合理的营销策略，并开展相应的营销活动。

素养目标

1. 客观分析和认识不同消费群体的消费心理特点与消费行为特征；

2. 客观看待影响消费者消费行为的群体因素；

3. 培养针对不同消费群体的营销思维。

任务十八 消费群体概述

第一部分 学习引导

案例导入

互联网约租车服务的消费者特征研究

互联网约租车服务是“互联网＋”时代下的产物，是互联网与传统的交通出行行业的深度融合，该模式的兴起对大众出行产生了巨大的影响。在2012年优步(Uber)大举推进全球化布局的同时，我国也涌现出大批“互联网＋智能交通”企业，如滴滴打车、易到用车、神州专车、快的打车等。

研究发现，基于网约车的特点，不同性别、年龄、职业、受教育程度及收入的被调查者对网约车的了解程度及其需求偏好各有不同。网约车的主要用户群体年龄在18～40岁，因为这部分人群具有较高的出行频率。其中：18～25岁的大学生消费群体基于价格、安全性及新颖性等消费需求往往会选择网约快车、出租车和顺风车，一些具有攀比或追求高消费心理的大学生会选择网约专车；26～40岁的企业员工具有较稳定的收入来源，总体上来看对价格也比较看重，但其追求的还是准时性、便捷性等，快车和顺风车能满足其需求，少部分具有一定社会地位的人往往还注重网约车的档次，专车符合他们的需求。其他年龄段的人群使用网约车的比例偏小，其各种特征决定了他们不能成为网约车的主体消费群。

识别各类人群对网约车选择的偏好，给互联网约租车改革和发展提供了决策支持。例如：“滴滴打车”根据用户类型提供有差别的出行服务，提供面向低中高端用户的顺风车、出租车和专车服务；“神州专车”只专注于中高端专车市场，力求为用户提供个性化的服务，而用户则基于其不同需求选择不同的网约车。由此可知，网约车市场就是用户需求与各类车相互匹配，满足消费者多元化的出行选择。

（资料来源：李洪磊、张佳禹：《分享出行服务的消费者群体特征研究》，载《电子商务》，2017(01)：7～8）

一、社会群体的概念及特征

1. 社会群体的概念

社会群体泛指通过一定的社会关系结合起来进行共同活动的集体。例如，以血缘关系结合起来的集体是氏族、家庭群体；以地缘关系结合起来的集体是邻里群体；以业缘关系结合起来的则是各种职业群体。目前，社会群体多指处于包括家庭、乡村、城市、政党、国家乃至人类各种不同类型的社会结合。它是构成社会的基本单位之一。

社会群体是社会生产过程的产物，是社会生活的本质特征，能满足物质生产、精神生产、人口生产及社会关系生产的需要；同时，它也能满足个人的生理需要、安全需要、自尊和爱的需要、归属需要、自我实现的需要。

2. 社会群体的特征

(1)具有社会性

社会群体是以一定的社会关系为纽带的个人的集合体。人类的群体活动是一种社会行为，而不是本能的行为。人类的群体活动是为适应外界环境需要而产生的，所以群体成员间保持着经常性的互动关系。社会群体中的人际关系以彼此了解为纽带，并以一定的利益和感情关系为基础。

(2)具有规范性

任何群体要维持生存、发展和与成员之间的关系，就需要有一定的规范来协调人们的行为，以保证群体的共同利益得以实现，这就是群体规范。群体规范是群体成员必须要遵守的。它使群体成员的共同活动得以协调进行，并使群体成员的共同目标与利益得以实现。不论是简单的、非正规的互相信任、彼此接近形成的一些承诺，还是复杂的、正规的规章制度，都是群体内部有一定行为规范的表现。

(3)具有群体意识

群体意识，也称归属感，即成员在很大程度上认为自己属于某个群体。一旦群体意识建立起来，群体内成员与群体外成员产生了明显的区别感。

群体要求成员在群体活动中保持一致并以此与群体以外成员区分开来，这些独特的群体活动特征使成员能够明确区分群体内成员和群体外成员，并把本群体视为一个整体，形成一致的群体意识。

(4)具有经常性和持续性

群体成员间保持着经常性的交往关系。群体中的人际关系是以彼此了解并有着共同利益和感情关系为基础的。这些关系的形成与发展需要一定时间的持续交往。

拓展阅读

社会群体对个人消费行为的影响

李亮有5个要好的朋友，平时经常一起出去玩。最近半年，这个圈子的情况有所变化。当其他5个人都买了车后，没有车的李亮觉得自己有些落伍。他们经常在一起讨论汽车的话题，李亮很少能插上话。一到周末，他们经常组织自驾游。李亮没有车，只能搭同伴的车，这让他很尴尬，心里很不是滋味。特别是带家属出游时，同伴带着各自的老婆和孩子，一家人在一辆车上有说有笑。李亮一家三口不得不分别乘坐朋友的车，这让他觉得很不舒服。他觉得与这个团体越来越远，甚至有局外人的感觉。

后来李亮下定决心买车。聚会时，他们一起讨论汽车的话题，一起讨论给这个团体起名、统一汽车装束、统一汽车内饰，等等。李亮忽然觉得自己很幸福，又回到了同伴身边。

二、消费群体的概念及其形成

1. 消费群体的概念

消费群体的概念是从社会群体的概念中引申出来的。它是指具有某些相同或相近特征的消费者所组成的群体。同一消费群体中的消费者在消费心理、消费行为、消费习惯等方面都具有明显的共同之处，比如，购物兴趣相同、消费水平相近，等等。不同消费群体成员之间在消费方面存在着多种差异。

2. 消费群体的形成

消费群体的形成是内在因素与外在因素共同作用的结果。

(1)内在因素

内在因素是由性别、年龄、个性特征、生理方式、兴趣爱好等消费者自身生理、心理方面的不同而形成的消费群体。比如，由于性别的差异，形成了男性消费群和女性消费群；由于个性特征及价值观的差异，形成了开放型、保守型、享受型、节俭型等消费群。这种由于生理和心理特征差异而形成的各消费群，在消费需求、消费心理、购买行为等方面存在差别，但在群体内部则具有许多共同点。

(2)外在因素

外在因素主要是受经济发展水平、生产力、生活环境、地理气候、所属国家、民族、宗教信仰、文化传统、政治背景等环境因素影响而形成的消费群体。这些环境因素对消费群体的形成具有重要作用。比如，不同地域、不同生活方式、不同收入水平的人们的消费观、消费方式、消费习惯存在差异，从而形成了不同的消费群体。

一般来说，消费者都具有一定的群体意识和归属感，遵守群体的规范和行为准则。承担角色责任，同时也会意识到群体内其他成员的存在，在心理上相互呼应，在行为上相互影响。消费群体的形成对市场都有重要的影响。某些消费群体的形成激发了互联网相关行业的快速成长。如重品牌、重品质、重服务的消费群体，激发与推动了电子商务细分领域的快速成长；重享受的消费群体，激发与推动了在线旅行社(Online Travel Agent，OTA)、生活服务线上到线下(Online to Offline，O2O，即线上营销、线上购买带动线下经营和线下消费的模式)、互联网医疗领域的蓬勃发展；重视个性化、精神体验的消费群体，激发与推动了文化娱乐领域的蓬勃发展。

消费群体的形成能够为市场提供明确的目标。通过对不同消费群体的划分，可以准确地细分市场，从而减少经营的盲目性和降低经营风险。企业在明确目标消费群体的基础上可以根据其消费心理制订正确的营销策略，以提高企业的经济效益。

消费群体的形成对消费活动的意义在于调节、控制消费，使消费活动向健康的方向发展。把控消费主体的群体特征，将成为发现与挖掘行业机会的关键。同时，消费由个人活动变为群体活动，将使消费活动的社会化程度大大提高，也将推动社会整体消费水平的提高。

拓展阅读

移动电子商务环境下的消费群体

随着移动电子商务(以下简称电商)的日趋完善，移动电商平台超越了以往PC端购物的限制，通过手机定位系统等功能，对相关的线上购物模式进行优化，衍生出旅行预订、外卖订购等移动电商特有的功能。2017年，与PC端相类似的网上支付、网上购物功能不断完善，移动端的用户对移动消费认同感提升；移动电商平台不断挖掘自身优势，通过自身独有的技术对电商环境下的消费市场进行开拓，并创造出新的消费契机。移动终端也成为互联网市场的主流消费场景。

在移动电商环境下，消费者群体的主要特点表现为以下几点。一是在移动互联网环境中，男性消费者所占比例较大。近几年的数据显示，国内使用移动终端参与互联网活动的男性所占的比例高于女性消费者，同时男女消费比例差距仍在持续增大。二是在主流移动终端用户群体当中，年轻消费群体占有较大比例。艾瑞咨询数据显示，使用移动终端接入互联网平台的消费者，26～35岁占据主流。三是在移动终端消费者中，高学历阶层、白领阶层的活跃程度更高，已成为主流消费群体，同时具有更强黏性。

(资料来源：唐甜甜：《移动电子商务环境下消费者细分研究》，载《商业经济研究》，2018(21)：58～61)

三、消费群体的类型

1. 根据环境因素划分

环境因素包括消费者所居住的地区及其生产力水平、经济发展水平、宗教信仰、文化背景和地理气候条件等相对稳定的因素，可以根据环境因素对消费群体进行划分。消费群体按照国家地区可分为国内消费群体和国外消费群体；按照自然地理条件及经济发展水平可分为山区、平原、丘陵地区等消费群体，沿海、内地消费群体，或者城市、乡村消费群体等。处于不同环境的消费者对商品有不同的需求和偏好，其消费水平、消费结构及消费习惯都有很大差别，比如南方消费者因其居住的地区气候潮湿，饮食多以辛辣为主，而北方消费者因冬季寒冷，饮酒多以白酒为主。

2. 根据人口统计学因素划分

人口统计学因素包括人们的性别、年龄、职业、民族、经济收入、受教育程度等，可以根据人口统计学因素对消费群体进行划分。消费群体按照性别划分，可分为男性消费群体和女性消费群体；按照年龄划分，可分为少年儿童消费群体、青年消费群体、中年消费群体等。按照此类指标因素划分的消费群体之间的消费心理和消费行为具有很大差异，我们将在后续项目中对此做进一步探究。

3. 根据消费者心理与行为特征划分

现实生活中，某些心理因素的差异会使在年龄、性别、职业、收入等方面相似的消费者表现出不同的购买行为，因此可以将个性、价值观、自我概念等心理因素作为消费群体的划分指标。罗兰·贝格管理咨询公司开发了能够直观分析消费者价值体系的内部框架，对全球的消费者进行细分研究。他们提炼出质量、服务、简约化、定制化、美誉等消费者核心价值元素，将中国的消费者划分为八大消费群体：自我中心型、极致享乐型、传统奢华型、现代理智型、勤俭持家型、进取精英型、传统安逸型和简约中庸型。

另外，还可以根据消费者对商品的现实反应(如：购买商品的动机、对商品品牌的偏好、对商品的使用时间、对商品的使用量和使用频率、对商品要素的敏感性等)进行消费群体的划分。例如：根据消费者购买动机，可将消费者群体划分为炫耀动机的消费群体、求实动机的消费群体、便利动机的消费群体、求新动机的消费群体、求廉动机的消费群体等。

需要注意的是，消费群体的划分因素并不是孤立的，而是有一定关联性，这些因素共同对消费群体产生影响。消费群体形成后并不是固定不变的，随着时间、地点、环境条件的变化，消费群体也不断发展变化。随着社会的快速发展，消费群体的划分越来越细，演变的速度也越来越快。

拓展阅读

基于消费者价值体系的消费群体细分

罗兰·贝格管理咨询公司从对消费者价值体系最深层次的理解出发，开发了消费者价值元素分布图(profiler)，并以此为基础对全球的消费者进行细分研究，从而指导企业制订更有针对性的品牌战略和竞争战略。

他们将消费者的价值体系分解为若干个基本的价值需求元素，这些价值需求元素之间的不同组合便构成了消费者各不相同的价值体系。在定性分析后设计了130个有关个人基本生活态度与价值取向的问题，先后在德国、英国、葡萄牙、波兰、中国和日本等多个国家对超过30 000名消费者进行了大规模的定量调查和针对性研究，最终归纳出最核心的消费者价值需求元素，如表6-1所示。

表 6-1　消费者价值元素说明

质量	**定制化**	**新潮/酷**	**简约**
• 追求可衡量的质量表现 • 追求可靠性、有效性、耐用性 • 对产品和服务的要求高于同行业平均水平	• 寻求个性化和独特性 • 喜欢灵活性和多样性 • 追求最大程度的个人介入	• 标新立异，喜爱新事物 • 寻求变化与新的刺激 • 追求反叛、与众不同、前卫、激进	• 追求简约化 • 低调 • 反对浪费、奢侈，寻求耐久性
美誉	**亲和力**	**刺激/乐趣**	**自然**
• 相信成功的经验、规则和传统 • 追求最大的可靠性、安全性、严谨性 • 重视岁品牌历史的美好联想 • 相信有科学试验的保证	• 寻求归宿感、温暖，希望被群体接受 • 寻求团结、友谊和团队精神 • 喜欢与朋友和家庭共度时光	• 寻求兴奋和冒险 • 追求对个人的挑战，寻求极限的体验 • 追求叛逆，突破常规 • 追求刺激，挑战胆量，在冒险中寻求乐趣和证明自我	• 提倡高环保标准、与自然界的和谐，反对“剥削”大自然 • 愿意为自然牺牲自我 • 相信自然界的力量，希望人与自然和谐相处
服务	**自由自在**	**激情**	**高尚**
• 寻求有效而可行的建议 • 喜欢简单、明确的信息 • 希望被关注和尊敬 • 渴望令人感到温暖的交往	• 易满足，轻松，快乐 • 无忧无虑 • 积极、乐观 • 不喜欢受约束，追求多样化的娱乐	• 希望引人注目 • 渴望爱与被爱 • 拥有深刻、复杂的感情 • 喜爱消费； • 表现欲强，自我陶醉	• 高道德标准 • 反对贫富不均，反对奢侈 • 愿意为人类的利益牺牲自我 • 积极参加社会公益活动
科技	**活力**	**追求**	**明智购物**
• 科技导向，寻求快速、方便获取大量信息的方法 • 追求最佳表现 • 采用最新的科技成果、追求全球同一标准 • 人际交往“电子化”“虚拟化”	• 追求身心健康、有活力 • 喜欢运动 • 寻求健康、有活力的生活方式 • 主动、活跃、积极、自由	• 不安于现状，需要获得更大的成功 • 对未来个人发展有清晰目标 • 不懈努力 • 需要获得他人的认可和尊敬	• 积极砍价格 • 系统地寻找价廉物美的商品 • 节省
个人效率	**古典**	**安逸**	**全面成本**
• 希望最佳利用个人时间 • 希望最高效率 • 寻求日常生活中的方便和舒适 • 对灵活性要求高、备用方案多	• 渴望永久的魅力和风格 • 崇尚美丽 • 追求高雅情调 • 推崇贵族身份、精英思维	• 寻求平静和放松 • 希望放慢速度、缓解压力、继续充电 • 期望和谐，寻求内心平静 • 喜欢独处	• 单纯地由成本决定 • 极端理性化 • 仔细计算每一分钱

列出消费者核心价值元素后，他们建立了具有两个维度的矩阵：纵轴表示价值元素属于理性元素还是感性元素，横轴表示价值元素对消费起促进作用还是抑制作用。该矩阵被分成4个象限：刺激、朴实、价格和解决方案。其中，A象限代表"刺激/乐趣"，即追求感性上的享受和满足，包括刺激/乐趣、追求等元素；B象限代表"朴实"，即自我约束的价值观，包括自然、安逸等元素；象限则代表"价格"，即出于价格因素而约束消费，包括全面成本和明智购物等元素；B象限则代表"解决方案"，即对质量和功能方面的理性价值的追求，包括质量、服务等元素。然后确定各个价值元素在矩阵中的相对位置。各个国家和地区消费者的价值元素分布不尽相同。中国消费者的价值元素分布框架如图6-1所示，图中"+"表示价值元素对消费有促进作用；"—"表示价值元素对消费有抑制作用。在横轴上，价值元素越靠右，表明它对消费的促进作用越强；反之，表明它对消费的抑制作用越强。"E"表示价值元素的感性程度；"R"表示价值元素的理性程度。在纵轴上，越往上，表明价值元素的感性程度越强。

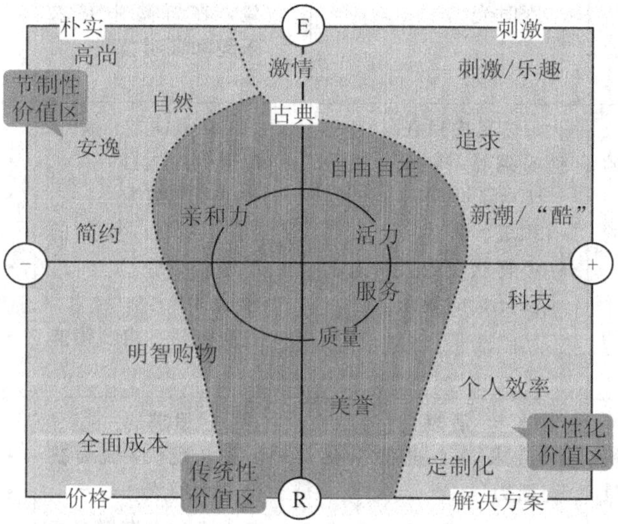

图6-1　中国消费者的价值元素分布

他们特别针对中国的研究还发现中国消费者拥有一种独特的价值元素——追求，即追求更高的生活质量，渴望成功和被他人认可。根据对中国消费者的价值体系分析，他们认为中国消费者的价值分布图可以划为3个区域：个性化价值区域、传统价值区域和节制型价值区域。

罗兰·贝格的消费者价值元素分布图把中国消费者分为8类，每一类都具有独特的特征与消费喜好，如表6-2所示。

表 6-2　中国消费者分类

类型	自我中心型	极致享乐型	传统奢华型	现代理智型
特征	• 抵触传统价值观 • 极易接受新鲜事物	• 追求乐趣与享受 • 时尚	• 持传统价值观，但追求享乐与社会地位	• 严肃、专业 • 高收入人群
关键消费喜好	• 时尚 • 奢侈	• 新渠道 • 创新	• 服务 • 长期价值	• 效率 • 性能
类型	勤俭持家型	进取精英型	传统安逸型	简约中庸型
特征	• 谨慎、规避风险，重视隐私与平静	• 不守陈规 • 目标驱动型 • 性格外向	• 重视家庭 • 传统价值观	• 喜欢平静的生活 • 遵守社会传统
关键消费喜好	• 低价 • 传统渠道 • 实用性	• 新渠道 • 创新	• 质量 • 长期价值 • 环保	• 低价 • 传统渠道 • 实用性

（资料来源：罗兰·贝格管理咨询公司：《2010 年度中国消费者报告》，2010-07-28）

四、消费群体对消费者心理的影响

1. 提供可供选择的消费行为模式或生活方式

消费者个体总是生活在一定的群体之中，随时各种信息的传递，相互间的沟通与交往，必然会产生一种相互感染、相互影响的集体心理现象。集体心理现象的存在会使每个群体成员趋向于某种共同的追求和目标，形成具有群体特征的生活方式。该群体成员一般会自觉遵守这些群体所认可的生活方式。

处于不同群体中的人们，行为和活动会有很大差别。例如，营业员在为顾客服务时，要求仪表整洁、服装得体、举止文雅，但不要打扮得过于时髦。而电影明星在表演时要适应剧中角色的要求，更换各种流行服装和发式。这些不同的消费行为通过各种形式传播给消费者，为其提供模仿的榜样。具有较强影响力或自我归属意识十分强烈的消费群体，会对其成员的消费态度与习惯产生重要的诱导作用；以作为某群体成员而自豪的消费者，都愿意按群体的消费习惯做事，以表明自己作为某群体成员的特征。

2. 引起对商品购买与消费态度的模仿

模仿要有对象，即我们通常所说的偶像。模仿的偶像越具有代表性、权威性，就越能激起人们的仿效欲望。当群体成员对商品的评价不一致时，即没有具体的模仿模式时，消费者就不能充分肯定自己对商品的态度。但某些消费群体能为群体成员提供具体的模式，而消费者又非常欣赏提供具体模式的偶像时，就会激起其强烈的仿效愿望，从而形成对商品的肯定态度。

3. 促使消费行为的一致化

消费群体的存在会对个体形成一种团体压力，使团体中的个人自觉地遵守内部规范，这必然导致群体成员消费行为的一致化。作为某个群体的成员，消费者在大多数情况下都会自觉采取与群体成员一致的消费行为。消费者对商品的评价、选择、购买、使用都会受群体内大多数成员的影响。尽管随着社会经济的发展，消费者的消费行为向着个性化、独特化发展，但群体成员消费行为的一致化仍然表现得十分普遍。例如，某住宅小区的购房者在入住前都要进行高档装修，某位购房者即使本意不打算在装修方面过高投入，结果也会受大多数购房者的影响而进行装修。

拓展阅读

口碑营销对消费群体的影响

口碑营销是企业以优质的产品，以顾客为本的服务理念，通过营销活动在消费群体中引发一系列有关产品或者服务的议论，并以人际传播方式让消费者了解产品，进而做出购买决定的一种营销方式。口碑营销需要具备两个基本要素：一是企业要有保证产品质量的诚信和确实为消费者考虑的服务理念；二是以人际传播为基础，明确对消费群体影响最大的人是口碑营销中的主要环节。口碑营销正是利用了消费群体对消费者的影响。消费者个体在一定的消费群体之中，传递各种商品或服务信息，从而产生一种相互感染、相互影响的效果。

在中国，人们不仅重视营造人际关系，而且非常在意人际传播管理。在这样的文化土壤中，口碑营销能够发挥重要的作用。

曾几何时，“酒香不怕巷子深”这句老话在中国成为某些品牌骄傲的资本。这种依靠“口耳相传”来营销的古老方式已被中国消费者所认可。关于口碑营销的专项调查发现，受访者日常生活中经常会和别人交流关于“购买及使用商品的经验”，其频率仅次于经常交流社会热点问题、子女教育问题以及生活小常识。比如，有59%的家用电脑用户或打算购买家用电脑的消费者会从朋友、同学那里获得产品的相关信息，而40.4%的人最相信朋友的介绍；在空调、保健品、洗发水、房屋等产品的购买过程中，分别有53%、49%、35%和32%的消费者会通过朋友介绍获得上述相关产品的信息；分别有35%、28%、15%和18%的消费者最相信朋友对上述产品的介绍。①

但随着广告业的发展和市场竞争的加剧，人们把这种“口耳相传”的古老传播方式视为不懂现代经营的老土观念。当各式各样的广告出现时，人们发现了口碑营销的新变化。随着互联网购物的迅速推广，电子口评的出现和广泛传播，对消费者购买决策起到了重要参考作用，为口碑营销赋予了新的形式，市场也看到了口碑营销的广阔前景。

① 《口传及其营销运用》，百库文度，2020-04-02。

第二部分　实践活动

活动 20　了解消费群体

案例分析 6-1

移动电商环境下的消费群体

移动电子商务平台成为消费者开展购物消费活动的新窗口。基于移动电子商务不断发展及用户数量不断上升的现状，有学者根据当前移动电商消费群体的行为特征，将消费者细分为以下几种类型：随意浏览为主的消费群体、产品对比导向的消费群体、利用碎片时间消费的群体、重复消费群体、设备制约型消费群体。

随意浏览为主的消费群体主要在电商平台打发时间，仅仅关注产品基本信息，或是关注时尚潮流前沿，或是浏览其他消费者评价等。这类消费者借助移动平台进行广泛选择，对移动电商平台的用户体验、产品页面布局有较高要求。

产品对比导向的消费群体同样将较多时间投入到移动电商消费活动中，这类消费群体在使用移动电商软件前，借助计算机平台进行价格和商品信息查询，或直接到产品的线下门店察看产品，这类群体的消费习惯在于通过进行价格、性能的比较，形成消费决策。对于这类客户而言，移动电子商务终端发挥了较大作用，终端平台所展示的产品内容需要与传统计算机网络的产品信息高度一致，最终消费者不论在计算机平台还是在移动终端消费，都能够使品牌利润提升。

利用碎片时间消费的群体，其特征在于工作、生活节奏较快，仅能够在上下班通勤、用餐过程中借助零散时间开展网页浏览或者购物，而移动终端购物成为较好的选择。不需要进行烦琐的开关计算机操作，也不会受到消费地点的限制，直接打开移动电商消费软件，便能够浏览产品并开展购物活动。而话费、优惠券等虚拟产品和牙膏、洗衣粉等轻型消费产品的不断出现，也进一步缩短了这类消费群体的消费决策半径。

重复消费群体与利用碎片时间消费的群体类似，他们在利用移动终端开展消费的过程中，决策过程和决策时间较短，主要是基于对移动电商的了解，对消费产品直接进行重复购买，或是直接选择移动购物。对于这类消费群体，移动电商平台在软件设计和开发过程中注重对消费者的消费流程进行优化，为消费者的重复购物提供了更好的体验。

设备制约型消费群体主要出现在国内的三四线城市以及农村地区，此类消费群体越过了运用计算机上网的阶段，而直接进入借助移动终端进行网络浏览的阶段。这类消费群体仍处于起步阶段，随着移动终端的应用更加便捷化以及可操作性的提升，移动购物活动逐渐成为这类消费群体生活中不可或缺的一部分。

（资料来源：唐甜甜：《移动电子商务环境下消费者细分研究》，载《商业经济研究》，2018(21)：58～61）

任务描述

参考以上资料中对移动商务消费群体的细分描述，请同学以小组为单位，对大学生移动商务消费群体进行调查研究，可通过调查问卷方式，也可通过个人访谈方式，了解大学生移动商务消费群体的特征，包括构成、消费价值观念、消费习惯、对移动商务平台的偏好、使用时间、使用频率、对移动商务要素的敏感性等，并根据调查结果，为移动商务网站和商家出谋划策，帮助他们制订营销策略，进一步推动移动商务在大学生消费群体中的推广应用。

任务十九 消费者年龄与消费行为

第一部分 学习引导

案例导入

京东大数据看春节消费

春节是中国最重要、最隆重、最具特色的传统节日。在这辞旧迎新的日子里，返乡、旅游、团聚等消费都自带仪式感。在消费升级的趋势下，春节消费呈现出“从量变到质变”、消费者的选择更加多元化和品质化、4～6 线城市消费增速领先、核心消费人群年轻化等趋势。以京东为代表的电商平台提供不打烊的便利，确保消费者在节日期间能够享受到方便快捷的服务。京东大数据研究院提取了 2019 年 2 月 3—8 日的数据，与 2018 年 2 月 14—19 日的同期数据进行对比分析，发布了“京东大数据看春节消费”。文中提到不同年龄人群的消费特征表现为“90 后”有钱、“80 后”顾家、“70 后”重知识、“60 后”居家。

春节期间，“80 后”“90 后”用户是主力消费人群，销售额占比超过 70%。从各年龄段购买各品类商品的销量占比来看，“90 后”更加偏爱购买手机、珠宝首饰、钟表等“高单值”商品，销量占比均超过 30%；“80 后”则偏爱购买母婴类商品（销量占比超过 66%）、汽车用品和家用电器；“70 后”则在图书（销量占比超过 38%）、生鲜和酒类商品上购买较多；“50 后”“60 后”老年人更加喜爱购买农资园艺、服饰和家居类商品。

（资料来源：《京东大数据看春节消费：消费群体年轻化、返乡人群带动低线级城市消费增速》，人民日报海外网，2020-07-18）

一、少儿消费群体的消费心理与行为

我们将 0～14 岁的消费者组成的群体称为少年儿童消费者群体，简称少儿消费群体。这一群体的消费者在人口总数中占有较大的比例。中国少年儿童占总人口的比例为 30%～40%，约 4 亿人。少年儿童消费市场潜力巨大：据不完全统计，儿童的消费支出已占家庭

总支出的40%左右。因此，这一年龄段的消费者已经构成了一个庞大的消费群体。

1. 儿童消费群体的消费心理与行为

儿童是指从出生到11岁这个时期的孩子。儿童的心理发展过程可分为婴儿期、幼儿期和童年期三个阶段。在这三个阶段中，儿童的心理出现了三次较大的质的飞跃，开始出现了学习过程，逐渐有了认识能力，以及逐步建立意识倾向等心理现象，还学会了在感知和思维的基础上解决简单的问题。

儿童的消费技能不是与生俱来的。在其成长过程中，一般会经历观察、提出要求、做出选择、辅助购物和独立购买五个阶段，从而成为真正的消费者。随着儿童心理和生理的发展，他们对商品的需求或动机也在不断发展变化，表现在消费活动中的心理与行为特征主要有以下几种情况。

(1)从本能的生理性消费需求逐渐发展为有自我意识的社会性需求

儿童在婴幼儿时期，消费需求主要表现为生理性的，且纯粹由他人帮助完成。即他们往往受自己的生理性消费动机所驱使，注重满足自己的吃、喝等生理性需要。随着年龄的增长，儿童的消费需求逐渐由本能发展为有自我意识加入的社会性需求。

(2)从模仿型消费逐渐发展为带有个性特点的消费

随着年龄的增长，儿童也出现了审美、好胜等方面的动机，甚至会出现攀比和炫耀等现象。儿童的模仿性很强，消费行为也是如此。这种模仿性的消费逐渐被带有个性的消费所代替。随着儿童的不断成长，他们的自我意识也在不断增强，他们会对消费的内容和时机提出自己的观点和看法，会对所接触的商品进行有意识的评价，也开始强调与众不同。他们对商品的质量、外观、颜色和功能也更加重视。儿童在家庭的消费决策中起着重要作用，对家长或家庭的购买意向产生很大影响。

(3)从感性消费逐渐发展为理性消费

儿童的消费多处于感情支配阶段，消费情绪极不稳定，以至于看到什么要什么，父母不给买就大哭大闹，且多喜新厌旧；但随着年龄的增长，儿童接触社会环境的机会增多，有了集体生活的锻炼，意志得到了磨练，消费情绪逐渐趋于稳定，消费心理也趋于理性。

2. 少年消费群体的消费心理与行为

少年消费群体是指12～14岁的消费者。与儿童相比，他们的生理和心理上都有了较大的变化，生理上呈现第二个发育高峰，心理上有了自尊与被尊重的要求。少年期是依赖与独立、成熟与幼稚、自觉与被动交织在一起的时期。在消费心理方面具有以下特征。

(1)与儿童相比独立性增强

有成人感是少年消费者自我意识发展的显著心理特征。主观上他们认为自己已经长大成人，应该有成人的权利与地位。反映在消费心理方面，则是不愿意受父母过多的干涉，希望按自己的意愿行事，要求独立购买所喜欢的商品，且购买目标明确。他们的商品意识和购买经验不多，所以对销售人员的推荐异议较少，购买迅速。

(2)购买行为的倾向性开始确立，购买行为趋于稳定

少年消费者由于对社会环境的认识不断加深，知识不断丰富，兴趣趋于稳定，鉴别

能力开始提高。随着购买活动的次数增加，购买行为趋于习惯化、稳定化，购买的倾向性也开始确立。

(3)消费观念开始受社会群体的影响

少年消费者由于参加集体学习、集体活动，接触社会的机会增多，受社会环境的影响逐渐增加，其消费观念和消费爱好由主要受家庭影响逐渐转变为受同学、朋友、老师、明星、书籍及大众传媒等社会因素的影响。学龄前和学龄初期少年的购买活动需要往往是感觉性、感性型行为，非常容易被诱导。在群体活动中，他们互相比较，并由此产生购买需要，要求家长为其购买同类、同品牌、同款式的商品。

(4)选购商品具有较强的好奇心

少年儿童的心理活动水平处于较低的阶段，虽然已能进行简单的逻辑思维，但仍以直观、具体的形象思维为主，对商品的注意和兴趣一般是由商品的外观刺激引起的。因此，在选购商品时，有时不是以需要为出发点，而是取决于商品是否具有新奇、独特的吸引力。

(5)购买商品具有依赖性

由于少年儿童没有独立的经济能力和购买能力，大多由父母包办他们的购买行为，所以，在购买商品时具有较强的依赖性。父母不但代替少年儿童进行购买，而且经常将个人偏好加入到购买决策中。

拓展阅读

《小猪佩奇》凭什么这么火

在世界范围内，《小猪佩奇》好评如潮，接连斩获了英国儿童学会奖：包括2005年的“最佳学龄前动画系列”、2011年的“最佳演员”以及2011—2012年的“最佳学龄前动画”。2015年8月，央视少儿频道引进并播出《小猪佩奇》，成为早上七点时段收视率第一的动画节目。同年，《小猪佩奇》在国内视频网站上线，年播放量突破百亿。

《小猪佩奇》受到儿童的喜爱，首要原因是它找到了最适合的观众。《小猪佩奇》的主要受众是2～5岁的儿童，剧情贴合5岁以下孩子的生活场景和心理特征，短剧情和简单对话，让幼儿能轻松看懂。且5分钟，也是注意力分散的低幼儿童能接受的时长。

其次，“简单的家庭生活”和“完美的家庭”成为《小猪佩奇》成功的原因之一。和成年人喜欢新奇不一样的是，幼儿更喜欢熟悉的事物。他们的认知能力、记忆力未得到充分发展，一般无法在短时间内接受大量信息。他们通过重复接触和了解事物来学习，在此过程中，获得安全感和成就感。

对于中国家长来说，他们愿意给孩子看《小猪佩奇》还有独特的因素。因为情节和语言简单，《小猪佩奇》也被中国家长用来教小朋友英语。因为小猪佩奇的句子很短，适合日常生活。

除此之外，还有一个重要的原因是《小猪佩奇》的三观非常正。一位家长就说：“比如孩子之间发生了争斗，应不应该生气？如果真的吵架怎么互相和好呢？家庭中弟弟和姐姐为东西争起来，到底应该是谁让着谁，还是换种解决方式？……这里面对于孩子们的交往，以及爸爸妈妈对孩子的教育，很多都可以说是教科书版的模式。”

《小猪佩奇》的故事中没有对抗情节，没有是非观的灌输（而是展现了对话和探讨），没有反面角色，甚至像唐老鸭、章鱼哥（《海绵宝宝》里的角色）那样缺点明显的角色都没有。每一个形象都温和且无害。但《小猪佩奇》并非没有观点，它通过讨论和对话，无形当中教大人和小孩学会怎么跟别人相处。

据《纽约时报》报道，迪士尼研究发现美国妈妈们也更偏爱通过情感叙事抓住小朋友的注意力、教给他们社交规则和良好的行为习惯的作品。这可能是佩奇大受欢迎的原因，相比之下，它的竞品许多都侧重于教授知识。

（资料来源：《〈小猪佩奇〉凭什么这么火？》，https://view.news.qq.com/original/intouchtoday/n4218.html，2018-04-20）

二、青年消费群体的消费心理与行为

青年是指少年向中年过渡时期的人群，年龄介于15～35岁。人在这个阶段最富有创造性和独立性，因而成为庞大的消费群体，具有巨大的购买潜力。他们勇于追求时代潮流，经济收入从无到有呈现逐步上升的趋势；他们已具备独立购买商品的能力，具有较强的自主意识，尤其是参加工作以后有了经济收入的青年消费者，由于没有过多的负担，独立性更强，购买力也较高。此外，青年消费者群体的购买行为具有扩散性，对其他各类消费者都会产生深刻的影响。他们的购买意愿大多为家庭所尊重。青年消费群体独特的消费观念和消费方式也会影响下一代的消费行为，同时对他们的长辈也会产生极大的影响。青年消费群体具有以下特征。

1. 追求时尚，引领潮流

青年人热情奔放，思维活跃，富于幻想，喜欢冒险，勇于创新，渴求新知，追求新潮，积极向上。这些心理特征反映在消费心理方面表现为追求新颖与时尚，力图站在时代前列，领导消费新潮流，体现时代特征。他们总是对新产品有着极大的兴趣，喜欢购买新产品，喜欢更换品牌，从而体验不同的感受、尝试新的生活。青年消费者往往是新产品或新的消费方式的尝试者、追求者和推广者。在他们的带领下，消费时尚也会逐渐形成。

2. 突出个性，表现自我

处于青春期的消费者自我意识逐渐增强。他们追求个性独立自主，希望形成完善的自我形象。这一心理特征反映在消费心理方面就是愿意表现自我个性与追求，非常喜欢个性化的商品，有时还往往把所购买的商品同自己的理想、职业、爱好和时代特性，甚至自己所崇拜的明星、名人等联系在一起，并力求在消费活动中充分表现自我。

3. 追求实用，表现趋成熟

青年消费者的消费倾向从不稳定向稳定过渡，因而在追求时尚、表现个性的同时，也注重商品的实用性和科学性，要求商品货真价实。由于青年人平时接触的信息量比较大，因而在选择的过程中盲目性减少，购买动机及购买行为表现出一定的成熟性。

4. 注重感情，冲动性强

青年消费者处于少年到成年的过渡阶段，人生阅历并不丰富，对事物的分析判断能力还没完全成熟，思想倾向、志趣爱好等还不完全稳定，行动易受感情支配。这些因素反映在消费活动中，表现为青年消费者易受客观环境的影响，感情因素占据主导地位，往往以能否满足自己的情感愿望作为购买决策依据，经常发生冲动性购买行为。同时，直观选择商品的习惯使他们往往忽略了综合性选择，款式、颜色、形状和价格等都能单独成为青年消费者的购买理由，青年人的冲动型消费明显多于计划性消费。

拓展阅读

当"90后"消费群体面对限量品

对于崇尚自我个性、追求与众不同的"90后"来说，得到一款稀缺产品会让他们兴奋、疯狂、炫耀。如何制造稀缺？第一是限量。如，耐克将限量策略运用到了疯狂的境地。在耐克推出"Nike SB Dunk"系列篮球鞋时，有数十位争抢商品的"骨灰级"耐克迷在耐克专卖店发生冲突，直到警察赶到才解决问题。物以稀为贵，限量制造疯狂。第二是限流。英国滑板品牌西拉斯 & 玛丽亚的东京店，每次只能进20人，其他人需要站在门外等待。在前一批购物者离开之后，货架上的产品会重新更换。消费者乐此不疲，将进入"限制范围"作为自己个性的体现和身份的象征。

三、中年消费群体的消费心理与行为

中年消费群体一般是指36～55岁年龄阶段的人。中年消费者心理已经相当成熟，个性表现比较稳定。他们不再像青年人那样爱冲动、爱感情用事，而是能够有条不紊、理智地分析、处理问题。

1. 理智性强，冲动性小

随着年龄的增长，冲动情绪逐渐趋于平稳，理智渐渐支配行动。他们购买经验丰富，情绪反应一般比较平稳，多以理智支配自己的行动，表现在购买决策中，其消费心理和行为很少受商品的外观因素影响，而比较注重商品的内在性能和质量。从购买欲望形成到实施购买往往是经多次分析、比较后才做出判断。

2. 计划性强，盲目性小

中年消费者的收入较高，但是肩负着赡老育幼的重任，有限的经济条件使他们养成了勤俭持家、精打细算的消费习惯以及量入为出的消费原则。消费支出计划性很强，很少有计划外开支和即兴购买。中年人不仅对商品的鉴别能力较强，对销售人员的推荐和介绍也有一定的分析能力，对广告宣传也有很强的判断力，购买有主见，较少受外界影响。

3. 注重传统，创新性小

中年消费者正处于人生的成熟阶段，以稳重、老练、自尊和富有涵养的风度有别于青年，在消费方面表现为不再完全按照自己的兴趣爱好选择商品或消费方式，而是更多地考虑他人的看法，维护自己的形象，与众人保持一致。他们更关注其他顾客对该商品的看法，宁可压抑个人爱好，也要购买大众化、易于被接受的商品。

拓展阅读

“60后”“70后”“80后”消费群体的木门消费观

“60后”“70后”人群有着丰富的社会阅历，他们在家居装修上追求低调和奢华的风格。而作为高端消费品的实木门(较高贵木种)，既是财富的体现，又是品位的体现，适合于资金实力比较雄厚的“60后”“70后”人群。

而“80后”，在消费习惯和消费态度上与“60后”“70后”人群完全迥异。“80后”拥有更为独立的思考方式和价值观，他们追求多变、刺激、新颖的生活方式，消费行为更追求个性和前卫。“80后”消费的不只是产品，更是一种感觉，他们追求的是与众不同。在家装方面，他们更注重彰显自己的性格，体现新颖、时尚及个性。“80后”购房者更倾向于价格相对便宜的复合门。

四、老年消费群体的消费心理与行为

老年消费者一般是指56岁以上的消费人群。随着社会生活环境的改善和医疗保健事业的发展，世界人口呈现老龄化的趋势，老年人在社会总人口中所占的比例不断增加。老年人拥有较多可支配收入，他们向往积极且自给自足的生活，看重与朋友、家庭成员的关系，他们希望为社会和家庭继续付出，也很有兴趣去尝试新的事物，发掘自己的潜力。

老年消费者在生理和心理上同青年消费者、中年消费者相比有很多明显的变化。

1. 消费习惯稳定，消费行为理智

老年消费者在几十年的生活实践中，形成了一定的购买习惯，一旦形成就较难改变，并且会在很大程度上影响老年消费者的购买行为。这会使老年型商品市场变得相对稳定。由于年龄和心理的因素，老年人的消费观比较成熟，消费行为理智。他们在购买商品时比较仔细，冲动型消费和盲目型消费相对较少。

2. 追求实用性

老年消费者已不像青年人那样富于幻想，他们精打细算，购买商品时实用性放在第一位，强调质量可靠、方便实用、经济合理和舒适安全。商品的品牌、款式、颜色和包装是他们次要考虑的因素。此外，老年消费者退休后，收入有所下降，他们会按照实际需要购买商品，量入为出，对商品的质量、价格、用途等会进行详细了解，很少盲目购买。

3. 追求便利和良好的售后服务

老年消费者的体力和生理机能有所下降，总希望购买场所交通便利，商品标价和商品说明清楚，商品陈列位置适当，便于挑选。同时，需要购买手续简单，服务热情、耐心、周到，商品易学易用、操作方便，并能减少体力和脑力的负担。

4. 消费需求结构发生变化

随着生理机能的衰退，老年消费者的需求结构发生变化，保健食品和医疗保健用品的支出增加，穿着和其他奢侈品方面的支出大大减少，满足个人嗜好和兴趣的商品支出有所增加。

5. 较强的补偿性消费心理

在子女成家立业后，老年人没有过多的经济负担，部分老年消费者产生了较强的补偿性消费心理，在美容、衣着打扮、营养食品、健身娱乐和旅游观光等消费方面，有较强的消费兴趣，以实现年轻时未能实现的消费愿望。

6. “隔代”消费比重较大

随着社会竞争压力的不断增加，子女工作繁忙无暇过多陪伴老人和孩子。同时，许多老年人承担了照顾第三代人的责任，老年人往往将情感倾注到孙辈身上。有调查显示，老年消费者用于隔代子女的消费仅次于满足自身需要的消费。

拓展阅读

细分市场的辉煌：从足力健鞋业的火爆，看老年人市场的巨大商机

足力健鞋业有限公司成立于 2012 年 12 月，2016 年才开了第一家店，目前已拥有 3 000 多家门店，县级及以上市场 100%覆盖！2017 年的销售额突破 10 亿！这就是专做老人鞋的足力健！

截至 2016 年年底，我国老年人口数量已达 2.3 亿。近几年来，中国人口老龄化现象日益严重，老年人口的数量持续增加。但在鞋服市场，大多数商家都把目光聚焦在“80 后”“90 后”的年轻消费者身上，忽视了老年人；因此做老人鞋有足够的市场空间，行业竞争小，这正是足力健切入市场的最好时机。

2013 年，足力健在市场上推出了首款老年人健康鞋，并在郑州当地媒体做了广告，2014 年开始全国招商，竟然卖出了 50 多万双，这更加坚定了足力健“让老年人都穿上专业老人鞋”的初衷。

1. 把老人鞋打造到极致

足力健在打造产品上精益求精，为了打造出专业的老年鞋，足力健成立了专门的用户调研部，了解消费者痛点，解决消费者痛点。

在调研过程中，足力健的创始人张京康与工作人员一起和老人朝夕相处，走访社区、上门拜访和老人聊天，几个月下来，他双手摸过不下500位老人的双脚。经过耐心细致的调研，张京康发现大部分老人的脚都发生了变形：脚背变高，脚变长，脚踝骨变脆，脚跟疼，皮肤也变得松软。这说明老年人穿的鞋和年轻人穿的鞋绝对不一样，老年人需要的是一双不挤脚、不磨脚、不累脚、不怕滑的鞋子。于是，在研发的过程中，足力健公司根据用户反馈的脚部健康数据信息，对症下药，深挖老年人的穿鞋需求，死磕产品，品质、款式、颜色等每个环节、每个细节都不放过。最终，足力健打造出了第一款“穿上不挤脚，出门不打滑”的足力健动力鞋。

结果，产品一上市就成了爆款，不到两年就卖出了50万双！之后，足力健又研发并推出了休闲、运动、旅游三大系列产品，即轻盈鞋、广舞鞋、安全鞋，将产品系列打造得更加丰富。

如今的足力健以小米科技“打造极致单品，用超高性价比吸引用户”的理念为宗旨，严格依据老年人的脚型特征，制造出一系列专业鞋楦，独创了“五维一体”的专业老人鞋设计标准，进一步帮助老年人解决出行难题。足力健坚持每年全力打造1～2款极致单品，如2016年的动力鞋、2017年的安全鞋、2018年的轻旅鞋等。这些单品的推出满足了老年人各种场景的穿着之用，在家能穿，晨练能穿，散步能穿，甚至聚会旅游都能穿。

2. 严控成本，造就优惠的价格

为了适应老年人的心理价位，足力健从源头上控制原材料的价格。基于对上游供应商成本的精准把握，报价18元的鞋底，足力健可以8元钱拿下；别人卖300多元一双的羊毛雪地靴，足力健能以168元的超低价出售，适中的价格赢得了老年人的拥护，很多老年人非足力健不买。

3. 无处不在的门店

考虑到网上购物的老年人很少，大部分老年人经常光顾且信赖的地方是超市，足力健便把重心放在线下实体店，并把大多数的店面开在超市里，2016年1月，足力健在郑州开了第一家实体店。之后疯狂扩张，一年之内就开了1 500家，县级以上市场100%覆盖。所开的店铺没有一家亏损，店店都盈利！

除了老年人外，足力健还特别关注25～35岁的年轻消费者，因为为父母买一双走路既舒适，还能养生的鞋正是这些年轻人的消费痛点。针对这些年轻的客户群体，足力健选择了更贴近年轻人销售渠道，除了入驻天猫等第三方平台、在公众号上线了微信商城，还开通了品牌小程序商城，抢占了“微商城＋小程序”两大社交流量最大的渠道，布局线上、线下全渠道。在2018年“双11”当天，足力健以天猫旗舰店单店销售额突破1亿元的佳绩，成功跻身天猫亿元俱乐部。

4. 铺天盖地的电视广告

与当今众多品牌选择网络媒体投放广告的做法不同，基于电视是老年人接触最多的广告媒体，可以大范围覆盖目标人群，同时考虑到老年人对央视权威性和专业性的高度认知，足力健豪投2亿元在央视六档联播，这也使看完广告的老年人纷纷表示：“央视都打广告了，这产品肯定没问题！”

在代言人的选择上，足力健也十分明智地选择了备受老人喜爱的演员张凯丽。很多老年人到店后，甚至连看都不看，就直接说我要张凯丽穿的那双鞋，试穿后就直接付款，销售十分火爆。

为了进一步促进产品的销售，足力健结合中国"孝文化"，利用"重阳节""母亲节"等时机，专门针对年轻人孝敬父母这一主题推出了一系列促销活动："我们千挑万选，给自己买了那么多双好鞋，千万别忘了爸妈，给他们也来几双好的鞋吧。"温馨的活动，为足力健赢得了良好的市场声誉。

在服务方面，足力健推出了"30天无理由退换货，一年内开胶、断底，免费旧鞋换新鞋的超预期服务"，以及"进店试穿即免费赠送老人袜的超预期体验"的营销推广活动。考虑到老年人群的特殊性，足力健的店面服务人员更是半跪式为老年人脱鞋、换鞋，品牌的这份贴心服务深深地打动了消费者。

在白热化的竞争中，足力健以完美的产品、真诚的服务，针对某一个细分市场做深做透，从而成为细分市场的第一，成为定位理论应用的成功典范。

（资料来源：《足力健年入十亿的营销秘密》，http://www.sohu.com/a/279218223_99947307，2018-12-02）

第二部分　实践活动

活动21　老年消费群体的需求和特征分析

案例分析6-2

提升产品服务质量，助推银发经济刺激创新

联合国世界人口老龄化报告指出，2015—2030年，世界60岁以上人口的数量预计将增长56%，从9.01亿增长到14亿。到2050年，全球老年人口预计将比2015年增加一倍以上，达到近21亿。

人们通常会把"人口老龄化问题"说得像一种疾病，的确，未来对医保和社保的要求将是一项不小的挑战。但不可否认的是，对于商业成长和市场扩张来说，老龄化是一个极好的机会。"老龄化将有助于刺激创新，"有学者曾公开表示，"这意味着要在所有行业内不断提供符合老年人需求的产品和服务"。下面介绍几款创新产品。

1. Echo：亚马逊智能音箱，基于语音激活技术的新产品

事实上，适用于老年人客户的产品和服务常常使每个人受益。以亚马逊Echo为例，它是一种语音激活的技术创新，在帮助老年人方面具有惊人的潜力。它类似于其他语音识别设备，比如iPhone上的Siri。Echo可能看起来很像一个科技玩具。但是，如果仔细观察，你会发现这个"聪明的说话者"是如何帮助阿尔茨海默症患者、行动受限者或患有其他健康状况的老年人提高生活质量的。例如，老年人可以很容易地打开房间内的灯，或者是用他们的声音调节房间的温度。如果他们想听音乐或读一本书，他们可以快速地

用语音指令来完成。如果没有Echo，他们就不得不请求别人来帮助他们完成这些简单的任务。无论年轻人还是老年人，无疑都在新产品选择不断增多、新服务质量不断提升的过程中得到更多的便利。

2. Liftware：克服手颤的宽柄汤匙

在美国退休人员协会举办的LivePitch年会中，评选出的冠军产品是一款宽柄汤匙，里面安有计算机、运动传感器和可消除70%以上因手颤造成摇动的微型电动机。该产品可让很多帕金森病患者在桌旁正常进餐。这款汤匙的制造商Lift Labs被谷歌X实验室收购。搜索引擎巨头谷歌公司的这家分支机构一直侧重研发风险较大的科技产品，如无人驾驶汽车等，这一收购举动无疑证实了他们对老年人市场的野心。

3. Gerijoy：开发全天陪伴的虚拟宠物

GeriJoy公司在平板电脑上安装了一种友善的虚拟宠物猫或宠物狗，它可以全天陪伴脑力不断退化的老人。这种虚拟宠物的对话受场外工作人员指导，而工作人员几乎实现了24小时随叫随到。

4. Caremerge：老年人社区服务软件

阿西夫·汗是健康护理应用Caremerge的创始人兼首席执行官。Caremerge公司获得了650万美元投资，经营了3年时间，该公司目前利用自己研发的软件为125个老年人社区服务。在社区范围内计算机程序会给出提示，让护理人员知道何时进行测血压或喂药等护理工作。此外，亲属可使用手机应用软件与医疗服务供应商和保险公司分享数据。在公司背后正在形成一个由风投公司组成的网络，他们现在才刚刚开始关注这个产业。Caremerge公司的一个投资方是芝加哥投资银行Ziegler与总部设在辛辛那提的Link-age投资公司去年成立的一家合资公司，该公司拥有2 660万美元资金。Link-age投资公司是一家以营利为目的的公司，但该公司的所有方是一个非营利性老年社区网络。Link-age投资公司首席执行官斯科特·柯林斯认为："我们所做的是在消费领域中发现那些在很大程度上受到忽视的市场。实际上，发展最迅猛的市场可能就是老年人市场了。"随着老年人在退休后越来越健康长寿，像柯林斯这样的高管们纷纷预见到了更大的商机。

（资料来源：《中国或将成为老龄产业最大市场，谁来撬动"银发"经济?》，https://www.sohu.com/a/221929192_182272，2018-02-09）

任务描述

(1)随着老龄化浪潮的到来，老年人正在形成一股重要的经济增长力量，2017年全国老龄化人口增加了近1 000万，增长速度是世界平均水平的2倍，我国将成为全球老龄化产业市场潜力最大的国家。分析案例中提及的几款产品分别抓住了老年消费群体的哪些消费特征，满足了老年消费者的哪些需求。

(2)根据老年消费群体的需求和消费行为特征，设计一款产品，并以老年消费群体为目标客户，借鉴类似足力健等成功案例中的经验，为你设计的新产品制订易被消费者迅速认识和接纳的营销推广策略。

任务二十 消费者性别与消费行为

第一部分 学习引导

案例导入

服装店接待不同性别顾客的服务技巧

某服装店提出，针对不同性别的顾客要有不同的接待服务技巧。

男性顾客进店，营业员接待时要避免喋喋不休的解说，只要回答顾客所问的问题即可。因为男性顾客在购买商品时不愿浪费过多的时间，一般是对看中的服装买了就走。由于他们对服装商品的了解较少，有时会希望营业员能为其挑选服装提供一些建议和参谋意见。

而在接待女性顾客时，营业员要主动与之沟通，摸清她们的购买需求，使用沟通和服务技巧，使她们产生购买欲望。因为女性顾客一般对市场行情了解较多，她们在购买服装时具有从众心理，容易被市场环境氛围的影响，容易被同事或亲朋好友的议论所左右。在选购服装时，她们会重点考虑服装的花色、款式、流行和价格等因素，并且大多愿意接受营业员的宣传和介绍。

由此我们不难看出，男性和女性的消费心理和消费行为具有很大差异。

一、女性消费群体的消费心理与行为

女性消费群体的消费心理是指女性消费者在购买和消费商品时具有的一种心理状态。当今社会女性消费者数量庞大，占整个社会总体消费的绝大多数。据统计，女性消费者占全国人口的48.7%，其中20～55岁的中青年女性对消费市场影响较大，占人口总数的21%。女性在消费活动中所处的特殊地位和扮演的特殊角色，她们具有独特的消费心理和消费行为。

1. 作为购买活动的行为主体

女性消费者可能在家庭中同时担任女儿、妻子、母亲等多种角色，她们不仅为自己购买所需商品，也是大多数儿童用品、老人用品、家庭用品的主要购买者。虽然女性不是某些产品的使用者，却是产品的实际购买者，或是对购买行为有决策权的重要人物。

2. 注重商品的外观和情感因素

女性消费者对商品外观、形状，特别是其中表现的情感因素十分重视，往往在情感因素作用下产生购买动机。商品品牌的寓意、款式色彩产生的联想、商品形状带来的美感或环境气氛形成的温馨感觉等都可以使女性消费者产生购买动机，有时是冲动型购买

行为。

女性消费群体购物时常会想到这种商品能否展现自己的美，能否增加自己的形象美，使自己显得更加年轻和富有魅力。她们较喜欢造型别致新颖、包装华丽、气味芬芳的商品。女性消费者非常注重商品的外观，将其与商品的质量、价格看得同样重要，她们会非常注重商品的色彩和式样。

购物现场的环境、促销人员的讲解和劝说在很大程度上会左右女性消费者的购买活动，有时甚至能够改变她们之前已经做好的消费决定，使其转为购买促销的产品。此外，女性通常具有较强的表达能力、感染能力和传播能力，善于通过说服、劝告、分享等对周围其他消费者产生影响。

3. 注重商品的实用性和细节设计

女性消费者心思细腻，追求完美，购买的商品主要是日常用品和服装、鞋帽等，比男性更注重商品细节，通常会花费更多的时间在不同厂家的不同产品之间进行比较，更关心商品带来的利益。同类产品比性能，同样的性能比价格，同样的价格比服务，甚至一些小的促销礼品都会影响女性消费者的购买决定。

4. 注重商品的便利性和生活的创造性

大多数中青年女性，她们既要工作，又要承担家务劳动，所以迫切希望减轻家务劳动量，缩短家务劳动时间，以便更好地娱乐和休息。为此，她们对日常消费品和主副食的方便性有强烈的需求。新的方便消费品会诱使女性消费者首先尝试，富于创造性的事物更使女性消费者充满热情，以显示自己独特的个性。

5. 喜欢炫耀，自尊心强，喜欢从众

对于许多女性消费者来说，购买商品除了满足基本需要之外，还有可能是为了显示自己的社会地位，向别人炫耀。在这种心理的驱使下，她们会追求高档产品，只要能显示自己的身份和地位，她们就会乐意购买。同时，她们的消费决策经常会受到其他消费者使用经历的影响，喜欢购买和他人一样的产品。

拓展阅读

化妆品消费席卷中国：从少女到老太太都在护肤

据“网易财经”转载法国《快报》周刊网站发布的报道称，2018 年 11 月 11 日，中国人购物的激情达到顶峰，在这个中国独特的购物日，消费者的狂热甚至超过了美国的“黑色星期五”。

根据法国《快报》周刊网站报道，通过这一购物日的销售状况可以分析百姓想法和需求的转变，从中国市场规模可达 390 亿欧元的美容品方面可以看到，需求在走向高端化，而且网上销售额在高速地增长。欧莱雅(中国)有限公司首席执行官表示：“我们在经历一

场数字海啸。"2013—2018年，欧莱雅(中国)的网上销售占比从1%大幅提升到了30%。

报道称，这种超常的市场加速，可以从中国社会的快速变化中找到答案。首先，城市化进程大步推进，人们在见证一个新兴中产阶级的出现。中国中高收入家庭实力的提升才刚刚开始，比以前更富裕、受教育程度更高的中国女性消费者与她们的前辈完全不同。欧莱雅(中国)副总裁回顾说，20年前中国女性才刚开始在商场购买美容护肤品，她们看不起化妆和口红，认为只有"坏女人"才会涂涂抹抹。如今，美容品的需求已经走向高端化，更看重成分、配方和质量。女孩们对自己的皮肤非常关爱，甚至20岁左右就开始使用防皱霜，这些年轻人刺激了美容品的销量。而六旬左右的老人们也很注重外表，也在护理产品上追求高档货，而且她们也不再对网购心存畏惧，还会经常用微信和朋友们交流护肤心得并提出建议。

(资料来源：网易财经：《法媒称化妆品消费席卷中国：从少女到老太都在护肤》，http://money.163.com/18/1216/09/E34US2UQ002580S6.html，2018-12-16)

二、男性消费群体的消费心理与行为

1. 购买商品的范围较窄，注重商品质量、实用性

男性消费者购买商品多为理性购买，不易受商品外观、环境及他人的影响。注重商品的使用效果及整体质量，不太关注细节。

2. 购买商品目的明确、迅速果断

男性的逻辑思维能力强，并喜欢通过各种媒体广泛收集有关产品的信息，迅速做出决策。一般而言，男性消费者具有较强的理智和自信。他们比较善于控制自己的情绪，能够冷静地权衡各种利弊因素，从大局着想。这些个性特点使他们成为较为复杂的产品或高档耐用消费品的选购者。男性购买动机形成要比女性果断迅速，并能立即实现购买行为，即使处在比较复杂的情况下，比如当几种购买动机发生冲突时，他们也能果断处理，迅速决策。

3. 强烈的自尊心，购物不太注重价格

由于男性本身所具有的自尊心和成就欲较强，购物时喜欢选购高档气派的产品，而且不愿讨价还价，许多男性不愿"斤斤计较"，忌讳别人说自己小气或所购产品"不上档次"，购买商品也只是询问大概情况，对某些细节不予追究，也不喜欢花较多的时间去比较、挑选。

拓展阅读

"屌丝型格"：面向男性消费群体的垂直电商

"屌丝型格"是一种瞄准男性消费市场的垂直电商，创始人庞晓敏看到了男性在个人

形象方面的消费逐渐增多的趋势，同时也看到了市场上缺少一个可供男性选择的消费渠道。成立初期，“屌丝型格”没有急于售卖商品，而是先做好专业生产内容(Professionally Generated Content，PGC)，多是关于男性穿搭及消费决策，当具备一定粉丝基础后，才正式开始通过微信服务号为用户提供商品。品类包含服装鞋帽等，均价在500元以上。

创始人表示，作为一种面向男性消费生活的垂直电商，“屌丝型格”具备4个方面的优势。

(1)对用户的需求非常了解。多数男生不太了解品牌和时尚潮流，对于个人消费缺乏感知。他们需要知道的是“自己在什么场景下有什么需求”，“屌丝型格”比较善于解决这个问题。

(2)选品能力强。“屌丝型格”有自己的买手团队，首选国内的原创品牌。在“屌丝型格”的价值观里，国内的品牌有最好的供应链，有更多的机会被用户所认识。

(3)和用户建立了非常好的沟通方式。“屌丝型格”所有的内容几乎都来自于用户提问，微信后台每天收到上千条问题，大家会提出平时做消费决策时遇到的困扰。“屌丝型格”文章的评论量非常大，而且非常集中；“屌丝型格”还非常注重社群运营，当无法通过内容解答用户的疑问时，会把用户引导到微信群，平均每天有3 000多位男士讨论他们会购买什么东西，以及在个人消费过程中遇到的问题。

(4)有非常好的内容基础。“屌丝型格”会告诉用户什么东西值得购买、为什么购买，以及每个商品的价值所在。一些知名度高的男明星都自发地转发过“屌丝型格”的内容，使“屌丝型格”在内容传播上有一定的优势。

整体来看，“屌丝型格”重运营，在推广方面，主要靠内容自媒体传播，也会选择一些渠道做内容转换，如知乎、网易、头条。“屌丝型格”的微信服务号已经积累了31万多用户，并以每个月3.5万人的速度增长。其核心用户为20～30岁的男性消费群，“北上广深杭”占45%，除此之外，沿海省份的二线城市和地级城市占比也比较多，复购率为39%。

(资料来源：网经社：《屌丝型格：面向男性消费群体的垂直电商也要有趣有料》，http://www.100ec.cn/detail—6341340.html，2016-06-24)

第二部分　实践活动

活动22　性别对消费行为的影响分析

案例分析6-3

纳爱斯：推出“清新有他/她”男女系列专用牙膏

纳爱斯集团采取“跨性别品类延伸策略”，突破性地推出了男女分用的牙膏：纳爱斯“清新有他/她”男女系列专用牙膏。纳爱斯的广告在各电视台频繁播放，广告词是“牙膏分男女，清新各不同”，推广“清新有他/她”男女系列两款专用牙膏。

但是在对消费者的调查中，一些消费者提出了不同的意见，认为："护肤品分男女，是因为男女肤质不同；香水分男女，是因为适合男女的香型不同；服装、鞋子分男女，也有它的必要性；但没必要把牙膏也分男女。"

纳爱斯给出男女分用牙膏的理由是：根据国际牙科组织权威专家亨利·卡洛夫博士提出，口腔健康的性别差异是男女分泌不同的激素(荷尔蒙)所造成的。男性以分泌雄性激素为主，女性以分泌雌性激素为主。同时，分泌激素的不同也导致了男性和女性行为方式的不同。

纳爱斯男女款牙膏专门针对男女口腔护理的不同特点和需求，研发出两款不同的牙膏产品。男款特别添加了绿茶精华和极品薄荷成分，使口腔保持强劲而持久的清新口气；女款特别添加复合维生素及清凉解热、活血止血的马缨丹精华，从根本上解决口气问题，使口腔保持温和而持久的清新。

任务描述

(1)纳爱斯针对男性和女性消费群体生产不同的牙膏，会受到哪些消费者的欢迎和认可？

(2)针对那些认为没有必要把牙膏分成男用和女用的消费者，你会建议企业采取哪些营销推广策略？

任务二十一　社会阶层与消费行为

第一部分　学习引导

案例导入

为什么票价悬殊的头等舱与经济舱同样受消费者欢迎

南航是中国购买A380的第一家航空公司。目前，A380是最大的客机，有"空中巨无霸"之称。A380是迄今为止世界上最大的宽体客机，拥有双层客舱，与现有最大机型相比，载客量多出40%。强动力、低油耗是它最大的特点。它还拥有最新科技，乘客的舒适体验前所未有。飞行中，它能保证空气新鲜，4台高性能换气设备取代了传统的双出风口，更高效的空气过滤系统使舱内空气每3分钟更换一次，令乘客神清气爽。南航A380发动机特有的"无接缝进气道"设计，让发动机的噪声降到最低，机舱内的噪音水平是所有飞机中最低的，从而可以使乘客安享静谧。A380还有情景灯光，随心变换，用餐时、睡眠时、醒来时，根据不同时间或心情，乘客可以随意变换情景灯光，在客舱内创造独特的气氛和环境。客机上还备有海量影音，让乘客享受视听盛宴：松下全数字式机载娱乐系统提供全舱音视频点播服务，时长超过600小时，容量高达1 000GB，栏目超过

1 200 个。A380 双层有 180 个舷窗设计，可以让乘客拥有更多的阳光，享受更宽广、更美丽的风景。它的无障碍关怀设计也非常贴心，为方便行动障碍人士使用，A380 特别安置了可调节座椅、可转换厕所等设施。

南航 A380 的头等舱定价公布后，很多人都在质疑，价位这么高，会有人买吗？以京沪航线为例，头等舱的价格超过 4 000 元。然而一段时间后发现，头等舱的位置往往很早就被预订。

另外，大家也发现，在携程网上无法搜索到春秋航空的经济型低价机票。这种航班甚至连饮用水都不会提供，可是同样卖得非常好。

同一条航线，上述两种机票价格相差在 10 倍以上，但都非常畅销，为什么会出现这种情况呢？

空中旗舰机型的头等舱与经济机型的经济舱票价悬殊却同样热卖的背后说明，存在不同类型的消费者，他们对于舱位和票价的选择存在明显差异。正是因为消费群体所属的社会阶层不同，处于同一阶层的消费者在价值观念、态度和行为等方面具有同质性，会对舱位和票价做出同样的选择，而处于不同阶层的消费者在这些方面存在较大的差异，造成高票价的空中旗舰机型 A380 的头等舱与春秋航空经济机型的经济舱都非常受欢迎。

（资料来源：《社会阶层对消费者行为的影响浅析》，http://www.docin.com/p－730774689，2020-07-15）

一、社会阶层的含义与划分标准

1. 社会阶层的含义

社会阶层是指由拥有相同或类似社会地位的社会成员组成的相对稳定的社会群体。同一层次的成员在价值观、爱好、兴趣和行为方式上具有相似性，而不同阶层的消费者间则存在差异。

形成社会阶层现象的主要原因是由于社会成员获取社会资源的机会和能力的差别。社会资源主要指人们所能占有的经济利益、政治权利、职业声望、生活质量、知识技能以及各种能够发挥能力的机会和可能性。导致社会阶层分化的根本原因是社会分工和财产私有化。

社会阶层有以下特征。

(1)同一阶层的人群具有类似的行为。

(2)各社会阶层的经济地位与社会地位有高低之分。

(3)社会阶层乃是受所处职业、收入、教育等综合影响的结果。

(4)社会阶层的内涵会随着社会发展而发生变化，而且个人亦会提升到较高阶层或下降到较低阶层。

2. 社会阶层的划分标准

社会学家吉尔巴特(Jilbert)和卡尔(Kahl)将影响社会阶层的因素分为 3 类：经济变

量、社会互动变量和政治变量。经济变量包括职业、收入和财富；社会互动变量包括个人声望、社会联系和社会化；政治变量则包括权力、阶层意识和流动性。

(1)职业

在大多消费者研究中，职业被视为表明一个人所处社会阶层的最重要的一项指标。一个人的工作会极大地影响他的生活方式，并赋予他相应的声望和荣誉。

(2)声望

个人取得的成就越高，其获得的荣誉与尊重也就越多。个人成就也涉及非工作方面的活动。也许某人的职业地位并不高，但他或其家庭仍可通过热心社区事业、关心他人、诚实善良等行为品性来赢得社会的尊重，从而取得较高的社会地位。

(3)社会化

大多数人习惯于与具有类似价值观和行为的人交往，群体资格和群体成员的相互作用是决定一个人所处社会阶层的基本力量。

(4)财富

财富是一种社会标志，它向人们传递有关拥有者处于何种社会阶层的信息，财富的多寡、财富的性质同时反映了一个人的社会地位。

(5)价值取向

个体的价值观和信念是表明它所属社会阶层的一个重要指标。由于同一阶层内的成员互动更频繁，因此会发展出类似和共同的价值观。

(6)阶层意识

阶层意识是指某一社会阶层的人，意识到自己属于一个具有共同的政治和经济利益的独特群体的程度。

拓展阅读

关于社会阶层的心理学研究

社会阶层一般是指由于社会中经济、政治等多种原因造成的，在社会结构中处于不同地位的群体们，这些群体之间有着较为明显的社会资源方面的差距，以及这些群体在主观上感知到的由此造成的社会地位的差异。

在心理学研究中，社会阶层通常作为一个人口变量来考虑。近几年来，随着研究的深入，人们发现阶层会对人的心理和行为动机产生很多根源性的影响。社会阶层从一开始就对人的心理产生不同的差异影响，而这些差异反过来又会加剧阶层的固化。

1. 社会阶层测量

以往测量社会阶层大多采用客观的社会指标，例如社会经济地位、受教育程度、收入、职业等。

(1)客观社会阶层的测量

对于客观社会阶层，学界经常使用的测量指标主要有收入、职业和教育等。一些研究者仅仅选择其中一个指标去测量；另外一些研究者测量其中两个或三个指标，在同一个研究或不同子研究中分别考察它们与其他变量的关系；还有一些研究者将其中两个或三个指标合成一个总的指标。例如，有的学者先测量被试的家庭年收入、父母(或个人)受教育程度，然后将被试在这些指标上的分数分别标准化后求和，以此作为客观阶层的指标。

(2)主观社会阶层的测量

对于主观社会阶层的测量，最有代表性的测量工具是主观社会经济地位 MacArthur 量表。它是一个10级阶梯量表，代表了具有不同收入水平、职业声望和教育程度的人所处的位置。在测量过程中，首先给被试呈现一张梯子图片，让被试想象这个梯子即为社会阶层，位置越高表示阶层地位越高。主试接着告诉被试梯子最顶端的人处于社会最高层，这些人的生活条件最好、收入最高、工作最为体面，受教育程度也最高；而梯子最低端的人则相反，他们处于社会的最底层，他们的生活条件最糟糕、收入最低、工作最不体面，受教育程度也最低。最后请被试结合自己的收入、职业地位和受教育程度，在梯子某一级的旁边画一个记号，表示其感知到的自己在整个社会等级中所处的位置。

2. 心理学界研究视角

社会阶层的心理学研究一共有5种比较流行的取向。

第一种取向是劳动视角。这种视角按照人与人之间的劳动关系和对生产工具的占有程度来分类。该视角认为按照这样的分类，可以清晰地把公众分为统治阶层和劳动阶层，并且统治阶层下的各类社会组织都会进一步强化统治阶层的权力，以此来控制劳动阶层的生活。

第二种取向是健康心理学视角。医学研究发现，高阶层在很多身体健康方面都优于低阶层，既包括身体的，也包括心理的，不过，这一观点还未真正形成特别具有说服力的理论。

第三种取向就是社会文化视角。该视角将阶层看作一种为同一阶层个体所共享的社会背景和文化形式，并在一种阶层的内部塑造出具有阶层特异性的价值体系和行为模式。与健康心理学视角只关注健康不同，社会文化视角极大地扩展了社会阶层研究的关注面，考察了高低阶层在生活中的多重差异，并且对各阶层在不同方面的差异从文化的视角加以解释。

第四种取向是社会认知视角。它较为强调高低阶层基本认知风格上的差异导致了他们在多个方面上的差异：低阶层的人掌握资源较少，对外部的依赖更强，因此形成了情境主义的社会认知倾向，更容易认为个体自身的生活和发展主要受到了情境因素的影响，不论是心理还是行为都表现出了外部定向的特点；而高阶层掌握的资源相对丰富，因此对外部的依赖感较弱，他们更多将自己的生活状况与自我的努力程度相联系，因此形成了唯我主义的认知风格，倾向于认为人的行为主要受自身因素的影响。

第五种取向则是等级视角，最主要的创新之处在于，它高度强调主观阶层对个体的影响。它用心理因素来解释阶层之间的差异认为，认为是个体通过与别人比较，形成了关于自己在社会层级中相对等级排名的感受和认识。

（资料来源：于群：《社会阶层的心理学研究图谱》，载《职工法律天地》，2018(6)：289～290）

二、社会阶层的特征

社会阶层是在一个社会中具有相对同质性和持久性的群体，它们是按等级排列的，每个阶层成员具有类似的价值观、兴趣爱好和行为方式。它具有以下几个特征。

1. 展示一定的社会地位

一个人的社会阶层是和他的特定的社会地位相联系的。处于较高社会阶层的人，必定是拥有较多的社会资源，在社会生活中是具有较高社会地位的人。

2. 多维性

社会阶层的多维性是指社会阶层的因素既有经济层面的，也有政治和社会层面的。

3. 层级性

社会阶层的层级性即从最低的地位到最高的地位，使社会形成了一个地位连续体。不管愿意与否，社会中的每一个成员，实际上都处于这一连续体的某个位置上。那些处于较高位置上的人被归入较高层级，反之，则被归入较低层级，由此形成高低有序的社会层级结构。

4. 对行为的限定性

社会阶层对行为的限定性使得社会交往较多地发生在同一社会阶层内，而不是不同阶层之间。

5. 同质性

社会阶层具有同质性的特点。社会阶层的同质性是指同一阶层的社会成员在价值观和行为模式上具有共同点和类似性。

6. 动态性

社会阶层具有动态性。社会阶层的动态性是指随着时间的推移，同一个体所处的社会阶层会发生变化。这种变化可以向两个方向推进：从原来所处的阶层跃升到更高的阶层，或从原来所处的阶层跌入到较低的阶层。

美国社会学家邓肯(O. D. Duncan)提出了社会综合地位评价量表(SES)，对调查对象的社会地位进行测量。我国社会学家李强(2004)根据中国的情况对西方通用量表做了修正。

在我国，共有以下10个社会阶层[①]。

---

① 张海东：《中国新社会阶层：基于北京、上海和广州的实证分析》，北京，社会科学文献出版社，2017。

(1)国家与社会管理者阶层

这一阶层是指在党政、事业和社会团体机关单位中行使实际的行政管理职权的领导干部。他们是整个社会阶层结构中的主导性阶层之一，拥有大量组织资源。

(2)经理人员阶层

这一阶层是指大中型企业中非业主身份的中高层管理人员。这一阶层的成员拥有大量的经济资源，均具备较高的学历和专业知识水平，也是社会主导阶层之一。这个阶层目前还处在发展之中，但在地区之间的分布极不平衡。

(3)私营企业主阶层

这一阶层是指拥有一定数量的私人资本或固定资产并进行投资以获取利润的人。私营企业主阶层在社会阶层结构中所占比例的地区间差距较大，发达地区的占比高于平均值，而欠发达地区则在平均值以下。

(4)专业技术人员阶层

这一阶层是指在各种经济成分的机构(包括国家机关、党群组织、事业单位和各类非公有制经济企业)中专门从事各种专业性工作和科学技术工作的人员。他们是现代工业社会中等阶层的主干群体。专业技术人员在社会阶层结构中所占比例在经济发展水平不同的地区差异很大。他们拥有少量文化资源和组织资源。

(5)办事人员阶层

这一阶层是指协助部门负责人处理日常行政事务的专职办公人员。主要由党政机关中的中低层公务员、各种所有制企事业单位中基层管理人员和非专业性办事人员组成。

(6)个体工商户阶层

个体工商户是指拥有较少量私人资本(包括不动产)并投入生产、流通、服务业等经营活动或金融债券市场且以此为生的人。比如小业主或个体工商户、个体劳动者以及小股民、小股东等。

(7)商业服务人员阶层

商业服务人员是指在商业和服务行业中从事非专业性的、非体力的或体力的工作人员。由于中国目前商业服务还不发达，所以这一阶层人员的经济状况与产业工人类似。

(8)产业工人阶层

产业工人是指在第二产业中从事体力、半体力劳动的生产工人、建筑业工人及相关人员。整个产业工人阶层在社会阶层结构中所占的比例较高，农民工也成为产业工人的重要组成部分。

(9)农业劳动者阶层

农业劳动者指承包集体所有的耕地，以农(林、牧、渔)业为唯一或主要的职业，并以农(林、牧、渔)业为唯一收入来源或主要收入来源的农民。农业劳动者阶层是目前中国规模最大的一个阶层。

(10)城乡无业、失业、半失业者阶层

城乡无固定职业的劳动年龄人群(除在校学生外)。这一阶层的成员大多处于贫困状态。

"随着经济社会的不断发展，一些职业消失了，新的职业不断出现，随之出现了"新社会阶层"的划分方法。

从广义上讲，新社会阶层这一概念，包括非公有制经济人士与其他新社会阶层两类社会群体。其中，其他新社会阶层又划分为私营企业和外资企业的管理技术人员、中介组织和社会组织从业人员、自由职业人员和新媒体从业人员四种不同类型的社会群体。在具体的分析中，将新社会阶层的内部群体划分为"私营企业从业人员""外企从业人员""中介/社会组织从业人员""个体户"以及"其他群体"。

具体来看，私营企业和外资企业的管理技术人员，是指受聘于私营企业和外资企业，掌握企业核心技术和经营管理专门知识的人员；中介组织和社会组织从业人员，包括律师、会计师、评估师、税务师、专利代理人等提供知识性产品服务的专业机构从业人员，以及社会团体、基金会、民办非企业单位的从业人员；自由职业人员，是指不供职于任何经济组织、事业单位或政府部门，在国家法律、法规、政策允许的范围内，凭借自己的知识、技能与专长，为社会提供某种服务并获取报酬的人员；新媒体从业人员，是指以新媒体为平台或对象，从事或代表特定机构从事投融资、技术研发、内容生产发布以及经营管理活动的人员，包括新媒体企业出资人、经营管理人员、采编人员和技术人员等。

三、不同社会阶层消费者的行为差异

不同阶层消费者的行为差异主要体现在生活方式、支出模式、信息接收和处理、购物方式、购物场所、消费理念、媒体使用、购买力等方面，可概括为以下几点。

1. 休闲消费上的差异

社会阶层从很多方面影响个体的休闲活动。个人所偏爱的休闲活动通常是与同一阶层或临近阶层的其他个体所从事的活动相同或相似，对新的休闲活动的接纳往往也受到同一阶层或较高阶层成员的影响。在不同阶层之间，用于休闲的支出占家庭总支出的比重相差无几，但休闲活动的类型却有很大差别。

上层消费者比较喜欢慢跑、在私人泳池游泳、打网球和欣赏歌剧；中层消费者多进行商业性休闲，如去公共游泳馆、公园、博物馆等；底层消费者喜爱钓鱼、划船、打猎、拳击、摔跤等项目。

2. 购买产品的差异

不同社会阶层的消费者所选择和使用的产品是存在差异的。上层消费者较多购买股票或国际游等产品，而另一些产品如廉价服装与中档或低档葡萄酒则更多地被底层消费者购买。底层消费者的支出行为从某种意义上带有"补偿"性质。他们十分看重眼前的消费；且在促销的刺激下容易产生冲动性购买行为。

3. 购物场所的差异

一般而言，人们会形成不同购物场所适合不同阶层消费者的看法，并倾向于到与自己社会地位相一致的场所购物。上层消费者购物时比较自信，喜欢单独购物，对服务要求高，对购物环境优雅、品质高和服务好的高端商场更为青睐，且乐于接受新的购物方式；中层消费者谨慎，对购物环境要求高，但也经常光顾折扣店，购物本身对于他们来说是一种消遣；底层消费者由于资源限制，对价格敏感，多在中、低档商店购物。

拓展阅读

社会阶层与体育消费

随着社会结构的变迁，社会分层的变化，社会阶层与体育消费的关系研究成为很多学者关注的热点问题。一些研究结果发现，社会中上层和上层的体育消费主要倾向是娱乐休闲、注重生活质量和追求时尚；富裕的城镇，中产阶层的体育健身消费具有明显的身份区隔；经济收入对居民体育消费结构的影响较大；对于社会中间阶层，居民更倾向于实物类、参与类消费。在我国，体育消费具有明显的阶层差距，这种差距大于居民经济收入的差距，居民的社会和文化资源显著影响体育消费。展示社会地位和价值观念成为体育消费的重要意义。体育消费已成为一种符号消费，这也加大了不同阶层体育消费的差异。

另外，田虹等借鉴以往社会阶层的划分方法，综合样本的学历、职业和收入三项指标得分，将体育消费分为上层、中上层、中层、中下层和下层，进而研究了五个社会阶层的城市居民体育消费意愿和消费行为特点，得出一些重要结论：①体育消费意愿方面，社会上层的体育消费意愿显著高于其他阶层，社会中上层的体育消费意愿显著高于中层、中下层和下层，社会中层的体育消费意愿显著高于中下层和下层，而社会中下层和下层的体育消费意愿没有显著差异；②体育消费行为方面，社会上层的体育消费行为显著高于其他阶层，社会中上层的体育消费行为显著高于中层、中下层和下层，社会中层的体育消费行为显著高于中下层和下层，而社会中下层和下层的体育消费行为没有显著差异；③就意愿与消费行为的关系而言，体育消费意愿大于体育消费行为；④体育消费意愿与体育消费行为差异性方面，最大的是康复型消费和培训型消费，其次是观赏型消费，再次是博弈型消费，最后是实物型消费和参与型消费；对于参与型消费，中下层的体育消费意愿与体育消费行为的差异比中上层更大；对于实物型消费，中层和中下层的体育消费意愿与体育消费行为的差异比中上层更大；对于康复型消费，中层、中上、上层的体育消费意愿与体育消费行为的差异比下层和中下层更大。

（资料来源：田虹、杨洋、刘英：《5大社会阶层体育消费意愿和行为的比较研究》，载《北京体育大学学报》，2014，37(10)：51～55）

四、面向不同社会阶层消费者的营销策略

社会阶层提供了一种目标客户群体的细分依据。依据社会阶层制订市场营销策略的具体步骤如下。

(1)决定企业的产品及其消费过程在哪些方面受社会地位的影响，然后将相关地位变量与产品联系起来。运用社会经济地位、受教育程度、收入、职业等相关变量对社会分层，收集各阶层消费者在产品使用、购买动机、产品的社会含义、消费者实际生活方式、期望的生活方式、对媒体的使用情况、购物模式等信息。

(2)基于对不同社会阶层作为目标客户的市场吸引力分析，权衡企业自身的优势和特点，确定以某一社会阶层的消费者为目标客户群体。

(3)根据目标消费者的需要与特点，为产品定位。

(4)制订市场营销组合策略，以达成定位目的。

应当注意的是，处于某一社会阶层的消费者会试图模仿或追求更高层次的生活方式。因此，以中层消费者为目标市场的品牌，可以根据中上层消费者的生活方式进行定位。美国安休泽－布希啤酒公司根据社会阶层推出3种品牌的啤酒，每种品牌针对特定的消费阶层，采用不同的定位和营销组合策略，结果产品覆盖了80%的美国市场，获得了极大的成功。

拓展阅读

社会比较视角下的奢侈品情感营销模式

奢侈品是一个相对的概念，对那些有能力购买的人来说，相对于他们的财富，奢侈品算不上奢侈；而对那些无能力购买的人来说，他们不仅买不起，而且奢侈品具有的功能完全可从一般商品中获得。因此在很大程度上，可结合所有消费者的实际购买情况，以“对他人的奢侈程度”和“对自己的奢侈程度”两个维度，对所有消费者进行“购买分层”分析，如图6-2所示。这里的“他人”是指拥有平均消费能力的群体。

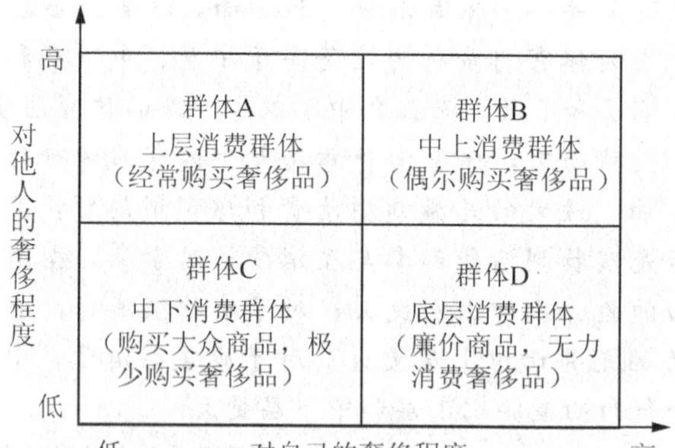

图6-2　奢侈品消费者分层示意图

根据他人和自己对消费者购买的商品感知差异，可将消费者分为4个层次。其中，群体A是“上层消费群体”。他们非常富有，经常购买奢侈品，尽管其消费通常会被认为是奢侈的，但他们自己却不这么想。群体B是“中上消费群体”。就财富而言，他们只能偶尔购买奢侈品，他人和他们自己都认为奢侈品是奢侈的。群体C是“中下消费群体”。一般而言，他们经常购买大众商品而极少购买奢侈品。对他人和他们自己而言，其所消费的都不是奢侈的。至于群体D，是“底层消费群体”，他们无力购买奢侈品，是廉价商品的消费者。

1. 针对群体A的情感营销模式

奢侈品的主流消费诉求需要通过价格、数量等因素形成阶层区隔，因此需要根据社会发展的格局、大众对奢侈消费的观感，以及不同群体的群际和群内对比特点，结合社会比较激发的奢侈品消费认知评价及情感表现、社会比较激发的不同群体对奢侈品消费的情感诉求、社会比较与奢侈品消费情感发生机制等方面的分析，科学规划奢侈品的情感营销模式。

(1)与低阶层比较的情感营销的关键

群体A是真正的奢侈品消费者，数量虽很少，却贡献了80%的市场份额。对其而言，营造优越感并保证其远离可能被同化而导致的焦虑和厌恶，是该群体的情感营销重点。具体来说，需通过增强阶层区隔功能与象征意义，从产品质量、数量、品牌管理及服务体验等方面，将奢侈品与一般商品、群体A和其他人区分开来，从而满足其独享成就的诉求。第一，增强产品的排他性及稀缺性。典型做法就是通过严格的限产限量达到“饥饿营销”的效果，让群体A相信只有他们买到了这些产品。第二，强化品牌象征性并严格控制品牌延伸及产品数量。在强化品牌象征性方面，可借助高端定位突出品牌的专业性与声望等信息，满足群体A有关品位及社会内涵的追求。第三，提供定制化的服务与独特的顾客关系管理体验。例如实时推送符合群体A偏好及购买潜力的信息，组建俱乐部开展各种品牌联谊活动，以提升消费者的体验质量与独特性。

(2) 群体内平行比较情感营销的关键

群体A的成员平行比较更能反映群体内部的差异，并导致攀比和炫耀行为，因此更能激发购买欲望。在此只分析群体A中暴发户和贵族的平行比较。第一，贵族作为奢侈品消费的主流，相较于暴发户而言，他们更关注奢侈品的功能、质量、文化品位，而不是奢侈品所传递的象征性信息。因此需要缩小或隐藏奢侈品的品牌标志。第二，由于阶层区隔更能满足暴发户炫耀以及展示财富、地位和身份的需要，因此这类人更关注奢侈品的排他性和稀缺性。需要根据他们想公开奢侈消费的需要，突出品牌标志与特权服务，并给予其“衣锦还乡”的荣耀。第三，对贵族消费者而言，为了不让别人认为自己是暴发户，可能更需身份定制这一类服务，例如劳斯莱斯车的颜色与特定身份的对应。

2. 针对群体B的情感营销模式

(1)与高层比较情感营销的关键

群体B虽偶尔消费，但却最具潜力。与群体A相比，群体B人数更多，属中产阶层，虽购买力不足，但可通过努力成为奢侈品的消费者。这类情感营销的关键是激发其羡慕。第一，借助媒介营造羡慕氛围。一方面，奢侈品门店本身就是一种信息传递的媒介，通过店铺设计、布局、陈列，既可向群体B系统展示奢侈品的特点，又可展示品牌历史，增进群体B的理解与向往之情。另一方面，网络及社交媒体已成为各类消费者获取奢侈品信息的重要途径，借助视频、音频、图片和文字等方式充分传播品牌信息。第二，借力艺术活动塑造品牌故事，强化奢侈品的艺术气息，弱化奢侈品的高价影响。一方面，奢侈品牌可借明星之力，利用粉丝营销的同化效应，促进群体B中的粉丝消费。另一方面，企业可借各类艺术节庆展示品牌形象，将群体B中的目标顾客与特定艺术、艺术家连接在一起，从而在弱化硬性推广的同时，树立更有艺术气质的品牌形象。第三，丰富渠道形式，扩大奢侈品销售覆盖区域。第四，做好奢侈品品牌延伸，增加群体B的消费机会。既可满足群体B的奢侈需求，又可照顾群体A的排他诉求。由于产品线延伸易导致战略性定位模糊，因此需要把握好“度”。

(2) 群体内平行比较情感营销的关键

此类情感营销的模式主要有两个层次。第一，由核心品牌延伸出的子品牌，既要将目标顾客定位于群体B，又要设置不同的等级，让群体B内部成员的攀比焦点集中于子品牌，不断追求子品牌中最高级的产品。第二，在选择广告代言人时，可选择群体B中的优秀成员，以激发部分群体B成员的超越欲望，购买高端产品。

(3) 下行比较情感营销的关键

与群体B相比，群体C和群体D是以消费大众商品及低档商品为主的群体，他们可能会因偶尔购买奢侈品而产生优越感。因此企业在为群体B设立子品牌时，必须将这一类的产品与大众商品严格区隔开来，使子品牌既能被群体B触及，又高于群体C、群体D的购买能力。

3. 针对群体C的情感营销模式

与群体B数量类似，群体C也是社会的大多数，但他们的购买能力更弱，因此通常是群体A和群体B的羡慕者及忌妒者。可以鼓励群体C中的上层人群参与到新奢侈品消费中，以满足他们对奢侈品象征性和炫耀性的诉求。

4. 针对群体D的情感营销模式

群体D处于社会最底层，并不具备奢侈品消费能力，但他们却非常重要。事实上，由于无法通过消费来缓解上行比较产生的负性情感及认知压力，因此他们用以宣泄感情的语言和行为非常值得关注。为此，在缺乏流动性的社会，出于避免激化矛盾的需要，奢侈品消费需采取隐匿的方式加以展开，并不适合大肆宣传。而从总体上看，树立企业的社会责任感则应成为面对群体D的通行做法。

（资料来源：卢长保、郭晓芳、陈丹妮等：《社会比较视角下的奢侈品情感营销模式》，载《东南学术》，2016(5)：106～115）

第二部分　实践活动

活动 23　目标消费群体定位分析

案例分析 6-4

大宝的市场定位

北京大宝化妆品有限公司成立于 1999 年，由北京市三露厂股份制改造而成，是土生土长的国有企业。2002 年北京市三露厂进行股份制改革，由国有企业转变为国家控股 83%，职工个人持股 17%的股份制公司。2008 年，强生(中国)投资有限公司从北京三露厂和北京大宝化妆品有限公司职工持股会收购北京大宝化妆品有限公司的全部股权，北京大宝化妆品有限公司成为强生(中国)投资有限公司的全资子公司。大宝一直秉承"高质量、多品种、低价位、服务大众"的经营宗旨，在竞争日益激烈的化妆品市场中，受到很多消费者的青睐。大宝的广告语也早已家喻户晓。

场景一：

"——最近你老公气色不错啊！"

"——他呀，天天都用我的大宝 SOD 蜜！吸收特别快，挺舒服的！"

场景二：

"——哎！又用我的啊？你的呢？"

"——都让我老爸用了。我跟我女朋友说，你也去弄瓶贵点的呀，哎，她就认准大宝了！"

场景三：

"——大宝啊？不错，价格便宜量又足，我们一直都用它！"

"——干我们这行的，天天在外面跑，风吹日晒的，有了大宝啊，嗨，还真对得起咱这张脸！"

场景四：

"大宝，明天见！"

"大宝啊，天天见！"

任务描述

根据以上背景资料，对市场在售的大宝产品进行市场调查，分析大宝产品的目标消费群体和市场定位，并试分析大宝公司成功的原因。

活动 24 基于目标消费群体的营销策略分析

案例分析 6-5

基于淘宝平台商家节日营销研究

淘宝平台近几年来发展迅速，取得了巨大的成功，这与淘宝商家节假日的成功营销有关。每逢节假日，淘宝都会进行促销活动，这已经成为淘宝促进营销的常用手法，特别是近几年来淘宝平台的“双 12”节日热销，更充分表明电子商务的崛起。传统营销的主导地位逐渐被电商交易所取代，电商交易逐渐成为一种社会主流，很多大型的传统企业营销都转型为网络营销模式，节日营销受到很多消费者的关注。电子商务平台的节假日营销具有互动性特点，通过互联网强大的信息传播能力和丰富的内容，把营销做得更具娱乐性。多元化的网络节假 日营销模式更能促进消费者进行消费，将促销与娱乐有机地结合起来，满足广大网民特别是年轻消费群体对于个性化消费的需求，也能有效促进年轻消费群体参与到节假日营销活动中，激发他们的消费欲望。

根据淘宝平台的“双 12”促销活动的成功可以发现，实行网络节假日促销活动需要按照以下几个要点来进行，才能确保促销活动的成功。

1. 明确的目标

由于节假日时间的限制，做网络节日营销活动不可能包容整个通路环节，所以做网络节假日营销必须要有针对性，主次分明，侧重点放在终端通路上。要明确进行网络节日营销活动的最终目标是通过一系列的营销活动来提高商家的产品销售量、减少库存，增加上柜率，取得产品销售的优越化、生动化。例如，商家可以根据中国人逢年过节送礼品的民俗习惯，对一些产品进行适当的包装，推出礼品装；针对每一个节假日的特点，对一些节假日需要用到的产品进行促销；制定明确量化指标，使节假日营销活动达到考核、控制、计划的目的。

2. 突出促销的主题

节假日促销活动要做到新颖，具有给人耳目一新的感觉，才能促使更多的消费者进行消费。这个目标的达成需要有鲜明的、突出的促销主题。所以，网络节假日营销主题的设计主要有以下几个基本的设计要求：①有视觉冲击力，让消费者看过了之后记忆犹新。②要有足够的吸引力，让消费者对促销活动产生浓厚的兴趣。③促销活动的主题词要简洁明了，容易记忆。例如，商家可以在春节促销活动期间，根据中国传统的年夜饭习惯，做好相应的产品促销和服务，可以推出以“家欢”“全家福”等促销主题，针对年夜饭开展相应的服务项目。

3. 关注促销的形式

现在很多网络节假日的促销活动都是现场秀、打折、买一送一、积分、抽奖等，虽然这些促销形式大多相同，但是仍可以从细节入手，创造新意。商家可以根据自身产品的特点，有机地整合营销形式，充分发挥它们的作用。例如，商家可以在中秋节假日时推出“中秋赢大奖，谢谢也有礼”的活动，把抽奖和积分换礼物的促销形式结合起来，抽奖可以设置4个奖项：一等奖冰箱、二等奖微波炉、三等奖自行车、安慰奖保温杯、特别奖谢谢。凡是抽到特别奖谢谢的，消费者可以凭5张“谢谢”刮卡换精美礼品一份。这样的促销形式新颖独特，更具吸引力。

4. 把产品卖点节日化

想要迅速打开市场通路，在激烈的竞争中占取一席之地，就必须根据不同的节假日特点，推敲消费者的消费心理、消费行为，结合节假日市场的现实需求和产品自身的特色，推出适合节假日消费者休闲、应酬、交际的新产品。研发设计的产品必须要具有节日化、休闲化、营养化、主题化特点。产品的包装力求新颖，别具一格，做到好看又时尚。例如，酒类可以把酒瓶设计得具有艺术感，把包装做成一件艺术品，既美观又实用。

5. 科学的促销方案

要让网络节假日的促销活动取得良好的成效，必须有科学的促销方案作为支撑。首先在促销前要做好充分的准备，把促销活动中可能出现的情况以及会影响到促销活动的各种因素都考虑周全，促销终端人员要经过严格的培训和指导，避免引起消费者不满，从而影响活动的效果。网络及节假日促销的商家要做好以下3件事：利用促销活动促进媒介的选择，选择最佳的促销时机，针对目标对象制订科学的促销方案。

6. 详细的促销活动设计

如果淘宝平台的商家资金不够雄厚，那么最好不要和强大的商家进行正面冲突和对抗，更不要想着以低价格对抗强势的商家。中小商家应该尽量突出自己的优势和卖点。如何挖掘更多潜在的消费者，为假日经济的繁荣做出自己的贡献，是中小商家面临的难题。设计详细的节假日促销活动，可以有效地提高销售量。例如，可以在信息网络上投放精准的广告，争取更多精准的客户群，实现精准营销。

（资料来源：陈丽芳、熊瑛：《基于淘宝平台商家节日营销研究》，载《知识经》，2017(21)：43～44）

任务描述

以小组为单位，基于目标消费群体的特点进行淘宝平台商家节日营销策略研究。选定某一淘宝平台产品或店铺，先确定目标消费群体，对该消费群体的消费心理和消费行为特征进行分析和描述，然后根据消费群体的特点，帮助该淘宝平台产品或店铺制订今年某个节日的节日营销策略。

项目七　消费习俗与消费流行分析

项目概述

一个地区或一个民族的人们在长期的经济活动与社会活动中，由于自然的、社会的原因所形成的独具特色的消费习惯，即消费习俗，这些消费习俗会世代相传地进入人们生活的各个方面，不知不觉地对人们的购买行为产生深刻影响；同时，由于生产力的发展和人们消费水平的提高，以及人们求新、求变的心理，使得众多消费者会在一定范围内短时间狂热追求某些产品或流行时尚，即消费流行，这种流行促使人们改变原有的消费观念，引起人们心理驱动力的变化以及消费习惯与偏好的变化。

本项目将学习消费习俗和消费流行的概念、特点、类型，要求掌握消费习俗对消费心理和消费行为的影响，理解消费流行与消费心理的关系。通过拓展学习，熟悉各地区、各民族的消费习俗，关注目前的消费流行内容以及未来的流行趋势，为制订本土化营销策略及引导消费流行策略提供依据。

项目目标

知识目标

1. 熟悉消费习俗的概念、特点及类型；
2. 熟悉消费流行的概念、特点、类型、形成原因及方式；
3. 了解各地区各民族的消费习俗，关注当下消费流行内容以及未来的流行趋势；
4. 掌握消费习俗对消费心理和消费行为的影响；
5. 理解消费流行与消费心理的关系。

能力目标

1. 能够正确分析和识别消费习俗对消费心理和消费行为的影响；

2. 能够正确分析和理解消费流行与消费心理的关系；

3. 能够从消费习俗视角为某产品提出本土化营销策略建议；

4. 能够从引导消费流行的视角为某新产品提出营销策略建议。

素养目标

1. 客观分析和认识消费习俗和消费流行；

2. 客观看待消费习俗对消费心理和消费行为的影响，以及消费流行与消费心理的关系；

3. 培养本土化营销思维以及对消费流行的洞察能力。

任务二十二　消费习俗

第一部分　学习引导

案例导入

端午节的来历和习俗

端午节为每年农历五月初五。端午节与春节、清明节、中秋节并称为中国民间的四大传统节日。端午节起源于中国，最初为古代百越地区(长江中下游及以南一带)崇拜龙图腾的部族举行图腾祭祀的节日，百越之地春秋之前有在农历五月初五以龙舟竞渡形式举行部落图腾祭祀的习俗。后因战国时期的楚国(今湖北)诗人屈原在该日抱石跳汨罗江自尽，统治者为树立忠君爱国的思想将端午作为纪念屈原的节日；部分地区也有纪念伍子胥、曹娥等说法。

端午节有食粽子与划龙舟等多种习俗。

1. 吃粽子

粽子又称“角黍”“筒粽”，在晋代被正式定为端午节食品。在当时，粽子还用作礼尚往来之物。如今，粽子的花色品种更为繁多。从馅料看，北方多包小枣的北京枣粽，南方以浙江嘉兴粽子为代表。吃粽子的风俗，千百年来在中国盛行不衰，而且流传到东亚及东南亚等国。

2. 赛龙舟

赛龙舟前，先要请龙、祭神。人们祭祀龙神庙时气氛很严肃，多祈求农业丰收、风调雨顺、去灾异、事事如意，也保佑划船平安。划龙舟时，多有唱歌或念口号助兴。声音雄浑壮美，扣人心弦，也能增加赛龙舟时的氛围。

3. 挂艾草

民谚说：“清明插柳，端午插艾。”艾草所产生的奇特芳香，可驱蚊蝇、虫蚁，净化空气，是提神通窍、健骨消滞、杀虫灭菌的良物。端午节人们一般会将艾草绑成一束，然后插在门楣上，或是在门楣两端分别插上一根艾草。

4. 佩香包

香包又叫香袋、香囊、荷包等，有用五色丝线缠成的，有用碎布缝成的，内装香料，佩在胸前，香气扑鼻。这些随身携带的袋囊，内容物几经变化，制作也日趋精致，成为端午节特有的民间特色艺品。

5. 喝雄黄酒

饮蒲酒、雄黄、朱砂酒，以酒洒喷。古语曾说："饮了雄黄酒，病魔都远走。"一般饮用的雄黄酒，只是在白酒或自酿的黄酒里加入微量的雄黄而成，无纯饮的。雄黄加水和酒洒于室内可消毒杀菌，饮蒲酒也颇有益。

端午节期间通过各种传统民俗活动展演，既能丰富群众精神文化生活，又能很好地传承和弘扬传统文化。2006 年 5 月，国务院将端午节列入首批国家级非物质文化遗产名录；2009 年 9 月，联合国教科文组织正式审议并批准中国端午节列入世界非物质文化遗产，成为中国首个入选世界非遗的节日。

一、消费习俗的概念与特点

1. 消费习俗的概念

消费习俗是指消费者受共同的审美心理支配，一个地区或一个民族的消费者共同参加的群体消费行为，也可表述为一个地区或一个民族约定俗成的消费习惯。它是人们在长期的日常消费活动中，由于自然的、社会的原因所形成的不同地区各具特色的一种消费风俗习惯。在习俗消费活动中，人们具有特殊的消费模式。它主要包括人们的饮食、婚丧、节日、服饰、娱乐消遣等物质与精神产品的消费。

一种消费习惯如果适合大多数人的心理和条件，就会被迅速普及，成为大多数人的消费习惯。所以，消费习俗一经形成便具有历史继承性及相对稳定性，就不易消失。

消费习俗对于消费品市场有着重要影响。不同的消费习俗造就不同的消费者。它要求企业营销人员去研究不同习俗的含义和对应的不同消费需求。

2. 消费习俗的特点

消费习俗是社会风俗的重要组成部分，具有某些共同特征。

(1)长期性

一种习俗的产生和形成，要经过若干年乃至更长时间，在漫长的生活中，形成的消费习俗又将在长时期内对人们的消费行为产生潜移默化的影响。它对人们日常生活消费的影响也是长久而相对稳定的。

(2)社会性

消费习俗是在共同的社会生活中，互相影响产生的，是社会生活的组成部分，带有社会性的共同色彩。消费活动在社会成员的共同参与下，才能发展成为消费习俗。

(3)地域性

消费习俗通常带有浓厚的地域色彩，与当地生活传统相一致，带有强烈的地方色彩，是特定地区的产物，如藏族偏爱请客和喝酥油茶。

(4)非强制性

消费习俗的形成和流行，不是强制颁布推行的，而是一种无形的社会习俗，使生活在其中的消费者自觉或不自觉地遵守这些习俗，并以此规范自己的消费行为。

二、消费习俗的类型

根据习俗的存在形态和表现形式，消费习俗可以分成物质类和社会文化类两种。

1. 物质类消费习俗

物质类消费习俗主要是由自然、地理及气候等因素影响而形成的习俗，且主要涉及有关物质生活范畴。物质消费习俗与社会发展水平之间具有反向关系，即经济发展水平越高，物质消费习俗的影响力越弱，这类消费习俗主要包括以下三个方面。

(1)饮食消费习俗

在我国，除了各地人们的口味习惯外，还有北方人以面食为主，南方人以大米为主的饮食习惯。这些饮食习惯基本上是受供应条件限制而形成的，但近年来随着经济发展、科技进步以及运输业的发达，这种地域限制造成的习俗差异越来越小。

(2)服饰消费习俗

我国地域广阔，拥有56个民族，大多数少数民族按地域不同而聚居，因此也形成了各具特色的服饰消费习惯。东南地区与西北地区的服饰就有很大的不同，如西北地区人们有包头、束腰的习惯，其他地区就没有；各少数民族的盛装打扮也是各有特色，如维吾尔族的四楞小花帽、藏族的哈达、海南黎族姑娘的短裙、蒙古族人的长袍等，都表现出独特的习俗。

(3)住宿消费习俗

受不同地区生活环境及经济发展水平差异的影响，人们住房建造与住宿方式也有很大的不同，例如，在西北牧业地区，人们习惯于住蒙古包。随着经济的发展，可移动的蒙古包越来越少，但是人们在建造固定住房和室内装修时仍习惯于采用蒙古包的建造装修方式。

2. 社会文化类消费习俗

社会文化类消费习俗特指受社会、经济及文化影响而形成的非物质消费方面的习俗，可以细分为喜庆性的消费习俗、纪念性的消费习俗、宗教信仰性的消费习俗等。这类消费习俗比物质类消费习俗具有更强的稳定性。

(1)喜庆性的消费习俗

喜庆性的消费习俗往往是人们为了表达各种美好愿望而引发的各种消费需求。如，我国的春节、西方国家的圣诞节等，是消费习俗中最主要的一种形式。传统节日在丰富人们精神生活、调节生活节奏的同时，还深刻地影响到人们的消费心理和行为，给人们带来强烈的社会心理气氛，使人们产生欢乐感，吸引人们购买节日用品，来满足物质需要与精神需要。节日期间，人们的消费欲望强烈，节日激发人们的交往活动，为了表达亲情和友情等心意，人们探访时会互赠礼物，互祝喜庆，各得吉祥之意。

春节有办年货、年夜饭吃饺子、贴春联、挂年画、放鞭炮、大拜年、逛庙会、舞龙、舞狮，以及正月十五吃元宵、汤圆，闹花灯，猜灯谜等习俗。但是俗话说："百里不同风，千里不同俗。"同样一个春节，在大江南北，过法却不尽相同，许多地方都有着自己独特的春节习俗。

在欧美地区，最重要的节日是圣诞节。节日除购买食品以外，人们还要购买大量生活用品。这期间是销售的旺季。圣诞节的特殊消费食品有核桃、花生仁、各种干果、甜食、圣诞老人型糖果等。装饰品有彩蛋、木蛋、草制品、各种人物、花、鸟、兽等小工艺品，加上彩灯、圣诞蜡烛等。

(2)纪念性的消费习俗

纪念性的消费习俗是人们为了纪念某人或某事而形成的某种消费习俗。如：我国的清明节人们通常会扫墓祭祀祖先或烈士，端午节吃粽子，中秋节吃月饼等这些都属于纪念性的消费习俗。纪念性的消费习俗虽然具有浓厚的地区和民族特点，但也具有广泛的影响，是一种十分普遍的消费习俗形式。

(3)宗教信仰性的消费习俗

宗教信仰性的消费习俗是由于某种宗教信仰而引起的消费风俗习惯。这类消费习俗的形成都与宗教教义和教规有关，因此，有极其浓厚的宗教色彩，并且具有很强的约束力。如，由宗教信仰而引起的禁食习惯和服饰习惯等，印度教中把牛看成"圣牛"，只能老死不能宰杀；伊斯兰教国家禁酒，忌食猪肉，不用猪制品；佛教教义中严禁宰杀生灵，主张吃素；还有避讳"13"，忌讳"14"的禁数习俗；还有禁色、禁花的习俗。这些习俗都与宗教的信仰与教规有关。

(4)社会文化性的消费习俗

社会文化性的消费习俗是社会文化发展到一定水平而形成的，具有深刻的文化内涵。能够流传至今的文化习俗一般都与现代文化具有较强的相容性。在我国较有影响的文化消费习俗主要是各种地方戏演出以及各具特色的文化活动，如，以山东潍坊为代表的北方地区的放风筝习俗，南北地区风格各异的舞龙、舞狮活动等。

拓展阅读

全国各地喜迎农历新年

据中国之声《全国新闻联播》报道，震天锣鼓敲起来，欢腾歌舞跳起来！大年三十，神州大地处处洋溢着浓浓的节日喜庆气氛，人们逛灯会，赏民俗，全家团聚共做团圆饭，喜迎2018年农历新年的到来。

长城脚下、巍峨的大境门城墙上被各种彩灯、灯笼装饰一新，显得格外大气壮观，将红红火火的节日气氛烘托到极致。在河北张家口大境门新春民俗庙会，精彩绝伦的舞龙、舞狮表演，热闹欢快的威风锣鼓和喜庆秧歌，饱含着浓郁的地方特色的戏曲二人台、口梆子、打棍儿等表演轮番登场，吸引了众多市民围观，掌声、叫好声此起彼伏。

一大早，河南商丘八里曹村的村民们就开始忙活起来，20多人一起和面、擀皮、包饺子，制作春节饺子百家宴。饺子伴着沸水入锅，不一会儿，一盘盘热气腾腾的饺子就出锅了。

在安徽黄山歙县古城、屯溪老街等地，徽州民歌、黄梅戏等各种徽州传统民俗也轮番开演。

在客家人聚集地江西赣州，流传着“不打黄元米果不过年”的习俗。村民们聚在一起，用长棍敲击饭团，以传统打黄元的方式迎接新年。

在江西新干县，富裕起来的村民跳起了传统的竹马舞，大家骑着竹马，配合着锣鼓乐声，时而奔驰飞舞，时而漫步慢行，这支由5人组成的表演队开始了走村入户、舞马送福活动。

在革命老区山东临沂河东区，浓浓的年味让众多的民间秧歌爱好者个个精神抖擞，他们身着节日盛装，踏着欢腾的鼓点，将新春的喜悦传达到每个角落。

喧闹的锣鼓声同样响彻在新疆天山南北，在新疆阿克苏阿瓦提县，当地各族群众自发表演的迎新春社火巡演活动吸引了附近村民前来观看。纳格拉鼓和锣鼓声完美融合，敲出一段段欢快的节奏。穿着统一演出服的社火队和秧歌队，边走边跳，格外喜庆。

（资料来源：中国之声：《全国各地喜迎农历新年》，http://china.cnr.cn/NewsFeeds/20180215/t20180215_524136906.shtml，2018-02-15）

三、消费习俗对消费者心理与行为的影响

多种不同的消费习俗对消费者的心理与行为有着极大的影响。

1. 消费习俗对消费者心理的影响

(1)消费习俗促成了消费者购买心理的稳定性和购买行为的习惯性

由于消费习俗的影响，消费者会经常性地去购买那些符合消费习俗的各种商品。在漫长的社会生活中，消费者的习惯性购买心理逐渐形成，一旦形成就具有一定的稳定性。比如：端午节人们会采购粽子，中秋节人们会去买月饼。

(2)消费习俗强化了消费者的消费偏好

由于消费习俗具有民族性、地域性的特点，它对本地区、本民族消费者的消费心理与行为产生强烈的影响，强化了消费者的偏好和从众心理。很多人对自己所在群体的消费习俗引以为荣，有偏爱和自豪感，从而更强化了这种消费心理与消费行为，使消费习俗世代相传，如我国各民族人民对本民族服饰的偏好、西方消费者在圣诞节时对巧克力

的热衷。

(3)消费习俗使消费者心理的变化趋缓

消费习俗影响消费活动的习惯性和稳定性，将延缓消费者心理及行为的变化速度，并使之较难改变。这对消费者适应新的消费环境和消费方式会起到阻碍作用。

消费习俗对消费者心理的变化不仅可以起阻碍作用，同时也可以起促进作用。一般来讲，当新商品或新的消费方式与消费习俗发生冲突时，由于消费心理受消费习俗的制约，变化十分困难；而当新商品或新的消费方式与消费习俗具有共同点、互相融合时，会加速消费心理的变化，使消费者迅速接受这种新商品或新的服务方式。

2. 消费习俗对消费者行为的影响

(1)使购买行为具有普遍性

消费习俗是为人们普遍认同、有众多接受者的行为方式，它能够在某些特定的情况下引起消费者对某些特定商品的普遍需求。

(2)使购买行为具有长期性

消费习俗是人们在长期的社会实践中逐渐形成和发展起来的，习俗一旦形成就会世代相传地进入人们生活的各个方面，稳定地、不知不觉地、有力地影响着人们的购买行为。

(3)使购买行为具有周期性

消费习俗是由于长期重复而巩固下来的、变成需求的行为方式。消费习俗是周期性出现的，消费习俗的反复性、重复性使购买行为在非特定的时间内，需求减少或不产生一定的购买行为。

(4)使购买行为具有无条件性

消费者对习俗的遵从和对习俗商品的钟爱使之原有的消费习惯和生活方式不会轻易改变。受消费习俗的长期影响，消费者所发生的购买行为具有很强的稳定性和习惯性，如中国消费者对于春节阖家团圆的期待和节日用品的购买长期以来未发生改变，已成为多数消费者的传统消费模式。

拓展阅读

消费习俗对“固态冲泡奶茶”消费心理与行为的影响

固态冲泡奶茶是近年兴起的一种新兴的休闲食品品类，由一水之隔的宝岛台湾传入大陆。固态冲泡奶茶以其醇香浓厚的滑润口感吸引着众多的消费者，尤其被福建地区的消费者所接受和推崇。有学者分析了福州地区消费习俗对该地区消费者消费“固态冲泡奶茶”的消费心理与行为的影响，具体如下。

1. 文化习俗的影响

福建文化习俗的核心是重乡爱国、情义并重。从闽人“反哺梓桑”的虔诚孝道，到爱家人、爱故里的纯真情怀，福州人不仅热爱身边的风土人情，还对有一水之隔的台湾同胞怀有深厚的情谊。奶茶，作为从台湾传入大陆的休闲饮品，带有浓厚的同胞情结，所以很快就被福州人所接受和推崇。福州人所认可和接受的不光是一种产品，更是一种情感文化的延伸和共鸣。对于台湾同胞，福建人历来特别关注和牵挂。随着两岸三通的开放，更多的福建人来往于闽台之间，也有更多的台湾商人带来了具有台湾本土特色的产品，奶茶就是其中一种带有独特风味和情感牵挂的新兴产品，很快便流传开来。调查发现，有92%的人容易接受和认可台湾食品。

2. 社会习俗的影响

福州属于沿海开放城市，受中国传统文化和外来文化的双重影响，福州人既重感情也喜爱交朋友，而且具有从众从善的心理。他们好客、喜吃、爱聚会，爽快豪气，奶茶的自由和随性，正符合他们的这种个性和行为。尤其是年青一代，他们思想解放、富于幻想，接受新事物的能力强，善于表现自己，希望得到他人的关注和认可。受广告、影视剧等的影响，他们着力于追求时尚和个性化的产品，奶茶悠闲轻松的便捷性、温馨小资的独特性很好地诠释了他们追求人生快乐、生活快乐、工作快乐的价值观念。问卷调查结果显示，有73%的人认为奶茶可以体现时尚和张扬个性。

基于消费习俗对"固态冲泡奶茶"消费心理与行为影响的研究结果，学者提出了挖掘消费习俗内涵，引导消费者购买行为。消费习俗在新时代已有了新的内涵与作用。虽然其固有的内涵和意义已经根植在人们的心中，但是消费习俗中那些具有影响力的情感文化特点、主流价值观念，会慢慢适应社会环境与时代观念的变迁，渐渐引领出新型的生活理念、消费方式和消费行为，如固态冲泡奶茶所倡导的快乐人生、快乐生活、快乐工作的价值观念。只要我们对消费习俗中具有积极影响意义的活动与内容进行汇总、整理与提炼，结合新时代的特点，扩大消费习俗的外延，再通过媒体的形象塑造和传播，不仅能让更多的人传承消费习俗的核心内涵，满足自身在物质、心理和情感上的需求，而且能让消费者在消费习俗的引领下，建立符合新时代的消费理念与消费行为，进而达到促进企业销售及获取利益、促进社会进步和发展的目的。

（资料来源：杨迪：《消费习俗对固态奶茶消费行为的影响及营销策略》，载《福建商业高等专科学校学报》，2014(12)：53～56）

第二部分　实践活动

活动25　消费习俗对消费行为的影响分析

以小组为单位，完成如下任务：

(1)讨论你所在的地区有哪些消费习俗。

(2)选择某种新上市的产品或某种新兴服务作为研究对象，针对这一产品或服务，基于本地区的消费习俗对消费者心理与消费行为的影响，尝试提出相应的营销推广策略，以提高本地区消费者对该产品或该服务的认可度。

任务二十三 消费流行

第一部分 学习引导

案例导入

"双11"10年：消费开始流行新精致主义

据报道，2018天猫"双11"交易规模达到2 135亿元人民币。这也是自"双11"设立10年以来，阿里巴巴旗下平台交易总额首度突破2 000亿元。10年间，"双11"不断刷新着交易数额，也改变着国人的购物方式，探底了国人的消费潜力，见证了国人消费升级的变迁。

10年增长40倍，消费呈现新精致主义。从2009年交易额5 200万元到2018年的2 135亿元，走过第10个年头的天猫"双11"销售额增长了40多倍，几乎达到了2017年全年美国对中国出口总额(1 303.7亿美元)的1/4。10年来，中国人消费能力呈现爆炸式增长，其背后是消费者对生活的细节有了极致化追求，注重自我从外在到内涵的满足感，从而催生了"双11"消费的"新精致主义"。

1. 从注重面子到注重里子

10年间的"双11"数据显示，服饰鞋包曾是大家在线上消费中花费最多的大类目。但最近5年中这一品类的占比呈现下降趋势，3C数码、家装家饰、美容护理等指向个体更高消费层次的网购屡创新高。阿里巴巴集团CEO总结2018年"双11"的一大变化就是"美容、化妆品、养生、保健品等提高生活品质的产品都获得了热卖"。阿里巴巴集团公关部相关负责人表示："这个变化说明消费者从愿意为'面子'买单正转为愿为'里子'花钱。健康化、家庭化、追求精神消费等新的消费理念正在形成。"

2. 从"大三件"到"小三件"

科技为消费者享受"新精致主义"带来了更多的空间，也为人们的生活注入了新的趣味。10年天猫"双11"，见证了家庭必备家电从"三大件"到"三小件"的变化。2009年最热销的"三大件"分别是LCD液晶电视、油烟机和洗衣机，到2017年更新为平板电视、空调和洗衣机。洗碗机成为成交金额增速最快的家电商品。

从"小三件"来看，2009年的家庭"三小件"是取暖器/暖风机、电暖手器/电暖足器和加湿器，2017年的新家庭"三小件"更新为扫地机器人、空气净化器和吸尘器。而2018年，截至"双11"下午两点，京东的数据也显示，价格2 000元以上的扫地机器人销售额同比增长420%。

3. 从买国内到买全球

伴随着中国与国际接轨程度的不断提高，"双11"期间中国消费者又把目光投向全球优质货品，进口消费正从稀缺性、补充性需求，向日常性、个性化需求转变。天猫数据显示，今年“双 11”期间，共有 75 个国家和地区的 3 900 个品类，近 1.9 万个海外品牌供消费者选择。

（资料来源：新浪专栏：《双 11 十年：消费开始流行新精致主义?》，https://tech.sina.com.cn/csj/2018-11-13/doc-ihmutuea9755981.shtml，2018-11-13）

一、消费流行的概念与特点

1. 消费流行的概念

由于某种新产品的性能特点适合大多数消费者的需求、欲望，或由于产品的宣传所引起的一定时期内社会上迅速传播或风行一时的事物称作流行。流行是在较大范围内大多数人所追求、效仿的社会现象。如 20 世纪 70 年代曾经流行手表、自行车、缝纫机三大件，过了这段时间便不再流行；到了 80 年代，流行冰箱、彩电、洗衣机；之后随着时代的发展，又不断出现新的流行产品。人们对流行的追求具有自主性。

消费流行是指在一定时期和范围内，大部分消费者呈现出相似或相同行为表现的一种消费现象，即多数消费者对某种商品或时尚同时产生兴趣，使该商品或时尚在短时间内成为众多消费者狂热追求的对象。此时，这种商品便成为流行商品，这种消费趋势就成为消费流行。

2. 消费流行的特点

(1)对流行商品的市场需求量大

每当一种消费时尚流行开来，便会形成对某种商品的大量需求，有时会出现供不应求的现象，易于形成流行高潮。

(2)具有骤发性

消费者往往对某种商品或劳务的需求急剧膨胀，迅速增长。这是消费流行的主要标志。

(3)时间持续较短

这一特点是相对于消费习俗而言的。一般来说，超过 10 年就是习俗而不是流行了。流行是有弹性的，表现为突然迅速地扩大与蔓延，然后在较短的时间内消失。所以消费流行具有来势猛、消失快的特点。

(4)具有一致性

消费流行本身是由从众需求决定的，从众需求使消费者对流行产品或劳务的需求在时空范围内趋向一致。

(5)具有周期性

人们的消费需求常常呈现出周期性。在消费市场上，一段时间内由于人们偏爱某种商品而纷纷购买，该商品就会供不应求，十分紧俏。但只要消费热度一过，这种风靡一时的紧俏商品就会无人问津。一段时间后，那些早已被人们遗忘的东西，可能又重新在市场上出现和流行。也就是说，当下的时尚元素，几个月或两三年后也许会变成过时的东西；而目前被认为过时的事物，可能若干年后又被看作时尚。流行的这一特征在服装消费领域表现得最为显著。

(6)具有地域性

由于消费流行受地理位置和社会文化因素的影响，因此消费流行具有地域性特征。流行以一定的经济条件作为基础，所以流行在经济发达地区比经济落后地区显著得多。

(7)具有可诱导性

消费流行有时并不是自发形成的，而是可以依靠制造商、经销商的策划与指导，推动消费流行。需要特别指出的是，只有建立在对消费者和市场情况充分掌握的基础上，才能成功诱导。

(8)具有反传统性

传统带有守旧性，是在较长的时间内不会发生变化的；而时尚流行是以标新立异为主要特征，追求新和奇。

(9)消费范围集中

某种时尚的流行有时体现在老年群体中，有时则体现在青年群体中，这属于有差别市场的流行；而无差别市场流行则会掀起更大的消费热潮。

(10)具有梯度性

由于受地理位置、交通条件、文化层次、收入水平等多种因素的影响，消费流行总是从某一地区兴起，然后向周围扩散渗透，在空间上、时间上形成流行梯度。

(11)具有变动性

从发展趋势来看，消费流行总是处于不断变化中。求新求美是消费者永恒追求的主题，这必然会引起消费需求的不断变化，从而引起新的流行产品不断涌现。

(12)具有群体性

消费流行往往在特定区域的特定人群中出现。如果这种流行产品具有通用性，就会被更多的消费人群所接受，并且效仿购买和使用，于是消费群体会迅速发展壮大。

拓展阅读

一些流行消费品正在被淘汰

现代消费市场瞬息万变，资讯科技不断推陈出新，商品的生命周期变得越来越短，越来越多的商品在很短的时间内就会被新科技产品取代，就像录音机被CD播放器取代，CD播放器又被DVD播放器打败，几年后DVD播放器又被数字音频播放器取代。美国财经网站《市场观察》的报导，有些商品将逐渐被淘汰，也许在几年之内就会变成家中的“古董”。

比如，有线电视已从全盛时期走向衰败，取而代之的是互联网。美国的Netflix和Hulu等视频网站飞速发展，还有其他的视频提供商或是平台供应商，提供价格低廉，甚至免费观看的互联网视频，以及随选串流服务。

再如，外型小巧的数码傻瓜相机多年来一直受消费者的青睐，但现在数码相机正面临认同危机，尽管有专业和喜爱摄影的消费者，仍选择高品质的数码单反相机，但不可否认的是，越来越多的人依赖智能手机的“相机”功能。在可穿戴装置的影响下，开发商可能推出可更换镜头的智能手机，让手机跃升为“高阶数码相机”取代真正的数码相机。另外，数码相机正面临强劲对手，那就是可顶巨浪、强风并在海底、雪中摄影的GoPro相机。

（资料来源：《我们常用的这些流行品正在被淘汰》，http://www.360doc.com/content/14/0704/00/6206853_391906790.shtml，2014-07-04）

二、消费流行的类型、方式及形成原因

1. 消费流行的类型

(1)按流行的内容分类

①物质的流行。物质的流行主要是指食品类、服饰类和家居类等商品引起的流行消费。如20世纪60年代流行的巧克力、牛奶等高热量、高蛋白食品，现在流行的健康无公害食品；再如牛仔裤、高跟鞋、喇叭裤等服饰的流行，冰箱、彩电、手机、小汽车等给人们生活带来便利的一些商品的流行。

②行为方式的流行。行为方式的流行受社会行为观念、文明程度等环境因素的影响较大。例如：瑜伽培训的消费、减肥训练的消费、整容消费、驾驶员考试培训的消费及旅游消费等。

③观念的流行。观念的流行是指由某种共同的心理取向所反映出的思想、观念、风气等的流行。例如流行歌曲、畅销书、风水、星座及手机的吉祥号码等。“旺旺”“可口可乐”等带有喜悦、欢乐、祝福寓意的商标的出现，也正是迎合了消费者的心理才得以流行的。

(2)按流行地域范围分类

①世界性的消费流行。这种流行范围大、分布广，一般来源于人们对世界范围一些共同话题的关心。

②全国性的消费流行。全国性消费流行一般来源于经济发达地区、沿海城市，是根据我国的经济发展水平和生活条件而选择的某些商品。这些商品一般符合我国人民的消费习惯和消费心理。

③地区性的消费流行。从现象上看，这种消费流行是最普遍、最常见的。从实质上看，这种消费流行有来源于全国性的消费流行，也有单纯的地区性流行。其特点是流行起源于大中城市、经济发达地区，流行的商品相同或相似，流行的原因不一定反映商品在该地区的消费特点。

④阶层性的消费流行。按照市场细分化的原理，有高、中、低档收入阶层的消费流行，有婴儿、儿童、青年、中年、老年不同人群的消费流行，有大学、中学、小学及以下不同文化程度消费者的消费流行，有工人、农民、职员、知识分子不同职业阶层的消费流行等。

2. 消费流行的方式

消费流行的方式一般有以下三种。

(1)滴流

滴流即自上而下依次引发的流行方式。它通常以权威人物、名人、明星的消费行为为先导，而后由上而下在社会上流行开来，如中山装的流行等。

(2)横流

横流即社会各阶层之间相互诱发横向流行的方式。表现为某种商品或消费时尚由社会的某一阶层率先使用、领导，而后向其他阶层蔓延、渗透，进而流行起来。如近年来白领阶层的消费行为经常向其他社会阶层扩散，从而引发流行。

(3)逆流

逆流即自下而上的流行方式。它是从社会下层的消费行为开始，逐渐向社会上层推广，从而形成消费流行。如牛仔服原是美国西部牧牛人的工装，现在已成为下至贫民百姓、上至美国总统的风行服装。领带源于北欧渔民系在脖子上的防寒布巾，现在则成为与西装配套的高雅服饰。

不管采取何种方式，流行的过程一般是由“消费领袖”引领，而后多数人效仿，从而形成时尚潮流。

3. 消费流行的形成原因

消费流行的出现，具有多方面的原因。

(1)消费者共同的心理需求

在共同心理需求的影响下，消费者主动追求某种新产品或新的消费风格，从而自发推动了消费流行的形成。

在解释消费流行的形成原因时，一些学者也引用了其他学科的理论和方法。例如，心理学家荣格认为，群体的意识和行为可以通过“心理能量”来解释。心理能量不会因发生作用而消耗或丧失，而是从一种作用形式转换为另一种作用形式，或从一个位置转移到另一个位置。就消费者而言，当人们对一种商品的兴趣减少时，会对另一种商品的兴趣等量地增加。消费流行也是如此，当一种消费流行衰落时，必然孕育着另一种消费流行的开始。

从人们的生理平衡角度来说，现今人们生活节奏加快，讲求效率，并且关注健康安全，人们普遍追求轻松、方便、舒适，以求得良好的生理平衡状态。于是自然色彩的宽松服饰、方便食品、健康食品等成为消费流行。

(2)文化因素

文化不但规定着人们的道德规范和行为准绳，也强烈地影响着人们的消费观念和消费行为。国际间的文化交流为消费者提供了服饰、家居装饰、生活方式等方面的参考和借鉴，若有众多消费者去效仿就会形成消费流行。文化水平的高低对消费流行具有重大影响。一般来说，文化水平较低的消费者没有鉴别能力，盲目追逐流行；而文化水平较高的消费者对流行具有一定的鉴别能力，往往对健康的消费可能引起共鸣，形成消费流行。

(3)生产力因素

社会生产力的发展水平是影响消费流行的重要因素，它决定了流行商品的质量和数量。因此，生产力与消费流行之间存在着某种必然的联系。在生产力发展缓慢、商品可供量较少、经济和市场环境相对稳定的条件下，消费者的消费心理表现出很强的稳定性和习惯性；但是，在生产力发展迅速的条件下，新产品会层出不穷，产品的更新换代速度加快，往往会引起市场环境的重大变化。这种变化作用于消费者心理，会使消费者不断萌发出新思维、新观念。在这种情况下，安于现状和墨守成规的心理会被求异、求奇、求新、求变的心理所替代。如激光唱机代替了电唱机，智能手机替代了非智能手机，等等，说明高科技的发展和高科技成果在生产中的应用将成为未来消费流行的主要推动力。

(4)经济因素

消费者的经济收入是形成消费流行的前提。有支付能力的需求才能成为消费者的有效需求。消费流行是消费者支付能力投向的反映，支付能力形成购买力，为消费流行提供了可能。因此，消费者平均支付能力的大小，决定着消费流行的水平。在市场经济体制条件下，购买能力的急剧增大导致了消费观念的变化，如人们对食品的要求更加丰富多采，从营养型升级到功能型。收入丰厚的消费者有求新、求美的心理偏好，对流行商品产生浓厚兴趣，购买时往往不假思索。

(5)社会因素

流行商品的使用者是社会所有成员，社会的进步导致了消费观念的变化，也促进了消费流行。由于社会的发展，人类的物质文明由低级阶段向高级阶段不断进化、不断发展，与之相适应的人类的审美标准也会随着物质文明的发展而变化。某种商品在社会上的流行，代表着一种审美意识，反映了人们的生活、观点、思想，和当时的社会因素有着千丝万缕的联系。推动消费流行的社会因素主要有：政局的稳定、社会制度的开放、物质生活的丰富、科技的进步、社会的变革、与异域文化接触的增多、闲逸时间的增加、教育与体育运动的普及、青年运动的兴起，等等。阻碍消费流行的社会因素主要有：闭关锁国、思想禁锢的政治形态和国家体制、等级和阶层的鸿沟、孤立和隔绝的环境状态、墨守成规的习俗，等等。

(6)宣传因素

宣传对消费者的心理有重大影响。在一定条件下，通过宣传某种新思想、新的消费方式，可引起流行。在一个商业激烈竞争的市场经济体制下，通过多方面宣传，如业务人员的推销、举办展览展销，运用电视、广播、报纸、杂志及各种数字媒体等广告宣传手段，介绍产品的风格、特色，可以进一步加深消费者对商品的印象。显然，宣传战略和销售战略是紧密相关的。某些消费流行的发生正是商品生产者和销售者为扩大商品销售，努力营造出某种消费气氛，使流行商品具有强大的号召力和吸引力，从而引导消费者进入流行的潮流之中。

拓展阅读

一夜爆红的共享单车

2016年，“共享自行车”这个崭新的名词显得异常吸引人。共享单车作为一种新型的交通工具租赁业务——自行车租赁业务，主要以自行车为载体，充分缓解了城市因快速经济发展而带来的自行车出行萎靡的状况，最大化地利用了公共道路通行率。不少人认为，作为短距离出行的刚需产品，自行车产品潜力巨大，可以通过共享概念扩大外延。传统的由政府推出的公共自行车租赁服务(指定地点办卡、指定地点取车还车)十分不便，而新型的共享单车可以通过手机APP注册，没有固定停放点，并采取APP定位的方式寻找自行车。由于省去了固定停放点环节，用户可以便捷地就近取用自行车。支付宝、微信支付，随拿、随用、随还的共享单车立刻赢得了各地出行者的青睐。

2016年是资本市场低迷的一年，共享单车领域却一枝独秀、屡获融资。由于符合低碳出行理念，而且作为共享经济的产物，共享单车主打“最后一公里”的单车租赁服务，因此引起了政府的关注。2017年5月7日，共享单车专业委员会成立大会在上海召开，宣布中国自行车协会共享单车专业委员会成立。2017年8月3日，交通运输部等10部门联合发布了《关于鼓励和规范互联网租赁自行车发展的指导意见》。新政明确了规范停车点和推广电子围栏等，并提出共享单车平台要提升线上线下服务能力。2017年11月6日，中国通信工业协会发布团体标准《基于物联网的共享自行车应用系统总体技术要求》。2017年12月，共享单车入选2017年民生热词榜。

然而，2018年却有多家共享单车公司陆续宣告倒闭，剩下的几家共享单车公司运营也陷入困境，曾经百花齐放的共享单车市场，一去不复返了。

(资料来源：网易汽车商业评论杂志：《赤橙黄绿青蓝紫 一夜爆红的共享单车》，http://dy.163.com/v2/article/detail/CH2B1I1O05278GV4.html，2017-04-03)

三、消费流行规律

消费流行与其他任何社会行为一样，有其自身运动的过程，有其发展变化的一般规律，了解和掌握消费流行的运动规律及消费者由此产生的心理效应，有利于企业引导消费，掌握市场经营的主动权。

1. 消费流行的地区传播规律

(1)由发达地区向不发达地区的传播

由于消费的基础是经济发展水平，因此消费流行总是从经济发展水平较高的国家或地区开始，而后向经济欠发达的国家或地区扩展和延伸。

(2)呈现波浪式传播趋势

随着消费流行在欠发达地区的兴起，原来处于高潮的发达地区却开始出现下降，呈现出波浪式传播的趋势。我国国内形成的消费流行，一般从京、津、沪及东南沿海的发达地区开始，逐渐向中部地区转移，而后进入西北地区，或是从东南地区向西北地区波浪式逐渐转移。

2. 消费流行的消费者结构规律

消费流行反映出消费者消费需求的阶段性变化和阶层性变化。

消费流行的人员结构规律是一种由上向下的扩展延伸模式。这种形式多是由社会上层、领袖人物、影视明星、社会名流等人物带头倡导，最终向下传播，形成社会时尚或消费流行。例如，影视明星、主持人的某种服饰、发型，经过百姓模仿能很快成为全国的流行行为并形成风气。又如，旅游热、美容热等，首先由社会某一阶层开始，然后向其他阶层蔓延、普及，形成消费流行。

消费流行还可能由于社会生活环境变迁、消费观念变化，在社会中由消费者自发形成，而后为社会各阶层普遍接受，横向扩展与延伸。由于消费流行的渠道较多，因而强化了消费者互相参照，互相刺激，从而推波助澜，使消费流行不断升温，流行的范围也越来越广。

3. 消费流行的商品运行规律

与商品具有生命周期一样，流行商品也有其运行规律，包括开始和发展阶段、高潮阶段和衰退阶段。

(1)开始和发展阶段

主要是少数人对某一特色商品的购买或消费，商品市场往往局限于小部分人或某一职业范围内。

(2)高潮阶段

也称为全盛阶段，几乎所有的人都卷入到对商品的消费热潮中，商品的市场需求量剧增。

(3)衰退阶段

也称为弱化阶段，商品已经普及，人们的好奇心渐渐变弱，市场需求量因饱和而大跌，利润减少，商品在市场中勉强生存，甚至在市场中消失。

现代科学越来越体现出时间的价值，创造出各种使用最省时、最快捷方便的商品，影响着人们的消费观念。同时，旧的消费流行不断被新的消费流行所取代。由于时代潮流的步伐趋于加快，因此这种更新的速度也在不断加快。

由于人们的生活水平越来越高，消费者的购买力逐步增强，人们追求美、追求时髦的心理越来越强烈。许多消费者已改变了以往把过去购买的流行产品的最后一点价值消费尽才更换同类产品的观念。消费者为了追求流行，随时可能抛弃过时的消费品，去重新购置新流行的消费品，导致了消费流行的持续时间越来越短。

由于经济的发展，技术进步越来越快，不断有新产品投放市场，为加快消费流行的更新创造了可能。消费流行商品会提前进入衰退期，随时都会被其他流行商品代替。

四、消费流行对消费者心理的影响

消费流行对消费市场、消费者行为的影响最突出、最直接，既反映了一个社会的经济发展水平，也反映了特定历史时期的社会心理特点和社会行为倾向。消费流行对消费者心理的影响主要表现在以下几个方面。

1. 引起消费者认知态度的变化

由于消费流行的出现，大部分消费者的认知态度会发生变化。消费流行强化了消费者的购物心理。例如：对流行商品的怀疑态度减弱，肯定性增强；对新出现的流行商品的学习时间缩短，提前接受新的流行商品。

2. 引起消费者心理驱动力的变化

在流行消费中，购买商品的驱动力会发生新的变化，流行氛围使消费者对流行商品产生了一种盲目购买的心理驱动力。

3. 引起原有消费心理的反方向变化

在消费流行的冲击下，消费者会对商品的高价格失去敏感性，形成对流行商品的踊跃购买，放弃原有的对商品物美价廉等方面的追求及购买方案筛选原则。

4. 使原有的消费习惯和消费观念受到冲击

在消费流行中，消费者原有的偏好心理会受到冲击，发生微妙变化。消费者认识到原有的消费习惯应改变，同时，社会风尚的无形压力也使之动摇、改变。

流行的过程也是旧的消费观念被打破，新的消费观念产生的过程。流行促使了人们消费观念的改变，消费观念的改变又进一步推动了流行的发展。流行本身的发生，也多与人们的求异心理、从众心理、模仿心理和追求时尚的心理有关，反映了人们价值观念和态度的变化。消费流行中消费者的心理具有以下特点。

(1)展现自我，突出个性

随着人们消费能力的提高，审美意识与个人意识逐渐增强，在消费方面人们越来越追求个性化，以标新立异、与众不同的风格包装自我，以独特的自我形象、气质和个人魅力立足于社会。

(2)追逐流行，不甘落后

没有人愿意被时代淘汰，所以人们会努力去适应社会的发展变化，跟上时代潮流，这也是绝大多数消费者的共同心理。

(3)崇拜名人，追求名牌

“名人用名牌”是许多广告宣传的目的，刺激和引导了一大批追随者，模仿名人的衣着等行为，从而满足自己崇拜名人的心理需要。

拓展阅读

有机农产品在美国逐渐成为消费主流

在美国，对有机农产品的消费已经逐渐成为最新潮流。有关数据显示，2018 年的前 52 周，美国有机产品的销售额上升了 9%，达到 210 亿美元，有机产品的销量上升了 8%。报告称，考虑到快消品整体销量持平，有机产品有拉动整体快消品的销量增长之势。

各个年龄层和族裔都有有机产品的消费者，其中千禧一代和西班牙裔、墨西哥裔、阿根廷裔、古巴裔等西裔人群对有机产品消费增长较快。有数据表明，2018 年千禧一代和西裔人群对有机产品的消费金额增长最快，同比增长 13.8%。增长快可能只是因为过去基数比较小。有机产品消费增长也被认为跟人均收入的增长有关。年轻人的平均收入往往会低于 X 一代(Gen X)或者婴儿潮一代(Boomer)，但更有增长潜力。在各类族群中，西裔在有机产品上的花费增长了 13.4%，超过了亚裔和非裔美国人有机产品购买的增长。非西裔白人花费增长最慢，只有 8.6%。①

美国人口调查局的数据称，西裔美国家庭的收入已连续 3 年呈增长态势，2017 年同比增长了 3.7%。其增长速度高于非西裔白人家庭收入的增长速度(2.6%)。同年，黑人和亚裔家庭的收入基本持平。

消费者购买有机产品的行为主要是为健康买单。整体而言，美国人买有机食品更多了，购买有机食品的消费者主要是为了避免杀虫剂或者其他化学物质。2017 年，英敏特的一份调研报告称，21%的消费者认为整体而言有机食品会更健康；62%的人称如果有机食品能更便宜一点，他们会考虑购买更多；还有些人觉得有机水果和蔬菜的味道更好，虽然关于有机食品在营养上是否更有价值并没有定论。

有机牛奶依然是最大的有机品类，年销售额在 13.6 亿美元左右，同比下降了 2.3%。排在第二名的是预制食品沙拉，年销售额在 11.24 亿美元，同比增长了 5.7%。有机康普茶销售额达到了 4.12 亿美元，同比上升了 42%。

千禧一代更愿意为有可持续概念、有机和自然的产品支付溢价。75%的年轻人愿意为了减少环境影响改变自己的消费习惯。不过最近有研究发现，有机农业可能并不是那么可持续：因为为了获得相等产量的作物，有机农业需要更多的土地，也会产生更多的温室气体。

（资料来源：鹿豹座：《有机农产品在美国逐渐成为消费主流，年轻人为主力购买人群》，http://www.lbzuo.com/cehua/show-20612.html，2019-01-11）

① 千禧一代是指 1982—2000 年出生的一代人；X 一代是指西方国家在婴儿潮一代之后出生的一代人，通常把这代人界定在 20 世纪 60 年代初至 80 年代初出生的人；婴儿潮一代是指西方国家在 1946—1963 年的 18 年里出生的一代人。

第二部分　实践活动

活动 26　分析消费流行现象

(1)3～5 人结成一个小组，进行组内交流，说说在各自的成长历程中，经历或听说过哪些消费流行，分析其形成的原因和发展趋势，并记录下来。

(2)独立查阅资料，简述现代社会消费流行的主要特点和趋势，并举例说明。

任务二十四　暗示、模仿与从众行为

第一部分　学习引导

案例导入

农夫果园“喝前摇一摇”的潜台词

还记得曾经风靡一时的广告语吗？“喝前摇一摇。”广告画面是这样的：

一对身着沙滩装的父子在一家饮料店前购买饮料，看见农夫果园的宣传画上写着一句“农夫果园，喝前摇一摇”，于是父子举起双手滑稽而又可爱地扭着身体。美丽的售货小姐满脸狐疑地看着他俩。这时画面镜头一转，旁白：“农夫果园由三种水果调制而成，喝前摇一摇。”

农夫果园的整个广告片中就这两句话：“农夫果园由三种水果调制而成，喝前摇一摇。”但这两句话又互成因果关系，农夫果园为什么要摇一摇？一方面，它是由三种水果调制而成，摇一摇可以使口味统一；另一方面，似乎在说因为浓度较高，摇一摇可以将产品较浓稠的物质摇匀。总之，“摇一摇”暗示了“我有料”。

另外，“喝前摇一摇”又是在倡导一种新喝法；广告中这一对年轻父子在喝前摇摇身子，这一有趣的举动会给观众留下了深刻印象，当观众自己在饮用这款果汁饮料前会回忆起“喝前摇一摇”的广告词，于是自己也会下意识地晃动几下后再扭开瓶盖饮用。

在农夫果园打出这则广告词之前，许多果汁饮料甚至口服液的产品包装上均会有这样一排小字——“如有沉淀，为果肉(有效成分)沉淀，摇匀后请放心饮用”。这排小字看似是要消除一种误会，即告诉消费者有了沉淀并不是产品坏了，摇匀后喝就行了。这其实是一个很好的卖点——它证明产品的果汁含量高，这样的语言印在各种包装上有很多年，并没引起很多消费者的关注，但却被农夫果园发现了，还把它包装成了明星般绝妙的广告语“喝前摇一摇”，变成了一个独特的卖点。农夫果园采取了“逆向思维”的方法，不单不回避沉淀问题，反而直白地告诉消费者“喝前摇一摇”，使得宣传诉求与同类果汁产品迥然不同，它以独有的趣味性、娱乐性加深了消费者的记忆，也使农夫果园果汁饮料赢得了广大消费者的信赖。

一、暗示

1. 暗示的含义

暗示又称提示，是在无对抗条件下，用含蓄、间接的方式对消费者的心理和行为产生影响，从而使消费者产生顺从性的反应，或接受暗示者的观点，或按暗示者要求的方式行事。

通过暗示，可以诱使人按照一定方式行动或接受某种信息与意见。在一般情况下，暗示者是主动的、自觉的，而受暗示者是被动的。暗示的主要影响因素就是暗示者的数目，或者说暗示所形成的舆论力量的大小。暗示得当，会“迫使”个人行为服从群体行为。

心理学认为，人们之所以会产生那种消费中的心理暗示效应，使人们无计划地购买自己毫无用处的东西，是因为人们在受到某种场景的暗示作用时，确信某种“消费机会”对自己是有利的，并认为这种机会稍纵即逝。而一些经济学家也认为，对消费者来说，暗示往往是导致“非优选决策”的原因。

2. 暗示的种类

暗示的具体方式多种多样，用词、语调、手势、身体姿势、表情、眼神以及动作等，都可以成为传递暗示信息的载体。暗示还可以以信誉暗示、词语暗示、行为暗示等形式出现。另外，暗示按照暗示的效果一般可分为直接暗示、间接暗示、自我暗示和反暗示。

(1)直接暗示

直接暗示是指暗示者有意识地、采取直陈式把某些信息直接提供给受暗示者，使他迅速而无意识地接受这些信息。“望梅止渴”即属此类。

(2)间接暗示

间接暗示是指由暗示者凭借其他事物或以行动为媒介，把要传达给受暗示者的关于某种事物或行动的信息间接地提供给受暗示者，使他迅速而无意识地接受。这种暗示一般不会使受暗示者产生心理抗拒或其他问题，所以它的暗示效果往往大于直接暗示。但由于没有明确地指明涵义，需要受暗示者从事物或行动中来理解所暗示的信息，因此有些信息可能不为受暗示者所理解。

(3)自我暗示

自我暗示是指暗示信息来自自身内部，自己发出刺激信息，影响自己对某事物的认知、情绪、意志和行为。如“杯弓蛇影”“草木皆兵”就是自我暗示的结果。这种暗示在日常生活中非常常见，它对人的健康、工作和生活起着重要作用。这种作用有时是积极的，有时是消极的。普通心理学、医学心理学对自我暗示也有较多研究。

(4)反暗示

反暗示是指暗示者发出的刺激引起了受暗示者相反的反应。反暗示有两种：一种是有意的反暗示，即故意说反话或采取相反的行动，以收到正面的效果，激将法就属于此类情形；另一种是无意的反暗示，即当进行正面的暗示时却无意地引起了相反的结果。

此外，暗示根据不同的标准还可以有其他的分类，如根据暗示产生的结果，可以分为积极的暗示和消极的暗示；根据暗示者的目的，可以分为有意暗示和无意暗示，等等。

3. 影响暗示效果的因素

影响暗示效果的因素主要包括以下几点。

(1)暗示者的特征

暗示者的性别、年龄、知识、地位、权力、威信、对信息的信心等特征，都会影响受暗示者的态度和行动。暗示者的地位和威信越高，暗示的效果也就越大。若暗示信息来源于群体，那么群体的规模、性质以及它与受暗示者的关系等，也会对受暗示者产生不同的影响。

(2)受暗示者的特征

生活经验丰富、知识水平高的人不易受暗示，涉及一些道德准则的情形更是如此。缺乏主见的人，容易受到暗示者的影响。从年龄来说，儿童和少年比较容易受暗示。若受暗示者是某一群体，那么松散的群体比较容易受暗示，高度团结、组织纪律性强的集体则不容易受暗示。

(3)所处情境

当人们处在困难、混乱的境况中，如社会发生动荡、家庭发生重大变故，或个人面临重大抉择时，很容易接受暗示。在消费活动中，消费者受暗示而影响购买决策及行为的现象是极为常见的。实践证明，暗示越含蓄，效果越好。女性、儿童以及顺从型消费者容易受暗示的影响。

拓展阅读

广告中的暗示效应

广告中常用到暗示效应，请看以下两则广告。

广告一：

一只轮胎从山顶上被抛下，它以迅猛飞快的速度飞向山脚下的一个小镇。小镇的街上有个女孩正在玩布娃娃。她见轮胎风驰电掣而来，惊慌地丢弃布娃娃跑开了。但轮胎一个“急刹车”停在布娃娃的前面。广告中虽然没有任何文字说明或旁白，但这个轮胎的性能已经被淋漓尽致地展示出来。它的画面语言已经构建了一个绝妙的情景，它利用人们“眼见为实”的心理，暗示出全部宣传信息，也使人们心服口服地接受了产品。

广告二：

“金龙鱼”作为调和油市场的强势品牌，其广告由最初的“温暖亲情——金龙鱼大家庭”到“健康生活金龙鱼”，打出了金龙鱼的知名度，但是这并未让消费者感到它有什么好处。后来，金龙鱼推出了“1∶1∶1最佳营养配方”的理性诉求，既形象地传达出金龙鱼是由3种食用油调和而成的特点，又暗示了只有“1∶1∶1”的金龙鱼才是最好的食用油，带动了金龙鱼品牌的整体提升。

二、模仿

模仿是指个体自觉或不自觉地重复他人的行为的过程，是社会学习的重要形式之一。从外在表现上看，模仿是在非强制因素作用下按照某个参照对象所产生的相同或类似行为的活动；从内在本质上看，模仿是一种学习的方式和过程。模仿发生在人们生长的各个阶段和活动的各个领域。

模仿可分为有意模仿和无意模仿。

(1)有意模仿

有意模仿是人们有意识的活动。某个参照物的出现强烈地刺激了模仿者的神经系统，导致模仿者产生了模仿欲望而实施模仿。

(2)无意模仿

无意模仿不是人们深思熟虑的结果，而是在某种心理暗示作用下产生的无意识活动。

消费活动中的模仿是指某些人的消费行为被他人认可和羡慕时，便会产生效仿和重复他人行为的倾向，从而形成消费行为的模仿。没有模仿就不可能产生消费流行，模仿是消费流行得以传播和扩展的基础和条件。在消费活动中，经常会有一些特殊的消费者(如名人、消费专家等)做出示范性的消费行为，这些特殊消费者的示范性行为会引起其他消费者的模仿，模仿者也以效仿他们的行为而感到愉快。

模仿是消费学习中主要的方式。通常，热衷模仿的消费者一般兴趣广泛、注意力易分散，对新事物反应敏感，接受能力强，喜欢追随消费潮流和时尚，经常被别人的生活方式所吸引，并力求按他人的方式改变自己的消费行为和消费习惯。此外，对于成熟度较高、自我概念清晰、目标明确的消费者而言，选择模仿对象前通常会经过深思熟虑和认真选择；而对于消费概念模糊，缺乏明确目标的消费者，更容易出现盲目跟风的模仿消费行为。

模仿是一种非强制性行为，引起模仿的心理冲动不是通过社会或群体的命令强制发生的，而是消费者自愿将他人的行为视为榜样，并主动努力加以模仿。通常，模仿的结果会给消费者带来愉快和满足的心理体验。

模仿行为的发生范围广泛，形式多样。消费领域的一切活动，都可以成为模仿的内容。模仿行为通常以个体或少数人的形式出现，因而一般规模较小。当模仿规模扩大，发展成为多数人的共同行为时，就会衍生为从众行为或消费流行。

拓展阅读

三种模仿定律

法国经济学家塔尔德专门研究了人类的“种草心理学”。[①] 他说：“人们可能真的被‘洗

① “种草”是当下很流行的网络用语，源于“90后”，他们喜欢新鲜事物，喜欢在社交平台上展示、分享自己，喜欢将某种事物推荐给另一个人，让另一个人喜欢这种事物。“种草”渐渐成为互联网时代消费主义的新象征，是指宣传某种商品的优异品质以诱人购买的行为。

脑'了！"他认为，对于人类的很多消费行为，每个人都有模仿他人的习惯，而这种模仿是最基本的社会关系。他提出人类社会在消费行为上存在三种模仿定律：第一种，社会下层人士具有模仿上层人士的倾向；第二种，在没有干扰的情况下模仿一旦发生，便以几何级数增长，迅速蔓延；第三种，人类对本土文化的模仿总是优于外部文化。

简单解释为，消费者认为自己的消费是理性的、必须的，但其实都是被"洗脑"的结果。"洗脑"发生于悄然之间，消费者自身未曾察觉，但能非常强烈地影响其消费决策。比如，有的消费者花500元钱买了一条毛巾，很可能是因为听说李健为了选一条毛巾，走了好多国家，最后买了一条很棒的毛巾；再比如有的消费者贷款60万元买一辆牧马人，很可能他并不喜欢户外活动，只是因为看到胡歌开着牧马人在草原上奔驰而怦然心动，从而做出了消费决策并实施购买。按照塔尔德的说法，所有超出消费者生活必需的消费都是模仿行为。

（资料来源：《一个可怕的真相：你以为的理性消费，只不过是被洗脑?!》，http://finance.ifeng.com/a/20181010/16524489_0.shtml，2018-10-10）

三、从众行为

1. 从众行为的产生

个体在群体中常常会受到群体的压力，而在知觉、判断、信仰以及行为上表现出与群体中多数人一致的行为倾向，这就是从众现象，或称为从众行为。从众行为是社会生活中普遍存在的一种社会心理和行为现象。在消费领域，从众行为通常表现为消费者自觉或不自觉地根据一定的榜样做出类似的消费行为或消费方式，以保持和多数人行为的一致，避免因不一致而产生的心理冲突。这种个人因群体影响而遵照多数人消费行为的现象，就是从众消费行为。

学者阿希曾进行过从众心理实验，结果显现在测试人群中仅有1/4～1/3的被试没有发生过从众行为，保持了独立性。可见从众是一种常见的心理现象。从众性是人们与独立性相对立的一种意志品质；从众性强的人缺乏主见，易受暗示，容易不加分析地接受别人的意见并付诸实行。

从众行为的产生是由于人们寻求社会认同感和安全感的结果。在社会生活中，人们通常有一种共同的心理倾向，即希望自己归属于某一较大的群体，被大多数人所接受，以便得到群体的保护、帮助和支持。此外，对个人行为缺乏信心，认为多数人的意见值得信赖，是产生从众行为的另一个重要原因。有些消费者由于缺乏自主性和判断力，在复杂的消费活动中犹豫不定，无所适从，因而，从众便成为他们最便捷、安全的选择。

从众行为与模仿一样，也是一种常见的消费心理现象。二者的不同之处在于，模仿来自于非强制性，而从众行为是出于压力。

2. 影响消费者从众行为的因素

影响消费者从众行为的因素分为群体因素与个人因素。

(1)群体因素

①群体的规模。当信息的影响发挥作用时，我们认为群体规范与从众有着线性的关系，群体规模越大，从众的程度也越大。群体的规模越大，内部持有相同意见的人越多，就越容易产生从众行为。群体领导人物的权威性越高，影响力越大，也会产生很大的从众行为。

②群体的一致性。一般情况下，群体一致性水平越高，群体的凝聚力越大，从众的压力也越大，人们的从众行为就越有可能发生。相反，群体的分歧有损于群体的力量，同样有损于迫使成员从众的力量。

(2)个人因素

①个体的处境。当个体期望将来还需要与该群体交往，或者个人认为该群体对他具有较大的吸引力时，他会更加从众。个体在群体中所处地位相对较低，与个体在群体中处于较高地位相比，前者更会从众。

另外，权威人士的行为有较大的影响力。并且，当个体感觉到群体对他没有完全接受时更会从众。这类个体主要是从众于群体的规范性压力，因为他们主要关心的是群体是否能接纳他们，而不是为了从群体那里得到信息。研究也发现，自尊水平较低的被试从众可能性更大，因为他们担心受到群体的拒绝和惩罚。

②个体的能力。如果一个人觉得自己有能力完成任务，他从众的可能性就相对较小。那些认为他们有能力完成任务的人，比那些认为无能力完成任务的人从众程度要低。虽然在罗森伯格的研究中，规范性压力可能影响被试的反应，但是信息性压力起着很大的作用。如果个体认为他在完成某个任务方面能力低下，他就倾向于从群体那里获得信息，而认为自己能力较高的被试这种倾向就比较微弱。

③性别差异。女性比男性更容易产生从众行为，不同性别的从众行为在各个国家略有不同，但基本一致。女性比男性更易从众。这种在从众方面的性别差异被认为是由“社会化过程”引起的。

④文化差异。个体的文化背景会影响从众行为。一些跨文化研究发现，某些民族比其他民族更易产生从众行为。例如，米尔格拉姆对来自挪威和法国的被试进行的研究表明，社会化影响了从众行为。与法国被试相比，挪威被试一致从众的频率很高，这些结果指出，从众行为受到个体所处的社会、文化和历史条件的影响。

3. 从众行为的分类与表现形式

从众行为分为主动从众和被动从众两种。主动从众是指当个体认识与群体认识发生冲突时，个体受群体意识影响而怀疑自己、否定自己，服从群体认识的表现。被动从众是指当个体认识与群体认识发生冲突时，个体并未在认识上接受群体意识，但出于个体与群体关系考虑，在表面上服从群体认识的表现。

从众行为在消费中是非常普遍的。人们在进行消费选择时，由于对选择对象的情况不熟悉、不了解而怀疑自己的判断能力，这时就会借助群体其他成员的态度和行为作为自己的参照标准。

从众行为有以下几种表现形式：一是表面服从，内心也接受，所谓口服心服；二是口服心不服，出于无奈只得表面服从，违心从众；三是完全随大流，谈不上服不服的问题。

4. 从众心理的影响

从众心理的客观影响来看，既有积极意义，也有消极意义，主要看从众行为的具体内容。在多数情况下，从众行为带有不同程度的盲目性。从众行为有促进消费积极的一面，但同时，从众行为也可能导致盲目攀比、超前消费、抢购风潮等负面影响。从众会带来以下弊端。

(1)个性消失

例如现在的家长都开始重视孩子特长的培养，于是不管孩子是否适合或者是否有天赋，英语、足球、跆拳道、围棋……什么都让孩子学，这种从众心理会造成孩子个性消失。

(2)匿名感

从众的心理在群体高度一致性的基础上使个人获得了匿名感，因此个人做事会无所顾忌。这种情况通常会发生在做一些违背原则的事情时出现，导致一些不良行为如贪小便宜、不遵守公共规则等社会现象出现。

(3)淹没感

“少数服从多数”是我们在选举或者决策中经常会遇到的方式，其引起的思维定式与惧怕承担风险，都是从众心理在作祟。这种心理有的是为了某种利益，有的是怕出风头，有的是要明哲保身，有的是害怕承担责任。这会使得本来刚刚萌发的新思路和新观点被扼杀在萌芽状态。这种从众心理影响了社会创新。

拓展阅读

投资中的“羊群效应”

经济学领域经常用“羊群效应”来描述个体的从众跟风心理。羊群是一种很散乱的组织，平时在一起总是盲目地左冲右撞，但一旦有一只头羊动起来，其他的羊会不假思索地一哄而上，全然不顾前面可能有狼或者不远处有更好的草。因此，“羊群效应”常用来比喻人都有一种从众心理。从众心理很容易导致盲从。

“羊群效应”在投资方面体现得尤为明显。对于投资经验相对欠缺的个人投资者，在自己举棋不定时，总是会去看看其他同类投资者是怎么投资的，什么时候买，又该在什么时候卖。他们总认为同一群体中的其他人更具有信息优势。而这样很容易形成趋同性的“羊群效应”，上涨时蜂拥购入，下跌时恐慌抛出，这就是我们常说的“追涨杀跌”现象。

那么如何避免投资中的“羊群效应”？

股神巴菲特曾经说过：“在别人恐惧时贪婪，在别人贪婪时恐惧。”这是告诉人们要学会做逆向投资，逆“羊群”而动。当然，这与大势所趋的“顺势而为”并不对立，这就需要人们在深入分析与思考后，再进行判断。

第二部分　实践活动

活动 27　消费者群体对消费者心理的影响分析

案例分析 7-1

积压的布料

有一天，萨耶下班回家，看见桌上放着一块布料，他知道这是妻子买的，心里就很不高兴。因为这种布料在自己店里积压了很多卖不出去，干吗还要去买别人的呢？妻子任性地说："我高兴嘛！料子不算太好，但花式流行啊。"萨耶叫了起来："我的天！这种衣料自去年上市以来，一直卖不出去，怎么会流行起来？""卖布的小贩说的。"妻子坦白了，"今年的游园会上，这种花式将会流行起来。"妻子还告诉萨耶，在游园会上，当地社交界最有名的贵妇瑞尔夫人和泰姬夫人都将穿这种花式的衣服。妻子还嘱咐他不要把这个消息说出去。

萨耶对女人在服饰方面这种"不甘人后"的一窝蜂心理早就习以为常了，那两位贵妇可以说是当地妇女时装的风向标，女人们对她们心目中仰慕的女人一向盲从。萨耶并没有把这件事挂在心上，甚至他店中的这种布料都被一个布贩买走，也没有引起他的注意。可是游园那天，全场妇女中，只有那两位贵妇及少数几个女人穿着那种衣服，萨耶太太也是其中之一，她因为与那两名贵妇穿的是同一种花式的衣服，格外引人注目，因此出尽了风头。游园结束时，许多妇女都得到一张通知单，上面写着：瑞尔夫人和泰姬夫人所穿的新衣料，本店有售。萨耶暗自惊讶，他不得不佩服那个小贩的推销手段。

第二天，萨耶找到那家店铺，只见人群拥挤，争先恐后地在抢购这种布料。等他走近一看，才知道这家店铺比他想象的更绝。店门上贴着一行大字：衣料售完，明日来新货。那些购买者唯恐明天买不到，纷纷预交订金；伙计们还不断地解释说，这种法国衣料因原料有限，很难充分供应。萨耶当然知道这种面料进货不多，并非因为缺少原料，而是因为销路不好，才没有继续进货。看到这个小贩如此巧妙地利用女人的心理，直到最后还利用缺货来吊她们的胃口，萨耶从心里折服了。

（资料来源：《积压的布料》，载《南方农村报》，2008-05-17）

任务描述

(1)这则案例中，两家面料经营商铺(萨耶的商铺和另一家商铺)的经营结果不同，请问造成这种结果的原因是什么？

(2)案例中引起那些女性抢购衣料的原因是什么？

(3)请另举一例说明这种消费现象。

项目八　环境因素与消费行为分析

项目概述

消费者的购买行为都是在一定的环境条件下发生的，不可避免地受到社会环境、物质环境等环境因素的影响。本项目主要探讨影响消费行为的环境因素，将从宏观、中观和微观三个层面来阐述环境因素对消费者行为的影响。其中，宏观层面将从社会文化、经济、科学技术、政治法律等外部环境因素加以分析；中观层面将从消费者情境、营销的物质环境、购买时的社会环境与时间、购买时的任务和先行状态、服务、购后行为与消费者行为等方面进行分析；微观层面将从个体因素与消费行为、家庭因素与消费行为、参照群体因素与消费行为等方面展开分析。只有洞察环境因素对消费行为的影响，同时，理解消费群体的形成对消费活动所具有的重要意义，利用参照群体对该消费群体成员的影响来进行调节和控制消费，使消费活动向健康的方向发展，并营造营销的物质环境，引起消费者对产品或服务的注意，进而引导和促成消费。

项目目标

知识目标

1. 了解影响消费者心理与行为的宏观因素的具体内容，理解政治因素、经济因素等各宏观因素对消费者心理及消费行为的影响；

2. 了解影响消费者心理与行为的中观因素的具体内容，理解购买时营销的物质环境、社会环境等各中观因素对消费者购买行为的影响；

3. 了解影响消费者心理与行为的微观因素的具体内容，掌握参照群体的概念、类型，以及参照群体对消费者行为的影响；

4. 了解家庭构成及家庭成员角色结构，掌握影响家庭消费的因素。

能力目标

1. 能通过对社会因素的具体分析来正确分析消费者的消费心理，增强对社会因素变动影响消费的敏感性和洞察力；

2. 能敏捷地发现购买时的社会环境与时间、购买任务与先行状态以及销售服务与购后行为对消费者购买行为的影响，作出针对性的营销反应，以提高营销能力；

3. 促进参照群体对消费者个体的正向影响，努力消除参照群体对消费者个体的负面影响，促进消费。

素养目标

1. 在正确识别和判断对消费者购买决策的关键影响因素的基础上，合理引导消费者的消费行为，提供相应的优质服务；

2. 培养主动关注、分析环境因素的意识，树立客户至上的服务意识，培养以消费者利益为导向的经营理念。

任务二十五　宏观因素与消费行为

第一部分　学习引导

案例导入

麦当劳公司赢得全球消费者青睐的经营之道

众所周知，麦当劳公司开设的门店早已遍布全球79个国家和地区，为什么麦当劳在世界各地都受欢迎呢？

对于消费者来说，麦当劳到底意味着什么呢？

麦当劳包含着丰富的文化内涵。世界许多国家的消费者把麦当劳、可口可乐和万宝路看作是美国产品中的精华。受这些重要文化内涵的影响，世界上的许多消费者都走进了麦当劳餐厅。

麦当劳公司的营销战略是全球化的。公司在世界各地销售同样的主要产品(巨无霸汉堡包、炸薯条、可口可乐和奶昔)。麦当劳公司尽力保持主要产品的口味(牛肉小馅饼、小面包和炸薯条的口味在世界各地都是相同的)。公司对供应商的要求极其严格，即使是洋葱也要达到特定的标准。在德国，一家无可挑剔的肉制品加工厂要使用计算机来确保制作250万牛肉小馅饼的牛肉脂肪含量在20%以下；而墨西哥附近的一家巨型面包厂正在按照麦当劳公司近乎苛刻的高标准精细地制作芝麻小面包。

另外，各地的麦当劳餐厅在许多方面都是相同的。尽管商店规模、地点存在着差异，但是餐厅的风格和氛围却是一样的。面带微笑的服务员，方便快捷的服务是麦当劳餐厅的共同特色。一位经理认为，服务是麦当劳餐厅向消费者提供的最主要的菜肴。麦当劳公司在实施全球市场营销战略的同时，也针对各地实际情况对自己的营销战略进行了调整，以适合不同地区消费者的口味和风俗习惯。例如，各国餐厅的菜谱有所不同。在德国，最受欢迎的食品一般是汉堡包和有虾子酱的沙拉，而荷兰人更喜欢素汉堡，波兰人对黑葡萄干奶昔情有独钟。欧洲一些国家的麦当劳餐厅还供应啤酒。餐厅的装修设计一般要反映当地的文化特色。有时候麦当劳不得不根据当地法律的规定来调整自己的营销战略。例如，德国不允许“买一送一”这样的促销行为。

麦当劳公司是如何在保证自己服务和产品质量的前提下迎合当地消费者的风俗习惯的呢？公司通过雇用当地员工来学习和利用当地的风俗习惯。麦当劳的雇员常要从总部飞到各地去开发新市场。但是，过一段时间后他们又会回到总部，把餐厅交给更熟悉当地风俗的本地人经营。

（资料来源：《MBA案例库》，百度文库，2017-08-30）

本节主要介绍政治、经济、文化、科技等宏观因素对消费者心理及其消费行为的影响。

一、政治法律

政治环境主要是指政府制定的方针政策，一个国家或地区所奉行的社会政治制度对消费者的消费方式、内容、行为具有很大的影响。国家政策对消费者的影响表现在当时国家提倡什么、反对什么，以政策形式对消费行为进行规范。如党的十一届三中全会以前的一段时期，我国广大消费者不论男女老少，都是清一色的“干部服”“解放帽”。党的十一届三中全会以后，党中央实行改革开放，人们的消费内容越来越丰富多彩，人们的购买行为呈现出多样性、复杂性，特别是社会主义市场经济的繁荣、商品的丰富对消费者的购买行为产生了深远的影响。所以，政治制度对消费者行为的影响是客观存在的，对消费者的购买行为有着不可忽视的影响。再如，国家通过征收个人收入所得税来调节消费者收入的差异，影响人们的消费能力；通过增加对香烟、酒等商品的产品税，来抑制人们的消费需求。在国际贸易中，不同的国家也会制定相应的政策来干预外国企业在本国的经营活动，引导或限制消费者的消费。比如进口限制、税收政策、价格管制、外汇管制、国有化政策等。

法律环境是指国家或地方政府所颁布的各项法律法规等，它是企业运营活动的准则，也影响着消费者的消费行为。如我国为适应经济体制改革和对外开放的需要，陆续制定和颁布的企业法《中华全国总工会经济合同法》《中华人民共和国涉外经济合同法》《中华人民共和国反不正当竞争法》《中华人民共和国消费者权益保护法》《中华人民共和国进出口商品检验法实施条例》等。企业遵守有关法律规定，才能确保企业经营的合法性和商务模式的顺利实施。并通过这些法律武器使企业与消费者的合法权益得到保护。

互联网消费为发掘居民消费潜力，提高居民消费倾向，改善消费结构，优化经济发展提供新的力量。目前与互联网金融有关的各项法律法规和各项监管政策有几十项之多。这些法律和政策影响着互联网企业的运营和发展，也为消费者的互联网起着保驾护航的作用。

同样，国家出台的关于汽车的政策对汽车消费起了重要的引导作用。

2017年，针对纯电动车新增了三条新规定，提高了对纯电动车性能的要求，有助于推动纯电动车的推广和使用。

(1)纯电动乘用车30分钟最高车速不低于100 km/h。

(2)纯电动乘用车动力电池系统的质量能量密度不低于90 Wh/kg，对高于120 Wh/kg的按1.1倍给予补贴。

(3)纯电动乘用车产品，按整车整备质量(m)不同，工况条件下百公里耗电量(Y)应满足以下要求：$m\leqslant 1\ 000$ kg时，$Y\leqslant 0.014\times m+0.5$；$1\ 000<m\leqslant 1\ 600$ kg时，$Y\leqslant 0.012\times m+2.5$；$m>1\ 600$ kg时，$Y\leqslant 0.005\times m+13.7$。

自2010年国家实施新能源汽车补贴政策以来，根据市场变化调整补贴政策，补贴额度逐年下降，享受补贴的车辆标准逐年提高，同时，政府对汽车企业的燃料消耗限值不断降低，说明政府希望由市场力量来推动新能源汽车的发展。2017年的新能源汽车补贴政策见表8-1。

表8-1　2017年新能源汽车补贴情况表

车型类别	纯电续航里程R(工况法)/km	补贴额度/元
纯电动车	$100\leqslant R<150$	20 000
	$150\leqslant R<250$	36 000
	$R\geqslant 250$	44 000
插电式混合动力车	$R\geqslant 50$	24 000

政策规定，地方财政对单车的补贴上限不得超过中央财政单车补贴额的50%。

由此可见，新能源乘用车补贴对象依然是纯电动汽车、插电式混合动力汽车和燃料电池汽车。自2017年1月1日起，电动汽车可获4.4万元国家补贴，插电式混动车型可获2.4万元国家补贴。与新能源客车被削减补贴相比，新能源乘用车、燃料电池车的补贴较为稳定。但新政策提高了新能源车补贴的门槛，最高时速达不到新政要求的100 km/h，则无法享受国家补贴。这充分体现了国家对汽车产品性能以及技术等方面的要求不断提高，迫使车企推出适合政策走向和市场的高质量产品，通过政策推动发展新能源车。

预计2017—2020年，除燃料电池汽车外，其他新能源车型补贴标准都实行退坡，其中：2017—2018年补贴标准在2016年的基础上下降20%，2019—2020年补贴标准在2016年的基础上下降40%。

2017年购置新车的政策还包括：

第一，小排量汽车购置税优惠政策调整。自2017年1月1日起，1.6 L以下排量乘用车按5%的税率征收车辆购置税的政策已成为历史，政策更改为，2017年1月1日起至2017年12月31日，对购置1.6 L及以下排量的乘用车按7.5%的税率征收车辆购置税。自2018年1月1日起，恢复按10%的法定税率征收车辆购置税。

第二，汽车尾气排放标准的提升。2017年1月1日起，“国五标准”将在全国范围内全面实行，所有制造、进口、销售和注册登记的轻型汽油车、重型柴油车，必须符合“国五标准”要求；另外，也对车用燃油进行油品升级，93＃、97＃汽油被92＃、95＃汽油全面替代。新车必须符合该排放标准才能发放牌照。

第三，车内空气质量强制达标。2017 年 1 月 1 日起，所有新定型销售车辆必须满足车内空气质量达标要求；此前已经定型的车辆，自 2018 年 7 月 1 日起实施强制标准要求。这算是环保部对环境污染不断加剧所做出的举措，主要针对新车。新车必须经过环保一致性检测合格后才能销售，如果检测发现 8 项指标中有任何一种污染物超标，都将判定为不合格。

以上关于汽车的政策，将直接影响消费者对汽车的选购等一系列的消费行为，并将推动中国绿色消费的发展。

二、经济

消费者行为是伴随着商品经济的发展而产生的一种社会经济现象。经济状况与消费状况存在着相互作用。边际效用价值、需求的价格弹性、各种收入假定、消费者均衡、恩格尔定律等经济学理论，解释了消费者的消费倾向、消费结构、具体购买数量的确定和变化问题，也反映了经济与消费的密切关系。消费结构与经济增长的关系表现在以下几个方面：

1. 消费拉动国家经济增长

消费结构的优化升级，引起产业结构的高度化，进而推动经济社会持久稳定的增长。因此消费结构对经济的促进作用是通过产业结构的升级实现的。党的二十大报告提出，着力扩大内需，增强消费对经济发展的基础性作用。

第一，消费结构优化引起产业结构升级，进而促进经济增长。消费结构的变化，引起消费资料、生产结构的变化，进而影响生产部门的变化和产业结构的变化。产业结构的升级换代是随着人们收入水平的提高，消费结构不断优化升级而产生的；产业结构的升级直接带动经济协调发展。

第二，新的消费热点为产业结构发展提供空间，为经济增长提供新的动力。当消费结构发生改变时必然会掀起新的消费热点，从而促使厂商生产相应的产品来满足当时的需求，这就会使产业结构的投资方向转向新的消费热点，从而推动经济增长。

第三，消费结构的升级促进第三产业的发展，进而促进经济增长。消费结构的升级主要是从“温饱型”转向“发展型”“享受型”的消费。消费结构升级的过程伴随着服务消费比重的不断提高，这也将促使第三产业得到迅速发展，使其在 GDP 中所占比重不断上升，从而在消费结构升级的过程中，通过第三产业的发展促进经济的增长。

2. 经济发展催生消费

目前，网络经济已经成为我国经济增长的重要组成部分。在网络经济环境下，居民的消费行为出现新的变化，网络经济对居民消费产生深远影响，整个经济运行中的各个环节电子化，市场主体开始利用电子交易的方式开展经济活动，各种传统的交易方式被取代。中国互联网络信息中心（CNNIC）发布的《中国互联网络发展状况统计报告》显示，截至 2019 年 6 月，我国网民规模达 8.54 亿，我国手机网民规模达 8.47 亿[①]。数量庞大的中国网民成为潜在的消费群体。网络经济催生了网络居民消费，在网络经济环境下，居民的消费行为正在发生着新的变化。截至 2019 年 6 月，我国网络购物用户规模达 6.39 亿，占网民整体的 74.8%。

随着我国电子商务的崛起，物流业也快速发展起来，第三方物流业的系统化、专业化发展降低了运输费用。在网络经济的带动下，电商企业能够最大限度地减少库存，这也降低了仓储费用。同时，网络经济还降低了买卖双方的交易费用。在网络交易中，卖方可以通过网络发布信息，且不受时间、地域限制，买方也可以通过网络来采集产品信息进行比较，这对买卖双方来说都节省了大量的人力、物力和时间，降低了交易成本。买卖双方不必通过邮递来互换单证和磋商合同，都可以通过计算机和互联网技术完成，降低了传递信息的费用。随着信息化的发展，企业也逐步将交易转至网络平台，降低了企业的管理成本与市场组织架构成本。并且网络交易还拉低了消费品价格，有利于提升居民的购买力。网络销售产品平均价格要比线下销售低 6%～16%。网络的低价销售吸引了大批消费者，据互联网络中心调查，中国 55%的网络消费者认为网上购物能够节约日常花费。目前，网络购物已经从城市普及到农村，中国居民在网络上的购物频次与金额也在不断上升。

网络购物市场保持较快发展，下沉市场、跨境电商、模式创新为网络购物市场提供了新的增长动能。在地域方面，以中小城市及农村地区为代表的下沉市场拓展了网络消费增长空间，电商平台加速渠道下沉；在业态方面，跨境电商零售进口额持续增长，利好政策进一步推动行业发展；在模式方面，直播带货、工厂电商、社区零售等新模式蓬勃发展，成为网络消费增长的新亮点。

网络金融的发展在很大程度上促进和方便了消费。传统的经济交易依赖能够实现资金交付的银行等金融体系，而网络经济时代第三方支付机构以及银行的线上支付体系成为网络经济运行的纽带。网上支付已经成为线上资金交付的主要渠道，它比传统银行的资金处理更加便捷有效率，成为网络经济时代金融服务体系的重要组成部分。目前我国居民进行网络支付的方式主要为第三方支付账号余额支付和网上银行支付。商业银行主要为稳定、安全和成熟的市场即大企业提供支付服务，第三方支付企业主要为一些中小商户提供个性化和专业化的金融服务。第三方支付企业是传统银行支付业务的延伸，它丰富了资金结算途径、提升了消费者的支付体验。此外，网上支付所支撑的领域十分广泛，包括网络购物、航空客票、网络游戏、电信缴费等。网络金融支付的便捷性和快速性受到居民的青睐，成为居民网络消费的重要支付手段。在网络金融技术的支持下，消费者随时都可以将储蓄金变为消费支出，这大大刺激了居民消费。

三、文化

社会文化是人类活动的创造物，反过来又成为人类活动的背景和条件，对人的行为

① 中国互联网络信息中心：《中国互联网络发展状况统计报告》，http://www.cnnic.net.cn/hlwfzyj/hlwxzbg/hlwtjbg/201908/t20190830_70800.htm，2019-08-30。

发生影响。现实生活中，我们会发现：勤劳节俭的传统促使消费者在购物中更重视实用性；礼仪的传统使礼品消费占生活消费的比重较大；因不同地域性特征造成的不同的风俗习惯促使消费者对商品的品种、样式、规格、质量等有不同的要求；各种宗教的教规对于教徒的思想和行为的约束影响了其消费行为；价值观念成为消费者奉行的消费原则和消费倾向，以及消费者选择消费样式和商品、评判和衡量商品价值的标准。可见，民族传统、宗教信仰、风俗习惯、价值观念等社会文化因素都对消费者行为产生着深刻的影响。

1. 文化的含义

文化是用来表述自人类出现以来所积累的一切成果的名词，包括古代文明的各种人工制品，为描述新出现的各种事物、事件及相互关系而创造的词汇，还包括人类所创造的一切东西，物质的、社会的、知识的和美学的一切创造，如建筑物、各种社会机构和社会组织、科学知识、文学作品、绘画艺术、乐谱、生产工艺等。广义的文化包括了人类创造的一切物质财富和精神财富的总和；狭义的文化则指人类精神活动所创造的成果，如哲学、宗教、科学、艺术、道德等。

消费者心理学与行为学研究领域，多采用希夫曼(L. G. Schiffman)和卡努克(L. L. Kanuk)对文化的界定：文化是某个特定社会的大多数成员所习得和共享、用以指导其消费行为的信念、价值观和习俗的总和。

2. 文化的特征

(1)习得性

文化是通过人们后天的学习获得的。学习有文化继承和文化移入两种类型。

文化继承是指学习自己民族(或群体)的文化。正是这种学习，保持了民族(或群体)文化的延续，并且形成了独特的民族(或群体)个性。中华民族由于受几千年传统儒家文化的影响，形成了强烈的民族风格与个性，即使今天在西方文化的不断冲击下，中庸、忍让、谦恭的文化内涵仍然是一种重要甚至主要的民族文化心态。这种文化心态表现在人们的消费行为中就是随大流、重规范、讲传统、重形式，这同西方重视个人价值、追求个性的文化形成了强烈的反差。

文化移入是指学习外来的文化。在一个民族(或群体)文化的演变和发展过程中，很大程度上要学习、引进其他民族(或群体)的文化内容，甚至使其成为本民族(或群体)文化的典型特征。例如，中国人穿着的西装礼服，就是学习借鉴西方服装文化的结果。日本人和朝鲜人喜爱喝酱汤的习俗则是从中国文化中汲取的。当外来文化为本民族或群体成员普遍接受并世代相传时，就自然而然地将其变成本民族或群体的文化特征。

(2)适应性

文化是不断变化的。虽然变化一般非常缓慢，但是文化会随着环境的变化而发生变化。当一个社会或群体面临新的问题和情形时，人们的价值观念、行为方式、生活习惯、兴趣等就可能发生适应性改变，形成新的文化。文化变化过程中，新文化模式的引入会受到人们感兴趣的程度及原有价值观念和行为准则的影响。研究表明，那些能引起社会成员兴趣而又与其现有价值观念、行为准则差异较小的新事物容易被人们所接受。如在20世纪初期的几十年中，在西方人的文化意识中，节省时间的观念并不重要，人们追求悠闲、享乐、安逸、舒适。但近几十年来，随着市场经济的不断发展和工业化程度的不断提高，人们越来越关心如何节省时间和如何使生活过得更有成效。在节省时间和提高工作效率的新观念的支配下，很多人开始接受方便、省时的产品或服务(如速溶饮料、快餐食品、快速加热设备、邮政快递等)，也更愿意去那些方便快捷的商城或便利店购物。而且，随着互联网和移动数据端的普及，电子商务和移动商务作为新的商业模式受到越来越多人的青睐，电子商务和移动商务模式对传统的商业模式形成了巨大的冲击。

(3)群体性

文化是特定社会群体成员所共同具有的。每个民族或国家、每个城市、每个企业乃至部落和家庭，都会形成各自的文化，从而相应地有民族文化、城市文化、企业文化、部落文化、家庭文化等。就民族文化而言，每个民族在其繁衍和发展中都会形成自己民族独特的语言、文字、仪式、风俗、习惯、民族性格、民族传统与生活方式。例如，英国文化的典型特征是传统的、现实主义的，因此英国人重视经验，喜欢保持传统，讲求实际。法国文化则崇尚浪漫，法国人喜欢象征人的个性、性格，反映人精神意念的东西。这些特征会反映在他们的消费行为上，如服装方面，英国人会选择购买给人以庄重、大方、实用、简练风格的服装；而法国人的时装则是潇洒、飘逸、抽象，具有更高的艺术性。文化差异不仅体现在国家之间和不同民族之间，同时也表现在不同种族、地域、宗教、机构以及家庭等不同群体之间，因此从某种意义上讲，文化差异形成了不同群体之间的界限。

(4)社会性

世代相传的社会习惯和行为模式，促进同一文化成员间的相互交往与相互作用的社会实践，社交规律本身就是文化的重要组成部分。文化不可能规定每个人的一举一动，只能为大多数人提供行为和思想的边界。

文化对个人行为设置的“边界”，也就是通常所说的社会规范。社会规范是群体共享的行为和思想方面的理想模式，也就是关于特定情境下人们应当或不应当做出某些行为的规则。当个人的实际行为与社会规范发生背离时，会造成群体对他的不认同甚至被整个群体所抛弃。所以，社会规范对个人的影响不是规范个体能做什么，而是规范个体不能做什么。

3. 社会文化的影响

(1)影响个人的信念和价值观

社会文化对个人的影响主要表现为文化给人们提供了看待事物、解决问题的基本观念、标准和方法，文化也使人们建立起是非标准和行为习惯。诸如在不同的场合，应该做什么，不应该做什么，等等。通常社会结构越单一，文化对个人思想与行为的制约作用也就越直接。

(2)规范群体成员行为

社会文化规范群体成员的行为，主要体现在对行为的约束上。社会规范以成文或不成文的形式通过各种途径如道德标准、制度规则、组织纪律、群体规范等作用于个人，规定和制约着人们的社会行为。一个人如果遵循了社会文化的各种规范，就会受到社会的赞赏和鼓励，相反，如果违背了文化规范，就会受到否定或惩罚。文化通过提供行为准则和规范而维持社会的秩序，某一社会或群体越是坚持某种价值准则，集体对违反这种价值准则的成员进行惩罚的可能性就会越大。文化还通过提供基本价值观念，告诉人们什么是对的、好的和重要的，人们也需要知道什么是对的和错的，什么是被期望的，以及在各种不同情形下应该做什么，不应该做什么。因此，文化是满足社会存在和发展需要的重要因素。

(3)影响消费者的消费心理与消费行为

社会文化对消费的影响主要表现为在特定社会文化环境下，消费者之间通过互相认同、模仿、感染、追随、从众等方式，形成共有的生活方式、消费习俗、消费观念、态度倾向、偏好禁忌等。例如，使用筷子是中国人世代相袭的用餐方式；每逢春节、中秋节等中国传统节日人们会组织家庭团聚、互赠礼品；而红色用于庆典，黑色、白色用于丧葬之事，也是中国人特有的偏好和禁忌。

4. 亚文化的含义

亚文化是文化的细分和组成部分。一个国家或社会的内部并不是完全一致的，其中若干个社会成员在民族、职业或地域等方面因具有某些共同特性而组成一定的社会群体或集团，同一属性的群体或集团成员具有共同的价值观念、生活习俗和态度倾向，从而构成该社会群体的亚文化。

亚文化在形成基础和历史积淀上与其所属的社会文化一脉相承，但在具体内容和表现形式上却因种种构成因素的差异而呈现明显的独特性。亚文化对人们的心理和行为的影响更为具体和直接。例如，从事职业相近的群体，在消费观念、消费倾向和消费方式上表现出较大的相似性和某些共同的特征。

5. 亚文化的类型及消费特点

亚文化的划分维度有种族、民族、宗教信仰、地域、年龄、性别、职业、收入、受教育程度等。下面具体说明不同划分方法的亚文化群体及其消费特点。

(1)民族亚文化

民族亚文化是以历史渊源为基础的民族在长期生存与繁衍过程中，逐渐形成的以观念、信仰、语言文字、生活方式等形式表现出来的独有的、稳定特征的亚文化。很多国家都是多民族构成，比如我国有56个民族，美国也分为英裔、西班牙裔、非洲、亚裔、拉美裔及印第安人等。不同的民族在生活方式、消费习俗和偏好禁忌等方面各有特点，特别是饮食、服饰、礼仪方面。在我国，有很多特有的民族服饰，例如蒙古族喜欢穿蒙古袍；朝鲜族男性穿坎肩、肥腿裤，女性穿小袄和色彩艳丽的裙子；苗族喜欢穿筒裙。

(2)宗教亚文化

目前全世界有佛教、道教、伊斯兰教、天主教、基督教等不同的宗教，不同的宗教群体具有不同的文化倾向、习俗和禁忌，从而形成了宗教亚文化。宗教亚文化导致了拥有不同宗教信仰的消费者在价值观、生活方式、消费习惯上的差异。例如：圣诞节、复活节、感恩节等都源起基督教。基督教亚文化中，作为基督教的重大节日圣诞节的前后，在信奉基督教的西方国家里会掀起大规模的购物狂潮，人们会通过大量购物来满足消费欲望，并互赠礼物和贺卡，表示美好祝愿。

(3)性别亚文化

男性与女性的消费心理和消费行为存在巨大差异，有不同的消费兴趣、审美标准、购买方式、购买习惯等，形成了性别亚文化。女性消费者重视商品的外观，购买行为的主动性与购买目标较模糊，购买行为受环境因素的影响较大，具有浓厚的情绪和情感色彩；消费倾向更多样化和个性化，对价格的敏感程度远高于男性，在购物方式上女性比男性更细致，更富有耐心，购买决策时又常常会犹豫不决。男性消费者更注重商品的性能和实用性，而且购买行为的目的性较强，目标明确，更理智，购买动机形成迅速，购买决策往往比较果断，购买过程具有较强的独立性，缺乏耐性。

(4)地理亚文化

地理环境的差异会导致人们在生活方式、消费习俗和消费特点方面的不同，形成地理亚文化。自然地理环境影响着一个地区人们的生活方式和消费结构，决定了一个地区的产业和贸易发展格局，从而在不同的区域形成不同的消费文化。例如：我国北方人喜爱深色服装，而南方人喜爱浅色服装；北方人由于所处地域气候寒冷，有冬天吃火锅的饮食习惯，而南方人所处的地域气候炎热，养成了吃腊肉、腊肠的习惯。另外，中国著名的川菜、鲁菜、湘菜、粤菜、浙菜、苏菜、闽菜、徽菜八大菜系，风格各异，各成一派，也成为因地域不同而形成的地理亚文化的重要组成部分。

(5)职业亚文化

不同职业的亚文化消费者群体在生活方式以及消费习惯上有很大差别，这种差别很大程度上是由于职业的不同而产生收入的差别造成的。例如：我国IT行业的从业者、金融业、电信业、油气业及外企等从业者中的高收入人群，他们在住房、生活社区、私家车、子女学校、购物场所、消费商品品牌等与传统行业的从业者有明显的差别，都带有这类亚文化的鲜明特征，这种以职业区别形成的亚文化同时又包含着复杂的其他文化因素。

由以上亚文化与消费特点的分析可以看出，消费者行为不仅带有某一社会文化的基本特征，而且具有所属亚文化的独特特征。每个亚文化群体都会影响和制约本群体内消费者个体的消费行为。

现代社会中，伴随着消费者的价值观念、生活方式、消费态度的不断变化，新的亚文化将层出不穷。营销人员只有分析新的亚文化群体，才能准确把握目标市场的需求状况和消费行为特征，从而提高市场活动的目的性和针对性，取得良好的营销效果。

四、科学技术

科技创新带动和影响着消费的发展趋势。以手机为例，苹果手机及华为手机、小米手机等出众的“消费属性”，意味着现在的科技产品，已经成为人们的日常消费品。而科技与消费结合的两个表现，一是科技领域出现了一批规模大又能持续增长的企业，二是科技行业已成为和传统行业一样普及和不可缺少的行业。科技从理论面拓展到应用面，需要经过大量的实践。而一旦深入到应用面，尤其是消费层面，就将对巨量的市场和人群产生影响。这不仅包括像苹果手机这样的实体产品，也包括其他虚拟形式的产品和服务。

在2017年消费电子展(Consumer Electronics Show，CES)上虚拟现实技术(VR)持续发酵，主流的VR设备如三星Gear VR、索尼PlayStation VR或HTC Vive等都在现场进行了展示，联想新推出了VR头盔，解决了硬件的眩晕以及延迟等问题。伴随着VR技术的推广，VR电影、VR动画或VR视觉流媒体等产品和服务吸引了非常多的大众消费者，被更多的人所了解。

展会上赛格威机器人发布了一款名叫路萌(Loomo)的机器人，这是一款可陪伴、可拓展、可自主移动、可供骑行的个人服务机器人。机器人的设计与制造技术必将带给有服务需求的消费者更加多元化的智能产品。

电视制造商三星隆重推出了75英寸(in)①的量子点电视新品Q8C，借助HDR技术支持，最高亮度可达1 500～2 000尼特(nits)，能够对100%色量进行还原，充分发挥了量子点技术的优势。TCL也不示弱，在发布会上带来了超薄的量子点电视新品X3/X2。LG则带来了超薄4K OLED的SIGNATURE OLED TV W7电视，W系列代表“Wallpaper”，也就是壁纸的意思，这款电视的厚度仅有2.57mm，但画质丝毫不含糊，基于LG OLED革命性的像素调光控制技术，这款电视可以呈现完美的黑色，无任何漏光，提供无限的对比度和超过10亿种颜色显示。这些新技术将带给消费者更加完美的观看享受。

电动化、智能互联以及自动驾驶等应用技术，成为汽车企业的秀点。科技巨头微软公司也在现场展示了未来场景，描绘人工智能机器人如何帮助提高驾驶员的人身安全，微软还展示了基于V2X、雷达、摄像头以及激光雷达等传感器数据，实时分析交通状况和行人密度。汽车企业不仅仅秀智能化的外观、动力等层面的内容，内饰也成为汽车展现高科技的角度。宝马在CES开幕前就发布了“未来内饰项目”，包括多项新技术的展示，如触控技术虚拟中控屏、个性化音效装置，以及后排折叠大屏幕等，让汽车内饰的高科技成为吸引消费者的亮点。

智能手机周边的配件产品成为创新点，配件产品的消费升级成为趋势。例如，蓝光引力公司推出的Halos，就是由Halos App、Halos智能云、配件连接层3部分组成的配件支撑产品，支持iOS、Android、Windows、MacOS等平台，可广泛应用于手机、电脑、汽车等周边配件。知名苹果笔记本和iOS扩展坞和充电支座厂商Henge也为2016款MacBook Pro发布了3款全新的扩展坞，包括连接型扩展坞、水平扩展坞和垂直扩展坞

① 1in=2.54cm。

等，让配件和周边大放异彩。臻迪发布了首款生活方式类水下机器人，取名小海鳐(PowerRay)，PowerRay除了能水下拍摄之外，还具有可视化钓鱼的特殊功能。它将成为一款为户外爱好者、电影制作人、极客以及普通小白用户设计的玩具及工具。Neofect公司推出了白色智能手套，可以包裹在患者手上，而手指处和腕部都装有活动与方位传感器，它通过蓝牙连接的安卓应用可以让用户玩游戏或从事其他活动，帮助他们加强双手和手臂肌肉力量。欧洲、亚洲和美国的医院和康复中心已经使用Rapael智能手套帮助中风患者康复，就诊不便的中风患者可以租用这款获FDA批准的智能手套，配令安卓平板电脑使用，从而足不出户就可以进行手部和腕部的康复训练。

智能穿戴产品更贴近生活。三星通过移动技术与运动服装品牌安德玛(Under Armour)的健身专长进行融合，联合推出了新型智能穿戴产品，给用户提供有数据可依的健身体验。著名跑鞋公司新百伦贸易(New Balance)联合英特尔发布了一款名为RunIQ的智能手表，这款智能手表配备1.39 in的AMOLED屏幕，内部含有心率监视器、陀螺仪和加速度计，拥有512 MB RAM+4GB ROM的内存组合。

科技渗透到人们更多的生活场景，发现更垂直的人群，服务于人们生活和兴趣爱好的各个方面。不断的探索和创新，不断的挖掘消费者需求，让科技更直观地走近消费大众。科技的发展正在迅速改变消费者的生活。

在经济向消费拉动转型的中国，科技和消费结合，已展现出无穷的能量，比如移动支付的出现。而金融科技公司(FinTech)与消费金融的结合，也是一个极具影响的案例。法国凯捷管理顾问公司与全球非营利金融组织Efma等联合发布的《2017全球金融科技报告》显示，在中国有84.4%的消费者在使用FinTech公司提供的产品或者服务。此外，金融科技在投资管理方面发挥了巨大的作用，有17.4%的消费者将FinTech产品作为资产管理的唯一工具。与消费金融高度相关的网络借贷行业，在金融科技的影响下进一步健康发展。金融科技大大降低了消费信贷的进入成本，互联网同时搜集了大量的、非结构性的信息，而通过大数据、云计算、机器学习，还有一些最先进算法的引入等，可以从中读出无穷多的信息，从而为网络借贷行业大数据风险控制和智能投资的发展服务。①

第二部分　实践活动

活动28　环境因素与消费行为分析

案例分析8-1

中、欧、日、美汽车消费文化比较

下面是2005年的一篇资料，描述了十多年前中、欧、日、美汽车消费文化状况。

① 张俊：《抓住科技与消费结合的投资机会》，http://news.hexun.com/2017-05-11/189137562.html，2017-05-11。

1. 中国猛推大排量新车

中国车市的事实表明，美国式的汽车消费正在成为中国模仿的对象。其中一个很重要的原因在于中国人对于汽车消费的认识。由于过去中国居民收入水平很低、国内汽车产业不发达，加上对进口汽车征收了很高的关税，因此汽车是奢侈品，拥有汽车被视为身份和地位的象征。虽然现在汽车开始从奢侈品向正常品或必备品过渡，但爱面子和大即是好的传统观念依然对购车者有着很大的影响。市场问卷调查显示，很多购车人认为三厢车比两厢车更气派。

我国在2005年已有北京、深圳、东莞、广州等发达城市达到或接近汽车社会。据估计，到2010年，中国将有100个以上的城市进入汽车社会，面对汽车社会的到来，中国的汽车消费文化将会走向何方呢？显然，当前国内汽车畸形消费有悖于中国国情，也不符合中央政府所提倡的节约型社会方针。

2. 欧洲、日本青睐小型车

由于欧洲近些年来对环保和节能的重视，加上汽车技术的进步，欧洲人现在越来越多地将注意力放在这两方面的指标上。

日本也有着与欧洲同样的情况，因为城市公交系统非常便利、完善且价格低廉，相当高比例的日本人对买车的需求并不强烈，家中即使有车也不常开，他们平时办事、上下班都会尽量利用城市公交系统，只有在必要时才会出动自己的“爱车”，例如外出游玩时，一家人一辆车其乐融融。

由于车多人多地小资源少，加之日本国民长期形成的节俭朴素的生活习惯，因此尽管日本人生活比较富裕，但经济型轿车仍然占了绝大多数，特别是省油的小排量微型车，特别受消费者的欢迎。

3. 大型车是美国人的最爱

由于美国地广人稀，道路交通非常发达，所以按照美国人自己的说法，美国是真正的汽车社会。在美国，很多小孩从12岁起就开始学车，16岁的孩子开着自己的车上学已是件再普通不过的事，不会有谁认为这是奢侈。因此，在美国到处都是汽车银行、汽车餐馆……甚至还有汽车教堂，新人们可以在汽车里举行婚礼，牧师通过一个小窗口为他们举行仪式。

美国不仅是全球拥有汽车数量最多的国家，也是在用汽车体形最大的国家。大体积、大排气量是美国汽车的标志。在各种车型中，SUV和皮卡是美国人的最爱。皮卡的销售更是经久不衰，由于需要经常拖曳房车或游艇等大型物体，美式皮卡在设计上采用大排量发动机(大多安装5～6 L的增压柴油发动机)。为了满足野外休闲的较高要求，许多车采用的是4轮驱动。

另外，美国人的汽车换手率也非常高，汽车价格便宜，二手车市场发达，一辆新车开了不到1万千米就被转手是常事。对新鲜事物的喜好令汽车厂商加快了新车型的推出，以刺激消费者的购买。

（资料来源：勾晓峰：《美日欧汽车消费文化比较中国汽车消费“好大”》，载《经济参考》，2005-09-19）

任务描述

(1)请按照文中思路，分析近5年来因社会环境变化我国与美、日、欧的汽车消费有何变化。

(2)请另举一例说明文化对某类产品消费的影响。

任务二十六　中观因素与消费行为

第一部分　学习引导

案例导入

探究"双11"促销活动对消费行为的影响

"双11"促销活动是近年来为人熟知的促销活动之一。我们把"双11"促销这类多个电商平台在固定时间同时进行的促销活动定义为大型网络促销活动。我们以淘宝"双11"促销活动为研究情境，对大型网络促销活动中非计划性消费影响因素进行分析，分析消费者制订计划的主动性及促销刺激、社会氛围和购物时间等因素对非计划性消费的影响。

此研究通过"双11"促销活动前后两次问卷调查来了解人们的消费情况。第一次调查在"双11"促销活动前1～2天进行，主要收集被调查者姓名、学历、消费水平等基本信息，以及被调查者是否计划在"双11"促销活动中购物及其购买计划、消费预算等信息。第二次调查在活动结束后一周内完成，收集消费者感知到促销刺激、社会氛围、购物时间及实际消费的相关信息。

问卷向北京某大学在校学生发放。选取他们为研究对象主要有以下原因：根据CNNIC的调查，大学生有丰富的网购经验，是分析网络消费最合适的研究对象；研究需对两次问卷进行匹配，需对有固定活动环境的人群进行调查；大学生的生活消费相差不大，选他们为研究对象可以对学历、收入等因素进行一定程度的控制。

通过对调查问卷进行分析发现，有效问卷中，被调查者有女性161人，男性94人；月消费支出主要集中在600～3 000元；每月网购次数集中在3～6次。其中165人曾参与"双11"促销活动。根据两次问卷填写情况，选择实际参与2013年"双11"促销活动的162名被调查者的问卷信息进行分析。

在参与"双11"促销活动的162名被调查者中，71.0%的消费者曾参与"双11"促销活动，他们的购物预算主要分布在300～500元，购物花费的时间主要分布在1～3小时，35.8%的消费者感知促销力度较大，32.7%的消费者感知促销广度很大，人均非计划性消费52.16元，40.7%的人购物数量比计划多，33.3%的人花费金额比计划多。通过对超出预算的金额和非计划购买产品的数量进行区别，间接说明消费松弛的存在。消费松弛(M=102.47元)远高于非计划性消费(M=52.16元)。

我们采用结构方程模型中的路径分析对假设进行了验证分析。

(1)购物计划假设

H1a：在大型网络促销活动中，消费者预算中存在消费松弛，且消费松弛与非计划性消费负相关。

H1b：消费者参加大型网络促销活动的准备时间与消费松弛负相关。

H1c：消费者参加大型网络促销活动的准备时间与非计划性消费负相关。

(2)促销刺激假设

H2a：促销力度与非计划性消费正相关，促销力度越大，非计划性消费越多。

H2b：促销广度与非计划性消费正相关，促销商品种类越多，非计划性消费越多。

(3)购物时间假设

H3：消费者购物时间与非计划性消费正相关。

(4)社会氛围假设

H4：社会氛围影响非计划性消费，与单独购物相比，消费者与他人一同购物时，非计划性消费更多。

实证结果表明，假设H1a、H2b、H3、H4获得支持；而H1b、H1c、H2a则没有获得支持。

根据分析结果，我们对电子商务平台提出如下建议：在开展促销活动时，参与到促销活动中的商品越多，越能够对非计划性消费产生促进作用；开展大型网络促销活动时，平台可以通过适当策略延长消费者的购物时间来促进非计划性消费；商家可以通过一定策略吸引多个消费者一起参与促销活动，促进非计划性消费；电子商务平台可以通过分析相关指标(如：浏览商品次数、是否有提前添加促销商品到购物车的行为)来识别消费者的计划制订情况，活动中可以针对准备不充分的消费者进行重点营销。

对消费者提出如下建议：消费者可以分配更多的时间收集促销信息，熟悉促销环境，为参与促销活动做好充分的准备，避免过多的非计划性消费；消费者可以通过预留消费松弛的方法，在满足临时购买欲望的同时，有效地避免过多的非计划性消费；消费者应尽量缩短购物时间，避免过多浏览促销商品，保存自我控制资源的消耗，控制非计划性消费。

(资料来源：王伶俐、闫强、陈文晶：《大型网络促销活动中非计划性消费影响因素分析——以淘宝“双11”促销活动为研究情境》，载《北京邮电大学学报(社会科学)》，2015，17(6)：19～25)

本节将主要关注中观因素即情境，对消费行为的影响。情境是指消费者在消费或者购买活动发生时个体所面临的环境因素，如购物的气氛、购物场所的拥挤程度以及消费者的心情等。众多研究表明，情境对消费者心理与行为有影响作用。其中贝克(Belk)认为，构成情境的因素主要有物质环境、社会环境、时间、任务和先行状态，是众多研究中较有代表性的。

一、消费者情境

消费者情境是指独立于单个消费者和刺激消费者的单个因素如产品、广告等之外、能够在某一具体时间和地点影响消费者购买行为的一系列暂时的环境因素。例如：购物时的气候、购物场所的布局、音乐、拥挤状态、消费者的心情等。面对同样的营销刺激，同一个消费者在不同的消费者情境下会做出不同的反应，表现出不同的消费行为。[①] 购买情境是指消费者在购买或获取时所处的情境，通常涉及做购买决定和实际购买时所处的信息环境、零售环境和时间压力。

目前对消费者情境的构成要素的界定有两种观点：一是以贝克为代表的五要素说，即根据影响消费者行为的因素进行分类；二是以彼得(J. P. Peter)和奥尔森(J. C. Olson)为代表的5个一般消费情境说，即根据消费者购买行为过程的不同阶段进行分类。

1. 贝克的五要素说

贝克的五要素说认为，消费者情境是指消费或购买活动发生时个体所面临的短暂的环境因素，包括物质环境、社会环境、时间、任务和先行状态。

2. 以彼得和奥尔森为代表的5个一般消费情境说

彼得和奥尔森在他们合著的《消费者行为与营销策略》一书中提出一般的消费情境分为5个方面，包括信息的获得、购物、购买、消费和处置。这5个方面都与商品有关。这是对情境广义的界定。通过分析这些情境，营销者可以获得环境因素对消费者的行为目标、情感、认知等的影响，从而制订营销策略改变营销环境因素，促成消费者的消费行为。

二、营销的物质环境

物质环境是指不占据空间的物理环境，它常常表现为无形的或不可见的物理因素。包括外部因素、店堂气氛、服务环境等。物质环境是一种得到广泛认可的情境影响，这方面的研究成果在零售领域已经得到多方面运用。物质环境包括色彩搭配、气味、音乐、拥挤状态等。营销的物质环境，即零售现场的物理设施、商品摆设、环境气氛等诸多因素组合成了消费者购买商品的独特情景。销售现场购物情境的设计与布置足以影响消费者心理与行为，从而影响消费。当我们走进商店时，面对你的是热情的微笑和真诚的问候，购物的同时还能听到轻快舒适的音乐，这些都会使人心情愉悦，从而使购物成为一种享受。以实体店购物环境为例，购买情境对消费者心理与行为的影响主要体现在以下几个方面。[②]

① 高孟立：《消费者行为学》，北京，北京师范大学出版社，2014。

② 张茜：《浅谈购买情境对消费者心理与行为的影响》，载《商场现代化》，2014(23)：73～74。

1. 商品陈列

商品陈列是销售现场布置的一个重要的方面。商家陈列是指柜台及货架上商品摆放的位置、搭配及整体表现形式。在陈列时应掌握以下原则：①显而易见原则；②方便选购原则；③愉快购物原则；④整洁美观原则。

2. 现场设施

现场设施包括店内设施和店外设施，具体包括商店店门、招牌、橱窗设计、洗手间、休息室、电梯、方位标志、停车场、绿化，等等。所有这些硬件设施不但要为消费者提供最大的方便和快捷的服务，更重要的是向顾客传达热情、关心、人性化的理念，要从这些硬件设施中表达温暖的情怀，从感情上吸引和留住顾客，创造更多的回头率和更高的忠诚度。下面主要从现场设施的店门招牌、橱窗设计进行分析。

(1)店门

店门是商店的入口，影响消费者是否进入商店，对吸引消费者视线、激发消费者兴趣、引发消费者的进店兴致有重要的作用，因而是设计的重要环节。店门设计应从以下几个方面考虑影响消费者的心理与行为：①店门的开设位置。将店门安放在店中央、左边还是右边，应根据店铺的规模、类型及具体顾客人流情况确定。②店门的开放程度。店门的开放程度要方便顾客进出，满足顾客的便利性，同时也要考虑店铺内部的布局特点和经营的商店特点。③店门的设计。店门的设计就是确定店门的材质、风格和形式。在店门的设计风格上，可根据商店的定位及目标客户的偏好，选择豪华典雅、简洁雅致、时尚现代或干净朴实的店门设计。④其他方面。在店门设计过程中还应考虑店门前面的路面是否平坦，是水平还是斜坡；前边是否有影响店面形象的物质或建筑；采光条件、噪音影响等因素。总之，店铺的店门设计应具备使顾客愿意停留、感觉有趣、容易诱导顾客进入店铺内部的特点。

(2)招牌

招牌是指具有经营单位的名称的装潢广告牌，是用以识别经营单位、招徕生意的牌号。商店招牌对消费者心理与行为的影响作用有：引导与方便消费者；引起注意与兴趣；反映经营特色与服务传统；加强记忆与易于传播。

(3)橱窗

橱窗是指以商店所经营的商品为主，巧妙利用布景、道具，以背景画面装饰为衬托，配以合适的灯光、色彩和文字说明，以进行商品介绍和商品宣传的一种综合性广告艺术形式，也是一种美化商业环境的艺术手段。橱窗是商店外观的重要组成部分，它的直接用途是展示、宣传商品，向消费者传递信息。为了发挥橱窗的心理效应，因此应坚持以下原则：①重点突出主营商品，传递商品独特新颖的信息，给消费者以真实感和信任感。②构思巧妙，富有动感，迎合消费者的心理需要。③有创意，易于联想，激发消费者多方面的心理反应和感受。④注意保持店内经营环境与店外环境的一致，给消费者以协调感。

3. 购物环境及其购物环境周边

购物环境主要是指店内环境。店内环境的美化首先要给消费者清洁、整齐、干净、清新、明亮的感觉。其次还要让消费者感觉到舒适，适当布置一些休息的地方。同时要通过环境装饰给顾客留下清净、典雅或是时尚的环境氛围。购物环境的周边环境包括店铺环境周围的商业氛围、交通状况、公共设施等内容。周边环境会影响消费者对商业店铺的印象和看法，继而对发生的购买心理与购买行为产生直接影响。

4. 购物气氛

购物气氛是指由灯光、音乐、地面、色彩、气味以及店内温度所营造出来的一种氛围。理想的商场氛围会给消费者较强烈的感官刺激，使他们在浏览和选购商品时，保持高昂的兴趣，最终选择购买。并且在消费者的购买行为发生之后，对于商场气氛的良好记忆还能吸引他们再次光临，并把他们美好的购物体验转告给其他顾客，为商场带来美誉。

(1)色彩搭配

在购物现场，色彩的有效使用具有普遍意义。因为色彩与环境、商品的搭配是否协调，对顾客的购买行为有重要影响。不同的色彩对人的视觉刺激强度不同，因而对人的情绪会产生不同的影响。色彩不仅能使人产生冷暖、明暗、远近、轻重、大小等感觉，还能引起兴奋、忧郁、紧张、轻松、烦躁等心理反应。比如，橘黄色给人以兴奋、庄严的感觉；玫瑰色给人以华贵、高雅的感觉；嫩绿色给人以恬静、柔和、明快的感觉。饭店就餐大厅的墙壁粉刷成淡绿色，会给人舒适优雅之感，从而吸引大量的食客。亮色调比暗色调更吸引人；而暗色调(如红色和黄色)比冷色调(如蓝色和灰色)更能吸引人。颜色的选择因情况而定。红色有助于吸引消费者的注意和兴趣，然而在有些情况下它也令人感到紧张和反感；较柔和的颜色(如蓝色)有较少的吸引力和刺激性，但能使人平静、凉爽，并给人正面的感觉。另外，不同的季节和不同的地区，也要恰当选用不同的颜色。比如，在寒冷的冬季，应以红色、黄色为主，给人温暖的感觉；而在炎热的夏季，则应以冷色调为主，给顾客凉爽、舒适的感觉。

(2)气味

人对气味的敏感性是极强的。气味能对消费者的购物行为产生正面影响。国外的一项研究结果显示，有香味的环境会让消费者产生再次光顾该店的愿望，提高对某些商品的购买意愿。商场中的气味大多是与商品相关的，特别是在专营商店中更为突出。如花店中的花香、药店中的药味、面包屋里诱人的香味、皮革行中的皮革味等。许多顾客是从商店中散发出来的气味来判断商品质量状况的。

对有益的气味应加以有效利用，会产生更强的促销效果。如国际香味公司特别制作了苹果馅饼、巧克力饼干、法国油炸食品等香甜的气味，并定时在商业区林荫道上释放这些气味，以吸引过往行人购买。还有些厂家将醇香的酒桶、巨大无比的面包置于闹市中，阵阵的香味随风传出很远，吸引了无数行人驻足、观望乃至购买……应该说，诱人的气味能带来良好的销售。

但是，如果运用不当，气味也会产生消极的一面。比如，香味的偏好具有个性化，能让某些人感到愉悦的香味也许会让其他一些人感到厌恶；一些购物者对精心添加到空气中的香味会有反感，而另一些人则担心过敏。关于气味应在什么时候、什么条件下以及如何有效地运用于零售环境中，需要慎重考虑。

(3)声音

与气味一样，声音在商场中也会影响消费者的情绪，而情绪又会影响众多的购买行为。有研究显示，慢节奏与快节奏音乐相比，慢节奏音乐会为餐馆增加15%的毛利，慢节奏音乐似乎使消费者更加放松，并且能延长其在餐馆的用餐时间，从而增加消费者从吧台购买商品的数量。但是对于更多依赖顾客周转的餐馆，快节奏音乐可能更好。

音乐中除了节奏外，其他因素也很重要。比如，研究表明，播放符合消费者偏好的音乐可以改善消费者的满意度和快乐感，延长他们的逗留时间，增加他们的花费，提高他们感知的质量，并能塑造好的口碑。

但同时必须注意音量和使用的频率问题。心理学的研究表明，人的听觉器官对每秒16～20 000次振动的声音能发生听觉反应，而对400～1 000次振动的声音的感受性最大。每秒振动超过20 000次的超声波和每秒振动低于16次的次声波人们都听不到。商店内音响过强，每秒振动超过1 000次以上，就会引起消费者烦躁不安，注意力分散，甚至造成耳膜痛觉。

另外，来自商店外部的声音干扰、店内广播所播放的广告信息、店内人员的说话声及物品在柜台上发出的各种响声等构成的噪音会给消费者的购买行为带来消极影响，对于这种声音也要加以控制。

总之，店内音乐音响设计得当，能让消费者产生愉悦心情，促成其购买行为的发生。反之，则会产生不利的影响。

(4)拥挤状态

店内拥挤会对零售店和顾客产生负面影响。当越来越多的人进入商店或店铺空间被货物挤满时，购物者会感到一种压抑，并试图改变这种处境，最常用的方法就是减少停留在商店内的时间，造成购买行为减少、决策更快或更少关注店内商品的信息。消费者满意度降低，购买体验不愉快，再次光顾的可能性会减少。

营销者在设计其卖场时，应尽量减少顾客的拥挤感。当然，这在实际中是比较困难的，因为消费者通常在特定时间(节假日或周末)到零售店购物。一方面，若为特定购物时段客流增加而扩大店面以满足相应的营业面积需要会支付额外费用(大部分时间段不需要增加营业面积)；另一方面，若未增加营业面积，则容易造成在特定购物时段里顾客感到拥挤而产生不满，从而带来损失，零售商往往需要在两者之间进行比较和取舍。同时，增加店员、增加收银台等措施都可以加快高峰时段消费者的流动以减少其拥挤的感觉。另外，营销者还必须注意跨文化的区别，因为个人空间和拥挤感会因文化的不同而不同。

三、购买时的社会环境与时间

1. 社会环境

社会环境是指购买过程中对消费者购买行为产生影响的人际环境。我们的行动通常受周围的人影响，大多数人会为了某些情境而改变服饰或行为。个体行为服从群体，当这种行为处于公共场合时，情况尤其如此。因此，社会环境对我们的行为是一种重要的影响力量。购物以及很多在公众场合使用的商品与品牌，都是高度可见的，无疑会受到社会环境的影响，尤其对于那些对人际关系敏感的人。一项研究表明，消费者在公共场合(与单独消费的场合相比)会更倾向于多元化的购买行为，即便有些产品是他们不喜欢的。其中的原因是，消费者觉得如果他们购买的商品多而好，他们在同伴面前就会有权威感和满足感。

2. 时间

时间在很大程度上会影响消费者的行为。每次花费在购买上的时间对消费者的本次购买决策具有重要的影响。一般来说，可用的时间越少，搜寻的信息就越少，对购买决策有价值的信息也就比较少，从而购买会更仓促，往往造成购买结果不如人意。

有限的购买时间会导致消费者考虑的备选产品数量和品牌减少。比如，双职工家庭由于平日工作忙，可支配的业余时间少，没有充足的时间逛商店和对各种品牌进行比较，从而倾向于选择知名品牌，这样可以降低购买风险。

可支配的时间也会影响消费者对店铺的选择。一些零售商店就充分利用了这一点，如“7-Eleven”连锁店，该商店几乎是面向那些匆忙赶时间的消费者，或在正常购物时间之外的消费者。

由于时间压力的普遍存在，网上购物迅速增加。网上购物有两个与时间相关的好处，第一，节约了进行特定购买的时间；第二，消费者可以对购买过程完全控制。这两点是导致网上购物蓬勃发展的主要因素。

四、购买时的任务和先行状态

1. 购买时的任务

购买任务是指消费者购买时所持有的特定购买目的或目标，如购买的商品是为了作为礼物赠送给他人亦或自己使用。消费者在为家人购买节日礼物时的方式与为自己购买商品时的方式肯定有所不同。如果是作为礼品送人，那么选择标准就更不同。这是因为，礼品本身常常包含多种意义：礼品的价格，可以作为送礼者对受礼者的尊重程度和受礼者对送礼者重要程度的衡量标准；礼品的形象与功能往往隐含着送礼者对受礼者形象和个性的理解；礼品的性质则表明了送礼者希望与受礼者建立的关系类型等。而不同的场合赠送的礼品也有差别：结婚礼品倾向于带有功用性，而生日礼物则要倾向于有趣性。

因此，无论是一般性的购买任务(送礼)，还是具体的购买任务(送礼的具体场合)都会影响购买行为，购买目的和目标的不同，消费者购买的标准和策略就可能完全不同。

2. 先行状态

先行状态是指消费者在行为之前的暂时性的情感(如焦虑、高兴、兴奋等)或状态(如疲劳、饥饿、备用资金)。先行状态主要表现在两个方面，即心情和暂时性条件。

(1)心情

心情是一种不与特定事件或事物相连的暂时性情感状态。心情作为一种情感，没有情绪那么强烈，而且常常是在个体没有意识的情况下产生的。通常会用高兴、愉快、平静、悲哀、忧伤、压抑等词汇来描述一个人的心情。心情可能影响个人行为，但没有情绪对人的行为产生的影响大。

心情不仅影响消费过程，同时又受到消费过程的影响。正面、积极的心情能增加消费者逗留的时间，并可能产生冲动性购买；而负面的心情也会增加某些类型消费者的冲动性购买。由此看来，某些购买行为既能维持心情(积极的心情)，也能改善心情(负面的心情)。

消费者往往会主动调节心情状态。比如说，他们经常会寻找那些能够消除消极心情或强化愉快心情的情境、活动或者事物。消费者调节心情状态的方法之一就是购买产品和服务。因此，当一个人感到悲伤或者闷闷不乐时可能会看一部情景喜剧或者一场令人开心的电影，或逛一家有意思的商店，或到一家气氛轻松的餐厅大吃一顿，或买一张新的影碟、衬衫或者其他有趣的产品。消费者在进行这些心情调节活动时，可能处于一种无意识的状态，也可能处于一种深思熟虑的状态。

营销者可以从影响消费者的心情中获得收益，比如，用诱发积极心情的事件来安排各种营销活动。商家倾向于在轻松的节目中安排或播放广告，因为此时观众在观看这些节目时正处于一种好心情的状态。餐馆、酒吧、购物中心和其他很多零售场所在店面设计时会考虑如何激发顾客的正面心情，如播放音乐，或者通过摆设产品、提供热情周到的服务来调节消费者的心情。

(2)暂时性条件

暂时性条件是指疲劳、饥饿、生病、彩票中奖等暂时性状态，如同心情一样，这里所指状态是短暂的，不是经常性的或长时间伴随的状态。因为一位暂时缺钱的消费者与一位长期经济拮据的消费者二者的先行状态是不同的，他们各自的消费行为也会有显著差异。

五、服务、购后行为与消费者行为

1. 服务

配套服务包括服务咨询台、信息查询设备、收款台等的设计、安排，以及服务人员的表情、服饰、姿势、语言、态度等与服务相关的诸多方面。配套服务的安排多以便利、易于发现等作为考虑的关键问题。服务人员要态度热情耐心，言语得体，举止大方，尊重客户，一视同仁地对待客户，等等，具有较高的素质。

2. 购后行为

购后行为，是指消费者对产品使用之后的感受及处理方式。

(1)使用和处理

①使用情境。使用情境是围绕产品的实际使用或消费的情境。营销者需要理解他们的产品适合或可能适合哪些使用情境。比如，结婚典礼上收到的礼物与生日宴会上收到的礼物会有所不同。因此，营销者要传递适合消费者需要的信息。

研究表明，这种针对使用情境展开的战略对产品的销售会产生很大的促进作用。有些产品营销人员能够直接控制消费情境。比如，餐馆或旅店等服务业，消费者购买的主要产品就是服务和消费环境本身；而有些产品营销人员是无法控制其消费情境的，比如对电视机的消费，这种消费行为要持续几年甚至几十年。

②处置情境。处置情境是指消费者在产品使用前或使用后如何处理产品或产品包装的情形。在产品使用前或使用后，消费者需要处置产品或产品的包装。涉及处置情境的决策可能产生备受关注的社会(环境)问题，同时也能给营销者提供机会。如二手车市场、二手家电市场等，都是在处置情境下产生的。政府和环境保护组织也在鼓励消费者做出对社会负责的处置决策。

一些消费者认为，处置方便应该成为产品本身的一项重要属性，尤其当环境问题被人们重视，更多的消费者会选择购买那些易于回收的物品。通常，处置一件旧产品一定是在购买新产品之前或同时发生。例如，大多数消费者在使用新床之前必须移开他们的旧床。因此，营销者在制订营销策略之前，需要了解情境因素是如何影响产品处置决定的。

(2)购后行为结果和顾客满意

购后行为的重要内容还包括购后行为结果和顾客满意。购后行为的结果有两种，分别是重复购买与不再购买；而顾客满意从不同的学科理论出发会得到不同的理论解释。用心理学来解释顾客满意的主要代表理论是认知失调理论。这种理论认为消费者的行为是以一系列的预期、判断、选择为基础的。如果把消费者购买前的预期与购买后的体验看作两个认知因素，一旦在这两个因素之间出现失调，即购后失调(购后失调是认知失调理论应用于消费者行为领域而产生的术语)，消费者会主动驱使自身去减少这种矛盾，力求恢复平衡。若能恢复平衡，消费者会对购物结果表示满意。购后失调是多数消费者购买商品时难以避免的心理状态，对消费者满意、消费者再次购买意愿、消费者忠诚等会产生重要影响。顾客满意是消费者的主观比较，不仅影响自己以后的购买行为，还会影响其他消费者的购买行为。

营销人员关注消费者的购后行为，尤其关注消费者再次购买的动机，因为他们希望消费者能再次购买同一产品或同一厂商生产的各种有关的产品，或同一商店所经营的各种有关的产品；另外还希望消费者能向他们的相关群体推荐这些产品。

总之，情境包含的内容是多方面的，对消费者的影响也越来越大。当我们频频光临麦当劳时，可能并不只是由于其美味快餐的吸引，而是陶醉于那里独特的氛围；喝可口可乐时，品尝到更多的是年轻的活力和自由的精神；去迪士尼乐园就是为了欢乐和笑声。这就是情境带给消费者的消费影响。

消费者并不会随机地面临各种情境，而大多数人会“创造”他们所面对的很多情境。比如，人们选择慢跑、打篮球和羽毛球，间接地将自己置身于“疲劳”“口渴”等情境中。于是，营销人员就能够以那些为自己创造情境的人为基础来设计产品、广告和进行市场细分。

为了充分发挥情境对消费者心理与行为的影响，体现购物环境的影响，企业会适应消费者的心理特点，针对消费者情境展开成功营销，提供良好的购物环境，促进消费者的购买。

第二部分　实践活动

活动 29　情境因素与消费行为分析

案例分析 8-2

麦当劳的情境因素设计

1. 物质情境

麦当劳的门面设计早已为人们所熟识，它的金黄色的“M”标识是全球统一的，其亲和力在消费者的心目中也已根深蒂固，给消费者有类似于“家”的感觉。为了令客人吃出情调，充分享受吃的愉悦，麦当劳餐厅的室内装修设计是相当有讲究的。麦当劳店内的墙面上，挂有各种各样的卡通、乐园类图画，还有五颜六色的小旗帜、剪图、绿树等，随意而挂，烘托出一种无拘无束的乐园氛围，尽量做到让顾客觉得很舒适。另外餐厅内每一副桌椅的设置都颇具特色：或倚窗，或绕墙，这里拐弯，那里围成一圈。这种桌椅之间布局上的独立性，自然会派生出顾客在用餐时的雅兴，优雅的用餐环境给人带来轻松、舒适和温馨的感受，甚至会使顾客产生出一种迷恋。麦当劳的这种物质情境非常受情侣、老人和家庭的欢迎。

麦当劳在店堂布置和环境设计方面，始终是千方百计地减少顾客吃廉价汉堡时的那种平淡感，而让顾客把麦当劳作为一个具有高雅文化氛围的休闲好去处而终身难忘。在中国市场，麦当劳的消费环境从 2010 年年底改造升级，餐厅设计格调一改“快餐文化”，迎合消费者追求小资的氛围，通过环境舒适的店面增强消费者的品牌认同。

成功的物质环境升级表现为：柔软舒适的沙发椅、充满情调的露天藤椅、现代时尚的立体墙面、免费 Wi-Fi 无线上网，在这个具有标准咖啡厅风格的餐厅里，人们享用的却是薯条和汉堡。随后的 3 年内，超过 80% 的餐厅完成形象升级。据了解，升级的形象整体设计包括采用更多的天然原料、运用柔和灯光、大面积的柔软沙发，每家餐厅的风格会有所不同。

2. 音乐情境

梅里曼做的一项研究调查了两种类型的音乐是如何影响消费者行为的。在9周的时间里实验的超市或者播放快节奏的音乐，或者播放慢节奏的音乐，或者不播放音乐。结果发现，消费者在超市购物时步行速度的快慢取决于音乐节奏的快慢。当播放舒缓的音乐时，按天为基础的销售量增加了38%。有趣的是，当询问顾客是否意识到现在放的音乐与过去放的音乐不同时，他们均未发现其中的差异。由此说明，音乐的影响是潜意识的。由于音乐对顾客、对员工均有正面的影响，所以一些公司专门开发音乐产品用于商场或工作场所播放。音乐是吸引消费者注意、提示商品信息、营造情境范围的极好手段。曾经坐在麦当劳里面，一位消费者对身边的朋友说："我一般喜欢下班后，或者周末，带着孩子来这个地方，因为我觉得在这里就像在家里一样，摆脱了上班时的压力，和孩子尽情地玩耍、说笑，很轻松。"去过类似于麦当劳的人大多都会有这么一种感受：在那里，人们不仅仅是为了吃一块汉堡，喝一杯咖啡——这些东西在外面的便利店随处可见；在麦当劳，人们更多的是去寻求一种精神上的完全放松、休闲的感觉。因而，在麦当劳餐厅里面播放适当的背景音乐可以帮助营造轻松、愉悦的卖场气氛，还有助于品牌的宣传。

3. 时间情境

随着生活和工作节奏的加快，人们的时间压力越来越大，因此，众多以节省时间为目的的产品相继问世。不仅如此，时间还可以作为情境变量对消费者产生影响。作为全球第一快餐品牌的麦当劳在此种情况下推出了自己独特的快速服务"麦当劳得来速"。"麦当劳得来速"是麦当劳汽车餐厅特别的名字，英文表述为"Drive-Thru"，它是一种全新的快餐服务模式。从1975年起第一间"麦当劳得来速"建立以来，迄今已有近三十几年的历史。所谓"得来速"经营模式，即通过3个窗口让消费者在汽车上完成全部购物模式："消费者驾车在第一个窗口点餐，在第二个窗口付钱，然后在第三个窗口取东西，之后开车离去；其全新的服务思路就是将"麦当劳真正快餐感觉"传递给新顾客，让他们体验不用下车就可以享受到麦当劳特有的美味和服务。"得来速"餐厅最大的长处是节省时间，所有的餐厅都把汽车从进入餐厅到出餐厅的最长驻留时间定在3分钟。这种消费模式为广大的汽车主们提供了方便，同时也刺激了汽车消费者的购买行为。

4. 情境与产品之间的影响

西方不少学者对情境、个体和产品对消费者行为的相对影响做了探索，得出一些研究成果。其中包括情境和产品的交互影响，解释了消费者购买行为的近40%。对于套餐，情境和产品的交互影响对购买行为变动的解释超过了30%。麦当劳作为全球第一快餐品牌，其套餐也变成了其主打产品，消费者们对麦当劳的食品比较满意，因为麦当劳迎合了大众的需要，也就是它对顾客的宗旨：提供方便、快捷、营养、安全的食物。本身食物的口味就受大家欢迎，而且食物本身就健康，这样消费者就会更加安心地使用和购买了。而且它又是快捷的购买方式，相比之下，赶时间但是烦琐的中式料理就不怎么占优势，因此会有相当一部分人选择麦当劳。从而就增加了它的客流量，提高了消费者的忠诚度。

像麦当劳这种干净卫生、经济合算、品质优良、方便快捷的家庭式餐馆很受大众的欢迎，其原因与麦当劳的"Q、S、C"标准是密切相关的。它的"Q、S、C"标准意思就是"品质优良，服务周到，地方清洁"。麦当劳的服务是至关重要的，热情、周到、守信是让它忠诚的顾客们第二次踏进店门的重要原因。因此，在这一举措上麦当劳保证了它的卫生和质量，帮助麦当劳赢得了广大顾客的认可，是麦当劳长久发展的必要条件。另外，消费者对麦当劳的就餐环境也比较满意，这对麦当劳来说，无疑是成功的营销战略亮点。通过分析情境因素在麦当劳中的应用，我们可以看出，现在的消费者更加重视的是感官和精神上的需求，不再把商品本身的物质价值作为衡量其商品价值的首要标准，因此经营管理者们应该在营销实战中重视情境因素的重要性。

（资料来源：蒋厚露：《论情境因素对消费者购买行为的影响——以麦当劳为例》，载《现代经济信息》，2012(5)：269～270）

任务描述

(1)麦当劳的情境设计考虑了哪些影响消费者心理与行为的因素？

(2)以小组为单位，选一家连锁经营的中餐馆，采用实地观察、文献调研或人物访谈等方法收集资料，分析该商家的环境因素。

(3)比较麦当劳和中餐馆在店面形象和消费气氛上的异同。在这些餐馆中，你更偏爱哪家？为什么？

(4)借鉴麦当劳的情境因素设计的经验，为你喜欢的一家实体店进行情境设计，写出具体的方案。

任务二十七 微观因素与消费行为

第一部分 学习引导

案例导入

迎合家庭消费者的旅店和度假村

多年以来，旅店业的服务不能使儿童感到满意，消费者对许多高档的旅店和度假村感到失望。但是，近年来一些大型旅游产业，包括美国一些著名的大旅店和度假胜地，开始将儿童作为一个重要市场来看待。

美国家庭人口组成的重要变化是这些旅店和度假村改变营销战略的根本原因。从20世纪80年代开始，生育高峰一代陆续开始生儿育女。一位旅游产业专家说："这些生育高峰一代是最喜欢旅游的一代人。现在他们有了孩子，但是仍希望能带孩子一起去度假，希望能有时间参加属于成年人的娱乐活动。"因为生育高峰一代人生育孩子的时间较晚，并且大多数是双收入家庭，因此，许多家庭在旅游和度假上的支出相当高。

为了迎合这个市场的消费者，许多旅店和度假村想办法来满足小朋友的需求。即使是豪华酒店也增加了白天照顾孩子的项目。下面介绍几个典型案例。

1. 旧金山四季酒店

每晚房价达200美元的旧金山四季酒店，它的管理者已经意识到他们必须要让和父母一起来的这些小朋友们感到满意。酒店的一位管理人员说："许多人喜欢住在高档豪华酒店，并且要把孩子带在身边。"为了适应这种趋势，保住自己的生意，这家大酒店推出了住户项目。现在，酒店成了一家人的安乐窝，酒店要询问孩子的姓名和年龄，当一家人出现在酒店里的时候，服务台的人也会向孩子表示欢迎，并赠送一份适合他们年龄的玩具或者图书。在住店的第一天婴儿会得到免费的尿布和婴儿食品。孩子们会有和父母在一起的、属于自己的房间，并且这种房间可以享受打折优惠。四季酒店会派人照顾孩子，带他们参观博物馆或者动物园，收费标准是每小时5美元。酒店提供夜宵，24小时供应食品。酒店还欢迎小朋友到豪华的餐厅就餐，那里身穿燕尾服的侍者早已接受了如何接待这些小朋友的培训。

2. 喜来登(Sheraton)酒店、凯悦(Hyatt)度假村和希尔顿(Hiltoon)大酒店

夏威夷所有的Sheraton酒店都增加了为4～12周岁儿童服务的项目。只要每天交纳10美元的费用，酒店就可以给儿童安排一系列活动，包括学打网球和学变魔术等。

华盛顿的Hyatt度假村为周末晚会提供方便，孩子们可以钻进睡袋里在起居室过夜，而他们的父母可以住在旁边的卧室里。

曾经被冠以"美国商业胜地"的希尔顿大酒店也为商务旅行的家庭推出了周末促销活动。芝加哥的希尔顿大酒店将婴儿床位增加了3倍，在小房间里放了玩具熊，并且想出办法使父母们可以通过收费电视系统观看成人电影。

3. 夏威夷地中海俱乐部(Club Med)旅店

旅行社和度假的组织者们对市场的变化也做出了反应。以家庭为目标市场的旅行社生意非常火爆。现在甚至有了一份月刊《和您的孩子一起旅游》，介绍家庭旅游市场的最新发展动态，并介绍为孩子增加的服务项目。20世纪80年代初期，只有1/12的旅店提供适合孩子的服务项目(迪士尼这样适合家庭的主题公园除外)。10年后，仅夏威夷就有50家为整个家庭提供服务的旅店。

那些曾经忽视儿童的公司也开始学习如何来迎合小朋友。Club Med曾经是独身者旅店的缩影，这家旅店价格固定，顾客可以在设在世界各地的该旅店度假村进行观光。但是由于生育高峰一代年纪逐渐变大，开始结婚生子，旅店正面临顾客减少的危险。

因此，20世纪80年代中期以来，Club Med一改从前单身者乐园的形象，开始将注意力集中到家庭旅游市场。1987年，旅店接待了约80 000名儿童(当然还有他们的父母)，这个数字比上一年增长了10%。1988年，公司在佛罗里达开设了第一家"婴儿俱乐部"，在开业的头一年就接待了1 500名2周岁以下的孩子。现在该旅店一半以上的顾客是已婚者，许多人是和孩子一起住店的。到了90年代中期，Club Med已经开设了6个家庭村。旅店将继续增加适合家庭的新项目，包括一家为离异家庭建的旅店，在这家旅店里，孩子可以和父亲住一个星期，再和母亲住上一个星期。该旅店还陆续为家庭开设了

旅游线路。

随着休闲旅游市场的高速发展，商业旅游的发展速度放缓，有更多针对家庭旅游市场的营销战略出现。

（资料来源：《消费心理学案例集》：www.360doc.com/content/11/1221114/977509）173872378.shtml，2020-06-15）

案例讨论：

(1)对于如下三种类型的家庭来说，决定到哪里度假这一家庭购买决策过程会有什么差异？这三种家庭分别是：孩子年纪在七八岁以下的家庭，孩子年纪在9～14岁的家庭和孩子年纪在15～19岁的家庭。这些差别对于文中提到的旅店和度假村的营销战略有什么启示？

(2)思考一下旅店和度假村该如何利用家庭生命周期来找到潜在市场，并且制订出相应的市场营销战略。

影响消费者购买行为的因素很多，除了内在因素，还受到外在因素的影响，如家庭、朋友、同事等相关群体的观念、意见、看法。本节将从微观角度，分析个体因素及相关群体因素对消费行为的影响。

一、消费者个体特征因素与消费行为

消费者购买是以个人和家庭为购买和消费单位的，消费者购买决策受其个体特征的影响，特别是受其年龄所处的生命周期阶段、职业、经济状况、生活方式、个性以及自我观念的影响。其中，个性是指一个人所特有的心理特征，它导致一个人对其所处环境的相对一致和持续不断的反应。

1. 生命周期阶段

美国经济学家弗朗科·莫迪利安尼提出了生命周期消费理论，该理论认为消费者的收入及收入与消费的关系同整个生命周期内的不同阶段有关，消费者会在很长的时间范围内规划他们的消费开支，以求得在整个生命周期内消费的最佳配置。生命周期理论对现实经济生活中的消费和储蓄行为的分析得出结论，一个典型的消费者在安排消费和储蓄时，是从其整个生命周期追求跨时消费平滑来实现消费效用最大化的。

人的生命周期大致可分为5个阶段：儿童、青少年、青年、中年、老年。消费者对产品的需求会随着年龄的增长而变化，在生命周期的不同阶段，相应需要各种不同的商品。如在幼年期，需要婴儿食品、玩具等；而在老年期，则更多地需要保健和延年益寿的产品。

2. 经济状况

消费者的经济状况是指消费者的收入、存款与资产、借贷能力等，消费者的经济状况会强烈影响消费者的消费水平和消费范围，并决定着消费者的需求层次和购买能力。消费者经济状况较好，就可能产生较高层次的需求，购买较高档次的商品，享受较为高级的消费。相反，消费者经济状况较差，通常只能优先满足衣食住行等基本生活需求。

3. 生活方式

生活方式是指人们为了满足生存和发展的需要而进行的全部活动的总体模式和基本特征，涉及人们吃、穿、住、行、乐方面的稳定而系统的行为，体现在活动、兴趣、观点、态度、消费、期望、情感等方面，即一个人所表现的有关其活动、兴趣和看法的生活模式。从根本上来说，是自我概念的表现。

人口统计因素、文化、亚文化、社会阶层、家庭生命周期、过去的经历、动机、个性、情绪、价值观决定了消费者的生活方式，不同的生活方式，直接影响了消费者的消费行为，比如在什么时候、什么地方购买什么东西，在什么地方、和谁消费，如何消费，什么时候消费，消费什么等。

4. 个性

个性是一个人特有的心理素质，通常用刚强或懦弱、热情或孤僻、外向或内向、创意或保守等去描述。个性不同的消费者具有不同的购买行为。如：个性刚强的消费者在购买中表现出大胆自信，而个性懦弱的消费者在挑选商品时往往缩手缩脚。

5. 自我概念

自我概念是个体对自身一切的知觉、了解和感受的总和，是对自我的看法，或对“我是谁”的理解。自我概念是影响个人行为的深层因素，并驱使人们的自我概念和自身行为达成统一，因此它影响和制约着消费者的消费心理和消费行为，并支配着消费者的购买行为。

自我概念具备以下原则：自我的一致性和自我尊重的强化；在很多情况下，消费者购买产品不仅仅是为了获得产品所提供的功能效用，而是要获得产品所代表的象征价值。如购买“劳斯莱斯”“宝马”，对购买者来说，显然不是单纯地购买一种交通工具。人们倾向于根据自己的拥有物来界定自己的身份。某些拥有物不仅是自我概念的外在显示，它们同时也是自我身份的有机组成部分(延伸自我)。

二、家庭因素与消费行为

1. 家庭结构

家庭结构是指家庭由哪些成员组成。家庭结构是影响消费行为的重要因素。家庭结构的类型主要有以下几种。

(1)三代或更多代人同堂的家庭，即年青夫妇，他们的子女，他们的父母乃至他们的祖父母组成的家庭。这种家庭叫扩大型或延续型家庭。

(2)两代人家庭，即夫妇和未成年子女组成的家庭。这种家庭又称为核心型家庭。

(3)一对夫妇组成的家庭，又叫夫妻型家庭。

2. 家庭生命周期

(1)单身阶段

人到青年期以后就要逐步脱离家庭而单独生活，刚刚独立出来又没有结婚的这段时期属于家庭生命周期的第一阶段。在我国，单身青年一般经济上没有负担，他们的购买力比较强。单身的后期，找到伴侣后，他们会汇聚个人的积蓄加上父母和朋友的援助，购买能力达到高峰。

(2)新婚阶段

从结婚到生第一个孩子的时期为新婚阶段。此时，他们都没有其他生活负担，婚后两个人的收入又合到一起，花费又一起商量，是进一步地充实和美化生活的阶段。

(3)做父母阶段(又叫满巢阶段)

从生第一个孩子起，作为家庭来说，开始了当父母的新阶段。这一阶段一般要经过20年左右的时间。反映在消费活动上，家庭消费不再取决于个人的兴趣，增加了购买孩子日用品的需求。经济条件的富裕程度较新婚阶段有所下降。

(4)做父母之后的阶段(又叫空巢阶段)

指子女已经独立生活，能够自己挣钱，不需要依靠父母的家庭生活阶段。这是家庭经济状况最好的时期，可以享受生活或外出旅游。

(5)分解阶段

从丧偶开始，为了填补感情上的空隙，这一阶段，往往多从事娱乐性的或消磨时间的活动，甚至和其他老年人一起旅游和参与社会活动。

在企业营销中应关注家庭对购买行为的重要影响。研究家庭中不同购买角色的作用，可以利用有效营销策略，使企业的促销措施能够引起购买发起者的注意，诱发主要购买者的兴趣，使决策者了解商品，解除顾虑，建立购买信心，使购买者购置方便。通过研究家庭生命周期对消费购买的影响，企业营销可以根据不同的家庭生命周期阶段的实际需要，开发产品和提供服务。

三、参照群体因素与消费行为

1. 参照群的含义

参照群体是社会群体中的一个类型，是个体在形成其购买或消费决策时，用以作为参照、比较的个人或群体。根据参照关系上的个体的地位和参照人或群体对个体的影响程度，参照群体可分为不同的类型。例如：工作群体、与消费者密切相关的社会群体、家庭、朋友、大规模的社会群体、购物群体、消费者行动群体。

由于群体存在一些共同的信念、态度和规范，它们对消费者的行为将产生潜移默化的影响。群体规范和压力会促使消费者自觉或不自觉地与群体的期待保持一致。很多产品的购买和消费是与群体的存在和发展密不可分的。

2. 参照群体的功能

参照群体具有规范和比较两大功能。

规范功能在于建立一定的行为标准并使个体遵从这一标准，比如受父母的影响，子女在食品的营养标准、如何穿着打扮、到哪些地方购物等方面形成了某些观念和态度，个体在这些方面所受的影响对行为具有规范作用。

比较功能是指个体把参照群体作为评价自己或别人的比较标准和出发点。如个体在布置或装修自己的住宅时，可能以邻居或仰慕的某位熟人的家居布置作为参照和仿效对象。

3. 参照群体对消费行为的影响

参照群体对消费者行为产生的影响主要可归纳为三种：信息性影响、规范性影响、价值表达性影响。

(1)信息性影响

当消费者对所购产品缺乏了解，凭眼看手摸又难以对产品品质作出判断时，他人的使用和推荐将被视为有用的证据，由此对消费者行为产生信息性影响。

(2)规范性影响

当消费者遇到不确定性时，会积极地从他们认为具备相应知识的人那里收集相关的消费信息，观察那些他们认为是“消费专家”的人的消费行为，或依据某人或某群体的代言人来推断品牌质量，由此对消费者行为产生规范性影响。群体在这方面对个体的影响，取决于被影响者与群体成员的相似性以及施加影响的群体成员的专业性。

(3)价值表达性影响

消费者的价值表达受到参照群体的影响。个体之所以在奖惩的情况下自觉依群体的规范和信念行事，主要是基于两方面力量的驱动。一方面，个体可能利用参照群体来表现自我，以提升自我形象；另一方面，个体可能特别喜欢该参照群体，或对该群体忠诚，并希望与之建立和保持长期的关系，从而把群体价值观视为自身的价值观。

消费者在购买不同性质的物品时参照群体对其购买行为的影响程度是不同的，处于不同所属群体的人受参照群体影响的程度不同，参照群体的影响在某些特定的环境下会失效，参照群体对消费者行为产生影响，从而使消费者产生一定的从众心理是正常的，在自身各种条件允许的前提下可以，但消费者必须坚持适度原则，切勿不切客观实际地盲从消费。

4. 虚拟群体

随着信息与网络技术的发展，社会生活中又产生了一个新的群体——虚拟群体，它主要基于虚拟社区而非地域性社区。网络从时间和空间上根本改变了传统的社会交往和人际沟通的方式，形成了许多独特的观念、准则。网络使用者之间的个人、群体、社会关系，形成了一种虚拟的群体组织和社会关系。这些虚拟群体具有与现实群体的共性，即共同的兴趣和目标、持续的社会互动交流、共享价、会员规范或准则。

虚拟社区是一个在某种技术支持或规范的指导下，围绕人们的共同兴趣或话题，进行信息交流与人际互动，以在线方式创造社会和商业价值的网络虚拟空间。

虚拟社区最显著的特性是它的平台性。它为人们就特定话题的讨论提供了便利的平台，有专业的人员进行开发、管理和维护。而虚拟社区成员之间共同的兴趣，以及持续互动所建立的情感或人际关系，有可能对个人的态度、价值观、决策、行为等产生影响。从这个角度来讲，对消费者来说，虚拟群体在社会网络的社会化过程中扮演一种网络参照群体的角色。

第二部分 实践活动

活动 30 以小组为单位，分析本小组研究商家的环境因素

案例分析 8-3

茶消费行为中的群体因素

中国是茶的故乡，中国人发现并利用茶，据说始于神农时代，至少有 4 700 多年的历史。直到现在，我国各民族还有以茶代礼的风俗。从国内茶叶的消费方式看，自己喝茶、家人喝茶、客人喝茶及送礼占据了茶叶消费方式的大部分比例，这说明茶叶兼具公开性与私人性消费品的特点，茶叶的价格从几十元一斤到几千元一斤不等。因此茶叶又可看作兼具必需品与奢侈品的特点。

Park 等人提出的三种参照群体影响方式已被广泛接受，下面从这一理论出发针对青年群体进行应用分析。

1. 信息性影响

让一部分群体不断获得与茶相关的知识等，使其具备丰富的茶文化素养，就可以使其成为对周围人群有影响的信息源。

(1)建立茶友会

亲朋好友对个体茶叶信息的获得与消费行为有重要影响，因此可以通过建立茶友会的方式来促进茶叶消费。茶友会的主旨是以茶会友，让有共同兴趣爱好的人一起活动。活动内容可以涉及茶鉴赏、茶文化品鉴，还可以涉及琴棋、书法、绘画等，也可以组织各类登山等有益身心的文体活动。通过开展青年人喜闻乐见的社团活动，培养兴趣，陶冶身心，同时获得茶文化知识。通过活动的不断开展，会员们逐渐成为茶消费领域的意见领袖，进而增强他们对周围同龄人群体茶消费的影响力。

(2)开展社区活动

茶企、茶协会可以组织人员走进社区举办各类茶文化公益宣传活动，增加茶对居民的吸引力，茶文化或茶产品可以融入各种形式的活动之中，比如知识竞答、才艺表演或健康咨询等。针对青年群体，还可结合育儿、教育等内容，也可以设计融入缓解职场压

力、关注职业发展等内容的活动。

(3)举办公益讲座

将茶文化搬进大学校园，举办公益讲座或与大学的选修课结合，主讲人要具备一定的影响力，使这种形式的传播具有权威性、知识性及趣味性。由于大学生是一个接受能力强的活跃群体，这种做法能够起到很好的宣传效果。

中国特别强化文化自信，中小学教育中广泛增加了传统文化的教育内容，在这种形势下，能让茶历史、茶艺、茶功能等茶文化公益讲座走进中小学，丰富学生的传统文化素养。既通过学生们的学习活动影响年轻的家长，又能在新一代的学生心中留下茶文化的烙印。

(4)建立微信公众号

移动互联网的发展使得人们的生活、工作方式都发生了变化，微信已成为众多手机用户使用的沟通工具。因此，可以在微信公众号上发布权威的茶文化相关知识，帮助人们选茶、购茶和品茶，促进茶文化融入青年人的生活；可以不定期举办各种有奖活动，引导青年群体将茶文化相关内容在朋友圈进行分享，扩大传播面；为促进微信公众号自身的推广，可适当增加一些时尚话题内容，还可通过微博、网站等途径推广公众号。这些方法都有利于公众号在参照群体中产生更广泛的影响。

(5)推进茶产区旅游

随着生活水平的提高，人们对健康生活方式的追求更加迫切，国内旅游市场发展良好。推进茶产区针对青年群体的旅游项目有利于茶消费的推广。茶产区一般有优良的气候、自然的地理条件。通过适度的旅游开发，能够提供特色旅游产品。一方面，各茶产区有独特的茶产品；另一方面，还具备独特的人文自然等资源，人们可以品茶、赏茶艺和了解茶知识，更能感受多方位的茶文化。可以通过游客的传播来推动茶消费及茶文化在青年中的推广。

2. 规范性影响

建立青年群体饮茶的形象，通过网络、户外广告、电视、销售点POP广告等多种形式进行宣传，也可以制作软文进行宣传，还可以在青年群体中进行茶故事分享等活动，将茶消费、茶话题引入青年生活。在商业区、校园和新兴社区等青年人居多的地方可以开展形式多样的品茶等茶文化相关活动。随着青年饮茶形象与观念的树立，利用归属需要所形成的群体压力，将不断促使茶消费在青年中扩散。

3. 价值表达性影响

与上述的个体被动接受参照群体影响的“规范性影响”不同，价值表达性影响则是个体主动参与参照群体的价值表达。通过树立一种价值观将体验茶文化、茶消费等确定为一种终极的幸福与快乐，以内化为先提出表达自我概念的需要，个体会做出与群体一致的行为。可以通过整合营销传播、活动事件营销等不断强化这种价值观念，促进茶消费。

（资料来源：吴进：《茶叶消费行为中参照群体影响方式的应用研究》，载《福建茶叶》，2018，40(6)：274～275）

任务描述

(1)结合以上材料，了解你身边同学的茶消费现状，请你谈谈如何促进大学生的茶消费行为。

(2)另举一例，说明微观层面的环境因素是如何影响消费行为的。

项目九　营销策略与消费行为分析

项目概述

产品是消费者从事消费活动的对象和载体，消费者的心理活动、需求动机、购买决策及购买行为都是围绕产品而发生和进行的；价格是影响消费者购买的最具刺激性和敏感性的因素之一；广告是企业传递商品和服务信息，吸引并说服消费者进行购买的主要促销方式之一。企业会根据消费者心理与行为的特点与规律，针对其目标市场的需求而制订产品、价格、广告、促销、渠道等方面的营销组合策略，有效地引导需求，促进购买行为。本项目将引导学习者分析企业如何基于消费者心理与行为的特点和规律去设定产品推广策略、价格策略及促销策略，要求理解和掌握营销组合策略与消费者心理与行为的内在联系。

项目目标

知识目标

1. 对营销策略与消费者行为之间的关系有整体性认识；

2. 掌握产品策略、价格策略、促销策略对消费者行为的影响方式。

能力目标

1. 能够从消费者心理与行为的特点和规律角度正确分析和理解企业设定的产品推广策略、价格策略及促销策略；

2. 能够根据目标市场的消费者心理与行为的特点为企业在确定产品名称、外观及包装、商标的设计、定价和调价、促销策划方面提出相应的建议。

素养目标

为企业提出营销策略建议时应有科学客观的态度。

任务二十八 产品与消费心理及行为

第一部分 学习引导

案例导入

娃哈哈的商标战略

有了好产品，还须有叫得响的好名称，这已成为我国企业界人士的共识。让我们一起探究一下杭州娃哈哈食品集团公司的发展历程。

当初，工厂与有关院校合作开发儿童营养液这一冷门产品时，就为取名之事花了很大精力。他们通过新闻媒介，向社会广泛征集产品名称，然后组织专家对数百个应征名称进行了市场学、心理学、传播学、社会学、语言学等多学科的研究论证。由于受传统营养液起名习惯的影响，人们的思维多在“素”“精”“宝”之类的名称上兜圈子，谁也没有留意源自新疆民歌的“娃哈哈”三字。

厂长宗庆后却独具慧眼地看中了这三个字。他的理由有三：其一，“娃哈哈”三字中的元音 a，是孩子最早最易发的音，极易模仿，且发音响亮，音韵和谐，容易记忆，因而容易被他们所接受；其二，从字面上看，“哈哈”是各种肤色的人表达欢笑喜悦之状的词语；其三，同名儿歌以其特有的欢乐明快的音调和浓烈的民族色彩，唱遍了天山内外和大江南北，把这样一首广为流传的民族歌曲与产品商标联系起来，能够提高它的知名度。一言以蔽之，取这样一个别致的商标名称，可大大缩短消费者与商品之间的距离。宗庆后的这一见解得到了众多专家的赞同。

商标定名后，厂里又精心设计了两个活泼可爱的娃娃形象作为商标图形，以达到商标名称和商标形象的有机融合。

“娃哈哈”商标一经国家商标局注册，企业便利用报纸、广播、电视等大众传播媒介进行大规模的广告宣传，以期先声夺人，占领市场。在许多地区，一些侵权或变相侵权产品始终难以打开销路，因为消费者就认“娃哈哈”，形成了处处可见“娃哈哈”的良好销售环境。

（资料来源：《娃哈哈品牌营销分析》，百度文库，2020-05-15）

一、新产品的开发推广与消费心理及行为

1. 新产品的含义

所谓新产品是指在整体产品中，对任何一种产品某方面进行创新和变革，使产品有了新的结构、新的功能、新的品种或增加了新的服务，给消费者带来了新的效用和利益，与原产品产生差异，则可视为新产品。

2. 新产品的设计与消费者心理

消费者接受新产品的心理原因主要包括：

(1)求新心理

新产品刚上市时，每一种新产品都以与众不同的形式出现，具有强烈的刺激性，容易引起消费者尤其是一些喜欢标新立异的消费者的关注。这些消费者通过接受新产品来满足他们的好奇心。求新心理是一种普遍的、易变的、不稳定的心理现象。

(2)模仿心理

模仿是指消费者倾向于再现他人一定的外部特征和行为方式，如姿态、动作和行为。在社会消费关系中，处于不同层次的消费者在消费倾向方面是相互影响的，尤其是收入水平和消费水平较低的消费者，往往把收入水平和消费水平较高的消费者的消费行为当作模仿的对象。这种模仿心理是新产品得以扩散的条件。

(3)从众心理

从众心理是指消费者暂时放弃个人的信念和态度，采取与大多数人一致的信念与行为。人们常需要社会认同感，愿意去接受大多数人所接受的东西，认为符合潮流的产品都是好的，因此对新产品不屑一顾的消费者很少。

因此，新产品设计需要符合社会消费潮流，满足消费者追求时髦的心理；符合人体科学要求，满足消费者享受心理；符合时代审美要求，满足消费者求美心理；具有象征意义，满足消费者的个性心理；产品造型设计要符合消费者情感要求，这样才能满足消费者需求，从而得到消费者的认可和购买。利用消费者的从众心理，使新产品在市场上得以大面积扩散。在新产品扩散的中期，早期购买者购买和使用新产品后，产品的优越性得到证实，消除了其他消费者的疑虑并增强了其对新产品的信心，受从众心理和模仿心理的影响，在产品生命周期中的中期和晚期阶段会有较多的购买者。

3. 新产品的推广策略与消费者心理及行为

新产品上市推广的主要作用就是通过广告、促销等形式手段，建立产品知名度乃至美誉度，引起消费者对新产品的关注，引导消费者了解新产品，产生首次购买的动机，在满足消费者需求、得到消费者认可后，采取措施激发其重复购买的欲望。市场推广就是选择合适的场所或媒体针对合适的人群开展形式多样的合适的宣传告知，让这些人群产生好感、达成感性消费。

新产品市场推广要想获得成功，首先必须进行市场调查，在此基础之上，根据市场调查分析报告提炼新产品 USP(Unique Selling Proposition，也称为“独特销售主张”，USP 理论由美国罗瑟·里夫斯提出，是指要求企业向消费者说出一个“独特的销售主张”或“独特的卖点”)。营销策略规划将基于对消费者的分析，从品牌形象建设、媒体广告投放、促销推广活动、公关活动等方面展开。

(1)市场调查阶段

调查目前市场上同档次主要竞品、主要消费人群、目前总体市场表现、消费者对市场上竞品的总体评价(包括质量、价格、包装、购买地点、促销等)，以及消费者购买行为分析、消费者需求分析等。目的在于获取最真实的市场情况、分析目前市场上的现实需求点。

(2)确定产品 USP

根据市场调查分析结果，进一步修正、提炼有针对性的新产品 USP。挖掘新产品带给消费者的流行心理、象征性、求美心理、便利心理、安全心理等心理诉求，突出新产品的相对优越性、新产品适应消费习惯的程度，说明新产品结构性能的复杂性程度和操作难易程度，产品使用的效应及产品信息的沟通性。从形式到广告语，全面完善 USP 系统，包括产品独特销售主张 USP、产品包装设计、广宣品设计、广告片设计等。这一环节直接决定新品上市后市场接受程度的好坏。

例如：企业为感冒药“白加黑”提出独特的销售主张，成为营销界一个了不起的创意案例。当时市场上感冒药的同类药品很多，市场已呈现高度同质化状态，中成药或西药都难于做出实质性的突破。康泰克、丽珠、三九药业等大品牌企业凭借强大的广告攻势，各自占领一部分市场，当时实力并不十分雄厚的江苏启东盖天力制药股份有限公司凭借崭新的产品概念和 USP，在短短半年里就后来者居上。企业把感冒药分成白片和黑片，并把感冒药中的抗组胺成分“扑尔敏”加入黑片中，不仅在品牌外观上与竞争品牌形成很大的差别，更重要的是它与消费者的生活形态相符合，达到了引发联想的传播效果。在广告公司的协助下，“白加黑”确定了特点突出、易于识记的广告口号“治疗感冒，黑白分明”，所有的广告传播的核心信息是“白天服白片，不瞌睡；晚上服黑片，睡得香”。产品名称和广告信息都清晰地传达了产品概念。

(3)规划产品营销策略

营销策略规划包括产品策略、价格策略、市场拓展策略、渠道策略、促销策略、组织策略等。

产品策略是指确定产品市场定位、产品组合、产品生命周期等。产品市场定位是要明确目标消费人群及其消费行为特征和消费购买因素等。产品组合是指确定产品由哪些品类或哪几个品种、哪几种规格等构成。关注产品生命周期，即制订产品在导入期、成长期、成熟期、衰退期整个过程中的发展策略，采取升级换代产品发展策略，亦或重新开发产品发展策略等。

价格策略即价格体系设计与价格管理等。价格体系的制订可以采取成本叠加法或建议零售价倒推法。价格管理是指价格如何跟随市场状况变化而调整的策略，比如先高后低、稳定价格或先低后高等，制订价格策略也需要结合目标消费人群对价格的敏感度及经济状况等因素。

市场拓展策略主要是指界定重点区域、次重点区域和一般性区域，并且明晰各个区域的拓展顺序及时间安排。渠道策略包括规划渠道模式、渠道结构、渠道成员管理等。渠道模式就是如何设计渠道类型、渠道层级。比如采取直供终端、分销或者混合模式，在分销可以采取省级总代理模式或小区域独家代理等渠道模式，可以采取多层级分销，也可以采取单层级分销，等等。渠道结构就是不同区域的渠道成员如何设置，数量是多少，以及怎么分配，一般而言区域渠道结构可按照分区域、分渠道、分品项来设置。渠道成员管理就是经销商进行调整和开发，现有经销商的评估调整、新经销商的开发甄选。

促销策略就是消费者促销推广活动、渠道促销推广活动等。消费者促销推广活动就是针对消费人群开展，目的在于拉动终端销售，包括赠饮派发、产品导购、买赠、捆绑促销、积分促销等多种形式。需要注意的是，必须有一个系统规划：哪些区域、什么时间、什么地点、什么频次、什么内容等。渠道促销推广活动就是针对渠道成员开展，目的在于推动产品进入各级渠道环节，包括首批进货奖励、次级进货奖励、累积进货奖励、捆绑买赠、产品搭赠等多种形式。

组织策略就是组织架构搭建、团队组建、团队内部管理等。组织架构搭建是完全基于新品营销发展的内部组织保障，贯穿从新品概念提炼到新品衰退整个营销过程。组织架构搭建包括部门、岗位的重新梳理，可以考虑构建固定的产品经理岗位进行总体策划和组织协调，也可以构建基于新品上市推广的跨部门行动小组，另外还会增编临时促销或导购团队。团队组建就是基于新品的内部岗位人员重新调整配置。团队内部管理就是在整个新品上市推广过程中的内部营销管理。

(4)新产品市场推广的实施

①终端销售氛围的营造。有调查数据表明：65%的消费者受产品的终端形象、活动影响而发生购买转移行为。因此，终端销售氛围的营造，目的在于强化产品品牌形象在目标消费人群当中的印象。若不重视终端销售氛围的营造会使产品在目标消费者心目中无法形成任何印象，即使新颖独特的产品已上市数月，消费者也可能仍不知道此产品的存在。因此，终端销售氛围营造是市场推广活动的前提，目的在于提高消费者对产品的认知度。终端销售氛围的营造主要包括产品规范陈列和终端形象包装，必须尽最大可能达到铺天盖地、无处不在的效果，使产品在目标消费者心目中形成震撼的视觉冲击力，留下难以忘怀的深刻印象。

首先充分挖掘和利用公司现有的一切资源，包括助销品、相关费用，再加上运用良好的客情关系，包括经销商、终端门店，为终端销售氛围的营造打下坚实的基础。营销人员在区域市场内，必须集中优势力量重点扶持几个核心终端，做到以点带线、以线带面，最终达到影响整个销售市场的目的。

终端销售氛围的营造不是一蹴而就的简单工作，需要纳入日常化管理之中，并定期考核。否则，如果终端销售氛围的营造时断时续，势必造成资源浪费、前功尽弃，难以达到长期效果。利用常规终端建设、耐用终端建设以及软终端建设进行终端销售氛围的营造，以刺激消费者的注意，从而关注和了解产品信息。常规终端建设是利用海报、支架、易拉宝等POP分别针对核心门店、重点门店、一般门店进行策略性包装；耐用终端建设是将各类别门店的门头、背景墙、灯箱、专柜等区域进行产品形象的包装；软终端建设则是调动一切可利用的终端一线人员专注于产品的终端拦截，如派发员、导购员、促销员、营业员等。

②媒体宣传。市场推广活动的开展必须结合媒体宣传告知，使市场推广活动的信息得到最广泛的传播，诱导目标消费者发生购买行为，也在于凝聚促销现场的人气，促成

终端门店对人流、现金流的预期。

媒体宣传告知除了传统的电视广告、报纸广告、广播广告等外，还有更多的表现形式，如路演、软文、传单、邮报、手写海报、店内广播、门店显示屏、短信等。营销人员可结合区域市场特点以及公司的实际投入力度来制定最有效的媒体宣传组合，达到事半功倍的宣传效果。除了在终端门店内部采用手写海报、看板、条幅、店内广播、店内显示屏等方式；在终端门店外部，还可以采用路演、传单、邮报、店外显示屏等形式；或采用电视字幕或电台推送信息、报纸软文及推送短信等方式，形成立体的媒体宣传模式。

媒体宣传要避免资源投入的浪费或者不到位。首先要考虑市场实际状况，权衡本产品与其竞品在市场表现上的差距，并结合公司投入力度，拟订阶段性媒体宣传实施方案，即铺垫期、启动期、高潮期、收尾期的宣传传播方案，力求将有限的资源投入到核心、重点区域、门店，有效直达目标消费者，以免造成资源的严重浪费。

③促销推广活动。促销推广活动肩负着品牌建设的任务。促销推广活动要选定一个主题，要从目标消费者的心里挖掘最富有煽动性的促销推广活动主题，并以此主题为整个促销推广活动的核心，目的在于提高品牌美誉度。需要整合各种营销要素，在终端与消费者形成互动的氛围，最大限度拉近消费者与产品及企业的心理距离，吸引一批忠诚消费群体，从而有效地推动产品销售业绩的持续增长。

促销推广主题要从一个时间段中考虑，在这个时间段设计不同的主题，但是每个主题之间必须有联系，整个活动主题要一脉相承，形成具有震撼效果的品牌影响力。促销推广活动主题要与产品品牌诉求和产品定位相一致，避免给目标消费者造成混乱的印象；必须根据公司整体品牌战略目标来确定；选定的促销推广活动主题关键在于要打动消费者，一定要贴近目标消费者利益，围绕他们关注的重点；促销推广主题要简洁、突出、富有创意，并且朗朗上口，反映促销推广活动的核心思想；促销推广主题还要充分利用节日、纪念日及时势热点，诸如春节、母亲节、奥运会等，有一定的新闻价值，在一定程度上能够引起社会舆论的关注。

主题促销推广活动主要有三种：以产品为主题的促销推广活动；以季节特点为主题的促销推广活动；结合特定节假日的促销推广活动等。主题促销推广活动不是简单的买赠、特价、路演等活动形式，而是围绕一系列主题来体现出品牌的诉求和定位、消费者的利益。

二、商品品牌与消费心理及行为

1. 品牌的定义

品牌是用以识别某种或某群销售者的产品或服务，并使之同竞争对手的产品或服务相区别的名称、术语、标记、符号或设计及其组合。商品品牌包括商品名称和商标。消费者在正式接触商品之前是通过商品名称和商标来认识商品的。商品品牌可以产生一种先声夺人的心理效应，是商品信息与消费心理的第一个接触点。商品品牌本身可以对消费者产生一种特殊的心理作用。

2. 商品名称与消费心理

(1)商品名称的心理功能

①认知功能。商品名称能够概括地反映商品特征、性能、用途等基本信息，因此，通过对商品的命名可以使消费者认知商品，并加速消费者对产品的接受过程。

②记忆功能。对于一般消费者来说，记住商品名称要比记住实体本身容易得多。因此，为产品命名时应遵循人们记忆的一般规律，选择简洁、贴切、易读、易懂的文字，以便充分发挥名称的记忆功能，使名称在消费者头脑中留下深刻印象。

③情感功能。情感是人们对客观事物的态度，情感有积极与消极之分。符合消费者心理特征的商品名称有助于激发消费者对商品本身的积极情感，使商品为消费者所信赖和喜爱。当然，如果商品名称与消费者的心理特征、消费习惯、文化背景相抵触，就会诱发消费者消极的情感，不利于商品的促销。

④联想功能。如果商品的名称超凡脱俗、寓意深远，或活泼风趣、幽默形象，或健康向上、强调高雅，还能够启发消费者对美好事物的联想，加深对商品优点的理解和对商品的喜爱。例如，“的确良”面料、“开口笑”小食品、“喇叭裤”和“荷花灯”等都具有独特的联想功能。

(2)商品命名的原则

为更好地发挥名称的心理功能，在为商品命名时还应注意以下原则。

①名副其实。商品的名称应当如实反映商品的主要性能和特点，使消费者看到或听到其名称就知道是什么商品，否则将失去消费者对产品的信任。

②简洁明了。商名名称的用字要尽可能少，一般不超过5个汉字，以利于消费者的听、认、读、写和记忆。

③通俗易懂。商品名称应当朴实大方，具有通俗化、大众化的特点，能够为广大消费者所理解和接受。尽量不使用专业化过强的词语，也不要使用生涩偏僻的文字和方言土语。

④寓意深刻。商品名称应当具有特有的科学性与艺术性，要有一定的知识性和趣味性，能够诱发消费者的美好情感。

⑤独具匠心。商品名称应当体现创新精神，既要符合消费心理，又要符合商品特征，突出与同类商品的差异性，使人过目不忘。

⑥避免禁忌。商品名称还应当与商品销售地区、对象相适应，要特别注意避免各种民族的、宗教的消费禁忌，尊重消费者的习惯与偏好。

(3)商品命名策略

为商品命名应当针对消费者的心理特征，使之刺激消费者有益心理感受的形成，同时兼顾语言学、美学、民俗学、社会学等有关方面的基本规律。具体策略主要有8种。

①依商品的主要效用命名。如洗衣机、电扇、空调、对讲机、笔记本、太阳镜等，采用的都是主要效用命名策略。采用这种策略，商品名称能够直接指明商品的主要性能

与用途，使消费者能迅速了解商品，迎合了消费者追求实用性的心理，易于取得消费者对产品的信赖。这种策略适用于各种日用工业品、中西药品等。

②依商品的主要成分命名。采用这种策略，商品的名称直接表明了该商品的主要成分，以区别于其他商品，因而有助于消费者更好地了解商品的功效，增强消费者的信任感，促进购买欲望的产生。这种策略适用于食品类、药品类、营养品类等成分复杂的商品。八宝饭、牛黄上清丸、蜂王浆、纯羊绒衫、真丝衬衣等都是按这种策略命名的。

③依商品外形命名。如果商品的外形比较独特，以外形特点为商品命名，一方面可以突出商品特征，引起消费者注意；另一方面借助于名称形象化还有助于提高名称的记忆功能，促进商品的销售，例如，蝙蝠衫、连衣裙、高跟鞋、无跟袜等。凡是外观独特的商品都可以采用这种策略。

④依商品的制作工艺命名。这种策略适用于制作工艺或方法独特的商品。按照这种策略为商品命名，可以使消费者了解该种商品生产的复杂性，从而提高商品的心理地位，增强对商品质量的信赖。二锅头酒、景泰蓝工艺品等都是应用这种策略命名的典型。

⑤依产品的产地命名。按照这种策略命名，就是在商品普通名称前加上产地名称，例如，龙井茶、茅台酒、青岛啤酒、东北大豆、云南白药等。采用这种策略能给消费者以商品真实可靠、品质上乘、具有地方风味的感觉，满足消费者的求名心理。生产历史悠久、确有特色的地方产品适宜采用这种策略。

⑥依人名命名。这是指将历史名人、传说人物或产品的发明人、制作人与产品联系起来命名的做法。如中山装、东坡肉、张小泉剪刀、麻婆豆腐等。采用这种策略的心理作用是使消费者感觉产品历史悠久、用料考究、工艺精良，激发消费者的美好联想和惠顾动机。

⑦用褒义词命名。这是指在确保不会使消费者产生误解的前提下，选用某种美好的词语为商品命名的做法。这种做法在中药材的命名中比较普遍，如用“地龙”代替蚯蚓，用“天龙”代替蝙蝠等。采用这种策略可以消除俗名对消费者心理的不良影响。

⑧用译言命名。对于某些外来商品，如果将原名翻译成汉语会使人很难理解，很难发言，因此可以直接用译言的中文字来命名。采用这种策略可以克服消费者对商品的陌生感，缩短商品与消费者之间的心理距离，同时还在一定程度上满足了消费者求奇、求变的心理，如维他命、巧克力、三明治、沙发、吉他等都是这种策略的产物。

3. 商标与消费心理

商标是依法经有关政府部门登记注册的商品品牌的全部或部分内容，通常由文字、数字、标记、符号、图案或这些项目的组合体构成。简单地说，商标就是商品的标记，但它不同于其他标记，商标是一个法律概念。商标依法登记注册后就会受到法律的保护。在商品经济高度发达的今天，商标在诱导消费需求、促进销售方面的作用越来越重要。一些世界驰名商标的资产价值已高达数百亿美元，如可口可乐、埃克森、万宝路等。所以，重视商标的设计与应用，注意从心理学角度认识商标问题，具有非常重要的现实意义。

(1)商标的心理功能

①识别功能。商标是商品的一种特殊标志，可以使一种商品明显地区别于其他同类商品。因此，消费者在选购商品时不必比较各种商品实体，可以仅凭商标就分辨出商品的不同生产者或经营者，确认自己所需的商品并尽快完成购买行为。

②记忆功能。借助于大量的信息传播，商标可以给消费者以深刻感受和难忘形象，形成牢固的记忆。设计成功的商标可以形成消费者对商品的难以改变的美好记忆，并导致消费者对商品的习惯性重复购买。

③促销功能。商标可以作为商品的代表成为促销活动的核心。广泛、有效的促销活动可以使商标形象深入人心，从而引发消费者的品牌偏好，导致认牌购买的消费行为。知名商标不但可以形成忠实的购买者群体，而且能有效地吸引众多购买者，使该商标的商品成为市场上经久不衰的畅销品。

④保护功能。商标注册后便受到法律保护，他人不得仿造或假冒。商标的保护功能具有两个方面的作用：一方面可以维护企业的信誉与利益；另一方面也可以保护消费者的利益。对于注册商标的商品的购买，会使消费者有一定的安全感，对商品质量感到放心。商标的保护功能对于引导消费者认牌购货具有重要作用。

(2)商标的设计原则

如前所述，商标具有多重的心理功能，因此，在设计商标时应特别注意心理学的研究，要全面了解消费者的心理欲求，使商标能较好地适应消费者的各种心理需要，并能有效地诱发消费者对商标的注意、兴趣、偏爱和记忆。为此，商标设计应注意以下心理策略的采用。

①简明化。心理学研究表明，人在一定时间内注意的广度是有限的。也就是说，越是简单的越容易辨认，复杂的事物则不便辨认。因此，为了强化商标的识别功能，商标设计应力求明了，而且，商标又是各种促销活动的中心，为了准确地向消费者传递信息，也为了消费者能准确地理解和接收信息，商标设计也必须是尽量简化的。商标设计的基本要求应当是：易认、易读、易写、易懂、易记，能够给人以简明而有效的刺激。例如，埃克森石油公司的现用商标名称 EXX0N，便具有典型的简明化特征，仅用 5 个字母组成，且发音响亮，易读易写，可称为商标设计的典范。我国“蓝天”牙膏的商标、“抵羊”毛线的商标、“双钱”轮胎商标等，也都较好地运用了这一心理策略。

②个性化。商标的首要作用是将本企业的产品与其他同类产品区别开，因此可以说，商标的个性特色就是商标的生命。设计平庸、雷同的商标是无法吸引消费者注意的，商标的各种心理功能当然也无从谈起。为此，在设计商标时特别强调创意的发挥，注意运用新颖的创作方法和表现形式，将商标设计成“人人心中有，但人人口中无”的令众人拍手称奇的作品。例如，国外有一种眼镜的商标名称是“OIC”，初看起来这个商标名称似乎没有什么意义，经宣传解释才知道是“oh，I see”的发音与缩写式巧妙结合的产物。这样的商标设计构思独特，因而对消费者具有特殊的震撼力。再如，国外有一种十分畅销的香水 Poison，商标译成中文是“毒药”。该商标的设计与人们正常的消费心理背道而驰，但恰恰是这种违反常规的设计迎合了部分爱美女性追求刺激的心理，结果使产品一上市

便成为抢手货。

③富于艺术魅力。为了使商标具有较强的识别功能与记忆功能，还应注意依据美学原理，对商标进行充分的艺术加工，使之具有艺术魅力。一般来说，商标设计应符合消费者的审美观念，整体造型要优美别致，色彩搭配和谐，给消费者以美的感受。商标设计的题材是相当广泛的，因此创作空间十分广阔，应特别注意艺术的提炼与加工。虽然商标设计成功与否不完全取决于其艺术水平，但设计优秀的商标必须是美观的、形象化的，并且是富于情趣的，能赢得消费者好感的。

④耐人寻味，启发联想。如前所述，商标设计必须富于美感，但仅有美感还很不够，还应当在美感之中蕴涵寓意，使人看过以后能产生出种种善意的联想。因此，在设计商标时首先要注意与商品本身的性质、用途相协调，使消费者产生与商品使用有关的种种联想，从而达到促销的目的。在此基础上应使商标的语言、文字、造型、图案等具有丰富的内涵、巧妙的构思或某种发人深省的暗示，从而吸引消费者的注意。比如，雪花牌电冰箱的商标、长虹牌彩电的商标、雪莲牌羊绒衫的商标、“可口可乐”饮料、“娃哈哈”饮料、“步步高”学习机的商标等都具有促使消费者产生良好联想和强烈购买欲望的作用。

⑤尊重风俗，避免禁忌。不同的国家、地区、民族由于具有不同的宗教信仰、价值观念、生活方式、风俗习惯，因此对同种图案、色彩、文字、数字等都会有不同的理解，因而会有不同的心理反应。在设计商标时务必详细了解产品销售市场的社会文化背景，尊重和顺应不同文化的要求，使商标真正为消费者所喜爱。比如，在我国市场上颇受欢迎的图案：大象、仙鹤、菊花、荷花等，在某些国家因寓意不吉祥而为人们所厌恶。再比如，红色、白色、绿色、蓝色在我国都可以用于商标色彩，而在某些国家很可能就是非常忌讳的。4、13、星期五这些数字或日期在我国并没有什么特别的含义，但在国外可能是非常不受欢迎的。因此，在设计商标时对文化习俗方面的禁忌要特别警惕。即使在国内市场销售，产品商标的设计也同样有尊重习俗的要求。目前，我国市场上畅销的金利来牌领带，最初的商标是“金狮”，不为消费者所接受，修改后才大受欢迎；还有海鸥牌女士手表，最初的设计是海燕牌，特别受到沿海、港澳地区消费者的抵制，改为现在的商标后市场反应才大有改观。

⑥遵守法律政策规定。注册商标是受法律保护的，因此企业所设计的商标也必须符合法律规范。根据商标法的规定，不得将国旗、国徽、军旗、勋章等图案或相似图案用于商标设计；不得将其他国家的、国际组织的或某些著名的非营利组织的标志性图案用于商标设计；不得将他人的姓名、肖像用于商标设计；在招标中不得有不道德的、不良影响的或诽谤性的内容，等等。

4. 商标运用的心理策略

设计成功的商标还应当巧妙应用才能充分发挥其功能。商标运用的策略有多种，从心理学角度看商标策略如下。

(1)使用统一商标策略

这种策略是指企业生产的全部产品都使用同一商标，实现同牌产品系列化的做法。

采用这种策略的心理学意义有三点：①可以集中企业力量于单一商标的设计与宣传，提高设计质量，扩大宣传效果，有利于加速知名商标的发展过程。采用这种策略意在集中优势兵力打歼灭战。②与其他策略相比，采用这种策略可以大大降低商标设计、宣传、使用、保护等各方面的费用支出，相应提高经济效益。③采用这种策略还有助于消费者对同商标新产品惠顾心理的产生，因而有助于企业新产品的市场扩散。总之，这种策略的主要优点足以使消费者的注意力更加集中，使企业商标给消费者的印象更深，可以尽快形成企业商标的良好市场形象，促进消费者对企业一系列产品的购买。但是，如果企业多种产品在质量、档次上有较大差别。采用这种策略会使优质高档产品的形象受损。另外，如果企业产品差异较大，也会使商标的个性特征的表现受到影响。能够较好地适用各类产品的商标设计工作也是相当困难的。

(2)同类产品单一商标策略

针对统一商标策略与产品类别多样化的矛盾，企业可以为不同类产品设计和使用不同的商标，实现企业多种商标并存的局面。这种策略介于统一商标策略与个别商标策略之间，既克服了统一商标策略中的困难性与使用中的风险性，又克服了个别商标策略的工作量过大、费用过高的缺点，具有适应性更强的优点。从心理学角度看，采用这种策略既不会使消费者的注意力过于分散，又能够使商标保持与商品特色的适宜性，从而启发联想。这种策略的优点在于统一与分散的有效结合，有利于商标效用的发挥。

(3)使用个别商标策略

个别商标策略是指企业生产的各种产品都使用各自不同的商标。采用这种策略的最大优点是使商标设计充分显示各产品的特色，因此可以对不同的消费者群体产生较好的吸引作用，扩大企业产品的总销售量。尤其是在目前消费者存在较强求新心理的情况下，采用这种策略可以在不断满足消费者求新心理的基础上较好地吸引老顾客，稳定企业产品的销售。而且，采用这种策略可以扩大企业产品在各个市场的影响，有助于提高企业知名度，巩固企业的市场地位。采用这种策略的缺点是在商标设计、宣传、使用方面花费较大，成本过高，从而制约产品在价格方面的竞争力。

(4)使用多重商标策略

多重商标策略是指企业在同一种商品上使用两种以上商标的做法。采用这种策略的主要目的是扩大产品与消费者的接触面，更多地吸引消费者的注意，同时也可以相应扩大宣传面，增强宣传效果，扩大企业产品销售。很多企业实践表明，凡是采用多重商标策略的产品，其销售量都能超过采用单一商标策略的产品。我国有很多商品内销与外销使用不同的商标，其中有些是出于多重商标策略考虑，有些则可能仅仅是出于出口注册的需要。但在一些发达国家，有时同种商品会同时使用七八种不同的商标，扩大销售的意图非常明显。

(5)产品等级不同使用不同的商标策略

该策略是指对企业生产的质量、档次不同的产品使用不同商标的做法。例如，上海民族乐器一厂生产的民族乐器共使用了三种商标：高档乐器用“敦煌”商标，中档乐器用“牡丹”商标，低档乐器用“鹦鹉”商标。这种策略为国内外很多企业所采用，其主要特点是便于消费者根据自己的消费水平、购买动机选购商品，可以较好地适应处于不同消费水平的消费者的心理，充分满足各自的需要。

(6)企业名称商标化策略

把企业名称简化后或变形后用作商标的做法即为企业名称商标化策略。比如，美国福特汽车公司的“福特”牌汽船，我国上海华生电扇厂的“华生”牌电扇，就是采用了将企业名称直接简化后用作商标的，上海川沙凌桥化工厂则将工厂名称中的“凌化”二字谐音处理成为“菱花”商标。采用这种策略，可以在宣传商标的同时宣传企业，适应了消费者记忆简单化的要求，同时也有利于提高企业知名度。对于知名度较高的企业来说，采用这种策略可以充分利用消费者对企业的信赖，扩大产品销售。

三、商品包装与消费心理及行为

1. 商品包装的功能

商品包装随着市场竞争的需要逐渐发展成为集保护、销售和广告宣传功能为一体的重要的商品附属物。包装设计对消费者的消费心理有着重要的影响，在现代商品经济中，包装已融为产品的一部分，它能够刺激人们的购买欲望，具有强大的促销力。

2. 包装对消费者心理的影响

(1)包装色彩

色彩是包装的第一视觉，调查表明，顾客对商品的感觉首先是色，其后才是形。顾客在最初接触商品的20 s内，色感为60%，形感为20%；在20～180 s内，色感为60%，形感为40%。另一测定则表明，儿童消费者观察一种商品的时间在0.25 s左右，这0.25 s的一瞥决定了他是否会从无意注意转向有意注意，所以商品包装必须要先“色”夺人，一举网住目标(顾客的心)。包装色彩的选用应基于商品本身的用途和特性，通过刺激视觉勾起联想，从而影响人们对商品的评价和购买行为。

(2)包装的图案

包装的图案也是一种产品形象的公告和产品文化的载体。在这图案的组合中要从三个方面考察：组织的方式、表达的主题及展示的风格。在组织方式上，不管是用抽象的几何图形，还是具象的实物化图形，都应有一种内在的能引起消费者注意的设计语言与消费者产生沟通和共鸣，才能使这种物品被购买者接纳。在表达主题上，往往是表现的方式不同，但目的都非常明了。在组合形式上，有的以突出文字为主，有的以突出实物为主，也有二者兼顾的，不管采取哪种形式，都必须要与内在物品相联系才能显示其主题的鲜明性。在风格方面，最主要的是怎样以全新的面貌形成独特的与众不同的展示效果，并达到吸引消费者的目的。包装物品不管造型还是图案，都要有其自身的个性，即要有实用价值，又要不违背购买者的审美情趣，同时还要表达内在物品的某种属性，让消费者容易识别和选择。

(3)包装的文字

文字是商品包装中记忆强度最大的元素。商品包装应该有说明性的文字，客观简明地介绍商品的名称、规格、成分、功能和使用方法，并尽量做到重点突出，一目了然，而宣传性的文字——标识语，则起着微型广告的作用。标识语是以强烈的对比色和电火花型、爆炸型、大圆点型等图案做背景而突出的短语，提示性的短语如“油炸型”方便面，表明商品的基本特点；解释性的标识语，如“绝对不含防腐剂”，可以消除消费者对食品、饮料等所含化学成分的顾虑；而鼓动性的标识语，如“味道好极了”则能直接刺激购买欲。巧妙运用标识语能够产生强大的视觉冲击力，成为包装促销的点睛之笔。

3. 包装设计的心理策略

消费者的心是营销的终极市场，人们消费心理的多维性和差异性决定了商品包装必须有多维的情感诉求才能吸引特定的消费群体产生预期的购买行为。

(1)求便心理策略

购物者都求方便，例如透明或者开窗式包装的食品可以方便挑选，组合式包装的礼品盒可以方便使用，软包装饮料可以方便携带等。包装的方便易用增添了商品的吸引力。国外流行的“无障碍”包装，如接触式判断识别包装中用锯齿状标识区分洗涤剂类型，在罐装食品中设置“盖中部凹陷状”等未过保质期的自动识别标志，它们原来是为高龄老人和残疾人而开发的，结果受到消费者的广泛喜爱，可见求方便是普遍的消费心理。

(2)求实心理策略

消费者以追求商品的“实用”和“实惠”等实际使用价值为主要目的，选购商品时注重商品的量和效用，讲求经济实惠、经久耐用、价廉物美、货真价实，这种消费行为较为稳定，不易受外界因素影响。所以，此类包装设计要明确表示出商品的商标、成分、计量、价格、使用说明，使消费者一目了然。那些“形式大于内容”的过度包装产品，即使能够吸引到偶然的购买者，也难以赢得消费者的忠诚，缺乏长远发展的动力。

(3)求新心理策略

消费者以追求商品包装新颖、时髦为主要目的的一种心理。此类心理的消费者多为经济条件较好的青年人，他们富有朝气，爱赶潮流，易受外界因素影响，选购商品时注重商品的装潢、色彩、款式，不太注意商品是否实用和价格高低，往往被商品包装的时髦和新奇所吸引，产生购买动机。

饮料包装一般采用绿和蓝色调，而美国可口可乐包装一反常规，采用大红色调，具有引起人兴奋的色彩心理特征，能强烈吸引消费者的注意。消费者能感受到可口可乐的新颖、刺激，难以忘怀，这使可口可乐畅销于世界各地。

(4)求美心理策略

商品的包装设计是艺术的结晶。精美的包装能激起消费者高层次的社会性需求，深具艺术魅力的包装对购买者而言是种美的享受。古代有一个买椟还珠的故事足以见包装的美学价值。

精美的包装是促使潜在消费者变为显在消费者，变为长久型、习惯型消费者的驱动力量，大凡是世界名酒，其包装都十分考究，从瓶到酒都焕发着艺术的光彩。这是一种优雅且成功的包装促销。

(5)求趣心理策略

人们在紧张的生活中尤其需要轻松和幽默。美国的一家公司在所生产的饼干的罐盖上印了各种有趣的谜语，只有吃饼干才能在罐底找到谜底，产品很受欢迎。我国的儿童食品有许多都附有小卡片、小玩具，结果迷住了大批的小顾客，好奇心驱使他们重复购买。

消费心理还可按生态心理和性别等标准细分。消费者心理市场细分的多层次决定了包装促销也要从多角度进行。随着物质文化生活水平的提高，人们的消费观念也在不断地发展。今天的时尚，可能明天就会过时，所以商品的包装必须不断改进，在继承传统与创新中寻求平衡、和谐与统一。商品包装设计只有把握消费者的心理，迎合消费者的喜好，满足消费者的需求，激发和引导消费者的情感，才能够在激烈的商战中脱颖而出，稳操胜券。

第二部分　实践活动

活动 31　产品开发与消费者心理分析

案例分析 9-1

芭比娃娃经久不衰的奥秘

在美国，一说起“芭比”，人们就会想起芭比娃娃，一个高 11 in，或长发披肩，或将一头乌黑卷发梳成漫不经心的马尾式，胸部高耸，具有窈窕淑女形象的玩具娃娃。就是这样一种玩具，创造了风靡世界玩具市场 36 年的奇迹！

据《美国玩具制造》杂志估计，芭比娃娃在世界上 100 多个国家以每秒钟卖出 2 个的速度销售。3～10 岁的普通美国女孩，平均每人拥有 8 个芭比娃娃。如此巨大的销售奇迹在世界玩具市场也是绝无仅有的。芭比娃娃的畅销，是与马特尔公司成功的营销策划分不开的。

1. 抓住玩具市场的主力——“小女孩”

马特尔公司的现任总经理——约翰·阿默曼，在 80 年代初来到公司，受命于危难之际，当时公司因产品积压，濒临破产。阿默曼上任后的第一件事就是抓产品和市场。芭比娃娃玩具此时并没有引起公司的特别注意，更未成为公司的拳头产品。一次偶然的机会，阿默曼发现小女孩对待玩具比小男孩更执着和持久，并倾注了更多的情感。从此，公司确定了以 12 岁以下的小女孩为主要销售对象的目标市场策略，并以此为核心向各个年龄层的消费者渗透，芭比娃娃正好符合小女孩的需要。到 1987 年，芭比玩具的销售额达到 10 亿美元，占公司总销售额的 1/2 左右，成为公司的拳头产品。公司又以美国市场的成功为契机进一步拓展国际市场，到 1994 年芭比玩具的销售额已突破 50 亿美元大关。

2. 独特新颖的玩具形象创意和设计

芭比是 1959 年一位女商人按照她女儿巴巴拉的模样设计的。她曾对一位记者说：“我构思芭比时认为小女孩应该跟胸部丰满的娃娃一起玩，这对她的自尊心大有益处。”这种使玩具娃娃女性化的创意和设计思想打破了美国以往玩具娃娃幼儿化的传统，满足了幼儿天生的“亲母化”心理需要。

芭比娃娃区别于一般玩具娃娃的显著特点在于其产品形象的“拟人化”和“情感化”，她不仅仅是玩具，而且是一个可以用心与之交流，用情寄托的忠诚的朋友、伙伴和母亲。马特尔的构思抓住小女孩的心理特点，赋予芭比娃娃以生命。为了使芭比娃娃能够和千千万万个生活中的小朋友建立起友谊关系，使芭比娃娃紧紧抓住小朋友的心，马特尔精心为芭比娃娃塑造了一个动人的故事：芭比娃娃，5月3日出生，O型血，小学五年级学生，成绩中上，学得最好的功课是语文和音乐，但对算术不感兴趣，甚至讨厌。母亲是位服装设计师，父亲是法国人，担任乐团指挥，经常在国外旅行演出。这一背景故事虽然简单，却与少年儿童的心理产生了强烈的共鸣，为小朋友们塑造了一个栩栩如生的形像。

3. 系列化的新产品开发策略

市场总是不断变化的，消费者的需求也是千差万别的。阿默曼先生自1987年担任马特尔公司总经理以来，发挥了空前丰富的想象力，使芭比娃娃闻名遐迩，形象不断翻新。阿默曼不断收集各种信息，根据消费者心理、喜好、志趣和时尚的变化，推陈出新、求新求变。随着时间的变化，除了保持芭比娃娃的部分要素不变之外，其生活环境、喜欢的游戏、交往的朋友等要素不断变化，还与之配套，推出一系列的玩具产品，使芭比娃娃经常保持一个常新、可爱的形象。

1995年，在“芭比”生产线上有90种不同的娃娃：芭比玩偶屋；芭比赛车；芭比游船；身着可穿可脱，零售价140美元一套的结婚礼服的大号芭比娃娃；穿着设计师尼科拉·米勒设计的衣裙，售价65美元的成人收藏品芭比娃娃；还有售价高达1 000美元限量生产的金婚纪念芭比娃娃。

4. 全方位的广告策略

公司总经理阿默曼说：“芭比娃娃的成功得益于成功的广告，因为只有通过广告才能创造出芭比娃娃拟人化和情感化的形象。”公司首先选择了适合少儿的广播、电视节目和报刊杂志作为其主要的广告媒体，同时在资金上予以保障，大约以销售额的25%投入产品广告。广告的主题和诉求方式力求塑造芭比娃娃拟人化和情感化的形象。

马特尔公司在儿童漫画杂志和少儿电视节目上大肆宣传，尤其在《少儿之友》漫画杂志上，以芭比为主角，制作连载漫画，使芭比不仅有生命，而且犹如生活在大家身边。同时，公司专门在广播、电视和报刊杂志上开辟“芭比乐园”“芭比信箱”，并投资拍摄“芭比卡通片”。以上广告策略为芭比产品形象的成功塑造奠定了坚实的基础。

由于芭比娃娃的问世，20世纪后半叶出生的千百万美国少女的生活已经笼罩在芭比娃娃那副曲线起伏、不可思议的身影之下了，也许是芭比娃娃形象预见到了当今的审美情趣，也许是她帮助促成了当今的审美情趣。

最近，亚利桑那大学调查一些美国少女，什么是十全十美的少女体形，她们的看法不谋而合：身高约170cm，体重约45kg，两腿修长，长发披肩，完全是活生生的芭比娃娃，可见广告的成功和影响力。

5. 高新科技的适时应用

自芭比娃娃问世以来，马特尔公司就特别重视新技术的应用。从产品设计、原材料应用到玩具的娱乐方式都尽量适时应用高新科学技术。阿默曼先生说："只有高新技术才能使芭比玩具走在现代生活潮流的前头。"为此，他摸索如何利用硅谷技术推出新的芭比。后来，马特尔公司开发了一种会背4个短句的芭比娃娃，1994年又推出一种"健谈的芭比娃娃"，她通过预置的电脑芯片能说10万多个短句。

芭比玩具设计主管道格拉斯·格林说："消费者正在经历一场根本性的变化，对于多数成人来说，电脑技术实在叫人发怵。可是任何一个1975年以后出生的美国孩子从小就对电脑技术驾轻就熟。"由此，马特尔公司正在集中精力开发一些软件，如一度由外国公司生产的芭比超级模特儿游戏机。可以预见，随着高新技术的进一步发展和应用，新一代芭比玩具将更加拟人化和情感化。

（资料来源：《芭比娃娃经久不衰的奥秘》，百度文库，2020-07-10）

任务描述

(1)芭比娃娃的设计迎合了消费者哪些心理？

(2)马特尔公司如何利用消费者心理进行芭比娃娃系列产品开发？

(3)根据近年来芭比娃娃产品消费群体的心理变化，你认为今后该企业在产品开发推广方面应如何进行？

任务二十九 价格与消费心理及行为

第一部分 学习引导

案例导入

中小型商旅企业系统定价策略

科学的定价一方面是实现利润，保证企业生存的必要手段，另一方面也是应对竞争对手，增加市场竞争力的有力手段。赵艳丰针对目前国内商旅市场发展现状为类似E商旅公司的中小型商旅企业提出了以下系统定价策略。

1. 成本导向定价法

成本导向定价法操作简便，适合这种中小型商旅企业，是基本的定价方法。这种定价方法要求准确核算总成本，确定恰当利润加成率。具体步骤是：首先，进行直接成本计算，确保每一项直接成本核算在内。比如，一个项目行程涉及签证、酒店、机票、公务安排4项，计算直接成本需要核算每一项成本费用并加和，计算出总的直接成本来。其次，进行间接成本计算。间接成本主要包括固定资产折旧、管理费用、营销费用等难以直接量化的成本，这些成本也是企业维持经营必须支出的费用，应该予以考虑。E商旅公司将间接成本进行项目归结，按照一定的周期，将成本计算到项目成本中。最后，确定利润加成率。根据不同产品类型和生命周期，匹配相应的利润加成率，对于成熟期的一般商务活动产品采取低利润加成率，提高产品竞争力。对于公务出访产品，产品差异化比较大，垄断性强，应采取高利润加成率。对于会展和奖励旅游产品，处于产品生命周期导入阶段，不宜采取高利润加成率，但是产品本身又具备差异化，竞争对手一般会采取高利润加成率。因此，E公司对会展和奖励旅游产品采取中等利润加成率。

2. 心理定价策略

心理定价策略主要是利用客户心理因素制定价格的策略，E商旅公司主要采取尾数定价法，将项目报价具体到尾数。一方面给客户精确的感觉，费用报价是经过详细准确的计算得到的，增加客户信任感；另一方面迎合客户心理，价格上尽可能不进位，比如，定2 998元而不定3 000元，会让客户更有优惠的感觉。

3. 个性化定价策略

个性化定价策略是由企业和客户的支付能力双方决定的，定价过程中，实现个性化双向沟通，客户参与其中。E商旅公司应建立个性化定价平台，在平台上客户可以将个性化的产品需求列明，并且标注预算，项目人员根据需求进行预算调整再定价，帮助商旅客人设计满足自身的产品，同时承担自己愿意付出的个性化成本。

（资料来源：赵艳丰：《对症下药，解决营销难题的具体策略（上）》，载《中国会展（中国会议）》，2017(22)：58～61）

一、商品价格的心理功能

消费者在做购买决策时往往会受到许多心理因素的影响，如心理账户、寻求差异化、参考价格等，这些因素通过影响消费者的购买行为来间接影响产品的销量和利润。因此研究商品价格的心理功能，为制定合理的商品价格提供了依据。

1. 比值比质的功能

商品价格是以价值为基础并不断变化而波动的。消费者选购商品当然应该主要考察商品的价值状况。然而，当两种商品内在质量相似，包装装潢略有差别，价格相差较多时，有的消费者却愿意购买价高的那种；而当一些贵重商品价格定得较低时，消费者会对该商品的品质产生疑虑。另外，一些新产品销售成本高，且用于广告宣传和公关方面的支出大，虽定价昂贵，却也能争取到大量的顾客。这是由于消费者在心理上把商品价格当作比较商品价值和商品品质的标准。而随着新产品、新技术不断涌现，商品品质不断提高，消费者再依靠传统经验从商品使用价值上去判断商品价值和商品品质会变得越来越困难；他们会越来越多地领先商品价格，比较商品价值和商品品质。注意按照消费者心理特点，合理地确定商品价格，将会给工商企业带来莫大的益处。

2. 自我意识比拟的功能

商品价格能使消费者产生自我实现价值的心理，也称为自我意识比拟。某些消费者往往把商品价格与个人的偏好、情趣等个性心理特征联系起来，通过价格的比拟来满足心理的需要。例如，有的通过追逐高档、名牌或进口商品来显示自己的社会地位和经济状况，以获得一种心理上的自我满足。

3. 调解需求的功能

价格调整是市场营销中经常出现的。调价，除了工商企业本身的原因以外，还受市场供求状况、商品成本变动、市场货币价值与货币流通量变动，以及通货膨胀和国际市场价格波动的影响。企业在组织商品生产经营活动时，要既能保持和增加本企业的市场价格，获取一定的盈利，又能使消费者接受其所调的价格，并使所调价格符合国家有关价格方面的方针和政策。调整商品价格时，要尽量反映商品价值量的变化，同时还必须考虑消费者对商品调价的心理要求，科学运用商品调价的心理策略。

4. 调节需求的功能

商品价格对商品需求能产生巨大影响，具有调节作用。一般来说，某种商品价格下降时销量增加；反之就会减少。因而价格影响需求的变化幅度即是商品的需求弹性，不同的商品具有不同的需求弹性。消费者日常生活必需品的需求弹性一般较小，非必需品的需求弹性较大。需求价格弹性小于1的商品被称为非弹性商品，需求价格弹性大于1的商品被称为弹性商品。非弹性商品的价格变动时，需求量变动幅度一般小于价格变动幅度；弹性商品的价格变动时，需求量变动的幅度一般大于价格变动的幅度。

5. 产品定价的功能

工商企业对那些已经进入市场的处于成长期、成熟期和衰退期的商品，要考虑它们的价格对消费者心理状况的影响、运用适当的商品定价心理策略来组织这些商品的销售活动。主要包括：非整数定价心理策略，即给商品定一个零头数结尾的非整数价格；习惯价格策略，即根据消费者的价格习惯心理而制定的符合消费者习惯的一种定价；方便价格策略，又称整数价格策略，即采用整数方便价格，便于消费者记忆和付款；折扣与折让价格策略，是利用消费者追求“实惠”，抓住“机会”的心理，利用优惠价格来刺激和鼓励消费者大量购买或重复购买；声望定价和分档定价策略，是工商企业利用自己的长期经营与服务在消费者心目中树立的声望，制定较高的商品价格来满足消费者追逐名牌商品的心理。

综上所述，商品价格在商品生产与商品流通中具有特殊作用，它深深地影响着工商企业的营销行为和消费者的购买习惯。

二、消费者的价格心理特征

1. 消费者的价格习惯性

这是消费者在长期的、反复的购买活动实践中，通过对某些商品价格的反复感知而形成的。虽然商品价格有客观标准，但现代社会科学技术飞速发展，决定商品价值的要素随之变化，消费者很难对商品的价值等客观标准了解清楚。在多数情况下，消费者对价格的认识，只能根据自己反复多次的购买经历来进行评定，并逐步形成对商品价格的习惯。这种习惯往往支配消费者的购买行为，成为消费者衡量商品价格是否合理的一个尺度。

2. 消费者的价格敏感性

消费者对价格变动的敏感性是由两个因素引起的：一是商品价格本身有一定的客观标准，价格一旦偏离，自然就为消费者所察觉；二是消费者在长期购买活动中积累了实践经验，形成了一种心理的价格尺度，因而具有一定的主观性。这两个因素的影响有时一致，有时不一致。那些与消费者日常生活关系较为密切的商品的价格，消费者的敏感性就高，反之就低。

3. 消费者的价格感受性

这是消费者通过对商品价格高低的比较而形成的感觉和判断。一般而言，通过三种途径获得：一是通过与市场同类商品的价格进行比较；二是通过与同一售货现场内的不同类商品的价格进行比较；三是通过商品本身的外观、重量、包装、使用特点、使用说明等进行比较。

4. 消费者的价格倾向性

在消费者群体中，不同类型的消费者在购买商品时具有不同的价格心理，对商品价格的选择表现出明显的不同倾向。商品的价格一般有高、中、低档的区别，价格高的商品通常具有商品价值较高、品质好的特点。有的消费者喜欢追逐名牌商品；有的追逐实用商品；有的偏爱廉价商品。这些选择倾向是不同消费心理的反映。

三、产品定价的心理策略

定价是企业市场营销要考虑的一个基础问题，比如新产品的定价、产品的提价、产品的降价等。另外，从消费者的角度看，消费者在做购买决策时往往会受到许多心理因素的影响，如心理账户、寻求差异化、参考价格等，这些因素通过影响消费者的购买行为来间接影响产品的销量和利润。

生产企业或经营企业在制定商品价格时，不仅要弄清价格的经济学功能，还要研究价格在心理学意义上的特殊功能，使所制定的商品价格尽量接近消费者的心理要求并促使其能够接受，以利促进营销。商品有成千上万种，每种商品的品种、规格繁多，价格也有较大差异，常常引起消费者不同的心理反应。但是经营者往往仅从价格理论的意义上来研究、制定商品的价格，而忽略了消费者的价格心理，不研究分析消费者可接受的商品价格尺度，可能导致所制定的价格背离消费者心理上的价格标准，不利于市场营销。

1. 产品的心理定价策略

产品的心理定价策略是运用心理学原理，根据不同类型的消费者在购买商品时的不同心理要求来制定价格，以诱导消费者增加购买，扩大产品销量。具体策略如下。

(1)整数定价策略

整数定价策略是把商品价格定为整数。这种价格往往运用于价格特别高或特别低的商品。这种策略适用于名、优、特或高档耐用消费品。高价格商品定位整数会让消费者感觉到高档、优质，低价商品主要是为了消费者付款方便。

(2)尾数定价策略

企业在定价时取尾数而不取整数，即为进入市场的产品制定一个带有零头数结尾的非整数价格，这种定价会让消费者在心理上觉得更便宜。市场上价格的尾数以奇数居多，而奇数中又以 9 结尾的居多。例如：宝洁公司把一种洗发水定价为 9.99 元，而不是 10 元，虽然只是 1 分钱的差距，但会让消费者产生便宜的感觉，使消费者更加容易接受。带有尾数的定价会让消费者认为商品定价是经过认真、精确核算的，连几角几分都算得十分清楚，进而赢得消费者信赖，让其感觉商品价格真实可信，并非虚高。另外，由于民族习惯、社会风俗、文化传统和价值观念的影响，某些数字常常会被赋予一些独特的含义，而且不同地区有不同的讲究，企业在定价时加以巧用，选择消费者喜爱的数字，规避消费者忌讳的数字，从而使产品得到消费者的偏爱。

(3)分级定价策略

分级定价策略也称分档定价策略，这种策略是把某一类商品的不同品牌、不同规格、不同型号划分成若干个档次，对每个档次的商品制定一个价格，而不是一物一价。这种定价能使消费者产生货真价实、按质论价的感觉，能满足不同消费者的消费习惯。例如：我们知道同一品牌的烟、酒会有很多种不同的价格，而且价格的跨度比较大。这就是典型的分级定价。

(4)声望定价策略

声望定价策略是企业利用自己在长期的市场经营实践中，在消费者心目中树立起的威望，通过制定较高的价格，来满足消费者的求名心理和炫耀心理的一种定价策略。高档品牌、奢侈品及有特色的服务、商店或特定地点等多采用声望定价策略。企业可以利用名牌的声望，制定出能使消费者在精神上得到满足的价格。一个包可以卖到一万多，一块手表能卖好几十万，因为它是某款名牌包或某款名牌手表。很多消费者其实买的并不是包，也不是表，而是买一种身份、地位、名望。这就是声望定价的原因。

(5)招徕定价策略

这种策略是指多品种经营的企业利用消费者的求廉心理将一种或几种商品的价格定

得特别低或特别高，以招徕消费者，利用了消费者的从众、求廉、投机的心理。采用此策略招徕顾客的“特价商品”应该是消费者熟悉的、质量得到公认的或容易鉴别的日常用品或生活必需品。

对某些商品定非常低的价格，目的在于吸引消费者的目光。我们逛街经常会发现大街小巷中有些店门前贴着类似“5元起”的标签。其中，这个“起”字写得非常小。5元对于消费者来说实在是低得不能再低的价格。先入为主的感觉会让人认为这家店里的商品都很便宜，其实未必店内所有的商品价格都低。这种策略的目的就是吸引消费者在来购买5元商品时也购买其他的商品，从而带动其他商品的销售；当然有些商家也会反其道而行之，把价格定得很高来吸引眼球。

(6)习惯性定价策略

习惯性定价策略是指有些商品在消费者心目中已经形成了某种习惯的价格，这种商品的价格有变动，消费者会非常敏感，甚至产生不满。所以，商品在制定价格时会符合消费者的习惯。比如，日常生活用品多采取这种定价模式。

(7)撇脂定价策略

撇脂定价策略是一种随着时间推移对新产品的销售采取先高价后低价的定价策略。它利用消费者“求新”“猎奇”等心理。

(8)渗透定价策略

渗透定价策略是指在新产品投放市场时，价格定得较低，先采取低价出售只求保本或微利，迎合消费者求廉、求实的消费心理。

(9)满意定价策略

这种定价策略介于撇脂定价策略与渗透定价策略之间。它既不像撇脂定价策略那样，一开始就把新产品价格定得那样高，也不像渗透定价策略那样一开始就把新产品定得那样低，而是根据消费者对该中心产品所期望的支付价格来确定。

2. 产品组合定价策略

产品组合定价策略是指处理本企业各种产品之间价格关系的策略。店铺通常都要销售产品的大类，就是相关联的产品，而不是一组产品。它包括系列产品定价策略，互补产品定价策略和成套产品定价策略。是对不同组合产品之间的关系和市场表现进行灵活定价的策略，一般是对相关商品按一定的综合毛利率联合定价，对于互替商品适当提高畅销品价格，降低滞销品价格，以扩大后者的销售，使两者销售相互得益，增加企业总盈利。对于互补商品，有意识降低购买率低、需求价格弹性高的商品价格，同时提高购买率高而需求价格弹性低的商品价格，会取得各种商品销售量同时增加的良好效果。

常用的产品组合定价形式有以下几种。

(1)产品线定价

产品线定价是根据购买者对同样产品线不同档次产品的需求，精选设计几种不同档次的产品和价格点。

(2)任选产品定价

任选产品定价即在提供主要产品的同时，还附带提供任选品或附件与之搭配。

(3)附属产品定价法

以较低价销售主产品来吸引顾客，以较高价销售备选和附属产品来增加利润。如美国柯达公司曾推出一种与柯达胶卷配套使用的专用照相机，价廉物美，销路甚佳，结果带动柯达胶卷销量大大增加，尽管其胶卷价格较其他牌号的胶卷昂贵。

(4)副产品定价法

在许多行业中，在生产主产品的过程中常常有副产品。如果这些副产品对某些客户群具有价值，必须根据其价值定价。副产品的收入多，将使公司更易于为其主要产品制定较低的价格，以便在市场上增加竞争力。因此，制造商需寻找一个需要这些副产品的市场，并接受任何足以抵补储存和运输副产品成本的价格。

(5)捆绑定价

将数种产品组合在一起以低于分别销售时支付总额的价格销售。例如：家庭影院是大屏幕电视、DVD影碟机、音响的捆绑定价。如果出售的是产品组合，则可以考虑采取如下定价策略：①搭配定价是将多种产品组合成一套定价；②系列产品定价指的是不同档次、款式、规格、花色的产品分别定价；③主导产品带动是把主导产品价格限定住，变化其消耗材料的价格；④以附加品差别定价是根据客户选择附属品的不同区别主导产品的价格。此外，还要考虑价格的心理因素，如折扣、价格尾数、优惠等。

3. 折扣折让定价策略

很多企业都会调整其基本价格来报答顾客的某些行为，并在特定条件下，为了鼓励消费者及早付清贷款，大量购买或淡季购买，以低于原定价格的优惠价格销售给消费者。消费者经常会在节假日看到各大商场的促销广告，如劳动节、国庆节、元旦等大促销，买多少送多少；再如京东商城、苏宁易购和国美电器搅动的“电商促销大战”等。这种价格战往往都是以折让折扣的形式存在。折让折扣有多种形式，具体如下。

(1)现金折扣

现金折扣是对及时付清的一种减让，其目的是为了改善销售的现金流通，以回收欠款和减少坏账。

(2)批量折扣

批量折扣是给予大批量买主的价格减让。往往购买的数量越多，折扣越多。

(3)功能折扣

功能折扣指如果交易渠道的成员愿意发挥某些功能，如销售、储存、记账等，生产商向他们提供折扣。

(4)季节性折扣

季节性折扣是对购买过季商品或服务的买主提供的价格减让。例如：中秋前月饼价格很高，但过完中秋这样的商品几乎就无人问津了，必须通过价格杠杆来调节。

(5)折让

折让是降价的另一种形式，主要有以旧换新和促销折让两种。金融危机期间国家为了保持经济增长，就提出过家电以旧换新、家电下乡等政策。

定价战略是企业市场营销组合中的一个重要内容。企业必须基于多方面因素综合考虑，慎重定价，使制定的价格能够为企业在目标市场中带来更大的竞争优势。因此，制定出正确的价格是维护厂家、经销商、消费者利益的重要因素，也是战胜竞争对手，巩固和拓展市场的关键。

四、产品调价的心理策略

产品调价有两种情况，一种是降价，另一种是提价。商品价格的调整引起的心理反应非常复杂。既可能激发消费者的购买欲望，促使商品需求增加；也可能抑制其购买欲望，导致商品需求减少。企业在调整价格的时候，一定要仔细分析各种因素的影响，准确把握消费者的价格心理，事先做好市场预测工作，采取行之有效的调价策略，以便达到扩大销售总额、增加利润的目的。

1. 商品降价的心理策略

造成降价的原因有诸多方面：产品的升级换代；保管不善品质降低；新技术、新科技的应用降低成本；不流行、换季，等等。调低价格通常有利于消费者，理应激发消费者的购买欲望，促使其大量购买。但在现实生活中，消费者会做出与之相反的各种心理和行为反应，往往会“持币待买”“越降越不买”。因此企业要及时准确地把握降价时机和幅度，正确应用降价策略和技巧。

企业在实行降价策略时需要注意：

①降价的幅度一定要适宜。

②要准确地选择降价时机。

③降价原则“一步到位”。

④降价技巧：少数几种商品的大幅降价，比起多种商品的小幅度降价促销效果要好很多。

2. 商品提价的心理策略

调高价格通常对消费者来说是不利的，理论上会抑制消费者的购买欲望，挫伤其购买积极性，减少实际购买需求。但在现实生活中，消费者同样也会做出与之相反的各种反应。

①对那些因商品价值增加而造成的商品提价，企业要尽量降低提价的幅度，同时要努力改善经营管理，减少费用开支，尽量让利于消费者。

②属于国家政策需要而提高商品价格，企业要多做宣传解释工作。

③对那些属于进货渠道、进货环节而造成的商品提价，企业要积极说明原因，并热情周到地做好消费者服务工作。

④属于企业为获利而提高销售价格，也必须搞好销售服务，努力改善经营环境，增加服务项目，要靠良好的商业信誉来适量提价。

企业可采用一些提价技巧，如，相对提价会比直接提价效果更好。例如：更换产品型号、种类，进行变相提价；或者减少商品单包装的数量而价格不变。商品提价要考虑消费者的心理要求，提价幅度应与消费者对商品的觉察价值基本相符。只有这样，商品提价才会被消费者所接受。

第二部分 实践活动

活动 32 产品定价的心理策略分析

案例分析 9-2

尾数定价的误区

使用尾数定价，可以使价格在消费者心中产生三种特殊的效应：便宜、精确、合意，足以证明尾数定价的成功。然而，作为心理定价策略之一的尾数定价的广泛应用和过多的应用，也存在应用误区。

1. 尾数定价法并不是在任何情况下都适用

例如，在超级市场，消费者对低档商品和日用品比较容易接受尾数定价的商品；但对于高档商品，消费者更加乐意接受整数价格。因此，尾数定价策略一般适用于非名牌或中低档商品。

国外采用尾数定价法的商品，一般也都是需求弹性大、价格定位不高、消费者容易把握或了解的日用消费品。消费者对这类商品的消费量和购买频率比其他商品要高，消费者对其价格也有了一个习惯性的印象，因此，消费者对这类商品的价格变化幅度比较敏感。尾数定价对这类商品而言是比较有效的一种心理定价。

尾数定价尤其适用于以日用品和食品为主的购物广场零售业态。在我国目前现有的主要零售业态形式中，都可以看到类似的尾数心理价格的影子。不仅包括购物广场的大量日常用品，而且还用于百货商店的服装、家用电器、手机等。如果从价格形式上不加区分地采用技法雷同的尾数价格，必然混淆各种业态之间的经营定位，模糊业态之间的经营特色，不利于商家发挥先进零售业态的优势，也不利于实现企业快速发展的目标。

2. 心理价格形式不能过于单一

每种心理定价策略有着不同的心理功效，发挥着不同的作用。心理价格策略并不是指单一的某种低价策略或声望定价，也不是指一种尾数价格。我国商业企业的心理价格策略多是以尾数价格策略为主，其他心理价格策略没有得到很好的发挥。

3. 切忌频繁地、长时间地使用尾数定价策略

目前，尾数价格在商场中过多、过频使用的现象势必会使消费者产生逆反心理，如由原来的尾数定价给人定价准确、便宜很多的感觉，变成定价不准确、不便宜、商品促销、劣质商品，甚至认为商家在有意识地利用人们的心理，从而产生对企业价格行为不信任。

总而言之，尾数定价法对消费者行为产生的作用被过高估计。商品标价少了几分钱

或几毛钱不代表就是便宜货，而是让消费者觉得比整数价格便宜一点点，因为人们在提到商品价格时，总是先说到整数，尾数则记得不是很清楚。尾数定价法对于价值量小、价格敏感、购买频率高的商品作用更大一些，特别是用在促销商品上，效果也更好。

（资料来源：《浅析尾数定价在××购物广场中的应用》，转引自《中国职协2015年度优秀科研成果获奖论文集(中册)》，中国职工教育和职业培训协会秘书处，2015）

任务描述

(1)你是怎样理解尾数定价策略的3种效应的？

(2)请你归纳出哪些情况适宜采用尾数定价策略，并举例说明。

(3)思考并归纳其他几种定价策略的适用情况。

活动33　分析产品定价策略和技巧

以小组为单位，调查本小组研究商家的产品定价情况，并分析其运用的产品定价心理策略和技巧。要求3～4人组成一个小组，确定本小组所要研究的某商家的3～5类产品，然后对每类商品进行不同产品的定价情况调查，分析商家对各种商品定价时运用的心理策略和技巧。

任务三十　促销与消费心理及行为

第一部分　学习引导

案例导入

屈臣氏的促销活动

屈臣氏对目标市场研究认为，“小资情调”是白领一族的共有心态，甚至有些“虚荣”的心理，仅仅依靠廉价无法满足他们的需求，大奖也不是引起他们光顾的根本，新奇刺激的活动对他们更具有吸引力。因此，提供一种方便、健康、周到的服务才更能提升顾客忠诚度，如“60秒疯狂抢购”，抽奖获得者可以在卖场对指定的货架商品进行“扫荡”，60秒内拿到的商品都属于获奖者，这样的刺激让消费者津津乐道。屈臣氏在促销商品陈列方面有非常标准的原则，对收银台附近的商品陈列技巧，“推动走廊”的陈列方式，超值换购、震撼低价商品的陈列，促销端架的陈列，促销成箱商品的凌乱美，热卖焦点的陈列原则，这些都是从顾客购物心理、视觉角度、走动习惯等多方面研究得出的结论。

根据中国人普遍追求实惠的消费习惯，屈臣氏的促销讲究的是“为消费者提供物超所值”的购物体验，从“我敢发誓，保证低价”到“冬日减价”“10元促销”“SALE周年庆”“加1元多一件”“全线八折”“买一送一”“自有品牌商品免费”“加量33%不加价”“买就送”等，每一次都会引起白领丽人的惊呼，降价幅度非常大。每期都有3个“10元超值换购”商品、9

个“震撼低价”商品，这些商品每次都会被抢购一空。

以下是屈臣氏层出不穷的促销招数。

招数1：超值换购

在每一期的促销活动中，屈臣氏都会推出3款以上的超值商品，顾客一次性购物满50元后，多加10元即可任意选择其中一件。屈臣氏经常选用其自有品牌作为超值商品，在实现低价位的同时又可以保证利润。

招数2：独家优惠

独家优惠是屈臣氏经常使用的一种促销手段，他们在寻找促销商品时，经常避开其他商家，别出心裁，给顾客更多新鲜感，也可以提高顾客忠诚度。

招数3：买就送

买一送一、买二送一、买四送二、买大送小；送商品、送赠品、送礼品、送购物券、送抽奖券，促销方式非常灵活多变。

招数4：加量不加价

这一招主要是针对屈臣氏的自有品牌产品，经常会推出加量不加价的包装，用鲜明的标签标示，以加量33%或加量50%为主，面膜、橄榄油、护手霜、洗发水、润发素、化妆棉等是经常使用这种优惠方式的商品，对消费者非常有吸引力。

招数5：优惠券

屈臣氏经常会在促销宣传手册或者报纸海报上出现剪用优惠券，在购买指定产品时，可以给予一定金额的购买优惠，省5元到10元都有。

招数6：套装优惠

屈臣氏经常会向生产厂家定制专供的套装商品，以较优惠的价格向顾客销售，如资生堂、曼秀雷敦、旁氏、玉兰油等都会做一些带赠品的套装，屈臣氏自有品牌也经常会推出套装优惠。例如，买一盒69.9元的屈臣氏骨胶原修护精华液，送49.9元的眼部保护啫喱一支，促销力度很大。

招数7：震撼低价

屈臣氏经常推出系列震撼低价商品，这些商品以非常优惠的价格销售，并且规定必须陈列在店铺最前面、最抢眼的位置，以吸引顾客。

招数8：剪角优惠券

在指定促销期内，一次性购物满60元(或者100元)，剪下促销宣传海报的一角，可以抵6元(或者10元)，相当于额外获得9折优惠。

招数9：购某个系列产品满88元送赠品

例如，购护肤产品满88元、购屈臣氏品牌产品满88元或购食品满88元，送屈臣氏手提袋或手帕纸等活动。

招数10：购物2件，额外9折优惠

购指定的同一商品2件，额外享受9折优惠，例如买营养水一支要60元，买2支的话，就收108元。

招数11：赠送礼品

屈臣氏经常会举行一些赠送礼品的促销活动，一种是供应商本身提供的礼品促销活动，另外一种是屈臣氏自己举行的促销活动，如赠送品牌试用装，或者购买某系列产品送礼品装，或者是当天前30名顾客赠送礼品一份。

招数12：VIP会员卡

屈臣氏在2006年9月开始推出VIP会员卡，顾客只需去屈臣氏门店填写申请表格，即可办理屈臣氏贵宾卡，办卡时仅收取工本费1元。屈臣氏会每两周推出数十件贵宾独享折扣商品，低至额外8折，每次消费都有积分。

招数13：感谢日

屈臣氏会不定期举行感谢日小型主题促销活动，推出系列优惠力度较大的特价商品，单价商品的降价幅度在10元以上。

招数14：销售比赛

"销售比赛"也是屈臣氏一项非常成功的促销活动，每期指定一些比赛商品，各级别店铺(屈臣氏的店铺根据面积、地点等因素分为A、B、C 3个级别)分别在同级别店铺之间进行推销比赛，销售排名在前3名的店铺都将获得奖励，每次参加销售比赛的指定商品的销售业绩都会从奇迹般的速度增长，供货厂家非常乐意参与这样有助于销售的活动。

(资料来源：《屈臣氏营销战略——案例》，http://www.docin.com/p-267583211.html?docfrom=rrela，2020-05-15)

除了以上促销方式，企业还会采用广告促销、公共关系促销、人员促销等多种促销方式。接下来，我们利用前面所学的消费者心理与行为的知识，重点分析和掌握广告促销、公共关系促销、人员促销与消费者心理与行为的关系和规律。

一、广告与消费心理及行为

1. 广告的定义

广告就是广而告之，即广泛地告知公众某种信息的宣传活动。广义的广告是指唤起人们注意某一特定事物的一种手段。狭义的广告是指通过各种媒介向用户或消费者宣传商品和劳务，以促进销售或扩大服务的手段。狭义的广告又称为经济广告。

广告是一种销售形式，它推动人们去购买商品、劳务或接受某种观点。广告一般通过报刊、电台、电视台、招贴、电影、橱窗布置、商品陈列等形式向公众介绍商品，是用以指导服务内容或文艺节目的一种宣传方式。广告是付费的大众转播，其最终目的是为传递情报，变化人们对于广告商品的态度，并诱发其行动，使广告主得到利益。广告不同于其他传递信息的形式，它必须由广告主付给传播信息的媒介一定的费用，是一种付费的大众传播。

2. 广告心理功能

(1)诱导功能

良好的商业广告或以理服人，或以情感人，它可以吸引消费者的注意，建立或改变他们对企业或商品的看法，产生好感和信赖，激发潜在的购买欲望，说服和劝导购买行为的实现。

(2)创造需求

商业广告可以改变人们的消费观念，引发新的消费需求。例如，日本的巧克力商人借助情人节，打开巨大的巧克力市场。还有海飞丝、飘柔等洗发水广告，无油烟锅，等等，创造了极大的需求。

(3)教育功能

广告的教育功能包括两层含义。一方面，广告能增加消费者的产品知识。良好的广告对扩大消费者的知识范围、指导科学消费和促进文明建设都有促进作用。另一方面，消费者在获得信息的同时，丰富了精神生活，得到了美的享受。

(4)制造并传递流行

商业广告的宣传可以制造社会消费热点，某些产品或观念为社会所接受，成为流行或时尚。例如，某企业邀请一线明星为其服装品牌进行广告代言，或在热播的影视节目中让演员穿上某款服饰进行广告植入等，这些都会产生制造流行和传播流行的效果。

(5)便利功能

广告的便利功能是指广告通过各种媒体，及时、反复地传递商品和服务的信息，便于消费者收集有关资料，对各种商品进行较为充分和有效的比较，为购买决策提供充分依据，从而替消费者节约购买时间，减少购买风险。

(6)沟通信息

沟通信息是广告的基本功能。广告信息可以突破时空的限制，及时、广泛地渗透到各地区和各消费群体。对于销售者来说，商业广告是一种将产品(或服务)信息传递给潜在顾客的有效手段。对于消费者而言，商业广告则是购买商品的最佳指南。

3. 各种广告媒体的心理特征

媒体指把信息传输给社会大众的工具，常指报纸、杂志、广播、电视、电影、户外广告、直接函件、新媒体等。不同的媒体有不同的传播对象，媒体选择的正确与否，对广告效果是至关重要的。广告的可信度随着媒介级别的增高而增高。

(1)报纸广告

报纸是最古老的广告媒体，它的影响力和普及性是其他广告媒体难以达到的。报纸广告具有消息性(为中心)、保存性、信赖性、发布新闻的可能性。报纸具有特殊的新闻性，使广告在无形之中增加了可信度。报纸有保存原型的特性，有保存的价值，其内容无阅读时间的限制。报社的历史大多都比广播公司长久。

报纸是一种静态媒体，报纸广告的主要心理特征有：

①阅读主动性。报纸把许多信息同时呈现在读者眼前，增加了读者的认知主动性。读者可以自由选择阅读或放弃的内容；哪些地方先读，哪些地方后读；阅读一遍，还是阅读多遍；采用浏览、快速阅读或详细阅读；读者也可以决定自己的认知程度，如仅有一点印象即可，还是将信息记住、记牢；记住某些内容，还是记住全部内容。此外，读者还可以在必要时将所需要的内容记录下来。

②保存性。报纸本身是一种读者的脑外记忆存储器。读者不一定要把所需要的信息牢记在头脑中或摘录下来，只要把有关信息剪下保存起来以备以后查阅即可。

③可信性。消息准确可靠，是报纸获得信誉的重要条件。反过来，报纸的信誉也是人们评价消息准确可靠程度的重要因素。读者在长期阅读报纸的过程中，已有了对各种报纸的评价，这种评价往往会直接影响读者对报纸上所登载广告的可信性评价。例如，在一些发行量较大的报纸(如《人民日报》《光明日报》等)上刊登的广告，就比较容易为读者所信任；而在一些地方小报上刊登的广告，其可信性就相对较低。

④高认知卷入。报纸广告多数以文字符号为主，要了解广告内容，要求读者在阅读时集中精力，排除其他干扰。一般而言，除非广告信息与读者有密切的关系，否则读者在主观上是不会为阅读广告花费很多精力的。读者的这种惰性心理往往会减少他们详细阅读广告文案内容的可能性。换句话说，报纸读者的广告阅读程度一般是比较低的。不过当读者愿意阅读时，他们对广告内容的了解就会比较全面、彻底。

⑤单调呆板。由于印刷上的原因，报纸广告通常缺乏动态感、立体感和色泽感。因而对读者的吸引力不大，同时也难以使读者产生情感联想。不过随着印刷技术的发展，报纸广告的这一弱点会在一定程度上得到克服。

(2)杂志广告

杂志与报纸一样，同属印刷媒体。这就决定了它们之间存在着一些共同的心理特征，包括阅读主动性、高卷入、保存性和可信性。但是杂志与报纸也存在着很大的差别。在内容上，杂志不像报纸以新闻报道为主，杂志以各种专业和科普性文化知识来满足各种类型读者的需要。在印刷质量上，杂志一般也优于报纸。杂志广告的消息性比报纸深入，保存性比报纸长，具有选择特定阶层性，可以提高与报纸相同的新闻效果及消息形式广告的运用。因此，杂志具有一些不同于报纸的心理特性。

①读者针对性强。杂志的种类繁多，大多数杂志都是针对一定范围的读者，即每一种杂志都可能有其独特的读者群。例如，《瑞丽》以年轻女性和服装行业人员为主要读者对象，《大众医学》的主要读者则是家庭主妇和医学工作者。

②重复性。杂志的内容丰富多彩，长篇文章较多，读者不仅要仔细阅读，而且常常要分多次阅读，甚至保存下来日后再读。读者的多次翻阅增加了他们与杂志广告接触的机会，有利于广告在读者的记忆中留下较深的印象。

③视觉吸引力强。与报纸广告相比较，杂志广告能印上色彩精美的照片和图案，艺术表现手段较为多样，视觉诉求力强，容易引起读者的兴趣、注意以及情感联想。此外，杂志广告能将产品的外观形象比较直接地表现出来，使读者对产品有直观的了解，这有利于直接刺激读者的购买欲。

④引人注目。杂志广告一般被安排在杂志的封面或中间插页，并且以突出的精美印刷区别于其他内容，因而易于吸引读者的注意力。正如温斯坦(Weinstein)等人1980年的研究所指出的，杂志广告比电视广告更能吸引注意，看杂志广告比看电视广告的脑电波活动较多；看杂志广告时，左半球的脑电波活动显著增加。

因此，杂志易于适合广告对象；能配合消费者防御性和选择性倾向；杂志的信用可以被广告利用；易于与报道内容相协调；杂志读者的收入较高，易与高学历者或意见领袖接触；由杂志的利用期间和保存性观之，广告生命较长；说服诉求力强；视觉性诉求力强；就杂志的传阅性而言，传至某一部分人的到达率十分高；可以做多元媒体广告的特殊广告。

(3)广播广告

广播是电子时代的产物，在大众传播媒体的发展史上，它早于电视，晚于报纸和杂志。由于广播具有超越时空的传播功能，因而逐渐在各种广告媒体中占有一席之地。广播与电视广告传播速度最快，传播范围最广，不受时空限制。广播广告具有以下特性。

①方便性。广播媒体的方便性包含两层意思：一是接收器(收音机)可随身携带，随时随地收听；二是收听广播时可以伴随其他活动。例如，司机可以边开车边听无线广播；家庭主妇可以边做饭边听收音机。有关受众调查结果显示，收听广播伴随其他活动的百分比为34%，而看电视伴随其他活动的仅为19%。

②收听被动性。与印刷媒体的阅读主动性相反，广播的收听是被动的。广播广告信息瞬间即逝，只要稍不留意，听众便不知所云。对于一时难以理解的语句，听众不仅不可能及时地重复收听，而且也没有时间去思考琢磨。总之，听众只能依据信息呈现的变化调节收听的节奏。

③感染力强。广播广告可以充分运用语言艺术和音响效果，创造出适当的情感气氛，增加广告的感染力，同时给人以娱乐享受。这一点是印刷媒体广告无法比拟的。

④容易记忆。早在20世纪30年代，研究者就对广告信息的听觉呈现和视觉呈现进行了比较研究。斯坦顿(1934年)将编写出来的广告文本分别用印刷小册子和播音系统呈现给4组大学生，然后观察大学生对广告文本的记忆。结果发现，1、7、21天后的回忆、有助回忆和再认测验都显示了广播系统的优势，7天后的听觉记忆测验优势最明显，21天后听觉的最大优势在于再认测验。迪威克(De-Wick)1935年调查了70名大学生，发现，虽然即时回忆和24小时后回忆没有明显差异，但听觉呈现的广告文本在5天到5个月后，产品和品牌回忆都明显优于视觉呈现。

(4)电视广告

电视与广播一样，都是运用无线电波来传递信号的电子媒体，所以它与广播具有一些相似的特点，如收看被动性、感染力强等。但是电视的呈现方式比广播复杂，形成了自身的一些独特特点。

①刺激丰富。人的心理活动的紧张程度跟外界刺激有着密切的关系。刺激量大，心理活动的紧张程度也大，反之亦然。人们接受外界信息主要通过视觉器官和听觉器官。运用何种感官去感知外界事物则取决于外界刺激。声音形式的刺激用耳朵来接受，视觉形式的刺激则用眼睛来感知。电视同时呈现听觉和视觉信息，调动了两种感官的活动，这比起单一的刺激形式，更能吸引和维持人的注意力。

②刺激多变性。外界刺激捕捉人的注意力的另一种重要特点是刺激的变化，包括强度变化、色彩变化和物体的运动等。电视以其丰富的视听刺激变化(如瞬息万变的画面、抑扬顿挫的语音变化)显著地区别于其他媒体，有时它不需要观众的主观意志努力，也能

有效地把观众的注意力吸引到电视屏幕上。

③表现充分性。在电视上，物体、事件可以用生动的画面和语言来充分描述，这是其他任何媒体无法媲美的。例如，在介绍产品的使用方法时，单纯的语言描述或用文字描述加静态画面都不如动态的画面加语言描述那么清楚明了。

④情景塑造的逼真性。人们赖以传递信息、表达思想情感的工具，一种是语言符号(包括文字语言和声音语言)，另一种是非言语符号，如姿态、动作、目光、手势、表情、语调、节奏等。非言语表达能为语言表达塑造出一种真实的情境或气氛。而在各种媒体中，只有电视才能将某种情境、气氛表现得淋漓尽致。例如，消费者购买使用产品后的满意心情，如果没有非言语符号(表情)，就很难生动地表现出来。

(5)互联网广告

20世纪90年代以后发展起来的互联网已成为一种重要的新媒体，与传统媒体存在激烈竞争。互联网兼具报纸、杂志、广播、电视等大众传媒的许多特点，如报纸的阅读主动性、杂志的重复性和视觉表现力强、广播的传播面广和方便性、电视的刺激多变性和娱乐性等特点。但是其最突出的心理特性是：

①主动性。互联网用户阅读广告、了解品牌或产品的信息的意愿在很大程度上取决于自己。当消费者对网站主页或栏目上的某一广告产品发生兴趣时，可以通过点击该广告链接到企业或产品的主页，详细了解产品的信息。有时，消费者想要了解某个品牌某种具体产品的情况，也可以通过搜索网站如百度、Google等，或一些大型的门户网站如新浪网、搜狐网等，搜索发布该品牌或产品信息的网站或网页。然后进入这些网站或网页去了解产品的属性。

②强迫性。登录门户网站的用户往往都会看到一些广告，有些网页的弹出广告甚至会跟随网页进行移动，不管他们愿意不愿意，这些广告会一直处于受众的视野之中，让受众不得不一直看着它。在这方面，网络广告具有类似于电视广告的强迫性。门户网站发布的网络广告的效果往往就是通过这样的强迫浏览产生的。同时发布这种强迫性广告的收费也为网站媒体的生存提供了重要收入来源。

③信息丰富。从传播形式来说，网络广告以图、文、声、像的形式，传送多感官的信息。既可以使消费者像广播一样倾听播音员对产品的介绍，也可以使消费者像报刊读者一样，详细阅读产品信息；还可以使消费者像看电视广告介绍一样，观看产品功能演示，了解产品的外观形态。从传播内容来说，广告主提供的信息容量是不受限制的。广告主或广告代理商可以提供相当于数千页计的广告信息和说明，而不必顾虑传统媒体上每分每秒增加的昂贵的广告费用。在一则小小的网络广告条后面，广告主可以把自己的公司以及公司的所有产品和服务，包括产品的性能、价格、型号、外观形态等自己看来有必要向受众说明的一切详尽的信息，制作成网页放在自己的网站中。这样的信息量在传统媒体上是无法想象的。

④刺激变化多端。网络广告的刺激变化特点表现在两个方面。第一，在不断开发出来的新技术(Flash、浏览器插件或其他脚本语言、Java语言、RealVideo和RealAudio等多媒体技术)的支持下，网络广告的视觉表现变化越来越丰富。画面不仅色彩艳丽，而且

闪烁变化，从而大大地提高了对公众注意力的吸引。第二，一则广告发布一段时间之后，广告主可以及时更换新的设计，以避免受众熟视无睹，增加受众的广告意识和品牌意识。这是因为网络广告是在电脑上设计的，完成后即可发送到网站进行发布，免去了排版排印或拍摄剪接的麻烦。广告主可以每天 24 小时、每周 7 天、每年 365 天操作自己的网络广告，并不断更新以迎接网站浏览者。

⑤信息不可靠性。互联网是一种互动媒体，人们不仅可以从互联网上接收信息，也可以直接在互联网上发布信息。不管是谁，也不管信息是否真实、可靠，都可以在互联网上将一定的信息发布出去。由于信息发布的随意性，以及信息来源的不确定性，受众对信息的真实性会持一定的质疑态度。

(6)户外广告

路牌和霓虹灯是常见的两种户外广告媒体。

目前，在经济发展较快的城市，路牌广告在整个广告行业中占有十分重要的位置，是专业广告公司的重要经济支柱。户外广告受到广告界的重视，跟它所产生的传播效果和促销效果有关。研究表明，户外广告不仅在吸引驾驶员注意广告主的名字上有效，而且在暴露位置合适的条件下，所产生的销售反应也是立即的。

路牌广告的突出心理特性有两个方面：

①简洁性。国外统计资料表明，路牌广告的接触时间大约为 8s。为了在这短短的时间之内给观看者留下较深刻的印象，路牌广告画面往往比较简洁，集中表现了商标图案或商标名称，使观众过目不忘。

②欣赏性。随着人类对环境美化要求的逐步提高，路牌广告也成为美化环境、美化市容的一个重要组成部分。因而在广告制作时，比较追求画面的艺术效果和欣赏价值。

霓虹灯一般被安装在城市里的闹市区或高大建筑物之上，是都市夜景的重要点缀物，能满足人们的视觉刺激需要。其心理特性表现为：

第一，简单易记。霓虹灯广告的构造材料是玻璃管，要制作复杂的图案难度相当大。由于制作上的局限，霓虹灯广告中的文字和图案都简化到不能再简化的程度，一般以显示商品的简单形象、商标名称、图案或企业的名称、标志为主，所以比较简单易记。

第二，引人注目。霓虹灯以耀眼的光亮、鲜艳的色彩、闪烁的灯光，与夜幕形成鲜明的对比，能有效地吸引人们的注意。

第三，具有观赏性。在现代化城市中，霓虹灯与城市的自然环境融为一体，成为城市景观不可缺少的组成部分。因此，霓虹灯广告常常被人们看作是城镇经济发展和现代化水平的标志之一。

(7)邮件

广告主把商品或服务的情况介绍、订货要求印制成说明书、订货单、商品目录、定期或不定期的业务通信，然后通过邮递网络将它们有选择地寄给用户和消费者，或者附在刊物内赠送，这类印刷物就叫邮件广告或直邮广告。

邮件是所有广告媒体中最有选择性和灵活性的一种。其主要特性有以下 3 方面。

①针对性强。广告主在寄出邮件广告之前，都要对用户进行选择。实质上，只有那

些有可能需要他们的产品或服务的客户，名字才会被填在邮件上。对于潜在的客户或消费者，广告主可能事先了解他们或已了解他们，因而能够选择比较有说服力的材料来说服客户或消费者使用他们的产品。

②有亲近感。邮件广告跟私人信函有相似之处，通常都是寄给个人的，而不是像其他媒体广告面向广大受众。这样接受者容易产生亲近感，而不是厌恶感。

③接触率高。邮件广告内容是封闭的，接收者在拆开信封之前，不知道里面是何物，这种神秘感或不确定性，足以使接收者拆开观看其内容。所以，邮件广告的接触率比较高。

随着互联网的发展，邮件广告不仅包含传统的印刷邮件，还包含通过互联网发送的E-mail广告。但由于电子邮件常常带有病毒，人们并不欢迎来自陌生人的电子邮件，所以，电子邮件广告虽然具有制作和发送的方便性，但是没有传统印刷邮件的亲近感，甚至会让人产生反感，接触率也不高，很容易被当作垃圾邮件处理掉。

(8)包装广告

包装是直接附在商品之上的容器或包裹物，一般连同商品陈列在商店的柜台之上，并连同商品一起卖给消费者。包装具有广告的作用，所以说它是与产品联系最密切的广告。

包装的主要心理特性表现为标志性、与商品调和、视觉冲击力强。

①标志性。各种商品的品质和包装都有差别，经过一段时间的产品使用和比较，消费者会不自觉地把包装与产品品质联系起来，并根据包装来区别产品的品质。这就是包装的标志性。正是由于包装具有这种标志作用，一些信誉好的老品牌产品不愿意轻易改变包装装潢。而一些正在走下坡路或企图打开销路的产品则不惜在包装上花本钱。

②与商品调和。商品的包装能起到塑造产品形象的作用，不同的包装会带给消费者不同的产品印象。有人曾经给顾客看同样新鲜的两块面包，但包装不同，一块用玻璃纸包装，另一块用石蜡包装。结果大多数人认为用玻璃纸包装的面包比用石蜡包装的面包新鲜。

③视觉冲击力强。走进商店的顾客是借助于眼睛来搜寻他们所需要的物品。在琳琅满目的商品中，一种商品要成为顾客目光聚焦的中心，只有依赖于独特的包装。当你的商品包装强于竞争商品时，你的商品就可能获得消费者的喜爱。在许多情况下，消费者的商品购买并不是事先计划好的，他们的购买欲是由商品精美的包装激发出来的。

(9)手机

目前，手机成为一种新型的广告媒体。手机广告有两种，一种是声音信号广告，一种是视觉的短信广告。短信是人们之间相互沟通的一种信息传递方式，具有沟通快捷、方便、费用廉价等优点，广受消费者的欢迎。手机短信广告正是基于人们广泛采用这一沟通手段而发展起来的。从受众的角度来看，手机短信具有如下特点。

①便捷性。在通信发达的国家和地区，手机用户随时随地都能够接收到手机短信。这使得广告主可以在短时间之内将信息传送给消费者，而其他任何媒体都不能像手机短信这么快捷。

②被迫性。不少手机用户收到过不愿意接收的信息，其中包含大量商业类、广告类短信，用户大多不能根据自己的意愿拒绝接收这类短信，只能被迫接收。垃圾短信泛滥曾经困扰很多手机用户，随着国家陆续出台相关政策和法规，不断加大监管和打击力度，垃圾短信才得以有效遏制。

③可靠性差。手机短信的来源可能是不知名的某个人，也可能是某一商业机构。短信接收者无法判断其信息的真伪，因此即使阅读了广告信息，也不敢轻易相信。这在很大程度上限制了广告短信的影响力。

二、公共关系与消费心理及行为

公共关系是指企业利用各种传播手段，沟通内部关系，塑造自身良好的形象，从而促进产品销售的一种促销方式。公共关系宣传一般被认为具有高度可信任性，因为新闻故事和特写比广告更容易获得消费者的信任。很多潜在消费者会回避推销人员和广告，但能接受公共关系。因此，通过新闻的方式将信息传递给消费者比以销售导向的信息沟通要好，它可降低消费者的防卫心理。

公共关系与广告也有相似之处，具有能使企业或产品惹人注目的潜能。消费者对促销的认知过程不同，在公共关系指导下的消费者行为也会产生差异，因此企业应通过不同的促销方式和沟通方式，向消费者传播不同的信息，引导消费者向卖方预期发展。

企业良好的信誉和形象是吸引消费者的基础条件，信息双向交流是掌握和引导消费者心理变化的基本手段；企业只有提供确实的保证才能解除消费者的疑虑；市场教育是激发消费者需求的重要措施；强化能促进消费者的学习和决策过程；消费者之间的相互关系，影响着消费者的心理变化。

基于以上所述的消费者心理特征，企业从增强消费者认知、激励消费动机、转变消费者态度、注重社会整体效益等方面开展公共关系，可采取如下公共关系策略：树立良好的企业信誉；推广企业为顾客服务的形象；注重社会整体效益；加强与消费者公众的信息交流；正确对待消费者的抱怨；提供确实的保证；联络消费者公众感情；充分发挥参考团体的引导作用。

三、人员推销、营销推广与消费心理及行为

1. 人员推销与消费心理及行为

(1)人员推销的定义

人员推销是指通过推销人员深入中间商或消费者群体进行直接的宣传介绍活动，使中间商或消费者采取购买行为的促销方式。它是人类最古老的促销方式。在商品经济高度发达的现代社会，人员推销这种古老的形式更焕发了青春，成为现代社会最重要的一种促销形式。

(2)人员推销的基本形式

①上门推销。上门推销是最常见的人员推销形式。它是由推销人员携带产品样品、

说明书和订单等走访顾客，推销产品。这种推销形式可以针对顾客的需要提供有效的服务，方便顾客，故为顾客广泛认可和接受。

②柜台推销。柜台又称门市，柜台推销是指企业在适当地点设置固定门市，由营业员接待进入门市的顾客，并推销产品。门市的营业员是广义的推销员。柜台推销与上门推销正好相反，它是等客上门式的推销方式。由于门市里的产品种类齐全，能满足顾客多方面的购买要求，为顾客提供较多的购买方便，并且可以保证产品完好无损，故顾客比较乐于接受这种方式。

③会议推销。会议推销是指利用各种会议向与会人员宣传和介绍产品，开展推销活动。譬如，在订货会、交易会、展览会、物资交流会等会议上推销产品。这种推销形式接触面广、推销集中，可以同时向多个推销对象推销产品，成交额较大，推销效果较好。

(3)人员推销的目的

①挖掘和培养新顾客。销售人员的首要任务是不间断地寻找企业的新顾客，包括寻找潜在顾客和吸引竞争者的顾客，积聚更多的顾客资源，这是企业市场开拓的基础。

②培育企业的忠实顾客。销售人员会通过努力与老顾客建立莫逆之交的关系，使企业始终拥有一批忠实顾客，这是企业市场稳定的基石。

③提供服务。销售人员通过为顾客提供咨询、技术指导、迅速安全交货、售后回访、售后等系列服务，以服务来赢得顾客的信任。

④沟通信息。销售人员应该熟练地传递企业各种信息，说服、劝导顾客购买本企业的产品。在信息传递的过程中，关注顾客对企业产品的信息反馈，主动听取顾客对产品、企业的意见和建议。

⑤产品销售。推销的最终目的也是销售人员努力的最终成果，应该是源源不断地给企业带来订货单，把企业产品销售出去，实现企业的销售目标。

(4)人员推销的特点

①销售的针对性。与顾客的直接沟通是人员推销的主要特征。由于是双方直接接触，相互间在态度、气氛、情感等方面都能捕捉和把握，有利于销售人员有针对性地做好沟通工作，解除各种疑虑，引导购买欲望。

②销售的有效性。人员推销的又一特点是提供产品实证，销售人员通过展示产品，解答质疑，指导产品使用方法，使目标顾客能当面接触产品，从而确信产品的性能和特点，易于引发消费者的购买行为。

③密切买卖双方关系。销售人员与顾客直接打交道，交往中会逐渐产生信任和理解，加深双方感情，建立起良好的关系，容易培育出忠诚顾客，稳定企业销售业务。

④信息传递的双向性。在推销过程中，销售人员一方面把企业信息及时、准确地传递给目标顾客，另一方面把市场信息及顾客(客户)的要求、意见、建议反馈给企业，为企业调整营销方针和政策提供依据。

(5)人员推销与消费者心理及行为

客户在购买的过程中会产生一系列复杂、微妙的心理活动，包括对商品成交的数量、价格等问题的一些想法，以及如何成交、如何付款、签订什么样的合同等行为，这样的心理活动对生意的成败有着决定性的影响。因此，懂得重视和揣摩顾客的心理活动是营销人员的必备课。最常见的10种消费心理如下。

①实用心理。求实是消费者最基本的一种心理动机。客户在选择产品时，首先会要求具有实际的使用价值，讲究实用。有这种心理的顾客在选购商品时会特别重视商品的质量效用，会追求朴实大方、经久耐用，而不会过分强调产品的外形新颖、美观等“个性”特点。

②偏好心理。不同的消费者会有不同的个人喜好。这是一种满足个人特殊爱好和欲望的购买心理。有偏好心理动机的消费者喜欢购买某一类型的商品，这也为长久营销提供了机会。因此，偏好性购买心理动机往往比较明智，指向性也很明确，具有经常性和持续性的特点。比如有的人爱养花，有的人爱收藏古玩，有的人爱摄影，有的人爱字画，等等。这种偏好往往同某种专业、知识、生活情趣相关。

③求美心理。爱美之心，人皆有之。消费者挑选商品时往往会注重商品本身的造型、色彩、工艺等，会注重商品对环境的装饰、对人体的美化，以便达到艺术欣赏和精神享受的目的。

④求新心理。一些消费者最注重“时髦”和“新奇”，爱追赶“潮流”，这种类型的用户大都为经济条件较好的男女青年，在西方发达国家的一些顾客身上也很常见。

⑤求利心理。这类用户会存在一种“少花钱，多办事”的心理动机，其核心就是“廉价”。有求利心理的顾客在挑选商品时往往会对同类商品的价格进行仔细的比对，还喜欢选择打折或者处理的商品，具有这种心理动机的人往往是那些经济收入较低者。当然，也有经济收入高却比较节俭的人。

⑥求名心理。这是一种以购买商品来彰显自己地位和威望的购买心理，具有这种购买心理的人普遍存在于社会各个阶层，尤其是在现代社会当中，在名牌效应的影响下，衣食住行选名牌成了人们共同认可的一个标准，是一个人社会地位的体现。人们多会选购名牌，以此来“炫耀自己”，通过产品来提升物质价值。

⑦从众心理。一种仿效式的购买动机，其核心是“不落后于人”或者是“胜过他人”，这类客户对社会风气和周围的环境十分敏感，总是想跟着潮流走，有这种心理的顾客在购买某种物品时并非是急切需要，而是为了赶上他人，超过他人，以此获得心理上的满足。

⑧自尊心理。有这种购买心理的顾客在购买之前就希望他们的购买行为能够受到销售人员的热情接待。经常会有这样的情况：有的客户满怀希望地去购物，一见销售人员满脸冰霜就转身而去，到别家商店去购买。

⑨疑虑心理。疑虑心理是一种瞻前顾后的购物心理动机，他们的核心理念是怕“上当吃亏”，这种心理在购物过程中会对商品的质量、性能、功效等持怀疑的态度，怕不好用，怕上当受骗。因此会向销售人员询问，仔细检查商品，并且非常关心售后服务的工作，直到心中的疑虑完全解除才会掏钱购买。

⑩安全心理。持这种心理的人在购买商品时最关心的就是产品的安全。尤其是食品、药品、洗涤用品、卫生用品、电器用品和交通工具等，不能出现任何问题，因此，他们

会十分注意食品是否过期、药品是否正规、洗涤用品是否有化学反应、电器用品是否漏电、交通工具是否安全等。在销售人员解说、保证之后，他们才会放心地购买。

(6)推销技巧

推销人员需要根据消费者不同的消费心理去进行推销。推销中还应具备一定的推销技巧。

①洽谈艺术。要注意自己的仪表和服饰打扮，给客户一个良好的印象；同时，言行举止要文明，懂礼貌，有修养，做到稳重而不呆板，活泼而不轻浮，谦逊而不自卑，直率而不鲁莽，敏捷而不冒失。

在开始洽谈时，推销人员应巧妙地把谈话转入正题，做到自然、轻松、适时。可采取以关心、赞誉、请教、炫耀、探讨等方式入题，顺利提出洽谈的内容，以引起客户的注意和兴趣；在洽谈过程中，推销人员应谦虚谨言，注意让客户多说话，认真倾听，表示关注与兴趣，并做出积极的反应；遇到障碍时，要细心分析，耐心说服，排除疑虑，争取推销成功。在交谈中，语言要客观、全面，既要说明优点所在，也要如实反映缺点，切忌高谈阔论，让客户反感或不信任；洽谈成功后，推销人员切忌匆忙离去，这样做会让对方误以为自己上当受骗了，从而使客户反悔违约。应该用友好的态度和巧妙的方法祝贺客户做了笔好生意，并指导对方做好合约中的重要细节和其他一些注意事项。

②排除推销障碍的技巧。

第一，排除客户异议障碍。若发现客户欲言又止，自方应主动少说话，直截了当地请对方充分发表意见，以自由问答的方式真诚地与客户交换意见。对于一时难以纠正的偏见，可将话题转移。对恶意的反对意见，可以“装聋扮哑”。

第二，排除价格障碍。当客户认为价格偏高时，应充分介绍和展示产品、服务的特色和价值，使客户感到物有所值；对低价的看法，应介绍定价低的原因，让客户感到物美价廉。

第三，排除习惯势力障碍。实事求是地介绍客户不熟悉的产品或服务，并将其与他们已熟悉的产品或服务相比较，让客户乐于接受新的消费观念。

2. 营销推广与消费者心理及行为

目前已进入以消费者为中心的营销推广新阶段，从以产品为中心的销售到以市场为导向的营销观念，更加重视消费者在市场中的作用。消费者心理会制约和影响消费行为，企业的营销策略以及其他策略会刺激消费者做出消费行为，而消费者的消费心理和行为又会进一步促使企业做出相应的营销策略。消费者的消费行为与消费心理和动机存在着紧密的联系，企业应该想顾客之所想，急顾客之所急，以消费者为中心建立自己的营销观念。

抓住消费者追求的热点动态。消费者对热点向来都给予极大的关注，要抓住消费者购买的心理，企业在制订营销计划的时候就要考虑到热点对于消费者的吸引力。比如，当人们对于低碳环保有所重视的时候，企业提出绿色产品这一概念，就能够成功激发消费者的购买欲望。通过对消费者潜在心理需求的研究，以及在此基础上形成的营销策略，能够在一定程度上将需求转化为购买力，从而达到营销的目的。细分市场，锁定目标消费人群。企业应该根据不同的消费群体，对消费者心理和行为、消费者特征进行分析，抓住消费者心理因素中的主要因素，从而分析市场的变化，确定企业的营销计划，抓住消费热点。

主要的网络营销推广方式有以下几种。

(1)搜索引擎推广

搜索引擎推广是指利用搜索引擎、分类目录等具有在线检索信息功能的网络工具进行网站推广的方法。由于搜索引擎的基本形式可以分为网络蜘蛛型搜索引擎(简称搜索引擎)和基于人工分类目录的搜索引擎(简称分类目录)，因此搜索引擎推广的形式也相应地有基于搜索引擎的方法和基于分类目录的方法，前者包括搜索引擎优化、关键词广告、固定排名、基于内容定位的广告等多种形式，而后者则主要是在分类目录合适的类别中进行网站登录。随着搜索引擎形式的进一步发展变化，也出现了其他一些形式的搜索引擎，不过大多是以这两种形式为基础。

搜索引擎推广的方法又可以分为多种不同的形式，常见的有：登录免费分类目录、登录付费分类目录、搜索引擎优化、关键词广告、关键词竞价排名、网页内容定位广告等。

从目前的发展趋势来看，搜索引擎在网络营销中的地位依然重要，并且受到越来越多企业的认可，搜索引擎营销的方式也在不断发展演变，因此应根据环境的变化选择搜索引擎营销的合适方式。

(2)电子邮件推广

以电子邮件为主要的网站推广手段，常用的方法包括电子刊物、会员通信、专业服务商的电子邮件广告等。基于用户许可的 E-mail 营销与滥发邮件(Spam)不同，许可营销比传统的推广方式或未经许可的 E-mail 营销具有明显的优势，比如可以减少广告对用户的滋扰，增加潜在客户定位的准确度，增强与客户的关系，提高品牌忠诚度等。

(3)资源合作推广

通过网站交换链接、交换广告、内容合作、用户资源合作等方式，在具有类似目标网站之间实现互相推广的目的，其中最常用的资源合作方式为网站链接策略，利用合作伙伴之间网站访问量资源合作互为推广。

每个企业网站均可以拥有自己的资源，这种资源可以表现为一定的访问量、注册用户信息、有价值的内容和功能、网络广告空间等，利用网站的资源与合作伙伴开展合作，实现资源共享，共同扩大收益的目的。在这些资源合作形式中，交换链接是最简单的一种合作方式，也是新网站推广的有效方式之一。交换链接或称互惠链接，是具有一定互补优势的网站之间的简单合作形式，即分别在自己的网站上放置对方网站的 LOGO 或网站名称，并设置对方网站的超级链接，使用户可以从合作网站中发现自己的网站，达到互相推广的目的。交换链接的作用主要表现在获得访问量，增加用户浏览时的印象，在搜索引擎排名中增加优势，通过合作网站的推荐增加访问者的可信度等方面。交换链接还有比是否可以取得直接效果更深一层的意义，一般来说，每个网站都倾向于链接价值高的其他网站，因此获得其他网站的链接也就意味着获得了合作伙伴和一个领域内同类网站的认可。

(4)信息发布推广

将有关的网站推广信息发布在其他潜在用户可能访问的网站上，利用用户在这些网站获取信息的机会实现网站推广的目的，适用于这些信息发布的网站包括在线黄页、分类广告、论坛、博客网站、供求信息平台、行业网站等。信息发布是免费网站推广的常用方法之一。

(5)快捷网址推广

合理利用网络实名、通用网址以及其他类似的关键词网站快捷访问方式来实现网站推广的方法。快捷网址使用自然语言和网站URL建立其对应关系，这为习惯使用中文的用户提供了极大的方便，用户只需输入比英文网址更加容易记忆的快捷网址就可以访问网站，用自己的母语或者其他简单的词汇为网站“更换”一个更好记忆、更容易体现品牌形象的网址，例如选择企业名称或者商标、主要产品名称等作为中文网址，这样可以大大弥补英文网址不便于宣传的缺陷，因此在网址推广方面有一定的价值。随着企业注册快捷网址数量的增加，这些快捷网址用户数据已经相当于一个搜索引擎，这样，当用户利用某个关键词进行检索时，即使与某网站注册的中文网址并不一致，也同样存在被用户发现的机会。

(6)网络广告推广

网络广告是常用的网络营销策略之一，在网络品牌、产品促销、网站推广等方面均有明显作用。网络广告的常见形式包括：横幅广告、关键词广告、分类广告、赞助式广告、E-mail广告等。横幅广告所依托的媒体是网页，关键词广告属于搜索引擎营销的一种形式，E-mail广告则是许可E-mail营销的一种，可见网络广告本身并不能独立存在，需要与各种网络工具相结合才能实现信息传递的功能，因此，也可以认为，网络广告存在于各种网络营销工具中，只是具体的表现形式不同。网络广告推广具有可选择网络媒体范围广、形式多样、适用性强、投放及时等优点，适用于网站发布初期及运营期。

第二部分　实践活动

活动34　分析广告营销中的消费心理过程

案例分析9-3

牙膏市场独树一帜的高露洁之广告促销

近年来，高露洁牙膏在中国的牙膏市场中位居国内各品牌前列，近三成的消费者最常使用的牙膏为高露洁。有实验证明，国内牙膏在基本质量指标上并不逊色于高露洁，甚至某些品牌牙膏强于高露洁。高露洁价格是国内牙膏的2～3倍。那么，高露洁在质量上无绝对优势，且价格处于明显劣势的状况下，是如何击败所有竞争对手的呢？广告促销正是高露洁牙膏取胜的关键。

任务描述

请大家自愿分组，2～3 人为一组，以小组为单位收集一则高露洁牙膏的广告或其他产品广告，根据第一部分所学内容，分析广告的情境、人物、广告语等内容在设计方面是如何运用消费者心理特点和规律的，然后在下一节课中进行 3～5 分钟的小组汇报，准备 PPT。

项目十　消费心理与行为的发展变化

项目概述

本项目关注消费者心理与行为研究的发展趋势与热点问题，阐述近年来在消费层次、消费领域、绿色消费方面的发展变化及研究现状，澄清目前在现实生活中存在的各种消费误区，帮助学习者树立健康的消费理念。

项目目标

知识目标

1. 了解消费层次的概念、划分标准及消费层次的变化趋势；
2. 了解消费领域的概念及目前消费领域的状况；
3. 了解绿色消费、健康消费的概念及意义。

能力目标

1. 能够识别绿色消费和健康消费的消费行为；
2. 能够识别非理性消费、过度消费等消费行为。

素养目标

积极践行并大力倡导绿色消费、健康消费，让自己和更多的人远离消费误区。

任务三十一 消费心理与行为的变化趋势

第一部分 学习引导

案例导入

大数据背后是消费的变化

热情似火的“6·18全民年中购物节”落下帷幕，京东商城最终以“6月1—18日累计下单金额1 199亿元(行业口径)”的战绩收官。那么，今年的“6·18”与以往有何不同？出现了哪些新的消费趋势与特点？近日易观联合京东发布了《2017中国网上零售年中购物节专题报告》，报告以京东大数据为基础，对“6·18”购物节的消费现状、用户消费行为进行深度解析，在对此次“6·18”进行全面复盘的同时，也对网络购物节的消费变化及未来发展趋势做出全面解读。

“6·18”源于京东的店庆月，随着网络零售电商促销的常态化，“6·18”逐渐演变成与“双11”并肩的全民购物节，并从最初的价格比拼，逐渐转变成更加注重品质、消费体验的年中购物盛典。报告显示，如今的“6·18”购物节，从商品到人，从卖货到连接，从线上到线下，零售业迎来了消费者时代，而提供多元化消费场景、注重个性化消费需求、提升消费者参与深度则成为购物节的三大新特点。

1. 消费诉求个性化：女性用户与大品牌助推消费升级

女性具有独特的购物天性，对于进口食品、珠宝首饰、潮流服装以及奢侈品具有一定的消费向往，而随着京东各品类的不断深耕，更多国际大牌的引入，时尚氛围的增强，以及正品品质的保障和物流的便捷体验，女性消费者的诉求越来越能够得到满足。

报告显示，“6·18”期间首次在京东进行消费的用户中，女性消费者数量同比增长近100%，在美妆个护、食品饮料、生鲜、母婴、生活旅行等品类上，女性用户占比远超男性。女性消费者比例的攀升，对于京东来说是全品类深耕与商品品质追求的结果。从性别看消费行为，有报告显示，女性用户的订单量集中在美妆及个人护理上，但下单金额排行居首位的是家电；男性用户的订单很多下在了食品、饮料上，但下单金额集中在了手机上。从购物时间来看，女性消费者更善于利用碎片化时间进行购物，并对促销更敏感，女性的促销敏感人群比例比男性高出了22%。同时，女性消费者并未被优惠的价格冲昏头脑，她们在积极剁手的同时也不失理性，会认真参考其他用户的评论，女性用户在大促期间的评价敏感度高达83%。从地域上看，参与“6·18”购物节的女性用户数占比较高的地区是天津、北京、辽宁、黑龙江、吉林，可见，东北和华北的女性对大促销的热情更高。

2. 大品牌集中、垂直细分品牌需求旺盛

报告显示，从3C产品(计算机类、通信类和消费类电子产品)和家电，到日常吃喝、家装、生鲜，再到美妆、呵护，消费者对大品牌的需求强劲提升，品牌集中度持续走高，反映了人们越来越重视商品品质。小米、荣耀、苹果三大品牌囊括了手机单品销量排名前十的所有产品；格力、美的、奥克斯这三大国产空调品牌持续发力，领衔“6・18”销售排行榜；五粮液、茅台、洋河强势占据酒类销售额前三名；进口美妆品牌圣罗兰、雅顿、纪梵希等销售额分别达到去年同期的8倍、4倍与3倍；进口母婴品牌销售额也实现大幅增长，爱他美、妈咪宝贝分别达到去年的5倍与3倍；而在生鲜领域，大品牌集中度也十分明显，“6・18”期间生鲜类10%的品牌占据了近80%的自营销量，八喜、伊利、广州酒家、双汇等品牌名列前茅。

在垂直细分领域，消费者对个性化品类及商品的购买力得到了充分释放。报告显示，“6・18”期间，无人机、机器人、智能产品等高科技商品成为消费者的新宠，无人机销售额同比增长491%，机器人销售额同比增长444%，智能锁销售额在“6・18”当日同比增长510%，而智能马桶销售额在“6・18”当日也达到了去年同期的5.1倍。同时，彰显生活品质的智能家电及个护小家电品类上，销售额增长表现强劲，高端变频圆柱柜机空调的销售额同比增长达690%，曲面电视销售额同比增长达610%，个护小家电品类的销售额同比增长超过500%。“6・18”当日，戴森品牌的销售额同比增长3.4倍，松下的销售额更是增长超过4.7倍。

3. 用户参与深度化：营销互动＋定义产品

报告显示，此次“6・18”利用优质内容、明星效应、大IP影响力吸引消费者深度参与到产品的营销和销售过程中，同时鼓励消费者积极晒单和评价，品牌互动性更强。消费者之间也可通过电商平台交流，电商平台社交性得到提升。

综观6月1—18日的下单金额分布，受到“迪士尼童梦日”“中国品牌盛典”“超级秒杀日”等特色促销日的影响，1日、6日、9日分别形成消费者购物小高潮，这说明用户在购买决策时不再局限于“6・18”当天的全品类大促，对个性化的营销活动也乐于参与。

明星为品牌站台直播，引爆消费者参与热情。报告显示，蒋欣、黄龄、蔡少芬等当红明星分别在“6・18”期间参与了“明星直播1小时”的活动，为品牌及商品带来了巨大的流量与销售转化。通过直播互动，维达直播1小时中的销量是前30天日均销量的2.5倍，中华牙膏直播1小时中的销量比前30天日均销量增长3倍，诺优能直播1小时中的销量是前30天日均销量的5倍。

“京东全民问答”“内容导购”等主题活动也带来了可观的用户流量。报告显示，“6・18”特别定制大型问答类主题活动，特邀罗永浩、赵泓、李楠等百余名行业大咖及品牌嘉宾，横跨6大事业部，紧贴用户痛点与营销需求，深入浅出地讲解产品知识及“6・18”购物指南，“6・18”期间导购内容引入订单金额比去年“双11”增长超过55%。社交互动方面，“6・18”期间破10亿人次参与“京东微信手Q购物”互动游戏，其中手机QQ的“厘米秀”活动领券新用户占比91%，京东微信购物圈互动参与总人次超千万，消费者主动分享意愿强烈。

用户深度参与也体现在对产品的定义上，用户的评价、口碑等反向推送给品牌商，形成“C2B”，让品牌商生产出更加符合消费者需求的商品，这些商品在“6・18”也频频刷新销售纪录。

以基于用户属性和行业的深度洞察研发新品的酷派为例，京东运用大数据对酷派用户属性、安卓机用户需求进行分析并对手机行业发展趋势进行预测，同步相关海量数据至品牌商，引导酷派根据市场需求变化开发产品线，在6月1—13日，酷派手机的销售额同比增长超过420%。另外，京东联合妈咪宝贝依据特定人群需求灵活调整包装，定制了68片包装的京东专供款纸尿裤产品，在解决消费者需求的同时也降低了库存和物流成本，在6月1—14日，定制款销量比去年同期增长420%。

通过用户行为分析，反向赋能商家。报告显示，在京腾计划与京条计划的助力下，商家也实现了高效的流量转化。“6·18”期间，京腾计划环比5月日均引入UV增长50%，GMV增长113%；京条计划环比5月日均引入UV增长158%，GMV增长211%。其中，飞利浦在6月9日的京东王牌代言飞利浦专场，通过京腾计划在朋友圈投放精准广告，销售额是5月日均销售额的4.7倍；伊利在“6·18”大促期间与京条计划效果广告合作，通过人群分层圈定本品人群、类目人群，头条广告的投资回报率(ROI)达99.11%，品效合一成效显著。

4. 购物场景多元化：随时随地买买买

从“6·18”期间的购物时间分布来看，消费者对凌晨抢购热情最为高涨，0—2点成为疯狂2小时的抢购时间，另外的购物高峰则出现在早晚的10至11点。从京东公布的大屏数据看，在“6·18”当日下午3点，移动端订单占比达到了88%，特别是凌晨与晚上，使用移动端购物的用户比例更高，移动端在很大程度上消除了电商购物的时间和空间限制。

同时在支付方式上，移动端支付成为主流，“6·18”期间京东支付交易额同比增长240%，“6·18”当日前6小时白条交易额超去年“6·18”全天，消费者在购买3C、家电类的商品时更爱使用白条支付，这种消费信贷有效地提升了用户的消费能力和消费品质。

另外，京东开普勒计划的合作伙伴——今日头条、爱奇艺、QQ浏览器、农业银行、中国电信、玖富商城等同时举行“6·18”全民年中购物节主题促销活动，让消费者随时随地都可以参与到“6·18”中来。报告显示，此次“6·18”开普勒突破性打造了10余种场景化营销方式，并首次引入智能化运营，营销活动达上千场。截止到6月18日，京东开普勒已上线合作伙伴数量为150家，“6·18”期间引入订单量同比增长1 200%。

这个“6·18”，新兴的购物方式和渠道开始萌发，有很多消费者选择通过叮咚智能音箱、智能冰箱下单消费。报告显示，在智能冰箱的下单消费中，有70%的销量是生鲜，24%的销量来自食品饮料，其中水果销量占比38.2%，禽肉蛋品销量占比13%；“6·18”期间在京东上，通过叮咚智能音箱语音下单购物最多的品类是纸品、湿巾、饮用水、冲调饮品，说明消费者在比较熟悉且频繁周期性购买的消费品和生鲜上更乐于使用新兴的购物方式进行下单。

“6·18”全民年中购物节发展至今，消费者的关注点不仅有性价比等理性判断，更增加了彰显个性的情感诉求，从被动接受服务走向深度参与，从单一消费场景转向多元化消费场景。报告最后对2017上半年网上零售市场发展趋势做出总结，指出：大型综合零售电商平台正在开放物流、数据、金融、营销、技术等诸多能力，由渠道商向中国零售基础设施的提供商转变；品牌商(制造商)搭载零售渠道技术优势深度触网，激发商业新活力；物流、金融、营销等电商衍生服务受网上零售业发展需求影响蓬勃发展。

(资料来源：《大数据剖析 618：1 199 亿背后是消费者角色的变化》，网易新闻，2017-07-26)

一、消费层次

1. 消费层次的概念

美国心理学家马斯洛在 1943 年发表的《人类动机的理论》一书中提出著名的需要层次论，将人类的需求分为生理需求、安全需求、社交需求、尊重需求以及自我实现需求。马斯洛的需求层次理论认为，需求是人类内在的、天生的、下意识存在的，而且是按先后顺序发展，满足了的需求不再是激励因素。虽然马斯洛的需求层次理论可以对消费者的消费层次进行一定划分，但事实上每个人都客观存在的这些需求之间未必完全是内在的、天生的和下意识的，更不一定是按照先后顺序发展的。

根据现代消费者行为学和消费者心理学，消费者个体的背景差异，包括教育背景、成长环境、生活经历等，都会引发其对相关消费品的消费心理以及消费行为的不同，消费者行为学以及消费者心理学已经形成了关于这些背景因素的构成以及相互关系的系统学说。

为了更好地表述不同消费群体之间的差异，探索消费者差异本质的根源，为企业科学地制订营销策略，徐丽娟(2008 年)根据不同消费者在观念的作用下做出一个消费选择的过程来定义消费者的消费层次，将消费者的消费层次细分为消费者的认知层次、态度层次、心理需求层次和消费选择层次。

2. 消费层次的划分标准及特征

徐丽娟认为，消费层次划分的标准在于不同层次的消费者对于企业的市场价值的差异。即，不仅要考虑消费者之间的差异，更要考虑这种差异带给企业投入产出的经济价值上的差别，这样对消费者进行划分才能为企业的投入产出提供指导作用。这种消费层次的划分关注的是不同群体之间的差异，以及群体内部特性的关联与演化。消费者的消费层次可细分为消费者的认知层次、态度层次、心理需求层次、消费选择层次。

(1)消费者的认知层次

消费者的认知层次是指消费者对相关产品、服务，以及对这些产品、服务所内涵的生产方式、生活方式的认知差异所反映的内在相关意识及观念的层次化描述。这个认知层次首先受消费者个体背景差异的影响，如地域、城乡、购买渠道等；其次，认知层次还受个体消费者内心对马斯洛 5 个需求层次的价值排序的影响。了解消费者观念上的差异至关重要。消费者认知层次划分的相关信息仅靠通常的市场调查表方法是无法直接得到的，需要结合一定的社会学和心理学分析方法，根据表层的行为方式选择，以及一定场景的消费者反应进行分析才能够获得。

(2)消费者的态度层次

消费者的态度层次指消费者对特定消费品及其所对应的生产方式或与生活方式相关联的态度的差异而划分的层次。如对某类产品或服务的肯定、否定或中立等态度。这个态度层次是受认知层次影响的，只有消费者对某一商品产生了一定认知，才会生成某种态度。如对那些价格较低、质量稍次的商品，有的消费者认为能够接受，而有的则认为无法接受。而且消费者的态度层次是可以转移的。随着消费者自身生活水平、居住环境等的变化，其对马斯洛5个需求层次的排序会产生一定的变化，其消费观念也会产生一定的变化，从而导致对特定商品的消费态度也随之变化。例如，消费者收入水平提高及周围居住者的高层次消费，使得原来对价低、质次商品能接受的消费者开始转向否定态度。这就是消费者由注重对生理和安全方面的需求，提高到了对社交、尊重等需求的满足。

(3)消费者的心理需求层次

消费者的心理需求层次是根据消费者内心对某类商品或者服务的偏好、渴求程度上的差异所进行的层次化的描述。也就是除却收入等外在条件的制约后，人们对持不同态度的商品是否有需求的一种层次划分。有些消费者对某一商品持肯定态度却不一定会产生需求，而对某种商品持否定态度有时也并不影响该种商品引起消费者购买的需求。消费者购买需求的产生取决于目前他对需求层次的排序。例如，有的消费者对于质次价低的产品是排斥甚至是厌恶的，但是由于他首先要满足生理及安全这类较低层次的需求，因此他会选择购买此类商品。一些中等收入者也许对名牌产品持中立的态度，既不推崇也不反对，但有时为了满足尊重或社交需求也会购买名牌产品。所以，在进行市场调研的过程中，不仅仅要调查消费者对该商品的态度，更要进一步调查消费者对这种商品是否有心理需求。

(4)消费者的消费选择层次

消费者的消费选择层次是对消费者针对某一特定产品或者服务所最终进行的消费选择行为的层次划分。值得一提的是，消费者最终的消费选择虽然受其心理需求的影响很大，但有时也会发生一定程度上的背离。所以商家的营销策略也要相对地做一些适应与调整。例如有些人爱面子，其心理需求的虽然是低价品，但是却不一定会购买，针对这类消费者，商家就要在稍微提高商品价格的同时更加注重商品的包装，利用商品精美的、上档次的包装来吸引这类顾客，使其认为买这种类型的商品既有面子又相对实惠。而又有一部分消费者心理需求的是较高档的商品，但是却受朋友、父母等消费观念的影响转而购买平价商品。针对这类消费者，商家就要在商品的质量上做文章，使消费者产生物美价廉的印象，从而不排斥购买这类商品。

这个层次划分的标准可以依据生产或者经营者的市场定位方式进行制定，既可以依据消费者的个性划分，也可以依据产品的特性来划分。例如，根据消费者对价格的承受能力，商家可以将商品划分为高、中、低档等不同层次供消费者选择，商家可以明确自身的高档商品，而对中、低档商品的区分则不必非常明确，这有利于心理需求与实际选择出现矛盾边缘消费者。对于消费者购买地点的选择，也可以划分为不同的层次，如百货商场、专卖店、批发市场等，但是要注意针对不同消费选择的消费者的购物环境的营造。

以上4个消费者个体层次的划分是相互关联的，只有消费者对某种商品有了一定的观念认识，才会对该商品形成某种态度，态度的产生引发了他们的心理需求，一定的心理需求又会引起消费行为的发生。所以商家要对目标顾客进行分析，可从4个方面、4个步骤展开，忽略其中任何一方面都有可能对最后市场的细分以及定位产生一定的偏差。

3. 我国消费者的消费层次变化

社会主义市场经济在改革开放后飞速发展，在消费领域，无论是消费者的消费观念、消费方式、消费内容，还是消费品市场的供求关系，都发生了一系列重大变化。中国的消费者消费层次随着这种强劲的历史节拍发生着令人瞩目的改变，无论消费者的认知层次、态度层次，还是心理需求层次、消费选择层次，都在发生变化。

改革开放以来，全国居民消费规模快速扩展，人们的消费水平总体上有了较大幅度的提高，人们更加注重名牌商品的消费，对环保、节能、精神文化等产品的普遍追求将成为未来消费的时尚。

绿色环保消费比重上升，传统消费比重趋于下降。目前，我国绿色产品已经形成每年550亿元的大市场，城乡居民的绿色消费意识日益增强，“绿色食品”“绿色家电”“绿色汽车”“绿色住房”等纷纷出现并受到消费者的青睐。

全球化产品的消费比重上升，本土产品的消费比重下降。以往我国居民消费以国内生产和国内品牌的产品为主，今后，国外产品和国际品牌的消费比重将逐步提高。我国居民不仅将消费更多国外的粮食、棉花、植物油、水果，而且将消费更多的国外工业产品，享受更多的国际化服务。

健康发展型消费比重逐步上升，生存型消费比重下降。随着城乡居民消费水平的提高，居民生存性消费比重还将进一步下降，而用于健康发展方面的消费比重将逐步上升。一是医疗保健需求旺盛；二是教育消费增长迅速；三是通信服务消费增势强劲；四是精神文化生活消费日益受到重视。

个性化消费日渐增多，大众化消费逐步减少。随着我国居民收入水平稳步提高和全面建设小康社会进程的加快，未来，居民的消费将不断向个性化、多层次化拓展。

精神文化、餐饮、旅游类新型消费在增加，实物型消费的比重在减少。这些新型消费无论从金额，还是从发展空间来看，都比实物消费更有潜力，如旅游增长空间很大，城市周边游、国内名胜古迹游、境外游、自助游、半自助游、跟团游等多种形式、多样化的旅游产品层出不穷，更新速度也不断加快。整个消费层次和消费结构发生变化，带动了消费总体水平的提高。10年前，自行车换汽车、小型家电换成大型家电等消费行为构成消费升级的主要内容；而现在，消费升级主要体现在低端商品向高端商品的升级，以及商品消费向服务消费的升级。

二、消费领域

消费领域是指人类满足需要的这个环节涉及的总体环境。随着实物型消费比重的减少，精神文化、餐饮、旅游等新型消费比重大幅增加，整个消费领域和消费结构都发生了巨大的变化。

1. 服装消费领域

衣服最初的作用主要是遮体避寒，随着社会的不断进步，经济的发展为满足人们在着装上追求美的天性提供了可能性。中华人民共和国成立初期，人们的着装色彩单调，样式呆板，个人爱好未得到满足。服装行业在低谷徘徊。改革开放以后，人们的消费观念在市场经济作用下发生了巨大的转变。服装面料和成衣制作厂家，不断标新立异吸引消费，领导服装市场新潮流。消费者也乐于选购符合自己爱好和个性的服装，美的需求得到充分的满足。现代中国人注意学习穿的学问，在传播媒介的宣传影响下，穿衣讲究身份、场合，着装讲究配套、系列，尤其足都市年轻人，他们崇尚名牌产品，认为穿着名牌服装更能显示自己的能力和品位。消费者追求美的穿衣动机已成为主导动机。人们穿着的美也装扮了美的社会。

2. 饮食消费领域

“民以食为天”。食是对人们消费心理影响最大的一项生活内容。它的变化主要反映在中国人饮食结构和饮食观念的进步上。如今，人们的饮食消费结构发生了根本的变化：吃开始讲究起文化品位，不仅要色、香、味的感官满足，更强调吃的心理需要和精神享受。为此，选择饭店的情调、气氛，品尝其特色菜的新口味，成了越来越多家庭或亲朋好友欢聚时的选择。同时，消费者把饮食和健康、保健联系起来，使中国传统的食疗、食补发展到了新的阶段。现代人已经敢于宣称自己饮食消费的观念：人生的幸福应该包括吃的享受。将吃的目标定为：不仅要吃得饱，还要吃得好；不必高档次，但求有乐趣。

从总体上看，中国居民食品支出总量增加，但恩格尔系数将进一步下降。国家统计局公布的数据显示，2017年，我国城乡居民的恩格尔系数降至29.3%，在历史上首次降至30%以下。而改革开放初期，这一指标则高达60%以上。同时成品、半成品食品消费比重将逐步增加，一些营养、方便、休闲、绿色的新型工业化食品，将逐渐进入人们的一日三餐。

3. 住房消费领域

过去，低廉的房租和额外的补贴，使人们没有“住房消费”的意识。改革开放把购买商品房引入了人们的消费视野。城市发展规划和城建大军的奋战，把一个个住宅小区从蓝图变为现实，吸引消费者为拥有自己的住房而制订消费计划，住房信贷的普遍使消费者买房的愿望得以提早实现，越来越多的家庭喜迁新居。

随着住房改革的深入、审美意识的增强，居室的装修也成为一种时尚，消费者为此所做的投资有普及化和高档化的趋势。同时，与现代居住条件相配套的家用电器需求和家居饰品需求，在兴旺的家电市场和家具市场的刺激下，成为居民消费的重要组成部分。

4. 出行消费领域

古代人安步当车，现代人把以车代步当作追求的目标。如今，我国的交通设施得到了极大的发展。铁路、公路(含高速公路)、航空、航海的建设和开通被看作经济腾飞的关键而受到重视。城市道路现代化为消费者加快生活和工作节奏提供了便捷的条件。运输工具一向是生产力水平的重要标志，作为陆地主要运输工具的汽车令消费者瞩目。国产名牌和进口轿车尤其受到国民的青睐，购置私人轿车已不再是梦想，小轿车成为家庭现代化的一个追求目标，已经拥有或准备拥有小轿车的消费者正在逐年增加。

近年来，我国信息产业得到了长足的发展，特别是通信工具及通信服务水平的提高，以及价格的走低，为居民信息消费的增长提供了可能。现代光缆通信技术的发展及其在中国的实施，以京沈哈光缆干线铺设的高速度，都为消费者展现了一幅信息高速公路的美好前景。

5. 娱乐消费领域

会工作、会生活是现代人的标准。所以，上班努力干，下班尽情玩成为现代化生活方式的新内容。因此，旅游、文化娱乐业、商业、服务业以不可抗拒的诱惑力吸引着消费者，使会玩成为一种新的消费需求，休闲消费的投入比例正随着消费者生活水平的提高呈现出逐年增加的趋势。

节日、假期的旅游消费已列入城镇居民的消费计划之中。逛公园、参观展览馆，去旅游胜地游览，成为一家老小的开心事。生气勃勃的学生、离退休的老人，都喜欢借助旅游来感受大自然的温情，增进同龄好友的情谊。选择用旅游的方式度蜜月，已经成为新婚夫妇的时尚。可以说，旅游在现代消费者心目中已成为生活中的美酒。

文化消费的追求在城市家庭消费中受到重视。订购书、报，学习琴、棋、书、画，既是成年人文雅的休闲方式，也是青少年陶冶性情的需要。现代化的商业设施成为消费者的购物天堂，既能让消费者逛得舒心、大饱眼福，也能为忙碌疲惫的市民提供新的享受机会。

近年来，休闲消费和休闲产业在我国社会生活中发展特别迅速。休闲消费是指人们在休闲中物质与精神产品的消费。休闲产业是指以旅游业、娱乐业、服务业和文化业为骨干而形成的满足人们休闲需求的经济形态和产业系统。

国家将围绕旅游、文化、体育、健康、养老、教育、培训等重点领域进行进一步部署，扩大旅游、文体、健康、养老、教育等领域的消费。我国居民消费从过去的模仿型的基本消费逐渐转化为个性化、多样化、高品质的消费，特别是在旅游、文化、体育、健康、养老、教育培训等领域消费的需求增长更快。第一，着力推进幸福产业服务消费提质扩容。围绕旅游、文化、体育、健康、养老、教育培训等重点领域，通过提升服务品质、增加服务供给，不断释放潜在消费需求。国家逐步将国际邮轮入境旅游团15天免签政策扩大至更多口岸，适时将文化创意产品开发试点推广至符合条件的地市级文化文物单位，年内完成体育类社团与机关脱钩第一批试点，适时向全国推广商业健康保险个人所得税税前扣除政策，清理取消申办养老服务机构不合理前置审批，鼓励在理工农医、国家急需的交叉前沿学科和薄弱空白学科领域开展中外合作办学等。第二，大力促进传统实物消费扩大升级。以传统实物消费升级为重点，通过提高产品质量，创新增加产品供给，创造消费新需求。主要包括打破汽车销售品牌授权单一模式、出台家用绿色净化器具能效标准、制定节能环保技术产品推广目录等。第三，持续优化消费市场环境。聚焦增强居民消费信心，吸引居民境外消费回流，营造便利、安心、放心的消费环境，主要包括提高城市快速消费品等民生物资配送和冷链物流能力，加大对城乡农贸市场和物流设施等的支持力度，对内外销日用消费品实行“同线同标同质”，加快推进智慧家庭、生活性服务业标准体系建设等。

改革开放 40 年来，从过去的生活必需品凭票供应，到今天网购、新零售、“海淘”的层出不穷，折射出的是中国人更有底气消费，也更有意愿消费的现状。

在高科技迅速发展的大背景下，家庭消费也随之向现代化、科技化迈进，移动电话、计算机、汽车走入寻常百姓家。数据显示，2017 年，城镇居民平均每百户拥有移动电话 235 部，计算机 80.8 台，家用汽车 37.5 辆；农村居民平均每百户拥有移动电话 246 部，计算机 29.2 台，家用汽车 19.3 辆。①

此外，随着网络技术的进步、网络覆盖范围的扩大，以及网络购物带来的操作简便、商品选择余地大、价格优势明显等突出特点，网络零售规模不断壮大，成为消费增长的重要因素。

三、绿色消费

1. 绿色消费的概念

在国际上，绿色消费已经变成了一个“广义”的概念，即节约资源，减少污染，绿色生活，环保选购，重复使用，多次利用，分类回收，循环再生，保护自然，万物共存。中国消费者协会早在 2001 年就提出了“绿色消费”的概念，包括三层含义：一是倡导消费者在消费时选择未被污染或有助于公共健康的绿色产品；二是在消费过程中注重对垃圾的处理，不造成环境污染；三是引导消费者转变消费观念，崇尚自然，追求健康，在追求生活舒适的同时，注重环保，节约资源和能源，实现持续消费。

2. 绿色消费的领域

随着绿色经济的发展，绿色消费已经不仅仅局限于绿色食品，还包括绿色家电、绿色服装、绿色住宅等。而且，绿色消费也不仅仅局限于个人生活消费，绿色农业、绿色

① 资料来源：《改革开放 40 年我国居民消费水平节节高升 恩格尔系数比 1978 年下降一半》，每经网，2018-12-05。

环境、绿色化工、绿色技术等方面的绿色消费也在迅速发展。

进入21世纪，中国绿色产业发展机遇与挑战并存。我国作为世界农业大国，绿色食品资源丰富，绿色产业开发潜力巨大，绿色市场销售前景看好。很多生产企业和销售企业认识到这个消费趋势存在的无限商机，一些有发展远见的企业已经全力投入对绿色产品的开发，让更多、更好、更优的绿色食品走向市场，走向家庭的餐桌，走出国门，给人们的生活增添一份“绿色”。尽管我国现有的绿色食品无论是数量还是质量，与发达国家相比存在差距。但人们正在逐渐钟情于无污染的、环保的食品，尽管它们的价格要普遍高于同类产品。另外，绿色家电、绿色服装、绿色住宅、绿色农业、绿色环境、绿色化工、绿色技术等的发展也已影响着我们的社会发展和人民的生活。

3. 绿色消费的意义

以“绿色、自然、和谐、健康”为宗旨的绿色消费，是有益于人类健康和社会环境的新型消费方式，消费者已意识到环境恶化已经影响到了人们的生活质量及生活方式，要求企业生产并销售有利于环保的绿色产品或提供绿色服务，以减少对环境的污染和破坏。在消费者的绿色消费心理需要的多元成因中，生态环境的恶化是其产生的主要根源。雾霾、水质污染等事件屡次发生，恶劣的环境对人类的威胁不仅是身体方面的，更是精神方面的。对环境的悲观前景以及环境问题的复杂与艰巨，会造成人类内在的不安、愤怒、绝望与无助。人们产生了“生存危机”的感觉，而所需要的健康和安全的感觉却没有得到满足，于是为了安全和健康的生活，人们的绿色消费需要就随之产生了。随着经济的发展，人们的物质生活极大丰富，追求高品质的生活成为人们日益关注的焦点。人们的环保意识不断增强，绿色消费正逐渐深入人心。人们更加追求一种真、善、美的和谐和自然的生活，使自己享受真正的快乐。

4. 我国的绿色消费领域发展

(1)绿色食品消费

随着人们物质生活水平的不断提高，高质量、卫生达标、安全可靠、富含营养的食品，成了人们在饮食上的新追求，越来越多的消费者开始放弃添加剂较多、精加工的方便食品，而选用自然的食品。绿色食品的生产与消费应运而生。

绿色食品是指经专门机构许可，使用绿色食品标志的无污染、安全优质、营养类食品的统称。冠以“绿色”，是为了更加突出这类食品出产自良好的生态环境。绿色食品必须具备以下条件：产品或产品原料的产地必须符合农业部制定的绿色食品生态环境标准；农作物种植、畜禽饲养、水产养殖及食品加工必须符合农业部制定的绿色食品生产操作规程；产品必须符合农业部制定的绿色食品质量和卫生标准：产品外包装必须符合国家食品标签通用标准，符合绿色食品特定的包装和标签规定。

(2)绿色服装消费

随着时代的发展，人们对服装的要求也在不断发生着变化，在追求美观的同时，更加注重舒适和健康。绿色消费者倾向于选择耐穿的、易打理的、式样简洁的服装。他们希望更多无污染的自然服装出现。绿色服装代表着当代国际服装的流行趋势。相当多数的消费者愿意为环保服装支付较高的价格，我国是世界上最大的服装生产和出口国，绿色服装的市场前景很广阔，即使价格偏高也有四成左右的人表示愿意购买绿色服装。

(3)绿色家电产品消费

随着绿色消费浪潮的兴起，绿色家电产品也层出不穷。采用无氟制冷的绿色冰箱，同时采用抑菌保鲜、健康卫生的ABS材料，从而在确保食品新鲜的同时能有效抑制箱内有害气体，净化空气，高效节能；还有将清洁衣物与消毒灭菌功能结合在一起的绿色洗衣机，操作简便，安全卫生。与此同时，环保型的微波炉、热水器、手机、水处理器、电脑等产品也纷纷占领市场。这些绿色家电产品的出现实际上是迎合了消费者的环保需要和绿色消费意识。调查显示，虽然传统的消费观念和经济条件等因素起了一定的制约作用，但是仍有不少消费者对绿色家电表示关注，并愿意在购买家电时首先考虑购买绿色产品。国家陆续推出节能家电的推广政策。继家电下乡、以旧换新之后，国家从2012年6月1日起推行节能家电补贴政策，此举是以节能家电推广为核心的“节能产品惠民工程”。性价比较高的高效节能空调、平板电视、冰箱、洗衣机等节能家电产品成为消费亮点。随着节能补贴中标产品种类增多，加之商家极力推广，节能家电已成为市场热卖产品。

(4)绿色家居建材消费

家居环境的美化成了人们生活质量提高的重要标志之一。随着生活水平的提高，消费者在家庭装修中不仅要求设计新颖、质量过关、价格合理，更希望自家的装修也能成为“绿色工程”。由于以往的装饰材料及黏合剂中普遍含有甲醛、苯甲醛等有害化学物质，造成工程竣工后室内空气中含有高浓度的有毒有害气体，消费者居住在这样的室内环境中长期呼吸这些气体，严重损害了身体健康。因此，无毒、无污染、有利于人体健康的绿色建材成为人们装修房屋时的理想选择，调查表明，近三成的消费者非常欢迎绿色建材。

国家将进一步完善绿色产品认证制度和标准体系，建立统一的绿色产品标准、认证、标识体系，制定流通领域节能环保技术产品推广目录，鼓励流通企业采购和销售绿色产品。

第二部分　实践活动

活动35　消费趋势分析

案例分析10-1

新一代中产阶级的消费观

生于20世纪80年代中期的中国新一代中产阶级消费者正在崭露头角。他们的父母经历过长期的物资匮乏时期，消费心态比较保守，而“第二代”(G2)生活环境较为优越。新兴的G2消费者的安全感更强，更愿意“活在当下”。由于严格的计划生育政策，他们大多是家中的独生子女，对于工作的满足感和收入增长抱有极高的期望。麦肯锡研究发现，G2消费者比父辈更加自信，更愿意支付溢价。事实上，他们认为昂贵的产品才是更好的产品。他们乐于尝试新的东西，渴望拥抱新科技。与父辈相比，他们忠诚于自己信赖的品牌，钟爱小众品牌。重要的是，他们比老一辈寻求更多的信息来源，更依赖互联网获取产品信息。这一代正成长为对中国经济举足轻重的消费者群体。到2020年，预计中国总消费额的35%将来自G2消费者，他们是购买休闲、个人服务、旅游和酒店服务的主要生力军。

（资料来源：《麦肯锡：下一个十年的中国中产阶级——他们的面貌及其制约因素》，https://wenku.baidu.com/view/01f917e1ec3a87c24128c45c.html，2014-05-08）

任务描述

请结合以上案例，探讨“90后”一代及其父辈在消费层次、消费领域方面的差异，以及近三年出现的新的消费趋势。

任务三十二　提倡健康的消费观念

第一部分　学习引导

案例导入

后高考经济的思考

高考结束后到大学开学前这段时间，被称为“后高考时期”，各路商家自然不会放过掘金的好机会，于是在各种吆喝声和营销噱头的衬托之下，“后高考经济”的概念应运而生。应该承认，这不完全是商家炒作，而是确有市场需求。

外出旅游、驾校学车、割双眼皮……随着高考结束，考生家长们纷纷为自己的孩子做不同的打算。针对高考结束至大学入学这一个黄金时段，商家将高考生及家长们视为“金主”，推出各类产品或服务，准考证一时间成为名副其实的“打折神器”。商家掘金“后高考经济”也是蛮拼的。（6月9日《大众证券报》报道）

作为中国内地最重要的入学考试，高考被赋予了“定终身”“过独木桥”等特殊意义。一旦高考结束了，作为考生，即便还不知道考分，不知道自己是否能够迈进大学的门槛，但一块石头落地，如出笼的囚鸟，很多人会把旅游、购物以及其他消费当成是一种宣泄和释放压力的手段。此时，家长们也会“开恩”，尽量满足孩子的要求。

需要指出的是，面对“后高考经济”，不可盲目追捧，而应秉持应有的理性与冷静。一方面，高考结束，升学的压力陡然消解，往常消耗在题海战术上的精力与能量，总得找个释放的渠道才好。比如外出旅游、驾校学车等，这些与宅在家里看肥皂剧或泡在网吧打游戏相比，都是好事。但玩也好，学也罢，要量力而行，根据家庭财力办，不能“爽”了自己苦了爸妈。其实，即使不花多少钱，也可以过个充实的假期。

另一方面，面对强劲的消费需求，不排除一些商家浑水摸鱼，虚假宣传，坑害学生。而一些消费，既无必要也隐含风险。比如整容整形，有的纯属骗人机构，贸然上门，不仅会被骗钱，还可能危及健康、生命。而一些旅行社打出吸引毕业生的诱人广告，这些旅游项目很可能并不正规，最终会让学生乘兴而去，扫兴而回。诸如此类，必须提防。

（资料来源：《面对“后高考经济”应秉持理性》，http://www.ccn.com.cn/332/948505.html，2017-06-12）

一、消费误区

消费误区是指在消费过程中存在的不正确的、对环境对社会有潜在危害的甚至是违法的行为。消费误区的提出来源于全球资源日益枯竭、环境问题越来越严重、社会消费越来越不平衡等背景之下。例如，地球气温普遍升高、臭氧层遭到破坏，这是大家有目共睹的环境问题，科学家普遍认为这是人类大量使用矿物质能源、使用不适宜的化学添加剂引起的，尤其是发达国家人们使用矿物能源，并向大气中排放大量的二氧化碳所致。近几个世纪以来，地球上的许多物种已经灭绝，还有更多的物种濒临灭迹，这是人类过分消耗某些产品，或为了满足特殊的、正常的需要而导致的恶果。此外，某些消费者的大吃大喝、铺张浪费现象仍然存在，因为大吃大喝而毁灭珍稀物种的现象也时有发生。所有这些现象促使人们思考消费者的责任问题，并因此而探讨消费者的责任。另外，东西方社会的发展出现了越来越严重的贫富差距，发达国家对发展中国家进行贸易性的资源掠夺，已经给发展中国家的持续发展造成了可怕的遗留问题，这些问题的产生除了技术与生产力方面的因素之外，消费方式也是一个主要因素。消费误区主要表现在如下几个方面。

1. 消费格局中的不公平现象

消费中的不公平现象表现为少数高消费国家耗费更多的资源，造成了消费分布上的不公平、不合理。过度的贫富差距，是造成社会动荡的重要原因之一。因此，在个人财富与个人消费的问题上，不能把个人的财富等级完全等同于个人消费能力，人类社会是作为一个整体向前发展的，个人过分超常的消费行为，不符合共同发展的基本原则。虽然个人收入是消费的基础，但是个人收入绝对不等于个人的全部消费。提倡消费者的社会责任，实现财富消费方面的总体平均，是社会文明发展的方向。

2. 非持续性消费模式

非持续性消费模式表现为对资源的无限制滥用和对环境的污染与破坏，消费者需要什么就开发什么，通常消费者的需求具有重复性和无限性，于是产品的更新换代越来越快，产品的市场寿命周期越来越短，对资源的开采与使用越来越滥，资源的浪费也越来越突出。过度的开发和过度的消费破坏了生态平衡，污染了环境，最终损害的还是消费者自身的利益。这类消费品包括非再生性纸质品、木制品、矿物性能源、花样繁多的合成化学品等。

3. 食用珍稀动植物

食用珍稀保护动植物，是违反国家法律和国际法规的行为，是对人类环境的摧毁和破坏。这个话题在全球范围内存在，在少数地区有一定的普遍性，包括猎杀国家明令禁止的珍稀动物，过度砍伐、毁坏植被等。因为每一个物种都是一个独一无二的基因库，具有无法估量的现实价值和潜在价值，因此应保护环境、保护生物的多样性。历史上近1 600年中，已有700多种有史料记载的动物灭绝，在国际公认的840种濒危野生动物物种中，中国就占了156种。

一些科学家倡议，保护生态环境，保护人体健康，提倡文明生活，不吃野生动物；做一个文明的人，过一种文明的生活，让杜绝滥捕乱吃野生动物成为一种责任。国家法制的强化会形成一种社会压力，同时，消费者自身的责任感和环境保护意识，是保护环境的第一道关卡。

4. 个人消费的不合理和非理性

某些消费者的不良嗜好消费、带有封建迷信色彩的消费等属于非理性消费，盲目消费、盲从消费则属于不合理消费。不合理消费和非理性消费在我国消费生活中相当普遍。愉悦类产品损害感官与身体健康。许多产品虽能对消费者产生感官满足，但是长期使用会对消费者产生潜在的危害。为了满足感官的无穷欲望，产品愈加精益求精。“食不厌精，烩不厌细”，美味佳肴带来了心脑血管疾病和肥胖症，目前心脑血管疾病已成为人类的头号杀手。过度适意的生活带来了人类自身素质的下降。某些快速食品、休闲商品、文化愉悦品、电子娱乐产品等，对消费者的感官刺激强烈，导致感官享受功能下降。有些人消费具有精神依赖或生理依赖的毒品，摧毁消费者的感官系统和神经功能，导致严重的生理问题和心理问题。

5. 消费中的浪费现象严重

在西方的快餐店用餐，人们按自己的需要点餐，不会为了面子购买自己无力享受的多余食物。用餐之后，自觉地将食物残渣放在托盘内，托盘堆放到清洁台上，因此餐厅里非常干净整洁，后来的用餐者不会面对乱七八糟的场面，这是一种文明的消费方式。而我国大部分的消费者，既没有主动清洁用餐环境的愿望(认为我花了钱，应该由餐馆来服务)，也没有自觉维持用餐环境的行为。有的人为了个人面子而超量点餐的现象仍然普遍存在不能消费的一扔了之，浪费现象比较严重。比如，北京市每天产生的剩菜剩饭泔水就达1 600t，这些泔水大部分是由于人们的浪费习惯造成的。

6. 个人消费缺乏社会责任

公共场所的吸烟行为是典型的损人不利己、缺乏环保责任的消费行为，消费者个人获得了短时的享受，却给自己身体造成了潜在危害，给周围的被动吸烟者造成了更为严重的生理性伤害和心理上的不舒服。

无线通信技术的发展，给人们的沟通带来了许多好处，但是这类东西的使用也有一定限制。通信管制范围内不得私自使用无线通信设备，比如飞机上乘客不得使用手机等设备。有些乘客的虚荣心经常作怪，在飞行途中使用手机设备，这可能给飞行和机上乘客带来灾难性的后果。

豢养宠物是某些城市居民的一种爱好，对于少数老年人来说，可以减少晚年的孤独。城市居民豢养宠物必须遵守相应的规定，但是违规豢养宠物现象比较普遍，尤其是不负责的豢养行为，对其他人是一种伤害。有些人不收拾宠物的污秽物，影响环境卫生；有些人任凭宠物的叫唤，影响左邻右舍的生活和学习；有些人以为宠物仅仅是个畜牲，不加管制，任其伤人，据广州市统计，近年被恶犬所伤人数有2万人之多。有些消费者购买商品后，随手遗弃包装材料，被公认为“白色污染”。铁路两旁、游人较多的旅游区和风景点、垃圾场四周等，“白色污染”随处可见。这些消费行为的不良后果，已经对生态环境造成了严重的危害。被遗弃的塑料薄膜在土壤中或水里不易分解，对陆上、河流及海洋生物的生存构成巨大威胁，即使在长城这样的历史古迹四周，白色污染也非常严重，这些问题已经引起了国际社会的关注。此外，不负责任的消费行为还包括消费口香糖、水果、小吃、零食等商品时，随意丢弃残渣与剩余物等，给环境造成污染，一些有名的风景区因为这些污染而严重地影响到景点的品质。

有些人认为，个人的消费行为是绝对自主自由的，不受任何因素的限制。不管消费者是否自觉付费，消费行为没有绝对的、无限制的自由。那些污染环境、破坏他人生活环境、残忍地猎杀珍稀动物并出售制品的行为，均违反了相关的法律，要受到法律的制裁。有些消费行为不合乎社会公德的要求，比如封建迷信、色情等消费现象，要受到社会公德的约束。通过法律手段可以制止一些消费者的违法行为，而消费者自觉爱护环境、承担环保责任的意识，更具有无形的约束力。

二、健康的消费观念

1. 消费观的概念及类型

消费观是指人们对消费水平、消费方式等问题的总的态度和看法。作为一种观念，它是社会经济现实在人们头脑中的反映，但它一旦形成又会反作用于社会经济，并对其产生深刻而重大的影响。在人类社会发展过程中产生了三种影响重大的消费伦理观：①节俭消费观；②奢靡消费观；③适度消费观。

节俭消费观就是主张人们在消费时应最大限度地节约物质财富，减少甚至杜绝浪费的一种消费观。这是人类历史上形成最早、影响最深、历时最长的一种消费观。可以说，自人类产生到时至今日，这种消费观都或多或少、或强或弱地影响着人们的消费行为和消费方式。

奢靡消费观是一种与节俭消费观完全对立的消费观，它主张消费者大量、无节制地占有和消耗物质财富，以满足自身的需求和欲望。从短期看，在社会总需求小于社会总供给，矛盾的主要方面不是生产而是消费的条件下，奢侈消费对经济发展，尤其是对扩大就业不无益处，但从长期看，它所产生的弊端相当巨大，后果不堪设想。因此，奢靡消费观是一种既有积极因素又有消极因素的消费观，是一种消极因素大于积极因素的消费观，因而它不可能成为我们信奉的消费观。

适度消费观是一种既吸收了上述两种消费观的合理因素，又摒弃了它们的消极因素的消费观；是一种既不主张对物质财富一味节约吝惜，又不赞成对物质财富毫无节制地消耗滥用的消费观；是一种使消费者既不为清贫所迫，又不为物质所累的消费观。这种消费观认为，消费者在消费时不仅要考虑自身效用的最大化，而且要考虑他人利益乃至社会利益；不仅要考虑当代人的利益而且要考虑子孙后代的利益。总之，这种消费观克服了前两种消费观的偏颇，体现了人类的理性精神和道德自律，符合现代社会经济发展的要求，是一种理想的消费观。

2. 健康的消费观念

健康的消费是指消费者在消费能力允许的条件下，按照追求效用最大化原则进行消费。从心理学的角度看，健康消费是消费者根据自己的学习和知觉做出合理的购买决策。

做到有钱就花，不透支，保持个人经济收入略有节余。对社会可扩大内需，拉动生产；对个人可成为自己劳动成果的主人，真正享受自己的付出。

目前，我国的消费中仍存在一味追求享乐的消费、炫耀性和奢侈性消费、消费陋习造成巨大浪费等问题，往往由消费者不正确的消费伦理观导致，应提倡理性消费、公正消费及和谐消费，将坚持可持续发展、坚持人的全面发展、坚持人道主义作为适度消费伦理的原则。在现实生活中，我们提倡树立正确的消费观：①量入为出，适度消费；②避免盲从，理性消费；③保护环境，绿色消费；④勤俭节约，艰苦奋斗。

第二部分　实践活动

活动 36　消费心理与行为的变化趋势分析

案例分析 10-2

践行绿色消费

提到绿色消费的概念，人们并不陌生，但要进一步问哪些行为属于绿色消费范畴，该如何正确选择绿色食品，可能很多消费者都难以给出明确答案。6 月 5 日是世界环境日，2017 年中国环境日的主题为“绿水青山就是金山银山”，旨在呼吁人们转变消费观念和行为，从节约资源、保护生态环境的角度践行绿色消费。值此之际，记者就如何正确认识绿色消费，如何做到绿色消费，如何避免绿色消费误区等问题，采访了多位专家及业内人士。

1. 绿色消费并非消费绿色

人们向往绿色消费，呼吁绿色消费，而要想实现绿色消费，就得先从正确认识绿色消费理念入手。

“很多消费者一听到绿色消费这个词就把它与‘天然’联系起来，以为绿色消费就是吃纯天然食品、穿天然材质的衣服等。这其实是个误区，是把绿色消费变成了消费绿色。”中国环境保护部科技标准司调研员王明良说：“有的人非绿色食品不吃，但对珍稀动物却照吃不误；非绿色产品不用，但却随手乱丢塑料袋；装修时非绿色建材不用，但却热衷攀比装修的豪华度……这样的绿色消费只是从个人利益出发，并没有考虑公共资源的环保问题，违背了绿色消费的初衷。事实上，绿色消费不仅包括绿色产品，还包括物资的回收和再利用，对能源的有效使用，以及对生存环境、物种的保护等。”

浙江财经大学工商管理学院教授王建明表示，绿色消费并非一个新概念，早在2001年，中国消费者协会就把当年的消费主题定为“绿色消费”。王建明认为，绿色消费主要指以节约资源和保护环境为特征的消费行为，具体表现为崇尚勤俭节约，减少损失浪费，选择高效、环保的产品和服务，降低消费过程中的资源消耗和污染排放。

“绿色消费可以体现在日常生活的方方面面，综合来说有3个环节，即购买购置环节、使用管理环节、处理废弃环节。也就是说，在产品购买购置以及购买购置后的使用管理、处理废弃环节都要注重节约资源和保护环境，这样才是完整的绿色消费。”王建明表示。

王明良认为，“绿色”代表着生命、健康和活力，是充满希望的颜色。真正意义上的绿色消费，是指在消费活动中不仅要保证当代人的消费需求、消费安全和身体健康，还要为后人建立起可持续发展的绿色消费环境。

2. 对绿色消费认识深度不足

记者以“什么是绿色消费”为题进行了随机采访，发现很多消费者不能快速给出答案，部分消费者虽然能说出一两点，但内容大多围绕低碳，例如上下班步行或骑自行车、使用节能灯泡、用淘米洗菜的水冲洗厕所、打印纸双面用等。这些行为虽然属于绿色消费范畴，但仅是一个方面。比如前些年，人们流行穿羊绒衫，结果掀起一股山羊养殖热潮，虽然产生了一定的经济效益，但却忽略了山羊对植被的破坏，给养殖地区的生态环境造成了巨大的负面影响。之所以会出现这样的情况，是因为人们对绿色消费的认识不够深入，仅停留在与自己有关的狭义范围，而没有考虑到某个消费行为对整个产业、相关生态环境的影响。

以塑料购物袋为例，我国自2008年6月1日起禁止生产、销售、使用厚度小于0.025mm的塑料袋，所有零售场所一律不得免费提供塑料袋。然而，“限塑令”如今已实行9年，所产生的效果与预期存在一定差距。2017年5月25日17时，记者来到位于北京市密云区新中街的物美超市，随机选择了一个收银台进行观察，发现在近30分钟的时间里，这个收银台共为20位消费者结账，其中只有一位老年人自带了环保袋，其余消费者有些购买了超市销售的塑料袋，有些则直接用超市免费提供的用于为蔬菜或水果称重的塑料袋。

一家媒体近日发布的调查结果表明，人们消费时最关注的问题是产品质量，其次是价格、服务，以及方便性或实用性，而对于产品是否环保的关注度则排在后面。此外，大部分受访者认为，绿色消费就是从环保角度理解的无污染消费；有24%的受访者认为，绿色消费就是消费绿色。

3. 买绿色商品认准相关标志

根据上述媒体的调查结果，有16%的受访者会购买可充电电池，有38%的受访者重复使用打印纸，有26%的受访者会将空饮料瓶卖给废品回收机构，有60%的受访者使用完电器后会拔掉插头……从数据来看，人们对绿色消费的热情不容置疑。那么，面对琳琅满目的绿色商品，消费者该如何正确选择？如何避免消费误区呢？

据介绍，要想买到真正的绿色商品很简单，尽量选择有绿色标志如中国环境标志、绿色食品标志、回收利用标志等的商品即可。为提高公众的环保意识，引导人们绿色消费，各国都设计了丰富多彩、各种用途的环保标志。我国的环保标志于1993年8月发布，为绿底黄字，由青山、绿水、太阳和10个圆环组成。我国的环境标志标准目前已覆盖了纺织、汽车、建筑材料、建筑装饰装修材料、家用电器、办公电器、洗涤用品等多个行业的71大类产品和服务。除此之外，我国还推出了有机产品、绿色食品、中国节能认证、中国节水认证等标志。

环保部门提醒，消费时要尽量做到“四不要”：不要冲动购买，因为此时购买的商品往往在新鲜感过后会被束之高阁；不要为了使用一次而购买，这样会导致垃圾量增加；不要因为过度装饰而购买，因为许多装饰品是用无法分解的材质制造的，不利于环保；不要痴迷购买打折商品，便宜的商品未必实用，有些甚至是残次品，还是要相信一分钱一分货的道理。

（资料来源：《践行绿色消费：热情有余 深度不足》，http://www.ccn.com.cn/355/947289.html，2017-06-01）

任务描述

结合案例，谈谈自己曾有过的消费误区，并说说今后自己该如何理性、健康地消费，应该为倡导理性、健康消费做哪些事情。